Beltz Taschenbuch 928

Über dieses Buch:
Diese großartig erzählte Biographie, die viele neue Quellen erschließt, wird das Bild, das wir uns bislang von Rousseau gemacht haben, noch einmal verändern. Politisch geprägt von dem Drang nach Unabhängigkeit und unbeschadeter Identität entspricht Rousseau mit seinem Streben nach Selbstverwirklichung und verschiedenen Identitäten dem Bild des modernen Menschen von heute.
In ihrem Buch zeichnet Christiane Landgrebe sämtliche Stationen des Lebens von Rousseau bis ins Exil und seiner Rückkehr nach Frankreich nach. Ein Leben, das mit seinen erotischen Verstrickungen und seinem Freiheitsdrang untrennbar verbunden ist mit dem Werk, das es hervorbrachte. Rousseaus viel zitiertes Bild vom Naturmenschen ist eine bewusste Utopie, ein Korrektiv, das er der fortschrittsgläubigen, aber ungerechten Gesellschaft entgegen hielt – und bis heute aktuell.

Die Autorin:
Christiane Landgrebe studierte Romanistik, Theologie und Philosophie. Neben ihrer Arbeit als Lektorin und Übersetzerin für verschiedene Verlage ist sie Herausgeberin literarischer und politischer Anthologien und Autorin zahlreicher Bücher zu Literatur und Zeitgeschichte. Christiane Landgrebe lebt in Berlin.

Christiane Landgrebe

Zurück zur Natur?

Das wilde Leben des Jean-Jacques Rousseau

BELTZ

www.beltz.de

Beltz Taschenbuch 928

1. Auflage 2012

Das Werk erschien 2004 unter dem Titel: »Ich bin nicht käuflich« – Das Leben des Jean-Jacques Rousseau
Umschlaggestaltung: Nancy Püschel
Umschlagfoto: akg-images, Berlin
Satz: WMTP, Birkenau
Druck und Bindung: Beltz Druckpartner GmbH & Co.KG, Hemsbach
Printed in Germany

ISBN 978-3-407-22928-1

Für
Jean-Marc Droin, *Citoyen de Genève*

Inhalt

Vorwort

Seit jeher streben Menschen danach, ihre Lebensumstände zu verbessern, zumeist im Sinn von Wissenschaft und Technik und den Möglichkeiten, die sie eröffnen. Doch es gibt auch gegensätzliche Tendenzen, nämlich im technologischen Fortschritt und seinen Auswirkungen die Ursachen für Missstände in Welt und Gesellschaft zu erkennen. Nicht erst seit dem Unglück von Fukushima sind solche Vorstellungen verbreitet und bestimmen das politische Handeln wie nie zuvor. »Zurück zur Natur« lautet die Formel, die dazu auffordert, sich wieder an den natürlichen Lebensgrundlagen zu orientieren.

Man hat diese Formel irrtümlicherweise Jean-Jacques Rousseau in den Mund gelegt, wohl deshalb, weil er in der wissenschafts- und fortschrittsgläubigen Epoche der Aufklärung Künste und Wissenschaften einer fundamentalen Kritik unterzog und in ihnen die Ursache für zahlreiche Verfehlungen der Gesellschaft sah. Er erkannte die Notwendigkeit von Reformen, doch in keinem seiner Bücher fordert er eine Rückkehr zum Naturzustand. Er weist vielmehr selbst ausdrücklich darauf hin, dass man historische Prozesse nicht ungeschehen machen kann. Seine reformerischen Ideen konzentrieren sich darauf, Menschen zu *autonomen Individuen* und *guten Citoyens* zu erziehen. Die Utopie einer heilen Natur mit Menschen »edler Gesinnung« hat dabei die wichtige Funktion einer moralischen Norm, an der man sich zu orientieren hat, doch setzt Erziehung zugleich auf die Fähigkeiten des Menschen, sich zu vervollkommnen, also sich zu verändern und damit zwangsläufig vom Naturzustand zu entfernen.

Rousseaus Gesellschaftskritik ist bis heute von hoher Aktualität. Bei einer großen Gruppe von Menschen sind die Wissenschaftsgläubigkeit und der Rationalismus der späten Industriegesellschaft heftig in die Kritik geraten, und bei der Suche nach

Alternativen ist immer wieder von der Natur die Rede. Sein Ideenreichtum macht Rousseau bis heute zu einer Quelle für verschiedene aktuelle Fragen, die über seine pädagogische Wirkung hinausreichen: Ökologie, Geopolitik, Pazifismus, Globalisierungskritik, direkte Demokratie und vieles andere. Eines der wichtigsten Elemente im Erbe Rousseaus in einer Zeit, in der demokratische Tugenden wie Bürgersinn bedroht sind, ist seine Fähigkeit, *nein zu sagen*. Dazu war er mit einer Konsequenz in der Lage, die ihn weder Schmerzen noch Verfolgung fürchten ließ. Diese bis heute seltene, aber vorbildliche Eigenschaft ist in einer Demokratie unendlich kostbar.

In seinen letzten Jahren lebte Rousseau in großer Abgeschiedenheit, von der Sorge gequält, ob die Nachwelt auch das richtige Bild von seiner Person und seinem Werk haben würde. Kaum vorstellbar, dass ein Mann, der es zu solchem Ruhm gebracht hatte wie er, in diese Situation geraten konnte. Von seinen Zeitgenossen, mit denen er sich bis auf wenige Ausnahmen überworfen hatte, erwartete er kaum noch ein in seinem Sinn adäquates Urteil, und der Gedanke, auch der Nachwelt könnte ein verfälschtes Bild übermittelt werden, plagte ihn. Er konnte nicht ahnen, mit welcher Intensität, Energie und welchem Eifer sich die nachfolgenden Generationen bis zum heutigen Tag auf immer neue Weise mit seinem Werk beschäftigen würden. Er konnte nichts von der Unzahl seiner Bewunderer wissen, die aus den verschiedensten Lagern kamen, nichts von den eifrigen Epigonen wie Robespierre, der in seinem Namen agierte, nichts von der Rezeption durch bedeutende Denker wie Kant, Hegel und Marx oder die Dichter der Weimarer Klassik und der französischen und deutschen Romantik, nichts von der begeisterten Aufnahme seiner Ideen durch große Pädagogen. Der Mann, der sich verfemt glaubte, wurde gleich nach seinem Tod zum Vorbild und Leitstern von Generationen.

Doch nicht die letzten Werke, in denen sich Rousseau intensiv der Frage nach seinem Ich und dessen Wirkung zuwandte, und die in ihrem radikalen Individualismus aus heutiger Perspektive von großem Interesse sind, machten ihn für seine Zeitgenossen so interessant. Schon viel eher hatte der Genfer Philosoph und Schriftsteller die europäische Öffentlichkeit in Spannung und Erregung versetzt, sie mit einem brillanten Stil und immer neuen Konzepten, Vorschlägen und Anregungen konfrontiert und sich und seine Ideen zu einem ständigen Gesprächsthema gemacht.

Rousseaus Verhältnis zur Öffentlichkeit war außergewöhnlich. Wenn seine Werke erschienen waren, folgte ihnen oft eine lange Kontroverse, er fand begeisterte Anhänger, aber auch ernsthafte Gegner. Rousseau polarisierte durch sein Schreiben ebenso wie durch sein Auftreten. Nichts, was Rousseau geschrieben hat, kann unabhängig von seiner Person, seiner Existenz betrachtet werden. Alles, worüber er nachdachte, hat mit ihm selbst und seinem Erleben zu tun. Daher ist die Beschäftigung mit seinem Denken unabhängig von seinem Leben so gut wie unmöglich, denn sein Werk, sei es das philosophische oder das literarische, das musikalische, geschichtspolitische oder pädagogische, ist auf das Engste mit seinen Erfahrungen und deren Reflexion verbunden; zunehmend wird Rousseau sich selbst darin der Gegenstand, um den seine Überlegungen kreisen, und genau darin liegt seine Modernität.

Neben dem großen Erziehungsroman *Émile*, dem umfangreichen Briefroman *Julie oder die Neue Héloise* und dem *Contrat Social*, die heute als seine Hauptwerke gelten, hat Rousseau ein ausführliches autobiographisches Werk hinterlassen, aus dem sich ablesen lässt, wie er sich selbst verstehen und von anderen verstanden wissen wollte. Doch weist es über seine Person weit hinaus und wirft bereits ein deutliches Licht auf ein im 18. Jahrhundert noch recht unbekanntes Phänomen: die Freiheit des Individuums, die aus heutiger Perspektive eine Selbstverständlichkeit ist. Rousseau wird damit zu einem wichtigen *Wegbereiter moderner Individualität*. Dies geschieht vor allem dadurch, dass er sich selbst nicht nur in eine völlige Isolation treibt, sondern auch immer neue Facetten seiner selbst schildert und erörtert und dabei die peinlichsten Dinge nicht auslässt, auf die man gewöhnlich lieber verzichtet. Er verletzt damit die Konventionen, überschreitet die Grenzen der *bienséance*, des Anstands.

Rousseaus Anliegen war sicherlich, Fakten und Gegebenheiten möglichst genau wiederzugeben. Briefe und Dokumente bestätigen jedenfalls vielfach die Präzision seiner Angaben. So erleichtert er dem heutigen Leser den Einblick in sein Leben und seine Zeit. Doch auch er entgeht mit zunehmendem Alter weder den durch zeitlichen Abstand und seelische Mechanismen bedingten Erinnerungslücken noch dem Bestreben der Autobiographen vor und nach ihm, ein ideales Bild seiner selbst zu entwerfen. Wo genau Stilisierung beginnt und eine Abweichung von tatsächlich Geschehenem vorliegt, ist deswegen nicht immer einfach festzustellen.

Die Geschichte, die Rousseau über sich erzählt, ist im Unterschied zur Tradition kein Heldenepos, sondern die Geschichte eines Unverstandenen, eines Opfers. Dies freilich steht im Gegensatz zu der Berühmtheit, die er schon zu Lebzeiten genoss, ein auf den ersten Blick unauflösbarer Widerspruch. Doch liegt darin die besondere Dynamik in der Entwicklung eines sich selbst entwerfenden und damit befreienden Ichs, dessen Bedeutung nicht an seinem Erfolg, sondern an seiner Verfolgung gemessen werden soll. Rousseau nimmt damit eine Tendenz vorweg, die sich im 20. Jahrhundert auch bei Personen und Gruppen durchgesetzt hat, die dies kaum in Anspruch nehmen können, die Selbstdefinition als Opfer.

In dem Nebeneinander von Faktenorientierung und Fiktion, von erfülltem Wunsch nach großer Publikumswirkung und Streben nach Einsamkeit, von öffentlicher Anerkennung und Verfolgung wird ein Grundprinzip Rousseauschen Denkens und Lebens deutlich. In der Koexistenz widersprüchlicher Elemente entstehen Spannung und Ambivalenz, Unberechenbarkeit und damit Freiräume, die dem Individuum des 18. Jahrhunderts keineswegs selbstverständlich sind.

Einer der bekanntesten Widersprüche in Rousseaus Existenz besteht darin, dass er ein bahnbrechendes Werk der Pädagogik schrieb, jedoch Jahre zuvor die eigenen Kinder ins Findelhaus gebracht hatte. Schon die Zeitgenossen haben dies Rousseau heftig zum Vorwurf gemacht, dabei aber eines übersehen: Rousseau selbst plagte sich sein Leben lang mit der Tatsache, als Vater versagt zu haben, zumal er die Bedürfnisse von Kindern so genau kannte. Sein Interesse an pädagogischen Fragen geht auf seine eigene Kindheit und Jugend zurück, doch sein Scheitern als Vater trug ebenso dazu bei, dass sich Rousseau so intensiv mit der Natur des Kindes und mit seiner bestmöglichen Erziehung beschäftigte. Rousseau wurde der Entdecker der Kindheit als einer besonderen Lebensphase und damit des Anspruchs des Kindes auf eine adäquate Behandlung. Rousseau geht mit sich selbst im *Émile* hart ins

Gericht: »Wer seine Vaterpflichten nicht erfüllen kann, hat kein Recht, Vater zu werden. Weder Armut noch Arbeit noch menschliche Rücksichten befreien ihn von der Aufgabe, seine Kinder zu ernähren und selbst zu erziehen. Leser, Ihr könnt es mir glauben. Ich sage jedem, der ein Herz hat und so heilige Pflichten vernachlässigt, voraus, dass er wegen dieses Fehlers lange Zeit bittere Tränen vergießen und niemals Trost finden wird.« Mit dem *Émile* unternahm Rousseau den Versuch, diesen Fehler wieder gutzumachen und schenkte damit Generationen von Kindern eine kindgerechte, freiere Erziehung.

Die Widersprüche innerhalb seines Werkes und verschiedenen Interpretationen derselben Phänomene sind Rousseau oft zum Vorwurf gemacht worden. Doch gerade die Uneinheitlichkeit seiner Schriften ist das, was ihn für die Nachwelt so interessant macht. Immer wieder deutet er dadurch auf offene, ungeklärte Fragen hin, verweist auf die Komplexität der Dinge. Immer wieder geht er bestimmten Problemen nach, fügt neu Erkanntes hinzu, modifiziert frühere Aussagen und gibt so eine Fülle von Anregungen.

Im Bereich der Wissenschaft gibt es zahlreiche Beispiele für eine Orientierung an Rousseau. Hier sei auf Immanuel Kant verwiesen, der sich noch zu Lebzeiten des französischen Philosophen mit dessen Schriften, besonders dem *Émile* beschäftigt, und im Zusammenhang mit seiner Ethik Rousseaus Auffassung übernommen hat, dass der Mensch von Natur aus zur Moralität bestimmt ist. Er ließ sich von Rousseaus Methode inspirieren, die Natur des Menschen zu studieren, »damit man wisse, welche Vollkommenheit ihn im Stande der rohen und welche im Stand der weisen Einfalt angemessen sei«. Auch die Anthropologie und Ethnologie erhielten von Rousseau Anregungen, gerade durch seine Vorstellung, dass der ursprüngliche Mensch in der Einheit mit der Natur lebte und nicht von Adam abstammend, mit Erbsünde belastet aus dem Paradies vertrieben wurde und durch kirchliche Moralvorstellungen gebessert werden muss.

Besonders großen Einfluss hatte Rousseau auf die Literatur, nicht nur auf die Imitatoren seiner Schriften wie Bernardin de Saint-Pierre und andere oft unkritische Verehrer. Seine Landschaftsbeschreibungen, die Rolle, die die Natur für die Darstellung menschlicher Empfindungen in seinen Werken spielt, ist eine der wichtigsten Voraussetzungen für die Entstehung der romantischen Poesie und Prosa nicht nur in Frankreich bei Chateaubriand, Lamartine, Musset, Victor Hugo und anderen, sondern ebenso bei deutschen Autoren, darunter Schiller, Wieland und Goethe. Dieser bewunderte Rousseau, und die Romane *Die Leiden des jungen Werther* und *Wahlverwandtschaften* verdanken der *Nouvelle Héloise* und der Rousseauschen Empfindsamkeit eine Menge. Hölderlin schrieb ein Huldigungs-Gedicht mit dem Titel »Rousseau«. Eichendorffs *Leben eines Taugenichts* ist vom ersten Teil der *Bekenntnisse* beeinflusst. Auch Kafka weist manche Parallele zu dem einsamen, in einer undurchdringlichen Umwelt irrenden Ich der späten Schriften Rousseaus auf, und die autobiographische Literatur hat durch Rousseau generell neue Impulse erhalten.

Die Pädagogik verdankt, wie jeder weiß, Rousseau unendlich viel. Dieser fand nicht nur zu seinen Lebzeiten Nachahmer des Erziehers im *Émile*. Neben der Entdeckung der Kindheit in ihrem Eigenwert sind die »negative Pädagogik«, das Nichteingreifen, die Berücksichtigung des Alters bei der Auswahl des Unterrichtsstoffs, das Lernen durch eigene Erfahrung statt durch Belehrung in nicht zu kurz bemessener Zeit, das Vermeiden von Zwängen und die Konfrontation des Kindes mit dem Notwendigen und dessen Einsicht in das Unvermeidliche heute für viele Erzieher selbstverständlich.

Rousseau ist von Pädagogen in ganz Europa rezipiert worden. Er hat einen neuen Glauben an die Wirkung von Erziehung begründet und in der Folge zahlreiche pädagogische Reformer und Bildungsreformer inspiriert: Wilhelm von Humboldt und die Bildungsreform in Preußen; den Pädagogen Heinrich Pestalozzi in der Schweiz, Maria Montessori in Italien und Célestin Freinet in Frankreich, die unter Berufung auf Rousseau Schulen und andere pädagogische Einrichtungen gründeten. Auch Tolstoi, der ein großes Erziehungsprojekt betrieb, orientierte sich am *Émile*. David Gribble versuchte Rousseaus Prinzipien im Internat Dartington Hall in England umzusetzen, der polnische Kinderarzt und Sozialpädagoge Janusz Korczak, der *Das Recht des Kindes auf Achtung* (1928) und viele andere Texte zur Pädagogik schrieb, übernahm wichtige Elemente von Rousseau mit dem Schwergewicht der Erziehung zu selbständigem und verantwortlichem Handeln.

Auch manche Pädagogen der Zeit nach '68 orientierten sich bei ihren Reformprojekten an Rousseauschen Ideen. Der *Émile* ist bis heute ein Standardwerk der Erziehung, Rousseaus Erziehungskonzept ist unumstritten. Auch in unserer Zeit können Erzieher mit Gewinn im *Émile* lesen, denn Rousseaus pädagogischer Einfallsreichtum ist groß.

Rousseau ist eine der großen Gestalten der französischen Aufklärung und doch mit keinem der anderen Aufklärer zu vergleichen. Den für Philosophen des 18. Jahrhunderts selbstverständlichen Rationalismus stellte er radikal in Frage, den Materialismus, den Diderot, d'Holbach und andere vehement vertraten, ebenso. Er besaß verschiedene Begabungen als Komponist, Romancier, Theoretiker der Pädagogik, politischer Philosoph und war auf all diesen Gebieten produktiv. Er lebte bewusst das Leben eines Außenseiters, war und blieb der Protestant aus Genf, der in Frankreich zu Berühmtheit gelangt war und schließlich sowohl von dort als auch aus seiner Heimat vertrieben wurde. Sein »wildes« Leben war eine Aneinanderreihung verschiedenster Epochen, Stationen, in denen sein Ich neue Wege suchte. Durch seine Verfolgung wurde er zu einer langjährigen Flucht von einem Ort zum nächsten gezwungen und zog sich schließlich in die Einsamkeit zurück. Trotz seines Außenseitertums repräsentiert Rousseau sein Jahrhundert auf besondere Weise. Was kann einer Zeit großer Umbrüche mehr entsprechen als eine sich ständig neu orientierende, Widersprüche nicht fürchtende Lebens- und Arbeitsweise.

So wird die Beschäftigung mit Rousseaus Leben neben der Begegnung mit einem außergewöhnlichen Menschen auch zu einer Reise in eine Epoche, in der das Alte noch existierte, sich das Neue aber schon ankündigte und die bevorstehenden Transformationen bereits zu spüren waren. Dabei handelt es sich um etwas, das man ebenso über unsere, durch große Herausforderungen nach Veränderung geprägte Zeit sagen kann.

1
Das protestantische Rom

Rousseaus Person und Werk wurzeln tief in den Besonderheiten einer einzigartigen Stadt, die seit der Antike auf eine wechselvolle Geschichte zurückblickt. Die besondere Prägung dieses Ortes, die im Folgenden skizziert werden soll, hat entscheidende Bedeutung für die Mentalität der Menschen, die wie Rousseau in ihr geboren und aufgewachsen sind. Seine Überzeugungen, viele seiner Ideen und Elemente seines Verhaltens sind ohne diesen Hintergrund nicht zu verstehen. Deshalb möge der Leser an dieser Stelle einen Blick auf die Stadt seiner Herkunft werfen.

In idyllischer Landschaft, nahe am Jura und unweit der Alpen gelegen, dort wo die Rhône den See an dessen schmalem westlichem Ende verlässt, liegt Genf auf einem Hügel, von Caesar, der es als Erster schriftlich erwähnt, Genua genannt. Die großen Verbindungen zwischen Nord- und Südeuropa, zwischen Westen und Osten führen hier vorbei, unterstützt durch Wasserwege über die Rhône und den See.

Bis heute hat das französischsprachige Genf, dessen Territorium zu Lebzeiten Rousseaus noch von Savoyen, heute einem Teil Frankreichs, umgeben war und dessen Kultur stark von der französischen beeinflusst ist, eine ganz eigene, auf jahrhundertealte Traditionen zurückgehende Prägung. Die Bürger der zunächst kelto-ligurischen und seit dem Gallischen Krieg gallo-romanischen Stadt, die mit der Christianisierung Bischofssitz wird, wobei der Bischof vom 12. Jahrhundert an auch die weltliche Herrschaft ausübt, waren seit jeher auf ihre Autonomie bedacht. Bereits früh gibt es in der Stadt eine selbstbewusste Bürgervertretung, die mit gewissen Rechten und Freiheiten ausgestattet ist; schon im 14. Jahrhundert basiert die Organisation der Kommune auf einer Generalversammlung, dem *conseil général*, der demokratische Züge trägt und einmal im Jahr die Regierung bestimmt. Der Generalversammlung gehören verschiedene Kategorien von Einwohnern an: die *citoyens*, in der Stadt Geborene, deren Vater bereits diesen Rang besaß, die politische und zivile Rechte besitzen, in die wichtigsten Ämter gewählt werden können und jegliche wirtschaftliche Tätigkeit ausüben dürfen; daneben die *bourgeois*, die ihr Bürgerrecht käuflich erworben haben und keine höheren Ämter bekleiden dürfen, dafür aber in Handel und Industrie uneingeschränkt tätig sein können. Die dritte Gruppe besteht aus einfachen Einwohnern, die keine öffentlichen Ämter bekleiden dürfen. Die Generalversammlung spielt bis ins 16. Jahrhundert eine wichtige Rolle in der Politik der Stadt und debattiert über alle relevanten öffentlichen Angelegenheiten. Sie wählt in jedem Jahr vier Repräsentanten, die *syndics*, welche ihrerseits eine Zahl von zehn bis zwanzig Beratern ernennen, aus denen sich der *petit conseil*, die »Kleine Versammlung«, zusammensetzt.

Im 15. Jahrhundert erlebt Genf einen enormen wirtschaftlichen Aufschwung. Es erhält die erste Filiale der Medici-Bank nördlich der Alpen, die Zahl der Einwohner verdoppelt sich, neben der wirtschaftlichen Prosperität auch durch die Einwanderung italienischer Kaufleute, französischer Handwerker und kleiner Händler bedingt. Buchdruck und Künste blühen, Genf wird, seit die Päpste in Avignon residieren, wegen seiner geographischen Nähe und verkehrspolitisch günstigen Lage zu einem kulturellen und wirtschaftlichen Zentrum.

Die ständige Bedrohung durch die Machtansprüche der Herzöge von Savoyen, die Genf gern zu ihrer Hauptstadt machen würden, bestimmt über Jahrhunderte das Schicksal der Stadt.

Nach dem Niedergang der Märkte gegen Ende des Jahrhunderts wegen des wirtschaftlichen Aufstiegs der vom französischen König stark geförderten Stadt Lyon und dem Umzug der Medici-Bank-Filiale dorthin sind die Genfer fortan auf den Handel mit den Schweizern und den deutschen Fürstentümern angewiesen. Hierdurch ergibt sich auch auf kulturellem und politischem Gebiet eine Öffnung zu diesen Regionen. Die Genfer gehen im ersten Drittel des 16. Jh. mit den Schweizer Kantonen Bern und Fribourg Bündnisse ein, der Einfluss eidgenössischer Traditionen in Genf wächst und hat eine solche Stärkung der Macht der Bürger gegenüber dem Bischof zur Folge, dass selbst verschiedene kirchliche

Funktionen nun von den Repräsentanten der Bürgerschaft wahrgenommen werden. 1535 gelingt es den Genfern, die Bischofsherrschaft zu beenden. Die Stadt ist nun eine autonome Republik, auf deren Grundlagen der berühmte protestantische Genfer Gottesstaat entstehen wird. Diese Republik ähnelt jedoch eher einer Oligarchie als einer Demokratie. Der gesamte Besitz und alle Rechte des früheren Bischofs sind nämlich auf die wenigen Patrizierfamilien an der Spitze übergegangen.

Durch Einflüsse des in der Reformation protestantisch gewordenen Kantons Bern sind die Ideen Luthers und Zwinglis auch in Genf populär geworden und haben zu heftigen Streitigkeiten geführt, die mit einem Sieg des Protestantismus enden. Der Übergang zur protestantischen Republik und die Abkehr vom früheren Glaubenssystem vollzieht sich am 21. Mai 1536 mit dem Beschluss der Generalversammlung, von nun an »gemäß dem heiligen Gesetz des Evangeliums und dem Wort Gottes zu leben« und »jegliche Messen und andere päpstliche Feierlichkeiten und Missbräuche, Bilder und Götzenidole aufzugeben«. Die Repräsentanten des Volkes stimmen selbst über die Einführung des neuen Glaubens ab.

Der erste Versuch der Errichtung eines Gottesstaates durch den französischen Reformator Calvin und den Genfer Reformator Guillaume Farel scheitert noch am Widerstand der Bürgervertretung. Die beiden werden aus der Stadt vertrieben. Doch 1540 kehrt Calvin, der inzwischen im von Frankreich unabhängigen Straßburg eine große protestantische Gemeinde gegründet hat, auf Bitten der Regierung nach Genf zurück. Nach Straßburger Muster entsteht eine neue Kirchenordnung, die von der Generalversammlung beschlossen und in den folgenden Jahren konsequent umgesetzt und für fast drei Jahrhunderte Leben und Organisation der Genfer Kirche bestimmen wird. Verstöße werden mit Bußen, Verhaftungen, Hinrichtungen, Hexenprozessen aufs Härteste geahndet. Zwar beansprucht die Kirche nicht die weltliche Macht, übt aber dennoch einen entscheidenden Einfluss auf die Gesetzgebung aus und überwacht die Reinheit der Sitten. Das Konsistorium, die Kirchenleitung, wird zu einer Glaubens- und Sittenpolizei, die mit harten Strafen droht, Exkommunikationen ausspricht und bewirkt, dass die Regierung gegen Abweichler vorgeht.

Auch auf die Verfassung der neuen Republik nimmt der Jurist Calvin Einfluss. Unter Missachtung der demokratischen Strukturen der Stadt werden die Rechte der Exekutive stark erweitert, der Generalversammlung wird die Möglichkeit genommen, die Regierung zu kontrollieren, sie verliert jeden Einfluss auf die Gesetzgebung. Zwischen 1543 und 1555 hat sich im Volk mehrfach Widerstand gegen Calvins neue Moralordnung und die harten Maßnahmen zu ihrer Durchsetzung erhoben, es kommt zu einem Aufstand, dessen Anführer teilweise zum Tode verurteilt, teilweise verbannt werden. Der Widerstand gegen Calvin und die Kirchenleitung geht weniger auf religiöse als auf soziale Motive zurück, Fragen der Disziplinierung spielen eine größere Rolle als Glaubensfragen. Berühmt und berüchtigt ist die Hinrichtung des Ketzers Servet, der die Trinität geleugnet hat und 1553 in Vienne zum Tod auf dem Scheiterhaufen verurteilt wird. Wie so viele Flüchtlinge, die wegen ihres Glaubens Frankreich verlassen müssen, sucht auch er Zuflucht in Genf. Doch er wird von Calvin während einer Predigt erkannt, von ihm denunziert und auf Beschluss der Regierung öffentlich verbrannt.

Calvin hat sich trotz aller Widerstände durchgesetzt. Nun sind alle Mitglieder der Exekutive seine Leute, die Regierung führt unter Einfluss der Pfarrer, der *vénérable classe des pasteurs*, der »ehrbaren Klasse der Pastoren«, eine rigorose Disziplin ein. Es folgt eine umfassende Schulreform, das neu gegründete Collegium und die Akademie bilden die Grundlage für die Ausbildung reformierter Geistlicher aus vielen Ländern, Genf wird zum »protestantischen Rom«.

Zur Heranbildung einer Elite wird die allgemeine Schulpflicht eingeführt, Kinder die das Collegium besuchen, sollen auf das Pfarr- oder Regierungsamt vorbereitet werden. Die Schul- und Berufsausbildung werden streng von der Kirche überwacht. Alle Schüler sollen zu Bürgern erzogen werden, die ihren Glauben kennen und sich ihrer Pflichten gegenüber Gott und der Stadt bewusst sind.

Eine soziale und moralische Erneuerung beginnt. Polizeivorschriften wirken auf die öffentliche Moral ein, Vorschriften regeln Gottesdienstbesuch und Katechismusunterricht, schränken Luxusausgaben für Kleidung und Essen ein. Prostitution und außereheliche Liebe werden ebenso verfolgt wie öffentliche Bäder für beide Geschlechter, Spiel, Tavernenbesuch und Unzucht. Wer sich daran nicht hält, muss die Stadt verlassen. In den ländlichen Gebieten, die zu Genf gehören, werden Lieder, Tanz, Spiel, Trunksucht und Unzucht verboten. Die frühere weltoffene Handelsstadt ist zu einem Laienkloster geworden, das nur dem Wort Gottes in der Auslegung der Regierung gehorcht und der Enthaltsamkeit verpflichtet ist.

Wie hat Calvin einen solchen Einfluss auf das gesamte Leben der Stadt nehmen können?

Verschiedene Ursachen haben dazu beigetragen: die Öffnung Genfs nach Norden und zur Schweiz aufgrund wirtschaftlicher Probleme nach dem Aufstieg Lyons zur Handelsstadt. Dadurch sind reformatorische Ideen aus Bern, einer Hochburg der neuen Religion, in die Stadt gelangt. Zudem sind die Genfer durch die jahrhundertelange Herrschaft von Bischöfen an eine Koexistenz mit geistlicher Macht gewöhnt, mit der sich die Generalversammlung und die anderen Gremien in zahlreichen Fragen auseinander gesetzt und arrangiert hatten.

Ein wesentliches Moment liegt auch in dem Neuaufbruch, den die protestantische Religion mit sich bringt. Sie ist eine Erneuerungsbewegung angesichts der Missstände in der katholischen Kirche. Und es kommen wegen der Hugenottenverfolgung – schon seit 1523, lange vor der Bartholomäusnacht, hat es in Frankreich Ketzerverbrennungen gegeben – immer mehr protestantische Flüchtlinge aus Frankreich, die eifrige Anhänger der neuen Lehre sind und zur einflussreichen gehobenen Bildungsschicht gehören. Das wichtigste Moment jedoch liegt wohl in der Lehre Calvins selbst. Ein zentraler Punkt ist die Prädestinationslehre, nach der Gott durch Gnadenwahl bestimmte Menschen für die Erlösung und ein ewiges Leben bestimmt. Ob ein Mensch erwählt ist oder nicht, kann er zwar nach Calvins Auffassung nicht wissen, doch ist es Pflicht des Christen, zur Ehre Gottes gute Werke zu tun, und wenn dies unterbleibt, kann ein Christ nicht erwählt sein. Im Gegensatz zu Luther, für den die Erlösung des Menschen allein von göttlicher Gnade abhängt, vertritt Calvin die Auffassung, dass der Mensch, der erwählt ist, durch gute Werke an seinem Heil mitwirkt. Wer sich nicht an die Regeln und Vorschriften von Religion und Kirche hält, kann seiner Verdammung so gut wie sicher sein. In einer Zeit, in der Menschen an die Auferstehung von den Toten, das Jüngste Gericht, die Hölle und ewige Verdammnis glauben, bestimmt die Frage nach der ewigen Seligkeit das Leben. Irdischer Wohlstand auf der Basis gewissenhafter Arbeit und Fleiß sind ein Zeichen der Erwählung. So ergibt sich ein enger Zusammenhang zwischen säkularer Existenz und Jenseitserwartung.

Das sparsame, arbeitsame Leben der Genfer führt zu wirtschaftlicher Blüte. Calvin gestattet Geldverleih mit Zinsen wie bereits die katholischen Bischöfe vor ihm und fördert das bis heute in Genf florierende Bankwesen. Der Wohlstand und die Kontrolle der Lebensführung der Menschen durch das Konsistorium haben die Position des Reformators gestärkt. Und so erweist sich die Stabilität seines Systems noch über seinen Tod hinaus, wenn auch sein Nachfolger Théodore de Bèze das System maßvoll liberalisiert.

Erst im 17. Jahrhundert wird eine Abkehr von der protestantischen Orthodoxie zu Gunsten einer liberaleren Orientierung beginnen, mit der Zeit gewinnen die weltlichen Herrscher gegenüber den kirchlichen an Einfluss, doch sie erweitern zugleich ihre Macht gegenüber dem Volk. Nach dem Vorbild anderer Schweizer Kantone werden einfache Bürger dazu angehalten, die nun in feierlichem Schwarz gekleideten weltlichen Würdenträger mit »Exzellenz« oder »Fürst« anzusprechen und vor ihnen den Hut zu ziehen. Zudem verliert die Generalversammlung zunehmend an Kompetenzen, so können jetzt ohne ihre Zustimmung Steuern erhoben werden. Der Einfluss der Exekutive nimmt erheblich zu, ihre Mitglieder bleiben lebenslang an der Macht und werden meistens von eigenen Verwandten beerbt.

Die soziale Struktur der Stadt verändert sich durch die nach wie vor in die Stadt strömenden protestantischen Immigranten aus Frankreich, zu denen auch Rousseaus Vorfahren gehören. Sie vertreten freie Berufe, sind Handwerker oder Händler, stärken das Bürgertum und Kleinbürgertum. Ihre Eliten werden Lehrer, Professoren an der Akademie und Mitglieder des Konsistoriums. Die neuen Genfer Bürger sind am Aufschwung von Handel und Industrie und an der kulturellen Blüte beteiligt.

Der starke innere Zusammenhalt der Genfer wird durch Versuche Savoyens, die Stadt durch die Gegenreformation für den katholischen Glauben zurückzugewinnen, nur verstärkt. So bringt das 17. Jahrhundert der Republik neue schwere Probleme. Der Herzog von Savoyen unternimmt 1602 einen weiteren Versuch, ohne jede Kriegserklärung die Stadt zu erobern. Der Angriff misslingt. Die Kunde von der Rettung der heiligen Stadt durch den Allerhöchsten wird zum Mythos und verbreitet sich in ganz Europa. 1603 erkennt der Herzog von Savoyen die Unabhängigkeit Genfs zum ersten Mal offiziell an. Genf erhält Handels- und Steuererleichterungen als Ausgleich für sein begrenztes Territorium.

Die alten demokratischen Traditionen der Stadt sind nicht vergessen. Erste Anzeichen einer Volksbewegung werden sichtbar, dennoch ist der Einfluss des Klerus noch stark, die Reinheit der Sitten wird weiterhin streng überwacht, nach wie vor werden Strafen gegen selbst geringfügige sittliche Vergehen erlassen.

Neue Zuwanderungsströme erreichen Genf nach der Aufhebung des Edikts von Nantes 1685. Sie machen knapp ein Fünftel der Bevölkerung aus und bringen der Stadt neuen Wohlstand. Die wichtigsten Industriezweige Genfs prosperieren: Uhrmacherei, Textilherstellung und Bankenwesen.

Außenpolitisch wird die Stadt angesichts neuer Schikanen von Seiten der Savoyarden von Frankreich und den Schweizer Kantonen geschützt. 1697 wird sie von den Schweizer Kantonen als helvetisches Territorium anerkannt. Kanton darf es wegen des Widerstands der katholischen Kantone nicht werden, und es erreicht diesen Status erst nach Rousseaus Tod, beim Wiener Kongress 1815.

Die Republik Genf ist nach wie vor auf ihre Autonomie und ihre Besonderheit bedacht, selbst als der katholische französische König und die protestantischen Schweizer Kantone ihm als Garantiemächte Schutz gegen die Machtansprüche der Savoyarden bieten. Genf ist französisch und gehört nicht zu Frankreich, Genf liegt auf Schweizer Territorium, will aber mit der Schweiz nichts zu tun haben. Die protestantische Republik Genf ist etwas ganz Eigenes und das gilt in gewisser Weise bis heute.

Mit dem 18. Jahrhundert beginnt für die Stadt eine Zeit heftiger innerer Auseinandersetzungen. Die Genfer Gesellschaft besteht aus fünf Klassen: den Patriziern, die die Exekutive bilden; den

1 Treffen der Generalversammlung. Sie kam auf dem Platz vor der Kathedrale Saint-Pierre zusammen.

Bürgern, die in der Generalversammlung vertreten sind; den Einwohnern ohne politische Rechte, die gegen Zahlung einer Steuer in Genf leben dürfen, deren Nachkommen und den Landbewohnern, die seit dem 17. Jahrhundert kein Bürgerrecht erwerben dürfen.

1707, fünf Jahre vor Rousseaus Geburt, kommt es zu ersten schweren Auseinandersetzungen zwischen Bürgertum und Patriziat. Pierre Fatio, ein zu den Patriziern gehörender Anwalt italienischen Ursprungs, engagiert sich für die Sache des Bürgertums und die Rechte der Generalversammlung. Deren Funktion beschränkt sich inzwischen nämlich weitgehend auf die »Repräsentationen«, Eingaben an die Regierung, die oft abgewiesen werden, sowie auf die Wahl der vier obersten Regierungsbeamten, der *syndics*, auf einer Liste von acht Kandidaten, die die Exekutive, *petit conseil*, »Kleiner Rat« genannt, festsetzt. Deren fünfundzwanzig Mitglieder aber werden aus dem *conseil des deux-cents*, dem Rat der Zweihundert, rekrutiert, der wiederum aus Patriziern besteht. Nur wenige reiche Familien der Stadt teilen sich auf diese Weise die Macht, von einer wirklichen Demokratie kann kaum die Rede sein.

Nachdem Fatios Reformvorschläge von der Regierung abgelehnt worden sind, kommt es zu öffentlichen Bürgerversammlungen, auf denen die Regierung ihre Auffassungen darlegt und Fatio mehr Macht für die Generalversammlung fordert. Deren radikale Mitglieder organisieren einen Aufstand, der die Regierung in solche Bedrängnis bringt, dass sie die Kantone Zürich und Bern um militärische Unterstützung bittet. Die Anführer der Bürgerbewegung werden verhaftet, zwei ihrer Fürsprecher hingerichtet. Fatio stirbt im Gefängnishof durch die Armbrust.

Als Rousseau 1712 in Genf zur Welt kommt, bestehen weiterhin Spannungen zwischen Bürgertum und Patriziat, der Konflikt schwelt und Rousseau selbst wird bei diesen Auseinandersetzungen später eine wichtige Rolle spielen.

Die Atmosphäre in seiner Geburtsstadt ist nach wie vor von Religion und Sittenstrenge geprägt. Man erzieht die Kinder zu Frömmigkeit, Tugend, Bescheidenheit und Nützlichkeit, man predigt sexuelle Askese und verbietet Vergnügungen. Dies bleibt nicht ohne Auswirkung auf die Mentalität der Genfer und ist auch für Rousseaus seelische Entwicklung entscheidend. Die starken sozialen Unterschiede sind in der Stadt deutlich spürbar. Die Oberschicht lebt auf dem Hügel, in den schmalen und doch gediegenen mittelalterlichen Gassen um die Kathedrale Saint-Pierre. Alle anderen leben in der Unterstadt.

Genfer zu sein ist etwas Besonderes, auch im 18. Jahrhundert ist etwas von dem Erwählungsgedanken Calvins zu spüren. Und von der Vorstellung, anders zu sein, ist auch Rousseau auf besondere Weise geprägt. »Ich bin keiner von denen, die ich gesehen habe; ich glaube sogar, ganz anders zu sein als die, die ich kenne. Nicht besser, aber wenigstens anders«,[1] sagt er von sich selbst und ist dabei vom Genfer Selbst- und Lebensgefühl gewiss nicht unbeeinflusst. Genfer Bürger grenzen sich ab: gegen den Katholizismus, gegen Frankreich, gegen die Kantone der Schweiz. In dieser Abgrenzung bewahren sie ihre Besonderheit. Sie sind nie weltliche Untertanen gewesen, da sie keinen König hatten, doch müssen sie sich dafür mit der Autorität von Religion, Kirche und Tugend über das tägliche Leben abfinden, und dies bedeutet für jeden Einzelnen, dass er leicht in Konflikt zwischen eigenen Wünschen und Vorstellungen und dem strengen Moralkodex geraten kann und dass sich bei so manchen ein Gefühl des Gutseins, wenn nicht Besserseins, eine rechthaberische Attitüde entwickeln kann. Diese jedoch ist stets gepaart mit einem Gefühl der Verpflichtung, des Schuldigseins – denn wie soll man alle lustfeindlichen Moralgebote stets einhalten und dazu sämtliche anderen Pflichten erfüllen?

Jahrhundertelang haben die Menschen dort in höchstem Respekt, wenn nicht in großer Angst vor manchem Genfer Pfarrer gelebt. Davon zeugt folgende wahre Begebenheit, die sich noch zu Beginn des 20. Jahrhunderts ereignet hat. Ein Ehepaar brachte sein Kind zu einem Genfer Pfarrer, der als besonders streng galt, um es taufen zu lassen. Auf seine Frage: »*C'est un garçon ou une fille?*, Ist es ein Mädchen oder ein Junge?«, antworteten die Eltern einstimmig: »*Comme vous voulez, Monsieur le Ministre*, Wie Sie wollen, Herr Pfarrer.«[2]

Auch die moralische Rigidität kommt in allen Lebensbereichen zum Ausdruck, selbst im Bereich des Kinderspiels. Die Spielanleitung zu einem im 20. Jahrhundert entwickelten, in düsterem Grau und spärlichen Farben gehaltenen Brettspiel, *Le Jeu du Rempart*, auf dem die Ereignisse der versuchten Eroberung Genfs durch die Savoyarden 1603 abgebildet sind, weist noch deutliche Spuren calvinistischer Tradition auf: »Dieses Familienspiel ... übt die Kinder in Geduld und Ausdauer. Es symbolisiert sehr deutlich und konkret, welch zähe Bemühungen die Eroberung jeglichen Ziels erfordert, sei es moralisch oder materiell. Es ist nicht schlecht, dass Kinder, selbst beim Spielen, lernen, dass man in dieser Welt nichts ohne Mühe erreicht und dass sie sich daran gewöhnen, ohne beleidigt zu sein oder zu ermüden, die unausweichlichen und unvorhersehbaren Launen des Schicksals zu ertragen.«

Nicht jeder ist in der Lage, unter starkem seelisch-moralischem Druck zu leben und seine Vitalität, Phantasie, sein Denken und seinen Tatendrang einengen zu lassen. Dies hat dazu geführt, dass nicht wenige Genfer ihre Stadt verlassen haben, um anderswo ein freieres Leben zu führen. Viele taten es vor Rousseau und viele nach ihm, der Anteil der Genf-Flüchtlinge aus seiner Familie ist hoch. Auch sein Weg hat ihn aus seiner Vaterstadt und ihrer besonderen Kultur hinausgeführt, und doch ist nicht nur seine Genfer Erziehung von ausdauernder Wirkung gewesen; auch Genfs politisches Schicksal hat ihn ein Leben lang beschäftigt. Bis zu seinem Tod ist Rousseau im Herzen ein Genfer geblieben.

2
Das verlorene Paradies

Rousseau hat in den *Confessions*, den »Bekenntnissen«, seinen zwischen 1766 und 1769 geschriebenen Erinnerungen, lange vor Freud eine retrospektive Psychologie entworfen und der Nachwelt eine ausführliche Beschreibung seiner Kindheit hinterlassen, in der Absicht, »die Kette seiner geheimen Empfindungen« und damit die Grundzüge seiner Persönlichkeit darzulegen. Er ist, wie er selbst sagt, darauf bedacht, anders als berühmte Memoirenautoren vor ihm, nichts zu beschönigen. Tatsächlich ist sein Erinnerungsvermögen, wie die Forschung gezeigt hat, erstaunlich genau. Und ohne Zweifel bietet er seinem Leser die Möglichkeit, einen tiefen Einblick in seine Persönlichkeit zu nehmen. Gerade im Bezug auf die Kindheit und Jugend ist seine Darstellung von faszinierender Klarheit, Detailreichtum und in ihrer Berücksichtigung der seelischen Entwicklung eines Einzelnen von großer Modernität, all dies ein Ausdruck seiner für das 18. Jahrhundert geradezu revolutionären Überzeugung, dass die Kindheit, und zwar vom Augenblick der Geburt an, eine wichtige Zeit im Leben eines Menschen darstellt und er darin entscheidende Prägungen erfährt.

1712, fünf Jahre nach dem Volksaufstand gegen die Genfer Obrigkeit, kommt Jean-Jacques Rousseau zur Welt. Beide Eltern stammen aus Familien, die während der Hugenottenverfolgung aus Frankreich nach Genf geflohen sind. Sein Vater Isaac ist Uhrmacher, in Genf ein angesehener Beruf, der den Besuch einer höheren Schule und Kenntnisse des Lateinischen, der Wirtschaftslehre und Geschichte voraussetzt. Seine Vorfahren haben bereits Mitte des 16. Jahrhunderts das Bürgerrecht erhalten, das nur 1600 von 15.000 Bewohnern überhaupt besitzen, und gehören damit zu den besseren Kreisen, wenn auch nicht zur höchsten Oberschicht. Rousseaus Mutter, Suzanne Bernard, stammt aus einem wohlhabenden, kultivierten Haus. Sie ist nach dem Tod ihres Vaters bei ihrem Onkel, einem protestantischen Pfarrer, aufgewachsen, und ist als junge und schöne, gebildete Frau eine begehrte Partie gewesen. Diversen Freiern aus Patrizierfamilien hat sie jedoch ihren Jugendfreund Isaac vorgezogen, der ihr durch manche Gemeinsamkeit in beiden Familien vertraut ist. Deren Mitglieder haben verschiedentlich wegen unsittlichen Betragens Mahnungen des Konsistoriums erhalten, der Großvater Rousseau wegen Tanzveranstaltungen in seinem Haus am Neujahrstag, der Vater von Suzanne wegen eines recht freizügigen Lebenswandels. Auch die lebenslustige, unterhaltsame Literatur und Musik liebende Suzanne selbst, die sich beim Singen nicht auf die vom Konsistorium vorgeschriebenen geistlichen Lieder beschränkt, ist schon mehrfach zur Ordnung gerufen worden. Vor ihrer Ehe hat sie, als Bauernmädchen verkleidet, verbotene Theaterdarbietungen in der Unterstadt besucht, ist erkannt und denunziert worden. Isaac wiederum liebt das Geigenspiel. 1704 heiraten sie, obwohl Isaac den Ansprüchen ihrer Familie eigentlich nicht genügt. Er besitzt zwar das Genfer Bürgerrecht, stammt aber aus dem Viertel Saint-Gervais in der Unterstadt, doch mit dem angesehenen Beruf des Uhrmachers ist er akzeptabel. Isaac Rousseau ist ein gebildeter Mann, der nicht nur die Bibel, sondern auch Seneca und Thukydides, Herodot und Cicero, Vergil, Homer, Lukan, Molière und Machiavelli gelesen hat. Das junge Paar lebt in der Genfer Altstadt, dem privilegierten Patrizierviertel, in der Grand Rue Nr. 40, nahe der Kathedrale.

Ein Jahr nach der Hochzeit kommt der erste Sohn, François, zur Welt, der seiner Umgebung wegen Unzuverlässigkeit und krimineller Neigungen viele Probleme bereitet, seine Uhrmacherlehre abbricht und eines Tages die Stadt für immer verlässt und verschollen bleibt. Mit François verbindet Jean-Jacques die Erinnerung, dass er seinen Bruder, als der Vater ihn strafen wollte, aus Mitleid vor Schlägen beschützte, indem er sich dazwischenwarf, woraufhin der Vater auf die Strafe verzichtet. Dass sein Bruder auf die schiefe Bahn geraten ist, erklärt Jean-Jacques damit, dass man ihn als Kind vernachlässigt habe.

Isaac Rousseau geht bald nach der Geburt des ersten Sohnes als Uhrmacher nach Konstantinopel, wo es erfolgreiche Geschäfte zu

2 Jean-Jacques Rousseaus Geburtshaus in der Grand-Rue 40, in dem er seine ersten sechs Jahre verbrachte. Das Haus wurde seiner Mutter Suzanne von deren Mutter vererbt.

machen gilt, und kehrt erst im Herbst 1711 auf Bitten seiner Frau zurück. »Zehn Monate danach kam ich schwach und krank zur Welt«, schreibt Jean-Jacques. »Ich kostete meine Mutter das Leben und meine Geburt war mein erstes Unglück.«[1] Er wird von der Schwester seines Vaters, Suzanne, liebevoll aufgezogen und ist ein behütetes Kind von zarter Gesundheit. Dass Jean-Jacques' Mutter durch seine Geburt den Tod gefunden hat, erzeugt in ihm ein tiefes Schuldgefühl, das im calvinistischen Umfeld vermutlich schwer einzudämmen ist. Auch lässt der Vater in seinem Kummer den Sohn jahrelang spüren, dass er die Ursache für den Verlust seiner geliebten Frau gewesen ist. Daraus entsteht bei Jean-Jacques schon sehr früh das Bedürfnis, sich für ein »Vergehen« zu rechtfertigen, an dem er eigentlich keine andere Schuld trägt als die, geboren worden zu sein. Er hat eine große Sehnsucht nach Liebe und Anerkennung, die er zwar in den ersten Jahren reichlich erfährt, durch die Familie, die Tante, die ihn zärtlich umsorgt, ihm regelmäßig Lieder vorsingt und damit seine Liebe zur Musik begründet, auf die er aber bald verzichten muss.

1718 verlässt Isaac Rousseau das Haus in der vornehmen Oberstadt und zieht mit seiner Werkstatt nach Saint-Gervais in die Rue de Coutance am rechten Rhône-Ufer. Damit verliert der Sohn die vertraute Umgebung und gerät in ein gänzlich anderes Milieu, in dem es weniger gediegen zugeht. Hier ist das einfache Volk zu Hause, das von der Herrschaft in der Stadt ausgeschlossen ist und die Patrizier angesichts sozialer Ungerechtigkeit als Feinde betrachtet. Die Aufstände, die es seit 1707 in der Stadt immer wieder gegeben hat, sind von der politisch und militärisch gut organisierten Bevölkerung dieses Viertels ausgegangen, hier wohnen ihre Anführer. Viele Bürger treffen sich in Gruppen und Debattierclubs und entwickeln dabei Bürgerstolz und Selbstbewusstsein. Isaac Rousseau, dessen Vermieter Oberhaupt dieser Volksbewegung ist, gehört auch dazu, selbst die Kinder werden von dieser Bewegung angesteckt und planen Angriffe auf die Söhne der Herren aus der Oberstadt. Jean-Jacques ist Mitglied einer kleinen Brigade, die solche Absichten hegt. Kommen die wegen ihrer stetigen Ablehnung von Eingaben der Bürger *négatifs*, »die Negativen«, genannten Regierungsvertreter nach Saint-Gervais, um das Volk zu beruhigen, pflegen die Frauen zu rufen: *»Liberté, liberté«*, und

3 Das Haus in der Rue de Coutance 28, in dessen 3. Stock Jean-Jacques Rousseau mit seinem Vater ab 1718 wohnte, nachdem sie das Haus in der Grand-Rue verkauft hatten.

beschimpfen alle, die am Protest nicht teilnehmen, als Feiglinge, Mamelucken, weil sie sich von ihren Patrons haben einschüchtern lassen.

Isaac Rousseau gehört, da er das Genfer Bürgerrecht besitzt, zu den 1600 Mitgliedern der Generalversammlung, der von allen früheren Privilegien nur noch ein Beschwerderecht geblieben ist. Er macht davon eifrig Gebrauch. Seine republikanische Gesinnung ist ihm heilig, und er ist bereit, mit seiner Person dafür einzustehen. Wegen seines draufgängerischen Temperaments kommt es öfter zu Schlägereien.

Jean-Jacques und sein Vater stehen einander sehr nahe. Sie verbringen viel Zeit miteinander, und zwar ganz besonders mit gemeinsamem Lesen. »Ich weiß nicht, wie ich lesen lernte, ich erinnere mich nur meiner ersten Lektüre und ihrer Wirkung auf mich. Von dieser Zeit an datiere ich ohne Unterbrechung das Bewusstsein meiner selbst ...«[2]

Jean-Jacques, der keine Schule besucht, und sein Vater lesen abends, oft bis spät in die Nacht, zusammen Bücher, die sie in den Bibliotheken der Mutter und ihres Onkels Samuel Bernard, bei dem Suzanne aufgewachsen ist, finden, dazu die Werke, die zur damaligen Zeit zum Lektürekanon gehören. Bevor der Junge selbst die Welt kennen lernt, erlebt er sie auf vielfache Weise in Büchern. Literatur und Leben auseinander zu halten ist schon für Erwachsene nicht immer einfach. Was ist Wirklichkeit, was Erfindung? Eine solche Frage stellt sich einem Kind in diesem Alter noch nicht. Und so nimmt der kleine Jean-Jacques die Dinge, von denen er liest, für Realität. Gemeinsam widmen sich Vater und Sohn der Lektüre der *Astrée*, des fünftausend Seiten starken Abenteuer-, Schäfer und Liebesromans von Honoré d'Urfé mit seinem Traum von Arkadien, einer besseren Welt, dazu der *Metamorphosen* des Ovid, der *Weltgeschichte* von Bossuet, in der der Autor das Wirken der Vorsehung in der Geschichte nachzuweisen sucht, dann einer Geschichte Venedigs, La Bruyères *Maximen und Betrachtungen* und Porträts der Gesellschaft des 17. Jahrhunderts, vor allem aber Plutarchs damals viel gelesenen Biografien berühmter Gestalten der Antike und seinen philosophischen, religiösen und politischen Schriften, die Rousseau bis zum Ende seines Lebens immer wieder studieren wird.

Die Unmengen Bücher verwirren sein kindliches Herz, bringen sein Verhältnis zur Realität in Unordnung, prägen sich ihm aber tief ein und wirken sich auf sein Gefühlsleben, sein Verhalten und Denken aus. Die Geschichte von Mucius Scaevola hat ihn beispielsweise so beeindruckt, dass er eines Tages die Hand über eine Flamme hält, um Scaevolas mutige Tat zur Rettung Roms zu demonstrieren. Er beurteilt seine frühe Bildung durch Literatur kritisch: »Durch diese gefährliche Methode erlangte ich ... außerordentliches Geschick im Lesen und Auffassen ... Ich hatte noch keine Vorstellung von den Dingen, da kannte ich alle Gefühle schon. Ich hatte nichts verstanden, aber alles gefühlt. Die unklaren Vorstellungen, die ich der Reihe nach empfand, schadeten der Vernunft nicht, die ich noch nicht hatte, aber sie bildeten mir eine andere Art Vernunft und gaben mir vom menschlichen Leben wunderliche und romanhafte Vorstellungen, von denen Erfahrung und Überlegung mich niemals ganz heilen können.«[3]

Rousseau wird wie Plutarch zum Bewunderer griechischer und römischer Helden, die eine republikanische Überzeugung verkörpern, und teilt dies mit seinem Vater, der in seiner patriotischen und republikanischen Gesinnung für ihn beispielgebend ist.

Wie soll ein Kind eine solche Stoff- und Informationsfülle verarbeiten?

Dieser Frage geht Rousseau später im *Émile* ausführlich nach und vertritt die Auffassung, dass es einem Kind in diesem Alter schadet. Er rät deshalb zu spätem Beginn von Lektüre und gestattet seinem Modellschüler Émile lange Zeit nur ein einziges Buch.

1722 – Rousseau ist inzwischen zehn Jahre alt – verliert er von einem Tag auf den nächsten die Fürsorge und Nähe seines Vaters, und dies hat seinen Grund in den sozialen Konflikten zwischen Patriziat und Bürgertum und in dem hitzigen Temperament Isaac Rousseaus. Dieser ist in der Nähe von Meyrin, wenige Kilometer nördlich von Genf auf die Jagd gegangen. Auf einer Wiese fordert ihn Pierre Gautier, Eigentümer des Jagdgebiets und einflussreicher Genfer Patrizier, auf, seine Ländereien zu verlassen. Daraufhin zielt Isaac Rousseau, so behauptet Gautier, mit dem Gewehr auf ihn. Wenig später begegnen sich beide auf der Straße in Genf und Isaac Rousseau fordert Gautier zum Duell mit dem Degen. Leute wie er hätten nichts anderes als den Stock verdient, gibt Gautier zur Antwort, worauf Rousseau selbstbewusst ausruft: »Je suis Rousseau, je suis Rousseau!«, seinen Degen zieht und sich mit Gautier schlägt. Der Patrizier, der bei dem kleinen Gefecht Nasenbluten bekommen hat, erstattet Anzeige gegen Isaac Rousseau, doch als die Polizei ihn verhaften will, ist er bereits aus Genf geflohen. Wenn man ihn einsperre, müsse dies mit Gautier ebenso geschehen, meint er. Doch eine solche Gleichbehandlung ist, das weiß er nur zu gut, mit den Machtverhältnissen in der Stadt unvereinbar. So bleibt dem Bürger Rousseau nichts als das Exil. Er geht in das unweit von Genf auf Berner Territorium am See gelegene Nyon und kehrt nicht mehr in seine Heimatstadt zurück. Jean-Jacques erlebt also schon sehr früh, was republikanische Gesinnung bedeutet und welche Folgen sie haben kann.

Der Vater überlässt Jean-Jacques der Obhut von Gabriel Bernard, dem Bruder seiner verstorbenen Frau Suzanne, der als ehemaliger Oberst der kaiserlichen Armee an den Genfer Festungsbauten beschäftigt ist. Dieser schickt Jean-Jacques zusammen mit seinem Sohn Abraham in das Dorf Bossey, südlich von Genf am Fuß des Bergs Salève gelegen, zu einem Pfarrer namens Lambercier, der gemeinsam mit seiner Schwester Gabrielle die beiden Knaben in Pflege nimmt und für ihre Erziehung sorgt. Jean-Jacques lebt nun auf dem Land und hat zum ersten Mal einen richtigen Freund und beides genießt er sehr. Im Unterricht des Pfarrers habe er »Latein und all das Zeug gelernt, das man als so genannte Erziehung noch hinzufügt«[4], merkt Rousseau dazu kritisch an. Dennoch behält er den Unterricht, der weitgehend frei von Zwängen ist, in guter Erinnerung. Den beiden Knaben bleibt genügend Zeit zum Spielen in der Natur und sie werden gut versorgt.

Eine Episode hat weit reichende Auswirkungen auf Rousseaus Gefühlsleben und sein Verhältnis zu Frauen. Gabrielle, Ende dreißig, sorgt mit liebevoll mütterlicher Autorität für die beiden Vettern und droht ihnen mit Prügelstrafen, falls sie sich nicht an ihre Vorschriften halten. Jean-Jacques fürchtet sich davor sehr. Als sie ihn aber eines Tages tatsächlich schlägt, löst dies eine seltsame Empfindung bei ihm aus: Die Strafe verstärkt seine Zuneigung zu der Ersatzmutter und erweckt in ihm den Wunsch nach weiteren Prügeln. »Es lag in dem Schmerz, sogar in der Scham eine Mischung aus Sinnlichkeit, die mehr aus Verlangen als aus Furcht bestand, sie wieder zu erleben. Da sich darin ohne Zweifel ein frühzeitiger sexueller Instinkt zeigte, wäre mir dieselbe Strafe von der Hand ihres Bruders keineswegs angenehm erschienen.«[5] Aus Zuneigung zu Mademoiselle Lambercier vermeidet es Jean-Jacques bewusst, eine neue Strafe zu provozieren. Irgendwann jedoch, ganz ohne bösen Willen, tut er etwas Strafwürdiges und erhält eine neue Züchtigung, die er ebenfalls genießt. Dies bleibt Gabrielle offenbar nicht verborgen, denn von diesem Tag an dürfen Abraham und Jean-Jacques nicht mehr mit ihr in einem Zimmer schlafen.

Rousseau sieht in dieser Begebenheit Ursache und Symptom für sein lebenslang ungewöhnliches Verhältnis zu Frauen: »Wer würde glauben, dass diese Bestrafung eines achtjährigen Kindes durch eine Dreißigjährige über meine Neigungen, meine Begierden, meine Leidenschaften, über mich selbst für den Rest meines Lebens entschieden hat.«[6]

Durch eine strenge Sexualmoral zur Enthaltsamkeit erzogen, hat der Knabe, auch als er geschlechtsreif geworden ist, kaum Gelegenheit, erotische Erfahrungen mit Mädchen zu machen. Zeitlebens wird sein sexueller Genuss bei ihm masochistisch gefärbt sein und in weit höherem Maß in seiner Phantasie als in wirklichen Begegnungen stattfinden. Auf diese Weise erfüllt er über seine masochistischen Neigungen hinaus das Enthaltsamkeitsideal seiner Erziehung. Keiner der Frauen, die er in seinem Leben lieben wird, gesteht er jemals seine Neigungen, sondern legt diese erst in den *Bekenntnissen* ausführlich dar. Die körperliche Züchtigung durch eine Frau offenbart ihm einen wichtigen Teil seiner sexuellen Veranlagung. Ebenfalls durch eine Strafe wird ihm eine andere Dimension des Lebens bewusst, die in ihm eine tiefe Desillusionierung bewirkt, die Erfahrung von ungerechter Behandlung.

Einer der Kämme von Gabrielle ist zerbrochen und man beschuldigt Jean-Jacques. Dieser jedoch hat den Kamm nicht einmal angerührt und beteuert seine Unschuld. Man glaubt ihm nicht und er bekommt die unverdiente Strafe von der Hand des Pfarrers zu spüren. Dieses Erlebnis hat für Jean-Jacques die Wirkung einer Vertreibung aus dem Garten Eden: »Damit hatte die Heiterkeit meiner Kindheit ein Ende. ... Wir blieben noch ein paar Monate in Bossey. Wir lebten dort, wie man uns den ersten Menschen im Paradies darstellt, aber wir hatten keine Freude mehr daran. Mit Anhänglichkeit, Achtung, Innigkeit und Vertrauen war es vorbei.«[7] Jean-Jacques' Zutrauen zu den Menschen um sich herum hat durch dieses Ereignis großen Schaden genommen.

Im September 1724 kehren die beiden Jungen aus Bossey nach Genf zurück. Rousseau ist inzwischen zwölf Jahre alt. Abraham, der Architekt werden soll, wird im Haus des Oberst in Zeichnen und Geometrie unterrichtet und Jean-Jacques lernt mit ihm. Zusammen genießen sie die Freiheit, die ihnen ihre Tante Théodora gewährt, weil sie selbst ganz von ihrer Frömmigkeit beansprucht wird. Die Freunde versuchen sich im Uhrenbauen, stellen Marionetten her und schreiben sogar Predigten. Er wäre gern, wie sein Großonkel Samuel, Pfarrer geworden, meint Rousseau, weil ihm Predigen Spaß gemacht hätte. Für diesen oder einen ähnlichen Beruf wäre Jean-Jacques gewiss geeignet, doch das Geld aus dem Erbe seiner Mutter reicht nicht zur Finanzierung eines Studiums. Sein Vater, der sich in Nyon wieder verheiratet hat, steuert nichts zu seiner Ausbildung bei. Hin und wieder besucht der Junge ihn dort. Mit einem Mädchen namens Goton, das er in Nyon kennen lernt, hat er, wie er aus der Retrospektive und mit der Absicht, seine sexuelle Entwicklung hervorzuheben, schildert, ein paar erotische Begegnungen, die an seine Erfahrung mit Gabrielle Lambercier anknüpfen und bei denen sie ihn zu seiner großen Freude züchtigt, was ihm als »höchstes Glück« erscheint, das er in einer Mischung von Erregung und Hingabe genießt.[8] Doch ihr Geheimnis kommt ans Tageslicht und die beiden werden getrennt. Es ist das letzte Mal, dass er Vergnügen empfinden kann, während ein weibliches Wesen ihn malträtiert. Eine solche Gelegenheit bietet sich ihm nie wieder. Zur selben Zeit genießt er, ebenfalls in Nyon, die Gunst der 22-jährigen Mademoiselle de Vulson, die sich von ihm verehren lässt. Beide Frauen liebt der Knabe, die eine, wie er aus späterer Sicht betont, auf leidenschaftliche körperliche Art, die andere in seelenvoller Zuneigung. Beide Verhältnisse enden, die eine durch die Eheschließung der Vulson, mit der er bis dahin rührselige Briefe ausgetauscht hat. Die heftige Beziehung zur Goton ist, wie Rousseau meint, zu beider »Glück« zu Ende gegangen; sie scheint ihm aus der Perspektive des Erwachsenen nicht ganz ungefährlich: »Wenn Mademoiselle Goton mir befohlen hätte, mich ins Feuer zu stürzen, ich hätte ihr, wie ich glaube, augenblicklich gehorcht.«[9]

Rousseaus frühe, vielleicht frühreife Begegnungen mit Frauen enthalten Elemente, die für seine spätere Erotik entscheidend sind. Schon hier deutet sich an, was später seine Liebesbeziehungen ausmachen wird: einerseits Unerfüllbarkeit, große Hingabe, andererseits wilde erotische Phantasien und die Verteilung seiner Zuneigung auf verschiedene Personen.

Die abwechslungsreichen Besuche in Nyon und die Zeit der Sorglosigkeit sind bald vorüber. Rousseau ist zwölf Jahre alt, und da er nichts besitzt, muss er einen Beruf lernen, der seinem Status entspricht. Er wird zu einem Gerichtsschreiber in die Lehre gegeben. Sein Onkel, der frühere Oberst, hält es für angebracht, dass er dort den nützlichen Beruf des Geldeintreibers lernt. Wegen angeblichen Unwissens und Dummheit wird Jean-Jacques bald aus der Kanzlei verjagt und ist nach dieser Demütigung zu allem bereit, selbst zu einer fünfjährigen Lehre bei einem Graveur und zu einem erneuten Umzug von der Altstadt nach Saint-Gervais in die Familie des Meisters. Obwohl die Arbeit ihm nicht missfällt – die »gestochene« Handschrift, in der er später alle seine Manuskripte verfasst, ist Beweis für sein kalligraphisches Talent –, leidet er unter der Behandlung des Meisters, »dem es innerhalb kurzer Zeit gelang, den Glanz meiner Jugend zu trüben, mein sich nach Liebe sehnendes lebhaftes Naturell abzustumpfen und mich auch geistig auf den Stand zu erniedrigen, auf den mich meine Vermögensverhältnisse verwiesen ... Mein Latein, meine Kenntnisse des Altertums, alles war für lange Zeit vergessen. Ich erinnerte mich nicht einmal mehr, dass es Römer auf der Welt gegeben hatte«[10]. Es kommt immer wieder zu Auseinandersetzungen. Jean-Jacques wird von seinem Meister bestraft, weil er mit den Kameraden Medaillen mit dem Genfer Wappen graviert hat, die sie aus Spaß als Ritterorden tragen wollten. Vom Meister der Falschmünzerei bezichtigt, erhält er eine heftige Prügelstrafe. Die tyrannische Art des Meisters treibt Rousseau in eine massive Abwehrhaltung. Die Freude an der Arbeit ist ihm vergangen, er beginnt zu faulenzen und zu stehlen, vor allem Lebensmittel, er treibt sich herum. Wird er erwischt, züchtigt ihn der Meister, was er als Folge seiner Vergehen auch akzeptiert. Denn er ist trotz seiner beträchtlichen kriminellen Energie sehr streng mit sich selbst. Und er hat mit großer Schüchternheit zu kämpfen. Oft fehlen ihm die Worte, wenn man ihn zu sprechen auffordert. Gelegentlich stiehlt er auch Geld, doch weiß er damit wenig anzufangen. Es interessiert ihn nicht, bedeutet ihm nichts, Kaufen und Verkaufen langweilen ihn. Dennoch stellt er einen gewissen Geiz an sich fest und verwahrt das wenige Geld, das er besitzt, weil es ihm Unabhängigkeit geben kann.

Will er sich etwas Schönes zu essen kaufen, empfindet er eine seltsame Scham. Ihm ist, als lachten Händler und Verkäuferinnen über ihn und verurteilten seine Lust auf Süßigkeiten. Das Gebot der Bescheidenheit und des Verzichts, das ihm seine Erziehung vermittelt hat, ist wirksam, die Vorstellung, schuldig zu werden, über die Maßen ausgeprägt. So glaubt er in den Augen anderer die Verurteilung eines Verhaltens zu erkennen, das er sich selbst zum Vorwurf macht, er fühlt sich beobachtet und verzichtet schließlich auf den Kauf des Begehrten. Er ist selbst sein eigener Richter, und so stark seine Begierde ist, so bestrafenswert erscheint sie ihm. Stehlen, Dinge heimlich an sich zu bringen, ohne dass es jemand sieht, fällt ihm leichter, so als gäbe es die Tat gar nicht, solange sie nicht wahrgenommen wird.

Viel Vergnügen bereitet ihm sein Leben als Gassenjunge, der trotzig gegen seinen Meister rebelliert, nicht. Mit seinen Kameraden, die nicht wie er als Bürgersöhne aufgewachsen sind, kann er wenig anfangen, und um sich von seinem öden Alltag abzulenken, liest er heimlich zahllose Bücher aus der Leihbücherei der alten Madame Tribu, Werke jeglicher Art, auch Schundliteratur, jedoch, wie Rousseau betont, keine obszönen, schlüpfrigen Bücher. Er verschlingt die Lektüre mit großer Gier, auch während der Arbeit, und das bringt ihm neue Strafen des Meisters ein, der die Bücher zerreißt und ins Feuer wirft. Ausleihen von Büchern gegen Geld ist für Jean-Jacques die einzige Ausgabe, die sich lohnt. In weniger als einem Jahr ist der Lesevorrat der Leihbücherei ausgeschöpft, immerhin mit der Wirkung, dass Jean-Jacques nun kein Ganovenleben mehr führen will. Stattdessen flieht er in die Imagination. Er umgibt sich mit Personen seiner Phantasie, zieht sich innerlich aus seiner Umgebung ganz zurück und gewöhnt sich an ein Gefühl der Einsamkeit, weil niemand in seiner Nähe ist, der ihm entspricht, mit dem er reden könnte. Er unternimmt zwar mit seinen Kameraden Ausflüge aufs Land, geht aber meistens allein vorne-

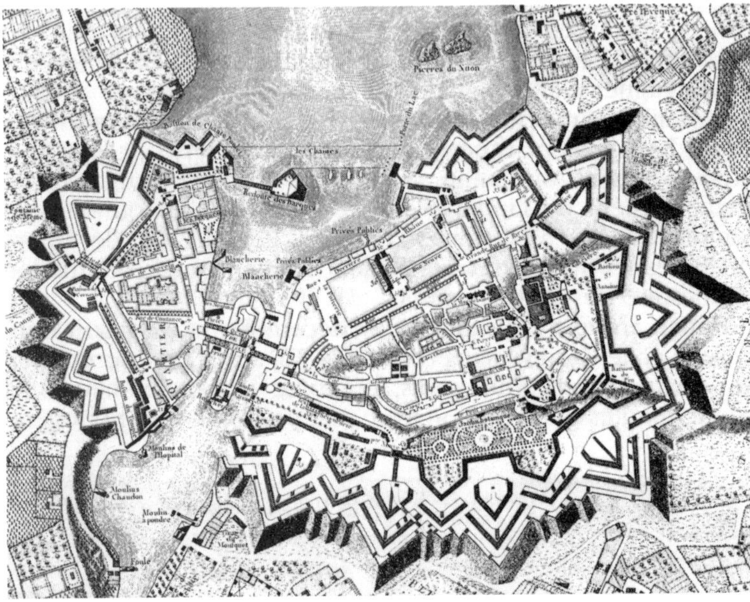

4 Genf »von oben« am Ende des 18. Jahrhunderts. Der Plan des Graveurs Nicolas Chalmandrier wurde zum ersten Mal 1770 veröffentlicht und zeigt deutlich das imposante System der Stadtmauern, die zwischen 1717 und 1727 errichtet wurden.

weg und hängt seinen Träumen nach. Zu seinem Vetter Abraham hat er kaum noch Kontakt. Dieser erhält eine höhere Bildung und hat nun nichts mehr mit einem Lehrling aus Saint-Gervais gemein.

In Genf werden abends die Tore der Festungsmauern geschlossen. Wer zu spät kommt, wird nicht mehr in die Stadt hineingelassen. Dies ist Jean-Jacques bereits zweimal passiert, er hat draußen übernachten müssen und ist morgens, weil er unpünktlich zur Arbeit kam, von seinem Meister verprügelt worden. An einem Frühlingstag 1728 schließen die Tore eine halbe Stunde zu früh. Jean-Jacques weiß, was ihn am nächsten Morgen erwartet: die quälenden Prügel des Meisters. Er ist verzweifelt und weint, denn das geschlossene Tor erscheint ihm als ein untrügliches Zeichen, dem er folgen muss: Er soll nicht in seine Heimatstadt zurückkehren und dem dortigen Leben Adieu sagen, weil es seinem Wesen so wenig entspricht. Er geht am andern Morgen tatsächlich nicht in die Stadt zurück. Seine Kameraden benachrichtigen seinen Vetter. Und so trifft er Abraham zum letzten Mal vor den Toren der

Stadt. Der Cousin bringt ihm einen Degen und ein paar Dinge für die Reise. Er versucht nicht, ihn zurückzuhalten, offenbar legt die Familie wenig Wert auf sein Hierbleiben. Dann verabschiedet sich Abraham ohne Tränen.

Dies ist der letzte Abschied in einer langen Kette von Trennungen und Verlusten: der Tod der Mutter, der Umzug nach Saint-Gervais, die plötzliche Flucht des Vaters, das Ende der schönen Kindheitsjahre in Bossey, die Trennung von seinem Vetter und der gut situierten Familie aus der Oberstadt. All diese Dinge sind ihm zugestoßen. Doch diesmal, mit knapp sechzehn Jahren, hat er sich selbst entschlossen, einen Trennungsstrich zu ziehen, auch wenn er einem Wink des Schicksals zu folgen scheint – in Gestalt des Stadttores, das zu früh geschlossen worden ist. Diesmal wird Jean-Jacques nicht aus dem Paradies vertrieben, sondern verlässt einen Ort, der ihm eher wie die Hölle erschienen ist. Sein Blick richtet sich nach vorn, und ähnlich wie die Helden der Schelmen- und Erziehungsromane, die er mit seinem Vater gelesen hat, sieht er der Zukunft optimistisch und erwartungsvoll entgegen. Doch dieser Abschied hat etwas von einer Flucht. Es ist der erste Ausbruch einer ganzen Reihe, die nie enden wird.

5 Am Sonntag, den 14. März 1728 verlässt Jean-Jacques Rousseau Genf: »Ich brauchte die Unabhängigkeit, das war, was ich tief in mir fühlte.« (Aus: Die Bekenntnisse, II)

3
Wege und Irrwege

Fünfzehn Jahre ist Jean-Jacques alt, als er sich am 14. März 1728 mit dem Gefühl, die ganze Welt liege ihm zu Füßen, in südlicher Richtung auf den Weg macht. Nun beginnt eine Zeit der Suche nach sich selbst, nach einer Heimat, einer Zukunft, die seinen hohen Erwartungen und geheimen Wünschen gerecht wird, eine Zeit der Erkundung des anderen Geschlechts. Nachts findet er bei Bauern Unterkunft, tagsüber zieht er umher, in der Hoffnung, irgendwo, vielleicht in einem Schloss bei einer schönen jungen Dame das große Glück zu finden. Doch sein Hunger bringt ihn in die Wirklichkeit zurück. Nach vier Tagen erreicht er das Dorf Confignon in Savoyen, einer Hochburg der Gegenreformation. Auf dem katholischen Gebiet jenseits der Genfer Grenzen ist man darauf aus, Andersgläubige für die eigene Konfession zurückzugewinnen. Jean-Jacques geht zum Haus des Priesters de Pontverre, der ihm die Gefahren der Genfer Ketzerei vor Augen hält, die einzig wahre Mutter Kirche preist und ihm danach reichlich zu essen gibt. »Ich konnte Argumenten, die zu so etwas führten, wenig entgegenhalten und sagte mir, Priester, bei denen man so gut speiste, könnten mit unseren Genfer Pfarrern ohne weiteres mithalten.«[1] Pontverre hat antiprotestantische polemische Traktate verfasst und in seiner Laufbahn über sechzig Calvinisten aus Genf bekehrt, darunter auch seinen später so berühmt gewordenen Gast. Anstatt den Jugendlichen nach Hause zu seiner Familie zu bringen, schickt er ihn allein in das vierzig Kilometer von Genf entfernte Annecy zu einer Anlaufstelle für Bekehrungswillige, die für den Übertritt zum katholischen Glauben eine Prämie erhalten. Hausherrin ist Mme de Warens, die selbst zum Katholizismus übergetreten ist und eine Pension vom König von Sardinien und Herzog von Savoyen dafür bekommt, dass sie sich um künftige Konvertiten kümmert. Der junge Jean-Jacques ist nach fünf Tagen

6 Jean-Jacques Rousseau als Jugendlicher um 1724/1725

ziellosen Wanderns froh, ein Ziel zu haben, wenn ihn auch die Aussicht, zu einer bigotten Frömmlerin zu kommen, wenig reizt. Umso größer ist sein Erstaunen, als er am Palmsonntag einer jugendlich wirkenden, attraktiven Frau von Ende zwanzig gegenübersteht, die ihn herzlich aufnimmt und sich von ihm sein Leben erzählen lässt.

7 Mme de Warens (Kupferstich von Leroux, nach einem Gemälde von Largillière, 1815, Bibl. Nat., Paris)

Françoise Louise-Eléonore de Warens stammt wie er aus der Schweiz, aus dem am westlichen Ende des Genfer Sees gelegenen Vevey. Sie ist Tochter einer Adelsfamilie, hat eine höhere Bildung und eine protestantische Erziehung genossen und ist später unter den Einfluss pietistischer, nicht streng an die Konfessionen gebundener Strömungen geraten. Sie ist früh verheiratet worden und hat, um der Langeweile ihres kinderlosen Lebens zu entgehen, Geschäfte mit selbst hergestellten Heilmitteln getätigt und dabei hohe Schulden gemacht. Mit einem Teil des häuslichen Besitzes ist sie über den See nach Evian geflohen, hat dort den Bischof von Bernex und Jean-Amédée, den Herzog von Savoyen und König von Sardinien, für sich eingenommen, die beide bereit sind, sie zu unterstützen, wenn sie sich in den Dienst der Kirche bei der Betreuung von Konvertiten stellt und ab und zu in geheimer Mission für den König tätig wird. Mit Hilfe der königlichen Pension will sie erneut ihr unternehmerisches Glück mit selbst hergestellten Pharmaprodukten versuchen. Ihr von der Kirche streng überwachtes Engagement für die Konversion von Protestanten sichert ihren Lebensunterhalt, ihre Beziehungen zum savoyischen Adel und zur Kirche sind ausgezeichnet.

Rousseau ist von ihrer anziehenden Erscheinung, aber auch von ihrem freundlichen Wesen überwältigt, fast als habe er in ihr eine der weiblichen Figuren aus den Liebesromanen seiner Mutter wieder erkannt. Er sieht in ihr eine platonische »schöne Seele«, eine ideale Frauengestalt. In den folgenden zehn Jahren wird sie eine zentrale Rolle in seinem Leben spielen und auf sein Verhältnis zu Frauen großen Einfluss nehmen. Er ist von dieser Frau fasziniert, vertraut ihr und legt sein Schicksal in ihre Hände, denn er findet in ihr eine geduldige, freundliche und verständnisvolle Zuhörerin. Sie wird in den folgenden Jahren seine Ersatzmutter, ihr Haus wird ein Zentrum, in dem sich, immer wieder von Reisen unterbrochen, allmählich seine Persönlichkeit entfalten und seine Talente entwickeln werden.

Doch zunächst steht ihm der Übertritt zum Katholizismus bevor. Dieser soll in dem Turiner Hospiz Spirito Santo vorbereitet werden. Dorthin pflegt Mme de Warens auch die anderen Übertrittskandidaten zu schicken. Jean-Jacques macht sich zu Fuß und ohne Eile mit kirchlichem Tagegeld auf den Weg. Er überquert, nicht ohne Pausen einzulegen, in knapp drei Wochen die winterlichen Alpen und erreicht die 60.000 Einwohner große Stadt Turin. Bereits nach elf Tagen schwört der im Register des Hospizes als »Giovanni Giacomo Franco Rosso, calvinista« Verzeichnete dem Protestantismus ab. Im Hospiz trifft er auf verschiedene zweifelhafte Figuren, denen es um die Bekehrungsprämie oder einen sicheren Unterschlupf geht; besonders nachdrücklich bleibt ihm der Versuch eines jungen Homosexuellen in Erinnerung, der ihn zu verführen versucht, was er so detailgetreu beschreibt, dass sich die Frage stellt, ob seine Abscheu tatsächlich so groß ist, wie er meint. Die »hässlichste alte Vettel« sei angesichts der Erinnerung an diesen Mann in seinen Augen »ein Objekt der Verehrung«.[2] Jedenfalls macht er die Erfahrung, dass Liebe auch etwas anderes sein kann, als die idyllischen Schilderungen der mit dem Vater gelesenen Schäferromane vermuten lassen. Außerdem erfährt er schnell, was es bedeutet, ohne Geld auf der Straße zu stehen. Nach seiner Bekehrung hat er das Hospiz, das ihm wie ein Gefängnis erschienen war, gern verlassen, doch seine Belohnung ist bald aufgebraucht. Die aufstrebende Stadt, deren Pracht ihn fasziniert, hat ihm nicht sofort die aussichtsreiche Position zu bieten, die er sich wünscht. Einige Zeit genießt er Turin und seine Kunst. Er findet eine billige Unterkunft und ist sparsam, er besucht die Messe, hört mit Begeisterung italienische Musik. Nachdem ihm das Geld ausgegangen ist, arbeitet er eine Weile als Graveur für die Ladenbesitzerin Madame Basile, in die er sich, inzwischen sechzehn Jahre alt, verliebt, ohne dass je zwischen beiden darüber gesprochen wird. »Ein einziges Zeichen war die Quelle von tausend Liebesbriefen, süßesten Illusionen«, berichtet er Jahrzehnte später einem Freund.[3] Eine Schlüsselszene mit Mme Basile wurde so berühmt, dass sie später in einer Radierung festgehalten wurde: Während sie am Fenster sitzt und stickt, betritt er das Zimmer, ohne dass sie ihn hört. Er ist von ihrer Anmut und Schönheit so beeindruckt, dass er gleich hinter der Türschwelle auf die Knie fällt und in schwärmerischer Verehrung die Arme nach ihr ausstreckt, ohne zu ahnen, dass sie ihn in einem Spiegel sehen kann. Darauf gibt sie ihm ein Zeichen, sich auf die Matte zu ihren Füßen zu legen. Er springt auf und folgt freudig ihrer Einladung, doch vor lauter Aufregung und Schüchternheit ist er unfähig, zu sprechen, sie anzusehen oder auch nur zu berühren.

Als der Ehemann Mme Basiles von einer Reise zurückkehrt, muss Rousseau das Haus verlassen. Sie gibt ihm Geld und Wäsche mit auf den Weg. Über seine frühere Vermieterin findet er eine Stelle als Lakai bei Mme de Vercellis, einer älteren adeligen Dame,

8 »... halb den Kopf wendend, wies sie mir mit einer einfachen Handbewegung die Matte zu ihren Füßen«. (Aus: Die Bekenntnisse)
(Kupferstich von Moreau le Jeune, Bayerische Staatsbibliothek München)

für die er auch als Sekretär arbeitet. Sie ist todkrank und beeindruckt Jean-Jacques durch die gefasste und würdige Einstellung zu ihrem Schicksal. Ihre Distanziertheit ihm gegenüber bedauert er und sehnt sich nach der liebevollen Freundlichkeit der Mme de Warens, der er regelmäßig in Briefen von seinen Turiner Erlebnissen berichtet. Nach dem Tod seiner Herrin erhält er wie die anderen Lakaien eine kleine Geldsumme als Abfindung. Gleichzeitig mit ihm wird die Köchin Marion entlassen, und zwar durch seine Schuld. Aus dem wohlgeordneten kostbaren Nachlass der Verstorbenen ist ein hübsches silber-rosafarbenes Schleifenband verloren gegangen, und dies bleibt vor den Erben nicht verborgen. Jean-

Jacques hat es gestohlen, in der Absicht, es Marion zu schenken. Als man die beiden zur Rede stellt, behauptet er jedoch, sie habe es ihm geschenkt. Obwohl er weiß, dass dies für sie die Entlassung bedeutet, nimmt er die falsche Beschuldigung nicht zurück – zu groß ist seine Scham. Eine Erklärung für seine falsche Behauptung sieht Rousseau später in einer Art Projektion: Es sei sein Wunsch gewesen, Marion das Band zu schenken, deshalb habe er in seiner Verlegenheit zu dieser Erklärung gegriffen. Dieses für Rousseau so bedeutungsvolle Ereignis kann als Pendant zu der Episode aus der Kindheit gesehen werden, in der man ihn als Knaben zu Unrecht beschuldigte, den Kamm von Mademoiselle Lambercier gestohlen zu haben, und ihn dafür bestrafte. Jetzt erleidet Marion Ähnliches wie er damals. Ihr ungewisses Schicksal lässt ihm noch im Alter keine Ruhe, die Erinnerung an diese Tat quält ihn ein Leben lang. Noch in den letzten Monaten seines Lebens setzt er sich mit ihr auseinander. Ein positives Moment kann er immerhin ausmachen: Er ist überzeugt, dass die Reue über sein schändliches Verhalten ihn später vor dem Lügen bewahrt hat.[4]

Während seiner Zeit in Turin plagen ihn seine sexuellen Bedürfnisse und seine Scham. Zwar verliebt er sich immer wieder, nie aber kommt es aufgrund seiner großen Schüchternheit und in der Folge des strengen Sexualverbots der Genfer Erziehung zur körperlichen Begegnung mit einer Frau. Auch Onanie hilft nicht viel weiter. Er sehnt sich nach den Erlebnissen mit der jungen Goton, die ihn schlug, doch mit der Pubertät hat sich ein Schamgefühl entwickelt, das ihn daran hindert, solche Erlebnisse zu suchen. Er weicht in den Exhibitionismus aus. Abends, wenn ihn die Lust überkommt, stellt er sich in erigiertem Zustand an Orte, an denen sich Mädchen aufhalten, und zeigt sich ihnen von hinten. »Was sie sahen, war nicht das obszöne Objekt, sondern das lächerliche. Das törichte Vergnügen, das ich dabei empfand, es vor ihren Blicken zu entblößen, ist unbeschreiblich.«[5] Doch als sich eines Abends mehrere Frauen auf ihn stürzen, um ihn zu verprügeln, und er nur mit Mühe entkommt, entsagt er diesem fragwürdigen Vergnügen. Nichterfüllung sexueller Wünsche wird im *Émile* eine wichtige Rolle spielen und wird von Rousseau ausdrücklich empfohlen. Die Darstellung seiner selbst dient hier auch zur Veranschaulichung einer beispielhaften, vorübergehenden Fehlentwicklung.

Es gibt andere Gebiete, auf denen sich jemand, der auf der Suche nach sich selbst ist, betätigen kann. Rousseau wendet sich nun geistigen Aufgaben zu. Bei Mme de Vercellis hat er den 37-jährigen Abbé Jean-Claude Gaime kennen gelernt, in dem er einen väterlichen Freund und echten Gesprächspartner findet, der sein durch Heldenerzählungen geprägtes, höchst unrealistisches Weltbild zurechtrückt und Jean-Jacques die Illusion nimmt, ihm stünde die ganze Welt offen. Gaime, der Abbé, ist ein aufgeschlossener und zugleich kritisch denkender Mensch, der seine Zweifel an der Tugendhaftigkeit der Gesellschaft und der Macht der Großen hat. Er rückt dem Jugendlichen den Kopf zurecht und gibt ihm manche Anregung. »Seine weisen Lehren, die zunächst ohne Wirkung blieben, streuten in mein Herz einen Keim von Tugend und Religion, der nie erstickte und der, um aufzugehen, nur der Fürsorge einer liebenden Hand bedurfte.« Gaimes Worte bleiben Rousseau in Erinnerung; er wird ihm später in seinem Erziehungsroman *Émile* in der Figur des Geistlichen aus Savoyen literarische Gestalt geben. An einen Satz von Gaime, der ganz im Sinn seiner späteren republikanischen Überzeugung ist, wird er oft denken: »Wenn jeder Mensch im Herzen aller anderen lesen könnte, gäbe es mehr Leute, die nach unten, als solche, die nach oben wollten.«[6]

Ein paar Wochen nach dem Tod der Mme de Vercellis, und obwohl er für sie nur kurze Zeit als Sekretär gearbeitet hat, erinnert sich deren Neffe an Rousseau und vermittelt ihm eine Anstellung im Haus des achtzigjährigen Comte de Gouvon, eines angesehenen Adeligen mit zahlreichen Titeln. Hier lernt Rousseau als Sekretär und Vorleser des Hausherrn die italienische Sprache in kürzester Zeit. Gouvon hat bald Rousseaus Begabung erkannt und will ihn fördern. Einer der Söhne der Familie unterrichtet ihn in Latein, man will ihm den Weg für eine berufliche Laufbahn ebnen, die seinen Fähigkeiten entspricht. Es bietet sich ihm die Chance, auf die er so lange gehofft hat. Doch plötzlich gibt er alles auf. Ohne Bedauern verlässt er seinen Beschützer, seinen Lehrer, das Studium mit ihm und damit die Aussichten auf eine sichere und aussichtsreiche Zukunft. Im Frühjahr 1729 verlässt er Turin gemeinsam mit einem Genfer Kameraden aus der Lehrzeit in Richtung Annecy, »das Herz voller Freude und nichts im Sinn, als das Glück des Umherziehens zu genießen, auf das ich plötzlich meine glanzvollen Pläne beschränkt hatte«.[7] Zu Fuß nehmen die beiden den Weg über die Alpen, in Annecy jedoch trennt sich Jean-Jacques von seinem Freund. Mme de Warens, mit der er während seiner Abwesenheit regelmäßig korrespondiert hat und die über die positive Entwicklung bei der Familie de Gouvon erfreut und erleichtert war, soll den jungen Herumtreiber lieber nicht sehen. Es wird schon so schwer genug sein, ihr zu begegnen. Gewiss wird sie ihm Vorwürfe machen. Doch wider Erwarten wird er von ihr aufgenommen wie der Verlorene Sohn. Er erhält ein Zimmer mit Blick auf prachtvolle Gärten und einen Bach und fühlt sich an die ländliche Idylle von Bossey erinnert. In dem schönen, in der Nähe eines Klosters gelegenen Haus findet er ein behagliches Heim. Ihm genügt es, aufgehoben und von mütterlicher Fürsorge begleitet zu sein. Er ist inzwischen fast siebzehn, sie dreißig Jahre alt, er ersetzt ihr den Sohn, den sie nicht hat, sie ihm die Mutter. »Ich war in ihrer Nähe nie außer mir oder erregt; ich fühlte eine wunderbare Ruhe, fühlte mich wohl, ohne zu wissen, wodurch.«[8] Petit und Maman, wie sie sich gegenseitig nennen, kommen einander sehr nahe. In dem Haus ist für alles gesorgt, doch restlos genießen kann Jean-Jacques das bequeme Leben nicht. Trotz seines freudigen Wanderlebens und seines Aufenthalts in Italien, wo das Leben so anders ist, hat er seine Genfer Erziehung zu Bescheidenheit und Nüchternheit nicht vergessen: »Die Voraussicht hat mir stets den Genuss verdorben.«[9] Bald bemerkt er, dass seine »Mutter« über ihre Verhältnisse lebt, und dies lässt ihn düster in die Zukunft blicken.

Auch seine erwachte Sexualität macht ihm immer mehr zu schaffen. Noch immer hat er keine Beziehung zu einer Frau gehabt, und so hilft er sich mit Onanie weiter, »jenem gefährlichen Ersatz, der die Natur betrügt und junge Leute vor vielen Lastern bewahrt, auf Kosten ihrer Gesundheit, ihrer Kraft und manchmal auch des Lebens«. Dieses Laster, das die Scham und Schüchternheit so bequem finden, hat für lebhafte Phantasien einen besonderen Reiz, nach eigenem Wunsch über das schöne Geschlecht zu verfügen, »ohne die Zustimmung der Frauen erringen zu müssen«.[10] Seine sexuellen Phantasien werden von Mme de Warens genährt, in deren ehemaligem Schlafzimmer er untergebracht ist. »Sie war für mich die einzige Frau auf der Welt … sie schützte mich vor mir selbst und ihrem ganzen Geschlecht.«[11] Frauen sind etwas Bedrohliches, von dem man sich fernhalten, gegen das man sich abschirmen muss. Man sollte ihnen nicht zu nahe kommen, sie in Schach halten. Diese Einstellung – von Frauen angezogen zu sein und sich zugleich vor ihnen schützen zu wollen – hat nicht nur Rousseaus Leben und Denken beeinflusst, sondern das vieler Generationen von Männern vor und nach ihm.

Jean-Jacques hilft seiner Ersatzmutter bei ihren diversen Beschäftigungen, er destilliert Drogen und sammelt Heilkräuter, doch er beginnt auch zu lesen, denn Monsieur de Gouvon hat ihm in Turin den Umgang mit Literatur vermittelt. Er verschlingt nicht mehr jedes Buch, sondern geht bewusster damit um, er beschäftigt sich mit Sprache und Stil, er liest Voltaire, den König der französischen Autoren, sowie Samuel von Pufendorfs Schrift *De iure naturae et gentium* über das Naturrecht und findet im Haus der Mme de Warens ausreichend Gelegenheit, über das Gelesene zu diskutieren. Er ist bei den Gästen beliebt, doch manchmal ist er auf Gesellschaften schüchtern und zieht sich in sich selbst zurück.

Mme de Warens sorgt sich um die Zukunft von Jean-Jacques, und es gelingt ihr, den Direktor des Priesterseminars der Lazaristen, Monsieur Gros, einen engen Freund, der sie oft besucht, zu überreden, Jean-Jacques im Seminar der Lazaristen studieren zu lassen. Der Erzbischof kommt für seinen Unterhalt auf. Der Abschied aus der heimischen Atmosphäre fällt Jean-Jacques schwer und so kehrt er nach wenigen Monaten zu Mme de Warens zurück. Bei den Lazaristen hat er einen freundlichen und angenehmen Lehrer, den Abbé Jean-Baptiste Gâtier, der ebenso wie der Abbé Gaime aus Turin in die Person des Geistlichen aus Savoyen einfließen wird. Doch Jean-Jacques' Kopf ist zu eigenwillig, um irgendwelchem Unterricht zu folgen. »Mein Geist bewegt sich in seinem eigenen Tempo, er kann sich anderen nicht unterwerfen.«[12] Rousseau, der durchaus eifrig und fleißig sein kann, ist offensichtlich der geborene Autodidakt. Schon während der Zeit im Seminar hat er sich intensiv mit Musik beschäftigt und erhält nun auch zu Hause, also bei Mme Warens, Gelegenheit, Singen und das Cembalospiel zu lernen. Sein neues Berufsziel ist das des Musikers.

Ein halbes Jahr studiert er nun im Musikseminar der Kathedrale erfolgreich bei dessen Leiter Le Maître. Zu Hause finden musikalische Abende im Kreis befreundeter Priester und anderer Gäste statt. Doch offenbar genügt die provinzielle Behaglichkeit Jean-Jacques nicht. Dies wird ihm bewusst, als Venture de Villeneuve auftaucht, ein extravaganter begabter junger Künstler aus der Pariser Bohème, der große Anziehungskraft auf ihn ausübt. Jean-Jacques ist begeistert von ihm. Als sich sein Musikmeister mit dem Domkapitel überwirft und fliehen muss, begleitet er ihn nach Lyon. Als Le Maître und Jean-Jacques Lyon erreichen, hat der Musiker seinen gesamten Notenschatz, der in einer Kiste über die Rhône verschifft worden ist, verloren und damit die Grundlage für die künftige Arbeit. Le Maître erleidet einen epileptischen Anfall, doch Jean-Jacques lässt ihn, sobald jemand zu Hilfe herbeigeeilt ist, allein, fest entschlossen, wieder nach Annecy zu gehen, bei Mme de Warens zu leben und alle anderen Pläne aufzugeben.

Bei seiner Rückkehr ist das Haus verwaist. Mme de Warens ist in geheimer politischer Mission des Königs und Herzogs von Savoyen nach Paris gefahren und danach nicht mehr nach Annecy zurückgekehrt. Hintergrund ist ein Aufstand, der in Waadtland angezettelt werden soll, damit der Herzog dort eingreifen kann und so Gelegenheit erhält, bestimmte Ländereien zurückzuerobern. Für diesen Plan wird die Unterstützung des französischen Königs gebraucht. Von all dem erfährt Jean-Jacques nichts; ihre geheimen Missionen weiß Mme de Warens geschickt zu verbergen. Als im September ein neuer König, Charles-Emmanuel III., an die Macht kommt, besucht sie ihn sogleich, um sich zu vergewissern, dass auch er ihr eine Pension zahlen wird.

Jean-Jacques steht also vor verschlossenen Türen. Wo soll er hin? Ins Musikseminar zurückkehren kann er nach der Flucht mit Le Maître nicht, deshalb wohnt er nun zusammen mit dem bewunderten Bohèmien de Villeneuve bei einem Seiler. Die Nächte verbringen sie bei einem hohen Justizbeamten mit Diskussionen über Literatur und Musik. Jean-Jacques lernt verschiedene Mädchen aus dem Kreis der Konvertiten kennen, mit denen er Ausflüge unternimmt und deren Reize ihm nicht verborgen bleiben. Mit zweien von ihnen verbringt er einen idyllischen Tag auf einem Ausritt in die Natur, doch er kommt keiner von ihnen wirklich nahe. Als das von Mme de Warens zurückgelassene Zimmermädchen Anne-

Marie Merceret in ihre Heimatstadt Fribourg in der Schweiz zurückkehren will, bietet er an, sie zu begleiten. Obwohl die beiden unterwegs in derselben Kammer schlafen, bleibt Jean-Jacques reserviert. »Ich war zu dumm, um es auszunutzen. Ich konnte mir nicht vorstellen, wie ein Mädchen und ein Knabe zusammen schliefen; ich dachte, man brauchte Jahrhunderte, um dieses schreckliche Arrangement vorzubereiten.«[13] Ihr Weg führt über Genf, doch er sucht dort niemanden auf; er trifft seinen Vater in Nyon wieder, der nicht mit Vorwürfen spart, weil sein Sohn vom Glauben der Väter abgefallen sei und er es auch sonst zu nichts gebracht habe. Nachdem Jean-Jacques das Mädchen bei seiner Familie abgeliefert hat, zieht er aufs Geratewohl weiter und kommt nach Lausanne. Um Geld zu verdienen, gibt er sich als Pariser Musiklehrer mit Namen Vaussore (Anagramm von Rousseau) de Villeneuve aus. Offenbar glaubt er selbst daran, denn er wagt es, bei einem Musiker ein selbst komponiertes Stück aufzuführen. Ein klanglicher Misserfolg, der dem angeblichen Musiker einigen Spott einbringt. Schüler findet er nach diesem Ereignis kaum und muss sein Glück anderswo versuchen. Ihn plagt der Hunger und im November 1730 zieht er nach Neuchâtel weiter. Da dort niemand etwas von seinem musikalischen Desaster weiß, findet er ein paar Musikschüler und kann sich den Winter über ernähren.

Auf der Suche nach neuen Abenteuern begegnet er im April einem Priester, der angeblich auf dem Weg nach Jerusalem ist und nun Geld für das heilige Grab zusammenträgt. Drei Wochen leben sie vom gesammelten Geld, Rousseau sieht sich schon in Jerusalem, doch dann fliegt der Priester, als sie nach Solothurn kommen, auf, weil der dortige französische Botschafter Marquis de Bonac, der selbst in Jerusalem war, den Schwindel durchschaut. Es gelingt Rousseau, dem Marquis klar zu machen, dass er ein Opfer des Betrügers ist, und er wird in der Residenz untergebracht. Nach ein paar Tagen kehrt er zu seinen Schülern nach Neuchâtel zurück, doch diese sind nicht mehr bereit, bei dem weggelaufenen Lehrer weiter Unterricht zu nehmen. In seiner Verlegenheit schreibt er einen wohl formulierten Bittbrief an seinen Vater, ohne Erfolg. Außerdem versucht er, über eine Konvertitin namens Esther Giraud, die er bei Mme de Warens kennen gelernt hat, wieder Verbindung zu seiner Beschützerin aufzunehmen. So vergeblich seine Briefe sind, so sehr zeugen sie schon von seinem literarischem Talent, aber auch von einer gewissen Neigung, Dinge zu behaupten, die mit der Realität wenig zu tun haben. Er habe von sich aus große Vermögen ausgeschlagen, schreibt er beispielsweise seinem Vater, damit dieser ihn unterstützt.

In dieselbe Zeit fallen erste literarische Versuche, er denkt an eine Schriftstellerkarriere und möchte seine ersten Gedichte einer jungen Dame widmen, doch diese ist Wäscherin und hat wenig Interesse an bukolischen Versen.

Vom Bischof von Annecy erhält er schließlich ein Empfehlungsschreiben, mit dem er beim Marquis de Bonac vorstellig wird. Ein Botschaftssekretär erinnert sich, dass ein Colonel aus Yverdon, Monsieur Gaudard, einen Hauslehrer für seinen Neffen sucht, der zur Armee gehen will. Man empfiehlt Jean-Jacques Rousseau für den Posten und dieser macht sich im Herbst 1731 auf den Weg nach Paris in Erwartung einer militärischen Laufbahn.

Der Weg in die französischen Hauptstadt beträgt etwa 500 km, und dauert, legt man ihn zu Fuß zurück, etwa fünfzehn Tage. Rousseau ist ein begeisterter Wanderer. Es gibt für ihn keine bessere Inspirationsquelle, es ist für ihn die ideale Voraussetzung zum Schreiben. In seiner Erinnerung hat er unterwegs so idyllische Erlebnisse in der Natur, dass ihm alle seine martialischen Träume von einer Militärkarriere vergehen und er »für immer auf die Werke des Mars«[14] verzichtet.

Paris ist eine einzige Enttäuschung für ihn. Er hat die Stadt durch den Faubourg Saint-Marceau, ein heruntergekommenes Elendsviertel, betreten und findet sie im Vergleich zum prächtigen Turin unerträglich. Dazu stellt sich seine Beschäftigung als miserabel bezahlte Lakaienarbeit heraus, und so verlässt er die Stadt, ohne viel von ihr gesehen zu haben, bereits nach etwa drei Monaten und macht sich auf den Weg nach Lyon, wo er Mme de Warens wiederzufinden hofft. Eine finanzielle Zuwendung des Marquis de Bonac kommt ihm dabei zu Hilfe.

Unterwegs kommt er bei einem Bauern unter, der zunächst behauptet, nicht das Geringste zu essen zu haben. In Wahrheit hält er seine Vorräte versteckt, da er lange Zeit vom Adel mit Steuern belegt und seines Lebensunterhalts beraubt wurde. Durch dieses

Erlebnis wird Rousseau klar, was Unterdrückung des niederen Volkes durch den Adel bedeuten kann.

Als er sich Lyon nähert, durchquert er das Lignon-Tal, die Landschaft, in dem die *Astrée* spielt, einer der Schäferromane, die er als Kind mit seinem Vater gelesen hat. Seine Erwartungen an die Schönheit dieser Gegend sind hoch, doch er erfährt dort, dass diese Landschaft rein gar nichts mit dem idyllischen Schäferarkadien des Romans zu tun hat, sondern dass die Menschen dort von der Eisenverhüttung leben. Statt Vogelstimmen hört er nur Industrielärm. In seiner Erinnerung »beseitigte [dies] mit einem Schlag meine romanhafte Neugier, und ich verzichtete darauf, bei den Schmieden nach Dianen und Sylvandern zu suchen«[15]. Auch dieses Erlebnis trägt zur Entmythologisierung der durch Literatur beflügelten Kindheitsträume und zur Schärfung seines Realitätssinns bei.

4
Geliebte Mutter

In Lyon angekommen, sucht Jean-Jacques nach einer Unterkunft. Dabei hat er zwei merkwürdige erotische Begegnungen, die erste mit einem Seidenarbeiter, der ihn zur gemeinsamen Onanie verführen will, die zweite, als ein Abbé sein Nachtquartier mit ihm teilt und mit ihm kopulieren will, doch am Ende verzichtet, weil Jean-Jacques ihm von seinem furchtbaren Erlebnis im Bekehrungshospiz von Turin erzählt.

Nach Wochen des Wartens auf eine Nachricht von Mme de Warens erreicht ihn endlich ein Brief mit der Einladung, zu ihr zu kommen. Sie ist mittlerweile nach Chambéry, in die Hauptstadt Savoyens, gezogen, um näher am Hof des Königs zu sein. Sie schickt ihm Geld für den Weg. Nun unternimmt er die letzte längere Fußreise durch die Berge.

Das neue Domizil ist ein düsteres Haus. Mme de Warens hat es zur Sicherung ihrer Existenz von dem Finanzbeamten gemietet, der ihr die königliche Pension auszahlt. Bei Mme de Warens lebt inzwischen der junge Claude Anet, ihr Verwalter und Neffe ihres früheren Gärtners aus Vevey, der ihr bald nach ihrer Konvertierung nach Annecy gefolgt und selbst zum Katholizismus übergetreten ist. Eineinhalb Jahre sind vergangen, seit Jean-Jacques seine Ersatzmutter zum letzten Mal gesehen hat. Er ist inzwischen zwanzig, sie zweiunddreißig Jahre alt. Sie ist schon seit einiger Zeit die Geliebte Anets, denn andere Möglichkeiten bieten sich ihr nicht. Beziehungen zu adeligen Kreisen würden sie kompromittieren und ihre Pension gefährden, auch eine neue Ehe kann sie nicht schließen, da ihre Scheidung in Savoyen nicht anerkannt wird. So hat sie diverse heimliche Liebhaber, lebt ein unabhängiges und unkonventionelles Leben und führt weiterhin ein offenes und zugleich kultiviertes Haus wie in Annecy. Wegen ihrer Verdienste für die Konvertierung von Calvinisten, ihrer

Freundlichkeit und Wohltätigkeit genießt sie auch in dieser Stadt einen guten Ruf.

Bald nach seiner Ankunft verschafft sie Jean-Jacques, um dessen Zukunft sie nach wie vor besorgt ist, eine Anstellung im Katasteramt, wo er acht Monate lang mit Aussicht auf eine bescheidene Beamtenkarriere seinen Lebensunterhalt verdient. Er hat jedoch schnell erkannt, dass er andere Ziele hat; jetzt will er Musiker werden. So beendet er im Juni 1732 seine Arbeit als Bürokrat. Mme de Warens unterstützt seinen Plan, in Besançon beim Abbé Blanchard, dem Musiklehrer der Kathedrale, Musik zu studieren, und gibt ihm das notwendige Geld für die Reise. Blanchard steht jedoch kurz vor einer Reise nach Paris und so kehrt Rousseau nach Chambéry zurück. Hier bildet er sich selbst weiter und findet, da es keinen besseren Musiklehrer in der Stadt gibt, Gelegenheit, verschiedene adelige Fräuleins und Bürgertöcher zu unterrichten. Während einer Krankheit im Winter 1732 beschäftigt er sich mit Jean-Philippe Rameaus *Traîté d'harmonie*, »Abhandlung über die Harmonie«, analysiert die damals berühmten Kantaten von Clérambault und Bernier, um sich musikalisch fortzubilden. Mit keiner seiner jungen und reizvollen Schülerinnen kommt es zu einer Beziehung. Als ihm schließlich eine Metzgersgattin, die Mutter einer Schülerin, Avancen macht und er Mme de Warens davon berichtet, sieht diese den Augenblick für gekommen, ihn selbst in die Geheimnisse der körperlichen Liebe einzuweihen. Sie führt mit ihm ein ernstes Gespräch und gibt ihm acht Tage Bedenkzeit, ob er sich auf ihren Vorschlag einlassen will. Jean-Jacques stimmt nach langem Zögern ein. Dies ist kaum der Beginn einer normalen sexuellen Beziehung zu nennen. Er habe zwar Vergnügen daran gehabt, berichtet er, sei jedoch gleichzeitig von großer Traurigkeit gewesen. Tatsächlich muss es ihn Überwindung gekostet habe, die Frau, die er Maman nannte, bei der er mütterliche Geborgenheit gefunden hatte, zu seiner Geliebten zu machen. »Zum ersten Mal fand ich mich in den Armen einer Frau wieder, einer Frau, die ich anbetete. War ich glücklich? Nein, zwar empfand ich Lust dabei, doch eine unbesiegbare Traurigkeit vergiftete allen Charme. Ich kam mir vor, als habe ich Inzest begangen. Zwei oder drei Mal benetzte ich, während ich sie leidenschaftlich in die Arme nahm, ihre Brust mit Tränen. Sie war weder traurig noch erregt; sie war zärtlich und ruhig. Da sie wenig sinnlich und nicht auf Lust aus gewesen war, empfand sie auch nicht deren Köstlichkeit und verspürte keine Gewissensbisse.«[1] Keine Lust ohne Reue, scheint er damit sagen zu wollen. Und wer keine Lust empfindet, hat nichts zu bereuen. Rousseau ist in ein schweres Dilemma geraten. Er fühlt sich schuldig, hat ein Tabu gebrochen, die Frau, die für ihn zur zweiten Mutter geworden war, ist nun seine Geliebte. Da er die Situation dennoch genießt, versucht er sie zu rechtfertigen, indem er der Mutter einen guten Charakter attestiert: »Ich wiederhole es, alle ihre Fehler gingen nur auf Irrtümer zurück, nicht auf ihre Leidenschaft. Sie kam aus gutem Haus, ihr Herz war rein, sie liebte die ehrbaren Dinge, ihre Neigungen waren rechtschaffen und tugendhaft, ihr Geschmack war fein. Sie war für die Eleganz der Sitten geschaffen, die sie immer geliebt hat, nach der sie sich jedoch nie gerichtet hat, weil sie, anstatt auf ihr Herz zu hören, das sie richtig leitete, ihrem Verstand folgte, der sie falsch leitete. Wenn falsche Prinzipien sie in die Irre führten, haben die wahren Empfindungen diese immer bloßgelegt; doch leider hielt sie sich für eine Philosophin, und die Moral, die sie sich zurechtgelegt hatte, verdarb die Moral, welche das Herz ihr auftrug.« Ein Philosoph ist zu Rousseaus Zeit ein Gelehrter, aber auch ein Rationalist und in diesem Sinn verwendet Rousseau diesen Begriff hier.[2] Auch den Verursacher dieser Fehlentwicklung hat Rousseau ausgemacht: »Mamans« Philosophielehrer, der »die Vernunft eines Kindes verdarb, ohne ihr Herz verderben zu können«. Sie ist ein guter Mensch geblieben, und daher kann, was sie tut – und damit er selbst –, nicht allzu schlimm sein. Seine eigene Traurigkeit ist gewissermaßen die Wiedergutmachung für seine Verfehlung und so scheint die Verfehlung gesühnt. Auf die Entwicklung seines Liebeslebens generell kann die Begegnung mit der hingebungsvollen »Maman«, von der es an anderer Stelle heißt, sie wisse, dass man von Männern das Beste erwarten könne, wenn man mit ihnen geschlafen habe, keinen sehr vorteilhaften Einfluss gehabt haben. Die Fähigkeit, aus ehrlicher tiefer Zuneigung die Liebe eines Menschen zu gewinnen, kann sich so kaum entwickeln. Das Ideal wahrer Liebe, das später für den Schriftsteller zu einem wichtigen Thema wird, hat mit dem, was ihm hier widerfährt, wenig zu tun.

Ob die beiden Liebenden trotz der Verschiebung ihrer Rollen in der körperlichen Liebe wirkliche sexuelle Erfüllung gefunden haben, ist schwer zu sagen. Doch sind Zweifel daran berechtigt, denn Mme de Warens ist ja zugleich die Geliebte von Claude Anet, was für Rousseau wenig erfreulich gewesen sein muss. Die unausweichliche Rivalität in dieser Dreiecksbeziehung muss die beiden Männer beschäftigt haben, auch wenn es offenbar nie zu einem gewaltsamen Ausbruch dieser Rivalität gekommen ist und Rousseau die Harmonie ihres Zusammenlebens preist. »Wie oft brachte sie unsere Herzen in die zärtlichste Stimmung und ließ uns einander in Tränen umarmen, indem sie sagte, sie brauche uns beide für das Glück ihres Lebens; mögen die Frauen, die dies lesen, nicht bösartig lächeln. Bei dem Temperament, das sie besaß, war dieses Bedürfnis nicht zweideutig: Es war allein das ihres Herzens.«[3] Alle rhetorische Kunst, die er aufbringt, um dieses Leben zu dritt in positivem Licht zu zeichnen und Mme de Warens trotz ihres Verhaltens ein moralisches Zeugnis auszustellen, das ihre innere Schönheit in den Vordergrund stellt, zeigt, wie sehr sich hier Realität und Wunschvorstellung widersprechen. »Meine Aufgabe ist es, die Wahrheit zu sagen, nicht, dafür zu sorgen, dass man daran glaubt«, ist eine rhetorische Volte, die helfen soll, sich selbst aus diesem Dilemma zu befreien. Die Frau, die er weiterhin als seine Mutter braucht, muss einfach eine reine Seele haben.

Im März 1734 stirbt Anet, der sich Monate vorher mit Laudanum hat vergiften wollen, an einer Rippenfellentzündung, nachdem er eine Expedition in die noch winterlichen Alpen unternommen hat, um dort eine seltene Pflanze zu suchen. Damit endet plötzlich die vorgebliche Harmonie zu dritt. Zudem muss nun Jean-Jacques die schwierige Aufgabe des Verwalters der Geschäfte von Mme de Warens übernehmen, und bald stellt er fest, dass »Maman« unfähig ist, vernünftig zu wirtschaften, auf guten Rat nicht hört und sich über kurz oder lang ruinieren wird. Ihre mangelnde Disziplin in Geldangelegenheiten zwingt ihn, einen gewissen Sinn für Sparsamkeit zu entwickeln, was ihm nicht allzu schwer fällt.

Trotz seiner Sorgen um ihre Geschäfte verliert Jean-Jacques, der inzwischen zweiundzwanzig ist, seinen eigenen Weg nicht aus den Augen. Durch die Liebesbeziehung zu ihr von sexueller Not befreit, kann er sich ungestört anderen Beschäftigungen widmen und kümmert sich in den nächsten Jahren intensiv um seine Fortbildung. Auch sie, die ja nicht mehr nur seine Mutter ist, will nun einen *honnête homme* aus ihm machen, hat einen nicht nur auf Bildung, sondern auch auf sozialen Aufstieg gerichteten Ehrgeiz entwickelt und lässt ihm Fecht- und Tanzunterricht geben – ohne viel Erfolg, denn Jean-Jacques interessieren diese Dinge nicht. Immerhin trägt er jetzt einen Degen und reist nicht mehr zu Fuß, sondern zu Pferd.

Sein Interesse an der Musik ist nach wie vor sehr groß und er denkt wie zu seiner Zeit im Musikseminar von Annecy an eine Karriere als Musiker. Damit seine Begabung nicht brach liegt, nimmt er Unterricht in Musiktheorie und Kompositionslehre, lernt verschiedene Instrumente spielen und organisiert Konzerte in Chambéry und im Haus von »Maman«, die beste Beziehungen zum Adel Savoyens hat. Außerdem pflegt er Freundschaften, besucht Gesellschaften, liest gemeinsam mit François-Joseph de Conzié, einem Adeligen aus Savoyen und langjährigen Freund von Mme de Warens, den Briefwechsel Voltaires und Friedrichs II., überhaupt das gesamte Werk des in Frankreich schon berühmten Autors. Er trifft sich mit Literaten, lernt mit größtem Eifer Schach spielen, geht ins Theater, übt sich im Schreiben, studiert bis zur Erschöpfung nächtelang Musiklehre und verbessert sein Cembalospiel.

Immer wieder wird er von Krankheiten heimgesucht, während deren ihn Mme de Warens liebevoll pflegt. Möglicherweise sind diese Leiden ein willkommener Anlass, in ihr wieder die Mutter erleben zu können, vielleicht macht ihn dies sogar für Krankheiten anfällig. Depressive Verstimmungen, die ihn immer wieder überfallen, könnten ein Hinweis darauf sein, dass ihn das seltsame Doppelleben im Hause Warens überfordert. Um der Unruhe der vielen Gesellschaften dort zu entkommen, vielleicht aber auch den Wünschen der Liebhaberin, unternimmt er verschiedene kleine Reisen zu Pferd nach Nyon, Genf oder Lyon.

Im Herbst 1735 antwortet er in einem Brief seinem Vater, der nach seinen Plänen für die Zukunft gefragt hat und mit dem auch Mme de Warens über die Aussichten seines Sohnes korrespondiert, er könne sich drei Berufe vorstellen: Musiker, Sekretär einer

9 Les Charmettes (Anonymes Aquarell, 18. Jahrhundert. Bibl. Nat., Paris)

hochgestellten Persönlichkeit oder Erzieher eines Knaben von adeligem Stand. In Wirklichkeit will er nichts von all dem, sondern zieht es vor, sich weiterhin seinen literarischen Studien zu widmen. Auch die Arbeit im Labor von Mme de Warens setzt er fort. Ein Unfall während eines chemischen Experiments lässt Jean-Jacques für einige Stunden erblinden; danach ist er wochenlang krank. Mme de Warens pflegt ihn liebevoll und bedeutet ihm mehr als alle Ärzte. Ihre Beziehung wird inniger, jenseits von sexueller Lust, der engen Gemeinschaft von Mutter und Neugeborenem nicht unähnlich.

In Rousseaus Erinnerung leben sie wie in einer Symbiose, die, wie er fest glaubt, durch nichts als den Tod beendet werden kann.

Im Tal Les Charmettes mieten sie ein Landhaus mit Ländereien in einer zauberhaften Landschaft. Seine Erinnerungen an diese Zeit sind enthusiastisch: »Ich stand mit der Sonne auf und war glücklich; ich ging spazieren und war glücklich; ich sah Maman und war glücklich; ich verließ sie und war glücklich; ich durchstreifte die Wälder und Berge und irrte durch die Täler, ich las, ging müßig; ich arbeitete im Garten, pflückte Obst, half im Haus und das Glück folgte mir überallhin. Es war nicht in irgendwelchen Dingen, es war ganz in mir, es konnte mich nicht einen Augenblick verlassen.«[4]

Diese Beschreibung gilt wegen der engen Verbindung zwischen Natur und den Empfindungen eines Menschen als einer der Texte, die die europäische Romantik mitbegründet haben; für Rousseaus Entwicklung und Selbstverständnis haben die Erlebnisse im Tal Les Charmettes entscheidende Bedeutung und Generationen nach ihm haben diese Nähe zwischen Ich-Erfahrung und Naturerlebnis nachempfunden. In dieser idyllischen Gegend entfaltet sich auch die Beziehung zu »Maman«. Beide leben eine Zeit lang in seliger Harmonie. Sie teilen alles, ihre Lektüre, ihre Gedanken, und vor allem ihren ziemlich undogmatischen Glauben, mit dem sie sich intensiv beschäftigen, auch im gemeinsamen Gebet. »Wir verneigen uns in Ihrer göttlichen Gegenwart, großer Gott, Schöpfer und Bewahrer der Welt ... Danke für Ihre Güte und dafür, dass Sie uns miteinander vereint haben. Breiten Sie Ihren heiligen Segen über unsere Gemeinschaft aus.«[5] Irdisches Glück und Wohlbefinden sind für beide eng mit der Vorstellung eines höheren Wesens verbunden. Der Beitrag der Mme de Warens zur Entwicklung der religiösen Vorstellungen Rousseaus ist nicht zu gering einzuschätzen. Die schwärmerische mystisch-pietistische Prägung ihrer Jugend und ihr Engagement für die katholische Kirche machen sie zur geeigneten Partnerin für die Beschäftigung mit solchen Fra-

10 Das Schlafzimmer von Mme de Warens in Les Charmettes

gen, zumal gerade in der mitunter gefühlsbetonten Mystik zur Beschreibung der Seele und ihres Strebens nach Gott häufig Liebesmetaphorik verwendet wird. So kommen hier vermutlich verschiedene, nicht in aller Klarheit auseinander zu haltende Elemente zusammen.

Trotz der heilsamen Bergluft von Les Charmettes außerhalb der Stadt wird Jean-Jacques nicht ganz gesund und ist von seinem baldigen Tod überzeugt. Dies ist das erste Mal in seinem Leben, dass er ernsthaft mit seinem baldigen Ende rechnet. Ähnliches wird sich noch oft wiederholen. Meist haben diese Situationen bestimmte Entscheidungen zur Folge, sie sind wie Weichen für Richtungsänderungen auf einem langen und nicht immer einfachen Weg.

Jetzt jedenfalls möchte er, ganz gleich, was ihm bevorsteht und sei es der Tod, keine Zeit verlieren und etwas Sinnvolles tun. So erträgt er auch die Beschwerden leichter. Er widmet sich nun intensiv dem Studium der Literatur und verschiedener Wissenschaften. Er liest Unmengen Bücher und braucht eine Weile, bis er eine Orientierung für die Auswahl gefunden und eine Methode des Lesens entwickelt hat. Sinnvoller Umgang mit der Zeit ist ihm dabei sehr wichtig. Er eignet sich in diesen Jahren ein ungeheures Wissen an, bringt seine Kenntnisse auf den neuesten Stand und bereitet so die Grundlagen für sein späteres Werk vor, bei dem er immer wieder auf die Arbeiten anderer zurückgreifen und diese überarbeiten wird. Er profitiert dabei von der Unbefangenheit und Freiheit des Autodidakten, nach Belieben aus der Arbeit seiner Vorgänger zu schöpfen.

Die Aufnahme von Wissen ist nur die eine Seite, er legt ebenso viel Wert darauf, sein »Herz in Weisheit und Tugend zu formen«. Dies steht nicht nur im Zusammenhang mit der klassischen Weisheitslehre und Philosophie, die er besonders verehrt, sondern auch mit der Religion: Ohne Bezug auf Gott ist der Mensch nach Rousseaus Auffassung zum Guten nicht in der Lage. Jeden Morgen begibt er sich in die Natur und preist Gott, den Schöpfer des wohlgeordneten Universums.

Er hat sich in dieser Zeit ein fundiertes Wissen in Literatur, Geschichte, Philosophie, Geometrie, Geographie und Astronomie zugelegt, er verfügt über umfassende musikalische Kenntnisse und ist in der Lage, selbst zu komponieren.

Aus dem aus Genf weggelaufenen Jugendlichen ist ein gebildeter Mann geworden. Er hat die Jahre in der Obhut der Mme de Warens trotz aller Konflikte und Schwierigkeiten genutzt und hat der lebhaften, unternehmungsfreudigen, in Kreisen des Adels und der Kirche nach wie vor hoch angesehenen Frau viel zu verdanken.

Am 28. Juni 1737 wird Jean-Jacques 25 Jahre alt, er ist nun nach Genfer Recht volljährig und darf das Erbe seiner Mutter antreten. Er bevollmächtigt den Genfer Buchhändler und Verleger Barrillot, von dem er zahlreiche Bücher bezogen hat, das Geld in Genf für ihn entgegenzunehmen, da er selbst durch seinen Abfall vom Glauben Calvins sein Bürgerrecht verloren hat. Er erhält seinen Anteil, doch das Erbe des verschollenen Bruders beansprucht sein Vater Isaac für sich. Die Summe von 6500 Florin, die Jean-Jacques erhält, legt er Mme de Warens zu Füßen. Er weiß, wie viel sie für ihn getan hat.

Während eines Aufenthalts in seiner Heimatstadt im August 1737 hat Jean-Jacques mit Entsetzen die gewalttätigen Auseinandersetzungen zwischen Patriziern und Bürgern erlebt, am meisten hat ihn dabei ein Erlebnis erschreckt: Vater und Sohn Barrillot verlassen beide das Haus, um für die jeweils andere Partei zu kämpfen. Dies hinterlässt bei Jean-Jacques einen so nachhaltigen Eindruck, dass er Gewalt zu verabscheuen beginnt und später immer wieder für Gewaltverzicht eintritt.

Da sich sein Gesundheitszustand immer noch nicht gebessert hat, verlässt er Chambéry im September 1737. Aufmerksames Studieren medizinischer Bücher, das nicht frei von Hypochondrie zu sein scheint, hat ihn davon überzeugt, dass er an einem »Herzpolypen« leidet, den er in Montpellier behandeln lassen will. Mme de Warens hat von einem Spezialisten für solche Fälle gehört und ihn zu der Behandlung ermutigt. Wie sich zeigen wird, nicht nur aus uneigennützigen Motiven.

Auf der Reise lernt er die verheiratete Mme de Larnage kennen und geht mit ihr auf ihr Drängen ein Liebesverhältnis ein. Er gibt sich der körperlichen Lust hin, ohne Betrübnis und ohne die Gewissensbisse, die er bei Mme de Warens verspürte. Die beiden kommen überein, dass er nach seiner Kur bei ihr in Bourg-Saint-Andéol im Tal der Rhône leben soll, doch daraus wird nichts.

Nachdem die Ärzte in Montpellier nicht viel haben ausrichten können – offenbar sind sie der Meinung, es mit einem Hypochonder zu tun zu haben –, denkt er an Rückkehr. Doch Françoise, die ihm kaum auf seine Briefe geantwortet hat, schreibt ihm schließlich, er solle nicht vor Ende Juni nach Chambéry kommen. Außerdem teilt sie ihm mit, dass sie für ihn eine Stelle beim Vicomte de Lautrec suche. Sie sucht ihn offensichtlich von zu Hause fern zu halten. In einem Brief beteuert er, er würde lieber hart arbeiten, als viel Geld zu verdienen, und wolle nirgendwo anders leben als bei ihr. »Oh, meine liebe Maman, sind Sie denn nicht mehr meine liebe Maman?«,[6] fragt er sie in demselben Brief. Die Angst, sie zu verlieren, lässt ihn Mme de Larnage und ihre gemeinsamen Pläne vergessen, er kehrt nach Chambéry zurück, nicht ohne dies vorher anzukündigen.

Im Februar 1738 ist er wieder zu Hause, doch diesmal freut sich Françoise nicht über seine Rückkehr. »Da bist du ja, Kleiner«, ist alles, was sie ihm zur Begrüßung zu sagen hat. Sein Platz ist besetzt. An seine Stelle ist Jean-Samuel Rodolphe Wintzenried getreten, der Sohn des Kastellans im Schloss von Chillon am Genfer See, auch er ein Konvertit aus ihrer Heimat. Er ist zupackend und intelligent, unterstützt sie in ihren Geschäften und ist ebenfalls ihr Liebhaber. Sie bietet Jean-Jacques an, sich dieses Privileg fortan mit Wintzenried zu teilen, doch er lehnt ab. »Nein, Maman, sagte ich ihr energisch, ich liebe Sie zu sehr, um Sie zu erniedrigen.«[7] Auf seine Absage reagiert sie mit Kälte. Er hat die Geliebte verloren, aber ebenso die Mutter. Im Nachhinein gibt er dafür eine Begründung, die in eine ganze Sammlung von stereotypen Meinungen über die Frauen gehört, die sich in seinem Werk immer wieder finden: »Nehmen sie die intelligenteste, die philosophischste, die am wenigsten ihren Sinnen verhaftete Frau; das unverzeihlichste Verbrechen, das der Mann, um den sie sich im Übrigen am wenigsten sorgt, an ihr verüben kann, besteht darin, sie genießen zu können und es nicht zu tun.«[8] Sein eigentliches Unglück ist, verstoßen worden zu sein. »Ich fand bei ihr nicht mehr die Innigkeit der Herzen ... sie öffnete sich mir gegenüber nicht mehr, außer wenn sie sich über den Neuankömmling beklagen wollte ... Nach und nach nahm sie eine Lebensweise an, in der ich keine Rolle mehr spielte.«[9] Wintzenried ist nun der Favorit, allein ihm scheint Mme de Warens' Liebe und Aufmerksamkeit nun zu gelten. »Er war alles in dem Haus und ich war nichts.«

Jean-Jacques ergibt sich in sein Schicksal und zieht sich im Juni in die Einsamkeit des Landhauses in Les Charmettes zurück, wo er sich weiter seinen Studien widmet, und beginnt, sich mit dem, was er bei seinen Studien erlernt hat, an die Öffentlichkeit zu wagen. Als in der Wochenzeitschrift *Mercure de France*, einer Publikation, mit der die gebildeten Kreise über die neuesten Ereignisse am Hof und in Paris unterrichtet werden, ein Aufsatz über die Welt als Kugel erscheint, sendet er einen Beitrag mit zahlreichen Zitaten berühmter Astronomen und Mathematiker. Im Garten des Landhauses hat er ein Teleskop aufgestellt, seine Kenntnisse machen allmählich Fortschritte. Im selben Herbst verfasst er ein langes Gedicht, *Le Verger de Mme la baronne de Warens*, »der Obstgarten der Baronin de Warens«, in dem er sein Leben in Les Charmettes beschreibt und seine Gastgeberin preist, über seine Studien berichtet und nicht weniger als vierzig Namen berühmter Gelehrter aufzählt. Auch enthält das sprachlich nicht sonderlich elegante Poem erste Skizzen von Ideen, denen man später in seinen Schriften wieder begegnet. Das Werk wird gedruckt, doch erregt es kein weiteres Aufsehen.

Die Einsamkeit quält ihn, er fühlt sich verstoßen. »Seit langem verzehre ich mich ungeduldig danach, Sie zu sehen. Bedenken Sie, liebe Maman, dass ich seit einem Monat oder schon länger dieses Glücks beraubt bin.«[10] Er erträgt dieses Leben nicht mehr und sagt Françoise dies offen. Daraufhin vermittelt sie ihm über eine Freundin aus Grenoble eine Stelle als Erzieher in der Familie de Mably, im Haus eines hohen Polizei- und Justizbeamten, dessen Bruder der später berühmte Philosoph Condillac ist. Hier bleibt Jean-Jacques von April 1740 bis Mai 1741.

Lyon ist eine lebendige Stadt mit einer blühenden Wirtschaft, zahlreichen kulturellen Angeboten und einer Akademie der Wissenschaften und einer weiteren für Schöne Künste. Rousseau lernt die kulturelle Elite der Stadt kennen, er besucht Konzerte und Opern und komponiert selbst kleinere Stücke. Mitglieder der Akademie werden seine Freunde. Das Leben hier ist freizügiger und freudiger als im strengen Genf oder dem engen Chambéry.

Im Umgang mit seinen beiden Schülern, die vier und fünf Jahre alt sind, hat er wenig Glück; er ist ungeduldig und macht sich selbst zum Vorwurf, bei seiner Arbeit drei Mittel angewandt zu haben, die »bei Kindern stets nutzlos und oft verderblich sind: Gefühl, vernünftige Erwägungen, Zorn«.[11]

Wenn er auch auf diesem Posten als Erzieher weitgehend gescheitert ist, sich außerdem entgegen den Erwartungen der Dame des Hauses in Gesellschaft ungeschickt verhalten hat, so weiß er doch aus dieser Erfahrung Nutzen zu ziehen. Er schreibt eine kritische Abhandlung über Erziehung mit dem Titel *Projet sur l'Éducation de Monsieur de Sainte-Marie*. Darin setzte er sich mit sich selbst und mit der traditionellen Erziehung auseinander, bei der entschieden zu viel Zeit mit sinnlosen Dingen vergeudet werde, zum Beispiel mit lateinisch zu verfassenden Abhandlungen, Paraphrasierungen von Texten, Geschichte der Antike, während man über sein eigenes Land nichts erfahre. Er kritisiert auch die religiöse Erziehung und ihre Inhalte, die Trinitätslehre, die Eucharistie, die Lehre von der Erbsünde als Vorstellungen, die für Kinder, deren Geist sich gerade entwickelt, unverständlich und unlogisch sind. Warum sollte es drei Gottheiten geben, die derselbe Gott sind? Wie solle man den Leib Christi mit einer kleinen Oblate essen können? Wieso sei man schuld an Dingen, für die man nichts könne? Dagegen erführen die Kinder nichts vom eigentlichen Wesen des Christentums und von den Grundlagen der Moral und den Pflichten der Menschheit, und man verlange, dass der Wille ihrer Lehrer zum einzigen Maßstab der Tugend gemacht werde. Man werfe Kindern oft vor, sie seien gleichgültig und desinteressiert, wie aber sollte es bei den pedantischen Lehrern, die alle Neugier der Kinder im Keim erstickten, auch anders sein?[12] Ein guter Lehrer müsse richtig denken können, einen gesunden Menschenverstand und etwas Geschmack besitzen, und dies genüge, um ein Kind zu erziehen, zu einem höflichen *cavalier* und *honnête homme*, denn darauf komme es in der Erziehung an.[13]

Dieser Text verrät einige Grundzüge seines Charakters, seines Denkens und Verhaltens und zeigt, wie eng diese miteinander verwoben sind, wie sehr seine Ideen von seiner Persönlichkeit abhängig sind.

Ob der Vater seiner Zöglinge die Schrift überhaupt gelesen hat, ist ungewiss. Sie führt jedenfalls nicht dazu, dass man ihn weiter beschäftigt. Der Hausherr und er sind sich einig, dass er nicht der gesuchte Pädagoge ist, der bei seinen Söhnen konkrete Erfolge erzielen kann. Als praktischer Erzieher ist Rousseau im Hause Mably gescheitert.

Gern kehrt er im Mai 1741 nach Chambéry zurück, nicht ohne die Hoffnung, es dort nun besser anzutreffen. Doch er erlebt nur eine weitere große Enttäuschung. Das harmonische, tief einvernehmliche Verhältnis zu Mme de Warens ist für immer dahin. Da sie inzwischen hoch verschuldet ist, beschließt er, Geld für Mme de Warens zu verdienen. So kehrt sich ihr Verhältnis um. Der inzwischen erwachsen gewordene »Sohn« übernimmt Verantwortung für die »Mutter«. Er hat eine Notenschrift aus Zahlen erfunden. Mit dieser hofft er, eine Revolution auszulösen, berühmt und reich zu werden. In der Hoffnung, dass die Akademie der Wissenschaften in Paris seine Erfindung akzeptieren wird, bereitet er sich auf den Umzug in die französische Hauptstadt vor. Nach einem kurzen Aufenthalt in Lyon, wo er Bücher und Gegenstände verkauft, um seine Reise zu bezahlen, Freunde trifft und sich Empfehlungsschreiben zum Eintritt in die höheren Kreise von Paris geben lässt, macht er sich auf den Weg und lässt damit Chambéry und sein Zuhause bei Mme de Warens für immer hinter sich.

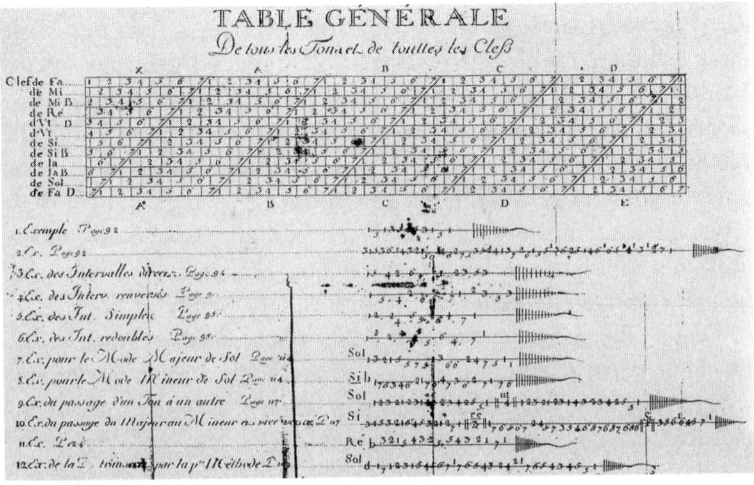

11 Rousseaus neues System der Notennotierung

5
Paris – Venedig – Paris

Als Rousseau nach Paris kommt, hat er alle sozialen Milieus der Provinz kennen gelernt: das angesehene Genfer Bürgertum ebenso wie einfache Handwerker, das Milieu der Ganoven und Herumtreiber, die adligen Kreise Savoyens, voneinander grundverschiedene Angehörige des Klerus, die Aristokratie der südfranzösischen Provinz. Er hat gelernt, sich in all diesen Kreisen zu bewegen, hat aufgrund seiner Begabung und seiner Bildung vor allem bei Adeligen und kultivierten Bürgern Anerkennung gefunden. Zwischen der Provinz und Paris jedoch besteht eine große Kluft. Sie hofft er zu überwinden, als er im Sommer 1742, dreißig Jahre alt, mit seinem Reformprojekt für die Musiknotierung in der Hauptstadt eintrifft.

Die Atmosphäre der Stadt hat sich in den letzten Jahren gewandelt. Ludwig XIV. ist nun seit einem Vierteljahrhundert tot. Wie nie zuvor steht Paris mit seinen 500 000 Einwohnern im Zentrum des politischen, geistigen und kulturellen Lebens des Landes. Der Hof ist von Versailles hierher verlegt worden, die vom Sonnenkönig in seinem prächtigen Schloss konzentrierte Hofgesellschaft hat sich zerstreut. Die Meinung wird nun nicht mehr bei Hofe gemacht, sondern in der Stadt. Die Ideen entwickeln sich nicht mehr nach dem Willen des Monarchen, sondern gegen ihn. Die höfische Kultur wird abgelöst durch die der Salons, Cafés und Clubs. In den von bürgerlichen oder adligen Damen geleiteten Salons trifft sich die Elite der Zeit: Könige, Söhne von Fürsten, Grafen, aber auch Intellektuelle proletarischer Herkunft oder aus dem niedrigen Bürgertum wie d'Alembert und Diderot. Hier wird brillante Konversation gepflegt, hier wird der gute oder schlechte Ruf von jemandem begründet, Schriftsteller finden ihre Bewunderer, nützliche Verbindungen und mitunter auch materielle Unterstützung, sie wetteifern miteinander in Kühnheit und Brillanz der Gedan-

12 D'Alembert liest im Beisein von Rousseau bei Mme Geoffrin in einem der berühmtesten Salons von Paris. Um 1775 (Kupferstich von Gabriel Lemonnier. Académie des Beaux-Arts, Rouen)

ken. Im Salon der Mme Geoffrin in der Rue Saint-Honoré und anderswo treffen sich reiche Bürger, Künstler und Wissenschaftler, die Enzyklopädisten finden Gesinnungsgenossen und Mäzene, die ihr Projekt unterstützen. Bürgerliche Denkformen und Moralbegriffe werden zunehmend auch vom Adel akzeptiert.

In den Cafés tauscht man die neuesten Ideen aus, es wird Schach gespielt, Schriftsteller treffen sich mit Philosophen, in den exklusiven Clubs nach englischem Muster debattiert man über politische Probleme. All dies geschieht in dem Bewusstsein einer ständigen Zensur von Seiten des Hofes und allzu kritischen Denkern droht Haft in der Bastille oder die Todesstrafe. Die meisten Autoren wagen es daher nicht, kritische Werke unter ihrem Namen zu veröffentlichen, auch wenn die königliche Autorität schrumpft, Erlasse nicht mehr befolgt werden, da die Todesstrafe für Abfassung und Verbreitung von Schriften gegen die Religion kaum noch vollstreckt wird.

Auch die wirtschaftlich-soziale und politische Lage Frankreichs hat sich stark gewandelt. 1720 wurde das Land durch Gründung einer Privatnotenbank, die zu viele Aktien und Banknoten ausgegeben hat, im so genannten Law-Skandal in eine Inflation geführt, was zu großer Verunsicherung geführt hat. Viele sind schnell zu großem Reichtum gelangt und bald darauf in tiefe Armut gestürzt worden. Bei der Verteilung hoher Ämter im Königreich wird nach wie vor der Adel bevorzugt. Die viertausend Familien des Hochadels besetzen alle wichtigen Positionen, sie werden hohe geistliche Würdenträger und Offiziere in der Armee. Ihre Gehälter und Pensionen verschlingen ein Viertel des Staatsbudgets, während im Volk bittere Armut herrscht.

Die Kassen das Staates waren schon durch die zahlreichen Kriege des Sonnenkönigs leer geworden. Mit dem Ende des Merkantilismus ist ein bürgerliches Großkapital entstanden, und je mehr die Bürger dem Adel materiell gleichgestellt sind, desto größer wird dessen Bestreben, auf seinen Privilegien zu bestehen. Doch das Land ist ohne das Geld des reichen Bürgertums manövrierunfähig. Die Bourgeoisie beherrscht Handel, Banken und Industrie. Aus ihr gehen Literaten, Publizisten und Künstler hervor. Sie ist die gebildete Klasse, die schreibt und liest, Bilder malt und Bilder kauft, sie ist die Trägerin der Kultur, und der Gebildete löst den *gentilhomme* des 16. und den *honnête homme* des 17. Jahrhunderts ab.

Hatten am Hof Ludwigs XIV. durch die Bigotterie Mme de Maintenons rigide Sitten geherrscht, so hat sich nach seinem Tod während der Régence Philippes von Orléans das Blatt gewendet. In den gehobenen Kreisen setzt sich aufklärerisches Denken und damit Liberalität in Fragen der Religion, der Sitten, der Einstellung zum Vaterland durch, irdischer Genuss steht hoch im Kurs, religiöser Ernst, Beschäftigung mit Fragen des Lebens nach dem Tod treten für viele in den Hintergrund. Paris ist Schauplatz einer Gesellschaft im Umbruch, der in allen Bereichen des Lebens spürbar wird und dem sich niemand entziehen kann. Schon bald nach seiner Ankunft ist Rousseau mitten im Geschehen.

Rousseaus Empfehlungsschreiben ebnen ihm den Weg in die Pariser Gesellschaft. Er weiß, dass er Fähigkeiten besitzt, mit denen er in der Metropole erfolgreich sein kann, er möchte dem Adel und reichen Bürgertum gefallen, doch nicht um den Preis der Unterwerfung oder der Selbstaufgabe. Die Leichtigkeit und das Gefällige, das die Pariser Salons auszeichnet, liegt ihm wenig. Er ist ein eher ernster, etwas melancholischer, nachdenklicher

Mensch, in der ersten Zeit eher ein aufmerksamer Zuhörer als ein Redner. Doch er lässt sich auf das gesellschaftliche Spiel ein, er ist ein anregender und gern gesehener Gast, der viel eingeladen wird und gefällt, denn auch in Paris erkennt man sein Talent. Begabung, Brillanz, Esprit sind in den Salons gefragt und sie sind nicht das Privileg einer bestimmten Klasse. Rousseau wird von dem pulsierenden geistigen Klima angesteckt, er ist voller Ideen und Pläne und übt sich im Schreiben immer neuer Texte.

Untergebracht ist er zunächst in einem bescheidenen Zimmer im Hôtel Saint-Quentin in der Rue des Cordiers nahe der Sorbonne. Schon bald knüpft er verschiedene Kontakte und schließt Freundschaften, unter anderem mit Daniel Roguin aus Yverdon in der Schweiz, der ihm zahlreiche Bekanntschaften vermittelt. Rousseau hat zum Leben ein paar Geldreserven, gibt aber auch Musik- und Kompositionsunterricht. Über den Comte d'Amézin, zu dem ihn ein Empfehlungsschreiben führt, findet er zwei junge Adelige, die seine Schüler werden. Ein weiterer Empfehlungsbrief bringt ihn mit dem Jesuitenpater Louis-Bertrand Castel, einem bekannten Mathematiker und Herausgeber der Jesuitenzeitschrift *Journal de Trévoux*, in Verbindung und über ein Mitglied der Académie française wird er dem berühmten Naturforscher Réaumur vorgestellt. Dieser verschafft ihm die Möglichkeit, sein neues Notensystem vor der Académie des Sciences zu präsentieren.

Er erhofft sich den großen Durchbruch, Ansehen und gute Einkünfte von seinem neuen System zur Notennotierung, in welchem er die Noten durch Ziffern und Interpunktionszeichen ersetzt hat. Am 22. August 1742 präsentiert er das Projekt, stellt sich unbeirrt allen Fragen. Der Komponist Jean-Philippe Rameau hält ihm entgegen, bei diesem System gehe der Überblick über den Verlauf eines Stückes verloren, da man die Notenabstände nicht mehr visuell wahrnehmen könne. Zu seinem Erstaunen wird Rousseau am Ende der Präsentation von den Zuhörern gelobt. Doch damit sind noch nicht alle Hürden genommen, eine Kommission, bestehend aus einem Mathematiker, einem Chemiker und einem Astronomen, soll das System einer genauen Prüfung unterziehen. Am 5. September gibt die Kommission ihre Entscheidung bekannt. Man ist der Meinung, dieses System sei nicht neu, und äußert Zweifel an seiner Nützlichkeit. Doch Rousseau erhält ein Zertifikat für seine Arbeit und Lob für seine Kompetenz und die Klarheit seiner Darstellung, und man ermutigt ihn, weiterzuarbeiten.

Rousseau gibt nicht auf. Nachdem sich die Académie gegen sein System entschieden hat, will er es dem Publikum vorstellen. Zwei Monate arbeitet er an einer Darstellung, ergänzt durch Beispiele und weitere Erläuterungen, und Anfang 1743 erscheint die *Dissertation sur la musique moderne*, »Abhandlung über moderne Musik«. Die Reaktion des Publikums bleibt aus, obwohl drei Zeitschriften, darunter der bekannte *Mercure de France*, das Werk angekündigt und eine Zusammenfassung der Rousseauschen Prinzipien veröffentlicht haben. Rousseau hat überdies das System mit einer aus Amerika stammenden Schülerin, die ihm Daniel Roguin vermittelt hat, ausprobiert und öffentlich demonstriert. Es funktioniert gut, doch bringt es ihm nichts ein, auch wenn ein paar Zeitungen darüber schreiben und Exemplare im Schaufenster der Buchläden liegen. Rousseau verteidigt sein Projekt in diversen Artikeln und macht sich so einen Namen als origineller Kopf. Er lernt berühmte Leute kennen, darunter den Philosophen und Dichter Fontenelle und den Dramatiker Marivaux, den er darum bittet, sein 1730 in Chambéry verfasstes Stück *Narziss* zu korrigieren. Er möchte erfolgreich sein wie sie und bemüht sich, ähnlich zu schreiben.

Über Daniel Roguin lernt er Denis Diderot kennen und freundet sich mit ihm an. Sie gehen zusammen ins Café Maugis, dort spielen sie Schach und sehen sich die Partien berühmter Meister an, sie tauschen die neuesten Ideen aus. Beide sind Handwerkersöhne, beide haben große Pläne. Diderot, den Rousseau bewundert, hat die Laufbahn eines Priesters, Arztes oder Juristen abgelehnt und ist dafür enterbt worden. Er hat sich durchgeschlagen, indem er für andere Predigten verfasst hat. Außerdem übersetzt er Lexika aus dem Englischen. Rousseau spricht mit ihm über Musik und Theater, teilt Diderots Wissbegierde und wird damit später zum idealen Mitarbeiter der *Enzyklopädie* werden.

Der Jesuitenpater Castel, mit dem er sich ebenfalls angefreundet hat, bringt ihn entsprechend dem Motto *On ne fait rien à Paris que par les femmes*, »Wer in Paris etwas erreichen will, kann das nur mit Hilfe der Frauen«, mit drei wichtigen Damen der Gesellschaft in Verbindung: mit Mme de Besenval, einer Verwandten des früheren Königs von Polen, Stanislaus Leszczynski, deren Schwiegertochter Mme de Broglie, der Ehefrau eines Militärs, die einen großen Salon führt, und Mme Dupin, der Frau eines reichen Bankiers. Mme de Broglie hat seine *Dissertation sur la musique moderne* gelesen und führt ihm an ihrem Cembalo vor, inwiefern ihr seine Ideen durchaus nützlich waren. Am selben Abend erlebt er sein erstes Essen in der hohen Pariser Gesellschaft. Da er wenig zur Konversation über das Pariser Leben beitragen kann, zieht er im Laufe des Abends die *Epitre à Parisot*, ein in Lyon verfasstes Gedicht, in dem er das Leben der höheren Kreise der Stadt preist, aus der Tasche, liest daraus vor und erhält viel Applaus.

Um den unerfahrenen jungen Mann aus der Provinz mit den Pariser Sitten vertraut zu machen, leiht Mme de Broglie ihm einen Roman des jungen Autors Charles Pinot Duclos, der gegenwärtig Furore macht und eine Art Bibel der freizügigen Pariser Gesellschaft darstellt: *Les Confessions du Comte de D.*, »Die Geständnisse des Grafen von D«, dessen permissive Grundtendenz Rousseau ablehnt. Doch noch ist er mit Kritik zurückhaltend. Ein junger Autor, der in Paris etwas werden will, muss sich anpassen, wenn er in den Salons gefallen will.

Durch seinen Erfolg an jenem Abend ermutigt, sucht er auch Mme Dupin, die Frau des Großbankiers, in ihrem luxuriösen Hôtel Lambert auf der Ile-Saint-Louis auf. Mme Dupins Salon gehört zu den größten und berühmtesten der Stadt.

Als er sie besucht und ihr die Abhandlung über Musik überreichen will, ist sie gerade bei ihrer Morgentoilette. Ein solcher Empfang ist für Pariser Damen dieses Standes durchaus üblich. Doch Rousseau ist irritiert. Er ist ein häufiger Gast im Haus, ist oft zum Abendessen eingeladen und eines Tages richtet er an die 36-jährige Dame des Hauses eine gereimte Liebeserklärung. Sehr bald aber muss er erkennen, dass er sich damit die Sympathie seiner Gastgeber verscherzt hat. Auch der Stiefsohn Mme Dupins, Dupin de Francueil, mit dem er sich angefreundet hatte, geht ihm nun aus dem Weg. Nachdem er einen demütigen Entschuldigungsbrief verfasst und diesem seine in Lyon entstandene *Abhandlung über Erziehung* beigefügt hat, wird ihm verziehen. Denn Mme Dupin hat Probleme mit ihrem 13-jährigen Sohn und hofft auf Hilfe. Rousseau wird für kurze Zeit als provisorischer Erzieher des jungen Dupin tätig.

13 Mme Dupin, für die und deren Familie Rousseau arbeitet. Sie bleiben über lange Jahre Freunde.

Auch die Freundschaft mit Dupin de Francueil lebt wieder auf; gemeinsam besuchen sie Kurse des berühmten Chemikers Rouelle. Rousseau zieht in ein anderes Hotel, unweit des Hauses seiner Freunde und Gönner gelegen.

Neben der Zeit, die er im Hause Dupin verbringt, ist er mit dem Text und der Musik einer Oper mit dem Titel *Les Muses ga-*

lantes beschäftigt, die Torquato Tasso, Ovid und Anakreon gewidmet ist. Dichten und Komponieren gehen ihm leicht von der Hand. Als er den ersten Akt fertig gestellt hat, erreicht ihn das Angebot, die Stelle eines Botschaftssekretärs in Venedig zu übernehmen, die Mme de Broglie ihm vermittelt hat. Er sagt gern zu, denn er verspricht sich davon wachsendes Prestige und den Beginn einer interessanten Laufbahn in öffentlichen Ämtern.

Am 10. Juli macht er sich auf den Weg. Doch er erreicht die Lagunenstadt erst am 4. September, da in Genua wegen Pestgefahr eine vierwöchige Quarantäne verhängt worden ist. Die Hälfte der Zeit verbringt er bei dem französischen Botschafter in Genua, de Joinville, der seinem Kollegen in Venedig zur Wahl seines Sekretärs schriftlich gratuliert. Er besitze »viel Esprit, sei begabt und mache angenehme Konversation«.[1]

Ungeduldig erwartet Pierre-François-Auguste de Montaigu, der französische Botschafter in Venedig, im Palazzo Toma Querini, dem Botschaftsgebäude im Viertel San Geremia, seinen Sekretär, auf dessen Mitarbeit er dringend angewiesen ist. Montaigu ist ein ehemaliger Militär, dem man den Posten eines Generals nicht zugetraut und den man dafür mit der venezianischen Botschaft entschädigt hat.

Venedig ist im 18. Jahrhundert politisch kaum noch von Bedeutung, auch wirtschaftlich spielt es nur eine geringe Rolle, der Hafen wird wenig frequentiert. Was die Stadt einzig interessant macht, ist ihre Rolle als Treffpunkt der Kuriere aus dem Nahen Osten. Nur der Österreichische Erbfolgekrieg sorgt dafür, dass die Botschaftsbediensteten nicht ganz arbeitslos sind. Maria Theresia verteidigt die österreichischen Erblande gegen die Ansprüche anderer Fürsten. Die spanischen Bourbonen bemühen sich gemeinsam mit Frankreich, den Einfluss des mit England und Sardinien verbündeten Österreich auf Italien zu schwächen und dessen Neutralität zu erhalten. Der Botschaft fällt die Aufgabe zu, Truppenbewegungen zu beobachten und Neuigkeiten über militärische Operationen weiterzugeben.

Monsieur de Montaigu ist nicht in der Lage, die zahlreich anfallende Post, die Depeschen und Geheimbotschaften zu lesen und zu beantworten. In der Stadt ist er isoliert, da nach venezianischer

Tradition Patrizier und Regierungsmitglieder mit ausländischen Vertretern außer auf den seltenen offiziellen Terminen nicht direkt kommunizieren dürfen. Jegliche Kommunikation muss schriftlich erfolgen, was Montaigu, der kein Italienisch versteht, in größte Verlegenheit bringt.

Rousseau ist ihm hochwillkommen. Er findet sich schnell in die Arbeit, kann Italienisch, lernt den venezianischen Dialekt, ist in der Lage, Geheimcodes zu verwenden, und schreibt einen gepflegten Stil. Jeden Samstag sendet der Botschafter einen langen Bericht an den König, einen weiteren an den Außenminister. Er korrespondiert mit den anderen französischen Botschaften Italiens, den Vertretungen in Den Haag, Genf, Frankfurt, Rom, Konstantinopel und Sankt Petersburg. All diese Arbeit erledigt Rousseau. Dazu entschlüsselt er Botschaften, kommuniziert mit den venezianischen Regierungsstellen und übersetzt ihre Antworten. Oft vertritt er den Botschafter, und es gelingt ihm, bei verschiedenen größeren Problemen zu vermitteln und Lösungen zu finden. Im Ganzen leistet er kompetente, kreative Arbeit und dient seinem Land mit großem Engagement.

Montaigu macht in der Rolle des Botschafters keine gute Figur. Abgesehen davon, dass er kaum in der Lage ist, seine Aufgaben als Diplomat zu erfüllen, überlässt er auch die Botschaft sich selbst. Dort herrscht Unordnung, die Diener werden schlecht behandelt, Montaigu geizt beim Auszahlen der Löhne. Und es ist nur eine Frage der Zeit, bis er auch Rousseau Probleme bereitet.

Dieser hat über den französischen Consul Le Blond und den spanischen Botschafter Carrion die Strukturen der venezianischen Verwaltung kennen gelernt. Er hat großes Interesse am politischen System der oligarchisch regierten Republik Venedig gefunden. Durch die umfangreiche Korrespondenz wird er mit den politischen und wirtschaftlichen Problemen und den Kriegen der Zeit vertraut.

Da es innerhalb der von Montaigu miserabel geführten Botschaft wenig gesellschaftliches Leben gibt, lernt Rousseau Venedig und seine berühmte Festkultur kennen. Es gibt sieben Theater, zweihundert Cafés, jede Nacht verschiedene Bälle. Der Karneval findet von Oktober bis Weihnachten, dann wieder vom Dreikönigstag bis zur Karwoche, dann wieder zu Ostern und an hohen

14 Rousseau als Sekretär des französischen Botschafters in Venedig (Anonymes Gemälde, Bibl. de Genève)

Feiertagen wie der Wahl des Dogen statt. Im anonymen Kostüm kann man in jede Veranstaltung gehen. Selbst in den Kirchen und in Klöstern finden Feste statt.

Rousseau nimmt an diesem Leben rege teil. »Ich habe meine Philosophie etwas beiseite geschoben, und ziehe mich an wie die anderen, so dass ich maskiert durch die Straßen und ins Schauspiel gehe, mit demselben Stolz, als hätte ich mein ganzes Leben in diesem Aufzug verbracht«, schreibt er im November 1743.[2] Er geht mit seinen Freunden aus; mit Le Blond, Carrion, dem Spanier Altuna Cataneo, der für den preußischen König arbeitet, und zwei Engländern genießt er das gesellschaftliche Leben der Stadt, das sich trotz des politischen Niedergangs Venedigs erhalten hat.

Die Lagunenstadt ist berühmt für ihre Freizügigkeit in Fragen der Liebe. Doch diese Möglichkeiten nutzt er kaum, sondern bleibt abstinent, auch aus Angst vor venerischen Krankheiten. Er schreibt Liebesgedichte für schöne Frauen, und einmal trifft er auf Vermittlung von Freunden, wie er selbst berichtet, die begehrte Kurtisane Zulietta, doch ihre Begegnung ist ein Misserfolg und die Dame entlässt ihn mit den Worten: *Lascia le donne e studia la matematica*, »Gib die Frauen auf und beschäftige dich mit Mathematik«.[3]

Besonders ist Rousseau von der venezianischen Musik begeistert. Nicht nur, dass überall auf den Straßen und Plätzen gesungen wird, beeindruckt ihn, sondern auch, dass es jeden Abend an zahlreichen Orten die verschiedensten Konzerte gibt. Besonders schätzt er die Chöre der Internatsschülerinnen, die abends von der Kirchenempore, für das Publikum unsichtbar, singen. Manchmal organisiert er mit anderen Musikern musikalische Abende, auf denen er Cembalo spielt. In einer Kirche lässt er Teile aus dem ersten Akt seiner Oper *Les Muses galantes* aufführen.

Rousseau bleibt nur ein Jahr in Venedig. Er hat in Montaigu keinen adäquaten Vorgesetzten. Dieser hat zunächst die vielen Qualitäten und die effektive Arbeit seines Sekretärs geschätzt und gerne genutzt, fürchtet aber dessen Überlegenheit und beginnt ihn zu demütigen und wie einen Lakaien zu behandeln. Für Rousseau, der sich seiner Leistungen durchaus bewusst ist, für seine Position und seine Arbeit Anerkennung erwartet und auf seinen Status und dessen Privilegien bedacht ist, ist eine solche Behandlung unerträglich. Es kommt immer häufiger zum Streit. Rousseau betrachtet sich als Sekretär der Botschaft und lässt seinen Vorgesetzten die eigene Überlegenheit spüren, Montaigu sieht in ihm nur seinen Sekretär, der sich ihm unterzuordnen hat, und nutzt jede Gelegenheit, ihn zu demütigen, indem er ihm zugesagte Geldmittel verweigert oder ihn von einem Abendessen mit dem Herzog von Modena ausschließt, weil er nicht adelig ist.

Beschwerdebriefe Rousseaus an den königlichen Beauftragten für Auswärtige Angelegenheiten, du Theil, haben keinen Erfolg. Der Konflikt spitzt sich dadurch nur zu und es kommt schließlich zum Bruch. Der Botschafter verjagt Rousseau wie einen einfachen Lakaien und verlangt, dass er Venedig umgehend verlasse. Dies ist eine schlimme Niederlage für den Botschaftssekretär, der viel Energie in die Arbeit und viel Geld in die Reise und seine Kleidung investiert hat. Auch ist sein Plan, in einer ihm adäquaten Position von seinem Talent und ehrlicher Arbeit zu leben, gescheitert.

Freunde helfen ihm, die Kosten der Rückreise zu tragen. Voll Bitterkeit und in Geldnot kehrt Rousseau nach Paris zurück. Auf dem Weg dorthin besucht er auch seinen Vater.

Rousseau verfasst weitere Briefe an du Theil, klagt darin über die ungerechte Behandlung und bittet um Satisfaktion für erlittene Unbill, die er jedoch nicht erhält. Er fürchtet sich vor einem falschen Bild in der Öffentlichkeit, da ihn Montaigu in diversen Briefen der Arroganz und Insolenz bezichtigt hat und ihm die Schuld für ihr Zerwürfnis gibt. Rousseau argumentiert gegenüber du Theil, sein Leben sei nichts mehr wert, wenn sein Ruf zerstört sei. Im Grunde interessiert sich aber niemand dafür, was mit einem Botschaftssekretär in Venedig geschehen ist, und Monsieur du Theil beantwortet dessen verzweifelte Briefe erst gar nicht, doch Rousseau fühlt sich tief gekränkt, fürchtet um sein Renommee, verlangt nach Rechtfertigung. Hinter der Angst, öffentlich zu Unrecht in ein falsches Licht gerückt worden zu sein, steckt mehr als verletzter Stolz. Für jemanden, der im Calvinismus aufgewachsen ist, für den können Misserfolge Symptom für eine prekäre Lage sein: zu denen zu gehören, die nicht für das Heil auserwählt sind. Die Rechtfertigung des Menschen durch Gott manifestiert sich bereits im irdischen Leben, ein fleißiger Mensch erhält schon hier eine Belohnung für seine guten Werke und Scheitern könnte ewige Verdammnis bedeuten. Dies muss dazu beigetragen haben, dass Rousseau die Auseinandersetzung mit Montaigu, dem er sich im Grunde überlegen weiß, so tragisch nimmt. Für ihn ist die ungerechte Beurteilung seiner Person unerträglich, er ist darüber ähnlich empört wie in seiner Kindheit in Bossey, als man ihm zu Unrecht den Diebstahl des Kamms vorwarf. Daraus, dass er keinerlei Reaktion auf seine Beschwerdebriefe erhält, zieht er den Schluss, dass die politischen Institutionen gewiss nicht dafür gemacht sind, um die Schwachen vor den Starken schützen. Doch so denkt man nicht als Angehöriger des Adels oder Bediensteter des Königs und auch Mitgliedern der Geistlichkeit liegen solche Gedanken fern.

Mme de Besenval, der er die Stelle in Venedig verdankt, glaubt nicht ihm, sondern Montaigu. Für sie kann ein einfacher Bürger im Streit mit einem Adeligen unmöglich Recht haben. Auch Pater Castel neigt dazu, dem Mann in der stärkeren Position zu glauben. Rousseau kehrt ihm und Mme de Besenval daraufhin für immer den Rücken. Das Bewusstsein für soziale Ungerechtigkeit, das ihm bereits sein Vater vermittelt hat, wird weiter geschärft.

Am Ende hat ihm die Zeit in Venedig nicht nur negative Erfahrungen beschert. Er hat Freunde gefunden, die venezianische Kultur genossen, ist mit der Dichtung Tassos in Berührung gekommen. Er hat die italienische Musik studiert, die er besonders liebt und nun mit der französischen vergleichen kann. Er hat ein anderes Land, dessen politisches System, die Beziehungen der Länder Europas untereinander, die Mechanismen der Macht kennen gelernt. Zudem hat er Erfahrungen mit einem unfähigen, aber nobel geborenen und deswegen einflussreichen Mann gemacht. All dies wird er für seine Werke nutzen: die Schriften zur Musik, die Abhandlungen über Politik und Gesellschaft, die Romane. Auch wenn die Zeit in Venedig ihm am Ende wie ein Desaster erscheint, er hat in diesem Jahr reiche Erfahrungen gemacht.

6
Die République des lettres

Rousseaus Situation in Paris nach seiner Rückkehr ist schwierig: Er hat so hohe Schulden, dass er Mme de Warens in einem Brief um Geld bittet, doch ihr sind selbst die finanziellen Mittel ausgegangen. Zu seinem Glück ist auch Manuel Ignacio Altuna y Porto, der spanische adelige Freund aus Venedig nach Paris gekommen, um dort Naturwissenschaften zu studieren, und bietet ihm an, bei ihm in der Rue Saint-Honoré zu wohnen. Die beiden Freunde verbringen gemeinsam angenehme Wochen, diskutieren über Philosophie, essen gemeinsam im Gasthaus, verbringen viel Zeit miteinander. Als Altuna nach Spanien zurückgeht, bietet er Rousseau an, ihn dorthin zu begleiten und einem Ideal der Zeit entsprechend mit ihm zu leben und zu philosophieren. Rousseau lehnt dieses Angebot ab, denn er hat selbst andere Pläne.

Er zieht nach der Abreise des Freundes wieder in ein bescheidenes Zimmer im Hôtel Saint-Quentin und arbeitet nun intensiv an der Oper *Les Muses galantes*. Nichts ist ihm wichtiger, als mit ihr Erfolg zu haben und endlich seine Schulden zu bezahlen. Doch sehr optimistisch ist er nicht. »Ich sage Ihnen nicht, ob sie gut oder schlecht ist; darüber werden Sie selbst urteilen«, schreibt er seinem Freund Daniel Roguin. »Es ist unmöglich, dass der Zustand eines betrübten und melancholischen Geistes sich nicht auf seine Arbeiten auswirkt. Aber ich sehe schon Hindernisse, es zur Geltung zu bringen ... Ich bin so angewidert von der Gesellschaft und den Händeln der Menschen, dass mich nur noch das Gesetz der Ehre hier zurückhält, und wenn es je so weit kommt, dass sich meine Wünsche erfüllen, nämlich, dass ich keine Schulden mehr habe, wird man mich vierundzwanzig Stunden danach in Paris nicht mehr sehen.«[1] Nicht nur seine finanzielle Notlage wirkt sich auf seinen seelischen Zustand aus. Die Gesellschaft um ihn herum, das Verhalten der Menschen der besseren Kreise und das derer, die dort reüssieren wollen, bereitet ihm größtes Unbehagen, es ist eine Welt voller Zwänge, und wer sich nicht daran hält, ist verloren. Dies ist der Ausgangspunkt für weitere Überlegungen zu einer Schrift, mit der er bald berühmt werden wird.

Doch bislang kennt man ihn eher als Musiker. *Les Muses galantes* werden im Haus des Großbankiers und Musik- und Kunstmäzens de la Poplinière aufgeführt, bei dem auch Voltaire, Rameau und andere berühmte Künstler verkehren. Jean-Philippe Rameau, der den jungen Rivalen fürchtet, übt heftige Kritik an dem Stück des Unbekannten und unterstellt ihm, bei anderen abgeschrieben zu haben. Als Rousseau dies widerlegen kann, wird Rameaus Ärger umso größer. Positiv ist die Meinung des Herzogs von Richelieu, der das Stück bei Hofe aufführen will, vorausgesetzt, der Akt über Tasso wird verändert. Rousseau schreibt in drei Wochen einen neuen Akt über Hesiod und überarbeitet die Musik. Am Ende wird dann nicht Rousseaus Oper, sondern ein Libretto von Voltaire mit der Musik von Rameau ausgewählt. Immerhin erhält Rousseau den Auftrag, dieses Stück, das ursprünglich für die Hochzeit des Dauphins entstanden war, umzuarbeiten. Es ist ein leichtes, unterhaltsames Singspiel und wird nach der Bearbeitung durch Rousseau, für die dieser zwei Monate braucht, unter dem Titel *Les Fêtes de Ramire* aufgeführt, doch ohne dass irgendwo sein Name auftaucht. Er ist wegen dieser mangelnden Anerkennung tief enttäuscht. Seither schwelt ein Konflikt zwischen ihm und Jean-Philippe Rameau, der bereits in der Académie Rousseaus Notenschrift abgelehnt hatte und auch jetzt kaum erfreut ist, dass man sein Stück verändert hat. Wenige Jahre später kommt der Konflikt anlässlich einer großen Kontroverse offen zum Ausbruch. Der Duc de Richelieu, der Rousseau gefördert hat, zieht in den Krieg; damit hat ein wichtiger Fürsprecher Paris verlassen. Doch ohnehin war dessen Protektion nur von eingeschränkter Wirkung, denn Mme de la Poplinière, die auf der Seite Rameaus steht, ist die Maitresse Richelieus und hat versucht, diesen gegen den jüngeren Konkurrenten einzunehmen. Von Monsieur de la Poplinière hat er keine weitere Unterstützung zu erwarten. Wieder einmal ist seine Lage aussichtslos.

Immer noch trifft er sich oft mit seinem Freund Diderot. Dieser hat inzwischen Nanette, ein Mädchen aus dem Volk, geheiratet und lädt seinen Freund oft nach Hause zum Essen ein, was dessen finanzielle Not ein wenig lindert. Rousseau ist inzwischen zweiunddreißig Jahre alt. Die Zeit scheint gekommen, sich wie sein Freund eine Frau zu suchen. Aber wie soll er die richtige finden? In seinem Hotel arbeitet als Wäscherin Thérèse Levasseur, ein junges Mädchen von dreiundzwanzig, freundlich und sanft, aber sehr schüchtern. Sie kommt für den Unterhalt ihrer Eltern auf, die aus der Provinz nach Paris gekommen sind. Rousseau nimmt Thérèse vor dem Spott der anderen Bediensteten in Schutz, und als er krank wird, pflegt sie ihn voll Dankbarkeit. Er findet bei ihr Geborgenheit und Fürsorge, sie bewundert den Mann, der beim Adel und der Großfinanz zu Gast ist und eine Oper geschrieben hat. Bald werden sie ein Paar. Thérèse ist von rührender Anhänglichkeit, doch sie kann nur mühsam lesen und schreiben, kann die Uhr nicht lesen, die Monate des Jahres nicht in der Reihenfolge aufsagen, kein Geld zählen. Worüber soll er mit ihr reden?

Was Rousseau für eine vorübergehende Liaison hält, wird wider Erwarten zu einer dauerhaften Beziehung, vermutlich auch, weil die alte Mme Levasseur bald erkannt hat, dass damit materielle Vorteile verbunden sind. Thérèse gibt Rousseau eine gewisse Sicherheit, versorgt ihn, ist für ihn da, wenn er nach Hause kommt. Er kann sich endlich eines geregelten Sexuallebens erfreuen. Von den adeligen Frauen, die er kennt, könnte er so etwas nie erwarten. Dabei widerspricht Thérèse seinem Wunschbild vollkommen:

»Näherinnen, Zimmermädchen, Verkäuferinnen bedeuteten mir nichts«, schreibt Rousseau in den *Bekenntnissen*. »Ich brauchte Demoiselles. Jeder hat seine Wunschvorstellungen, dies war immer schon meine gewesen ... Es war nicht die Eitelkeit, ihr Stand oder ihr Rang, der mich reizte; es sind ihr besser erhaltener Teint, die schöneren Hände, ein graziöseres Auftreten ... mehr Geschmack in der Art, sich anzuziehen, ein hübscheres und besser genähtes Kleid, ein feinerer Schuh, Bänder, Spitzen, besser frisiertes Haar. ... Ich finde diesen Vorrang selbst sehr lächerlich, doch mein Herz gibt ihn diesen gegen meinen Willen.«[2] Thérèse ist also keineswegs die Art Frau, die er wirklich lieben und auch verehren könnte, und er ist sich dessen durchaus bewusst. Sein Leben lang wird es für ihn zwei Arten von Frauen geben: diejenige, die treu

15 Jean-Jacques Rousseau lernt in Paris Thérèse Levasseur kennen.

und mit Hingabe für sein Wohl sorgt, und die anderen, die er nur aus der Ferne verehren kann.

Die Wahl von Thérèse überrascht bei einem jungen, in den Pariser Salons verkehrenden und so intelligenten und gebildeten Mann. Doch Thérèse scheint Rousseau, der allein in seiner Dachkammer wohnt, ergeben, er genießt die Bequemlichkeit, das Mädchen immer in seiner Nähe und zu seiner Verfügung zu haben. Mit seinem sonstigen Leben hat sie nichts zu tun und versteht auch kaum, womit er sich beschäftigt. Tagsüber ist er der *homme de lettres* der Salons, abends der Gefährte des einfachen Mädchens aus dem Volk. Was ihm auf intellektuellem Gebiet gelingt, wird nie eine Entsprechung in seiner privaten Existenz finden. Sein Leben lang wird er sich mit seinen privaten Bedürfnissen an die Wäscheflickerin binden.

1747 stirbt Rousseaus Vater. Der Sohn erbt von ihm 3000 Livres, von denen er einen Teil an Mme de Warens schickt, die sich wieder einmal verspekuliert hat, diesmal mit der Ausbeutung von Minen in Savoyen.

Während Diderot von der Arbeit an der *Enzyklopädie* lebt, hat Rousseau kaum Einkünfte. Nach dem Jahr in Venedig hatte er wieder Verbindung zur Familie Dupin aufgenommen, und jetzt, wo ihm seine Oper kein Glück beschert hat, besucht er die Bankiersfamilie erneut. Er nimmt aus Not eine Stelle im Haus als Sekretär an. Er ist dort nun gern gesehen und erledigt als der intellektuelle Kopf des Hauses Vorarbeiten und Recherchen. Er recherchiert für den Hausherrn im Bereich der politischen Ökonomie, verfasst mit dem Schwiegersohn eine chemische Abhandlung *Institutions chimiques* von 1200 Seiten für die Académie des Sciences und arbeitet für Mme Dupin, eine *femme d'esprit*, die Artikel über Freundschaft, Erziehung, Glück und Metaphysik und ein Buch zur Verteidigung der Frauen schreiben will. Allen dreien ist Rousseaus Mitarbeit unverzichtbar. Er erweitert bei seinen Recherchen seine Kenntnisse auf verschiedenen Wissensgebieten, von der Metaphysik bis zur Erforschung der Natur. Wenn sich die Familie in Chenonceaux, ihrem Schloss an der Loire aufhält, das früher in königlichem Besitz war, inzwischen aber dem Bankier gehört, ist auch der Sekretär in ihrer Begleitung. Rousseau schreibt dort Musik, Verse, spielt Theater, verfasst kleine Stücke im Stil der Zeit, in denen es wie zum Beispiel im *Arlequin amoureux malgré lui*, »Harlekin verliebt sich wieder Willen«, um das Verhältnis von Herr und Knecht geht. Er schreibt Gedichte über die Liebe, nicht für Thérèse, eher für jene unerreichbaren adeligen Frauen, die er aus der Ferne verehrt. Mit Thérèse verbinden ihn andere, weniger geistige Dinge: »Während ich in Chenonceaux an Gewicht zunahm, wurde meine arme Thérèse in Paris auf andere Weise dick.«[3] Im Herbst 1746 steht die Geburt des Kindes bevor.

Eine Heirat ist für Rousseau ausgeschlossen. Es ist das erste von fünf Kindern, die alle das gleiche Schicksal ereilen wird: Sie werden ins Findelhaus gegeben und verschwinden spurlos. Die Adresse hat Rousseau in einem Gasthaus erfahren, in dem er oft mit Altuna zu Mittag gegessen hat. Er ist nicht der Einzige, der dieses Problem zu lösen hat. Ein Drittel aller in Paris geborenen Kinder wird ausgesetzt oder weggegeben, und somit tut Rousseau etwas, das zu seiner Zeit durchaus üblich ist. Kinder zu haben, scheint ihm mit seiner Existenz unvereinbar. Er ist an Freiheit und Unabhängigkeit gewöhnt, ein großer Teil seiner Existenz hat mit Thérèse nicht das Geringste zu tun, er lebt ja in zwei verschiedenen Welten, er braucht Ruhe, um zu arbeiten, er ist dabei, die Ideen für sein späteres Werk zu entwickeln, er ist ein völlig unbekannter, bislang gescheiterter Musiker und sieht sich nicht in der Lage, Kinder aufzuziehen. Seine Auffassung kommt wohl der Einstellung derer sehr nah, die sich heutzutage ein Leben mit Kindern nicht vorstellen können und mit den zur Verfügung stehenden Mitteln wie Kontrazeptiva verschiedenster Art und Abtreibungen die Geburt von Nachkommen verhindern können. All dies steht Rousseau nicht zur Verfügung. Die Entscheidung trifft er, wie er später bekennt, »leichtfertig und ohne Skrupel«, jedenfalls, was ihn selbst betrifft. Mit Thérèse ist es schon schwieriger. Sie ist keineswegs sofort bereit, ihr Kind wegzugeben. »Ich hatte alle Mühe der Welt, sie dazu zu bringen, dieses einzige Mittel anzuwenden, das ihre Ehre retten konnte.«

Thérèse »gehorcht mit Seufzen«[4], lässt sich von ihrer Mutter zu einer Hebamme begleiten und bringt dort ihr Kind zur Welt, das sie nie wieder sehen wird. Nachdem sie sich einmal in dieses Schicksal ergeben hat, wird sie es noch viermal tun, ohne viel Widerstand zu leisten. Entscheidenden Einfluss auf das Geschehen nimmt auch ihre Mutter. Diese ist nicht nur darauf aus, weiterhin ungestört von dem Einkommen Rousseaus bei den Dupins zu profitieren, sie will auch die Ehre ihrer Tochter gewahrt wissen.

So wird sie zu Rousseaus tatkräftiger Komplizin, wenn es darum geht, die Kinder ins Findelhaus zu bringen.

Rousseau, noch ganz auf der Suche nach sich selbst und seinem Werk, entschließt sich zunächst ohne größere Mühe dazu, seine Kinder, die zwischen den Jahren 1747 und 1752 geboren werden, wegzugeben. Erst später wird ihn dies seelisch belasten. Seine Haltung ist, denkt man an den späteren Autor Rousseau, den Erneuerer der Erziehung, den Vater des Émile und Wiederentdecker des Familienlebens, nur schwer zu begreifen. Und doch wird er Jahre später der bekannte Schriftsteller, Philosoph und Tugendlehrer sein. Während der Geburt der ersten seiner Kinder ist er von all dem noch weit entfernt und kämpft nicht nur um seine materielle Existenz, indem er seine Arbeitskraft, die er für sein eigenes Werk braucht, anderen zur Verfügung stellt, sondern auch um den Durchbruch seiner eigenen Ideen. Im Dialog mit seinen Freunden, in der Auseinandersetzung mit dem, was er in der Pariser Gesellschaft erlebt, entwickelt er allmählich seine Vorstellungen und hat dabei in zentralen Fragen eine ganz andere Auffassung als diese. Er hat ein starkes Selbst, das seinen ganz eigenen Weg sucht, und wenn sein Ich mit der Umgebung, in der er sich befindet, unvereinbar ist oder er sich vereinnahmt fühlt, zieht er sich zurück. Die verschiedenen Milieus zu überbrücken, in denen er lebt und die miteinander nicht kompatibel sind, die tiefe Kluft zwischen den reichen und gebildeten Dupins und den Levasseurs in Einklang zu bringen kostet Energie.

Rousseau ist in beiden Welten zu Hause und wird von beiden in Anspruch genommen. Dupin de Francueil, der Schwiegersohn, kümmert sich kaum um seine junge Ehefrau. Er hat eine Geliebte, die kluge und humorvolle Louise-Florence-Pétronille d'Épinay, die ihrerseits von ihrem Ehemann vernachlässigt wird. Sie ist eine geistreiche Frau, eine Freundin der Enzyklopädisten, die alle in ihrem Haus verkehren. Francueil macht Rousseau mit ihr bekannt. Sie ist von ihm sehr eingenommen, auch wenn er weniger umgänglich, weniger weltgewandt ist als seine Freunde. Sie schätzt seinen scharfen Verstand, die lebhaften Augen, seine Energie und sein Wissen; dass er seine Herkunft nicht verleugnet, findet ihre Hochachtung. Mit ihr führt er zahlreiche Gespräche, erzählt ihr sein Leben, seine Missgeschicke. Sie spricht mit ihm über die Pro-

16 Mme d'Épinay. Um 1759 (Pastell von J. E. Liotard, Musée d'art et d'histoire, Genf)

bleme einer Frau, die verheiratet und in der Ehe unglücklich ist und einen anderen Mann liebt. Rousseau, der selbst in so ungeklärten, komplizierten Verhältnissen lebt und in den Salons ein interessanter Außenseiter ist, studiert das Leben der Adeligen und Reichen, in dem nichts von Dauer und nichts sicher scheint, er sieht die unglücklich Betrogenen und die glücklichen Gewinner eines täglich neu zu bestehenden Gesellschaftsspiels, wirft ein kritisches Auge auf die Sitten, die Intrigen, die Rivalitäten, den Verrat an der Liebe und Treue. Wenn es so etwas wie wahre Liebe und

Treue geben sollte, Werte, die für ihn von Bedeutung sind, in der Pariser Gesellschaft sind sie selten zu finden.

Seine Kritik am Leben in Paris wird zunehmend schärfer. Es sei eine Stadt, in der Arroganz herrsche, in der ehrliche Leute von Gaunern regiert würden, in der man über die Tugend lache und in der Scharlatane die wahren Talente unterdrücken. Diese Kritik ist auch auf dem Hintergrund der eigenen Situation und scharfer Beobachtung zu verstehen. Immer noch ist er als Musiker nur wenig bekannt, immer noch arbeitet er für andere. Er hat keinen Rang, aber viel Kraft und Talent. Ab und zu hat er einen kleinen Erfolg, etwa als im September in der Sommerresidenz der Mme d'Épinay ein Theaterstück aufgeführt wird, das er im Jahr zuvor in Chenonceaux geschrieben hat.

In seinem unbefriedigten Ehrgeiz plagen ihn lästige Krankheiten hinzu. Er leidet an Harnwegsinfekten, Magenkoliken und Erbrechen, worüber er Mme de Warens im August 1748 ausführlich berichtet.[5]

Rousseaus Verhältnis zu Krankheiten ist überhaupt, wie viele seiner Texte beweisen, außergewöhnlich. Jahrzehntelang beschäftigt ihn vor allem sein Harnwegsleiden, für das die Autopsie, die nach seinem Tod auf seinen Wunsch durchgeführt wird und beweisen soll, dass er niemals an Geschlechtskrankheiten litt, keinerlei Anzeichen findet. Doch er spricht, auch in der Öffentlichkeit, viel von dieser Krankheit. So dient sie ihm häufig als Entschuldigung, wenn er sich bestimmten Situationen entziehen will, und in den späteren Schriften wie den *Bekenntnissen* thematisiert er sie immer wieder. Dem liegt Verschiedenes zugrunde: Zum einen ist für ihn die Vorstellung, an einer venerischen Krankheit zu leiden, unerträglich, und er tut alles, damit man seine Beschwerden nicht darauf zurückführt. Die häufige Exhibition peinlicher Dinge wie Sonden, um die Harnwege zu erweitern, der wiederholte Hinweis, bei so einer Krankheit könne man nichts mit Frauen zu tun haben, dazu die zahlreichen Beschreibungen von sexuellen Ersatzhandlungen sind ein Hinweis darauf, wie groß seine Scheu vor normalen sexuellen Begegnungen ist, deren Verwerflichkeit man ihm in seiner Erziehung vermittelt hat. Krank und damit nicht in der Lage zu normaler Sexualität zu sein gibt ihm den Status eines enthaltsamen, ehrsamen Mannes.[6] Im Übrigen sind Krankheitsschilderungen, die eher peinlich sind, also den Patienten nicht zum Helden machen, so etwas wie ein Beweis von Offenheit und Aufrichtigkeit. Glaubwürdig zu sein ist für Rousseau ein immer wichtigeres Anliegen. Dass er bei all diesen Hintergründen seiner Krankheit kein Hypochonder, sondern oft tatsächlich krank war und besonders unter den Beschwerden des lästigen Harnwegsleidens wirklich gelitten hat, steht außer Frage, denn er hat bekanntermaßen zahlreiche Ärzte konsultiert. Interessant ist sein Hinweis, dass er seit 1762, nachdem er aufgehört habe, Ärzte und Medikamente zu konsultieren, kaum noch unter Harnwegsbeschwerden gelitten habe.[7] Ob dieses Leiden eine somatische Ursache hatte, bleibt ungeklärt, dass er es mit Sonden behandelt hat, steht dagegen fest. Vielleicht hat er sich seine Beschwerden auf diese Weise zugezogen und sie kamen ihm in manchen Situationen gerade recht.

Im Oktober erscheint Montesquieus Werk *L'Esprit des Lois*, »Vom Geist der Gesetze«. Monsieur und Madame Dupin lehnen dieses Buch beide ab und wollen eine Entgegnung schreiben. Er aus ökonomischer Sicht, sie, um sich gegen frauenfeindliche Tendenzen im Zusammenhang mit Erb- und Thronfolgefragen zu wehren. Rousseau, ein großer Bewunderer Montesquieus, ist nun verpflichtet, seinen Arbeitgebern auch hier zur Hand zu gehen. Dies muss ihm höchst zuwider gewesen sein, eine Erfahrung, die dazu beiträgt, später jegliche Auftragsarbeit abzulehnen. Im Mai 1749 übertragen sie ihm überdies die Aufgabe, sich um den missratenen und verschwenderischen Sohn zu kümmern, der inzwischen neunzehn Jahre ist und kurz vor seiner Vermählung steht. Rousseau kümmert sich schließlich vor allem um dessen junge Ehefrau, die er in Arithmetik unterrichtet.

Im Hause Dupin verdient er mit den mehr oder weniger sinnvollen und nicht immer erfreulichen Auftragsarbeiten seinen Lebensunterhalt. Die zielstrebige Mme Levasseur zweigt über Thérèse geschickt einen Teil von Rousseaus Verdienst für die Versorgung ihrer eigenen großen Familie ab. Er ist in ein eigenartiges Milieu geraten. Der Bruder von Thérèse hat ihm seine kostbare, noch aus Venedig stammende seidene Unterwäsche gestohlen. Doch Rousseau achtet nicht auf solche Dinge, denn er ist mit ganz anderen Problemen beschäftigt.

Er hat Diderot mit dem Philosophen Condillac, dem Onkel seiner beiden Zöglinge aus Lyon, zusammengebracht. Jede Woche treffen sich die drei im *Panier fleuri*, nahe dem Palais Royal, zum Essen. Sie sprechen über ihre Philosophie und die künftigen Bücher. Condillac ist seit 1740 Priester, hat jedoch noch nie eine Messe gelesen. Er kümmert sich lieber um andere Dinge und beschäftigt sich besonders mit der empirischen Philosophie John Lockes, dessen Ideen er verbreitet und weiterentwickelt. An die Stelle der Metaphysik setzt er die Beobachtung und Untersuchung von Fakten. Er beschäftigt sich in seinem *Essai sur l'Origine des connaissances humaines*, dem »Essay über den Ursprung menschlicher Erkenntnis«, nicht mit der Seele, sondern mit den Mechanismen seelischer Operationen und geht davon aus, dass alle unsere Ideen von den Sinnen herkommen. Um sich nicht in Gefahr zu bringen, hütet er sich, offen die Kirche anzugreifen. Condillac und Diderot sind Rousseau schon um einiges voraus. Er ist noch auf der Suche nach der zündenden Idee. Bei ihren Treffen ist er meistens der Zuhörer.

Diderot und Rousseau sind inzwischen enge Freunde geworden. Diderots Optimismus befreit Rousseau immer wieder aus Schüchternheit und düsteren Stimmungen. Rousseau hat ein großes Bedürfnis nach Freundschaft und Zuneigung, die er bei Diderot findet. Mit ihrer Verbindung zu einem Mädchen aus dem Volk gehen beide verschieden um. Diderot ist seit 1743 mit Nanette verheiratet und wird später Vater einer Tochter, Rousseau ist nicht bereit, eine feste Bindung an Thérèse einzugehen.

Diderot ist als Schriftsteller bereits bekannt. Er publiziert sein ungeheures Wissen in verschiedensten Texten, meist anonym und in Manuskriptform, um der Strafverfolgung zu entgehen.

1746 sind Diderots *Pensées philosophiques* und andere Texte erschienen, die wegen der darin verbreiteten antichristlichen Polemik öffentlich verbrannt werden. Diderot vertritt hier noch die Auffassung des Deismus, nach der Gott zwar der Urheber der Welt ist, diese jedoch sich selbst überlassen hat. Dies bedeutet keine Leugnung der Existenz Gottes, doch ist diese für den Menschen, der sich nach den Gesetzen der Vernunft richtet, so gut wie nicht von Bedeutung. Der Autor greift auch die Wundererzählungen der Bibel an, behauptet, dass Texte des Evangeliums verfälscht worden seien. Er bekennt sich zum Skeptizismus als erstem Schritt zur Wahrheit. Dass das Buch öffentlich verbrannt wird, trägt dazu bei, dass es umso größere Verbreitung findet. Diderots Denken wird in den folgenden philosophischen Essays noch radikaler. Er stellt Gott als Ursprung der Entstehung der Welt in Frage und wird atheistischer Materialist. Rousseau, der weiterhin an einen Schöpfergott glaubt, muss diesen Unterschied bereits jetzt gesehen haben. Doch auf die Freundschaft zu Diderot wirkt sich dies noch nicht aus. Gemeinsam planen sie 1747 nach englischem Vorbild eine Zeitschrift mit dem Titel *Le Persifleur*, deren Programm Rousseau entwirft. In einer Probenummer stellt Rousseau Überlegungen zum Herausgeber an, entwirft spielerisch und in übermütigem Ton verschiedene Identitäten, inkompatible Bilder eines Ich, mit dem er sich – ausführlich und für die Öffentlichkeit bestimmt – auseinander setzt. »Nichts ist mir so unähnlich wie ich selbst ... Manchmal bin ich ein harter und wilder Menschenverächter, dann wieder gerate ich mitten im Zauber der Gesellschaft und den Köstlichkeiten der Liebe in Ekstase. Manchmal bin ich streng und devot ... doch bald bin ich wieder ein freizügiger Libertin ... Ein Proteus, ein Chamäleon, eine Frau sind weniger wechselhaft als ich.«[8] Diese Arbeit findet keine Fortsetzung, der *Persifleur* wird nie erscheinen. Doch Rousseau beweist schon hier Interesse am Spiel mit seiner Identität.

Diderot hat Rousseau seinem Freund d'Alembert vorgestellt und von der Zeitschrift berichtet. D'Alembert ist 1717 geboren und als Findelkind ausgesetzt worden. Er ist hochbegabt und bereits mit fünfundzwanzig korrespondierendes Mitglied der Akademie der Wissenschaften. Rousseau kennt er noch von der Präsentation seines neuen Musiknotationssystems. D'Alembert gilt als einer der größten Geometer seiner Zeit. Dem *Persifleur* kann dieser ernsthafte Mann wenig abgewinnen, außerdem verfolgt er wichtigere Pläne.

1745 hat der Verleger Le Breton den Plan gefasst, in Frankreich eine vierbändige englische Enzyklopädie herauszubringen. Diderot arbeitet als Übersetzer an der Ausgabe mit, d'Alembert hat die Aufgabe, die naturwissenschaftlichen Artikel zu überprüfen. Als der Herausgeber 1747 die Arbeit niederlegt, werden Diderot und d'Alembert seine Nachfolger und entwickeln ein neues Konzept.

Statt einer Übersetzung der englischen Vorlage beginnen sie ein eigenes Werk, eine Bilanz aller Errungenschaften der wissenschaftlichen Forschung, des Fortschritts des menschlichen Geistes, ein modernes Nachschlagewerk, in dem nicht nur Künste und Wissenschaften vertreten sein sollen, sondern auch die Technik. Es soll ein Instrument der Verbreitung von Wissen werden und dazu beitragen, die traditionellen Dogmen in Frage zu stellen, Sitten und Moral ein neues, von der Theologie unabhängiges Fundament zu geben und das gewohnte Denken zu verändern. Das umfangreiche Lexikon braucht eine Vielzahl von Mitarbeitern. Rousseau wird Anfang 1749 mit den Artikeln zur Musik beauftragt und erhält dafür drei Monate Zeit. Dazu gehören Artikel wie »Akkord«, »Kantate«, »Kanon«, »Generalbass«. Es sind mehrere hundert. Die Mitarbeit an der *Enzyklopädie* gibt Rousseau, der bisher mit seinem Projekten gescheitert ist, neuen Mut.

17 Denis Diderot (Gemälde von Louis-Michel van Loo, 1767, Musée du Louvre)

Nach Erscheinen der *Lettre sur les aveugles*, »Brief über die Blinden«, in dem Diderot das Bild einer von Gott und der Vorsehung gelenkten Welt in Frage stellt und traditionelle Moralvorstellungen in Zweifel zieht, wird der Autor am 24. Juli 1749 auf Veranlassung der Zensurbehörde in der Festung Vincennes eingesperrt. Der erste Band der *Enzyklopädie* ist zu diesem Zeitpunkt fast abgeschlossen.

Rousseau ist entsetzt über Diderots Schicksal und fürchtet, dass sein Freund sein Leben lang in Kerkerhaft verbringen muss. Er schreibt einen Brief an Mme de Pompadour, die er, bevor sie Favoritin des Königs wurde, bei de la Poplinière kennen gelernt hatte, und bittet um Freilassung Diderots. Wirkungsvoller allerdings ist die Intervention der Verleger der *Enzyklopädie*. Diese wenden sich an den Comte d'Argenson, dem das Werk gewidmet ist. Daraufhin wird Diderot nach vier Wochen Haft im Turm in das Schloss Vincennes verlegt und darf sich dort als Gefangener des Königs frei bewegen und Besuch empfangen.

7
Die Erleuchtung von Vincennes

Trotz strenger Zensur, trotz drohender Verhaftung und harter Strafen für unliebsame Autoren, trotz der Bücherverbrennungen verbreiten sich die Ideen der Aufklärung überall. Die Aufbruchstimmung lässt sich nicht mehr zurückdrängen, das Interesse der Menschen ist zu groß, als dass sich das neue Denken verbieten ließe. Bis in die höchsten Gesellschaftskreise gibt es zu viele Sympathisanten der anregenden, der Tradition den Rücken kehrenden, innovativ denkenden Autoren. Der Rationalismus hat gesiegt, es herrscht Euphorie gegenüber den Errungenschaften der Vernunft.

Diderots Verhaftung hat die République des lettres deshalb wie ein Donnerschlag getroffen, ganz besonders seinen Freund Rousseau. Er geht jeden zweiten Tag, manchmal in Begleitung von Nanette, die acht Kilometer nach Vincennes zu Fuß und verbringt den Nachmittag mit dem Gefangenen, unterhält ihn mit den neuesten Nachrichten, erörtert philosophische Fragen mit ihm. Eines Tages liest er unterwegs im Gehen im *Mercure de France* die Preisfrage der Akademie von Dijon für das folgende Jahr: »Hat der Wiederaufstieg der Wissenschaften und Künste zur Läuterung der Sitten beigetragen?«

Als Rousseau diesen Text liest, gerät er, wie er später immer wieder berichtet, in eine Art Rauschzustand. Plötzlich habe er ein anderes Universum vor Augen gehabt, sei ein anderer Mensch geworden und innerhalb der Viertelstunde, die er sitzend im Schatten eines Baumes verbracht habe, seien ihm mehr Ideen gekommen, als er je habe aufschreiben können; einige seiner wichtigsten Werke hätten ihm mit einem Mal klar vor Augen gestanden. »Hätte ich je ein Viertel dessen schreiben können, was ich unter jenem Baum sah, mit welcher Klarheit hätte ich alle Widersprüche des sozialen Systems sichtbar machen können … mit welcher Einfachheit hätte ich beweisen können, dass der Mensch von Natur aus gut ist.«

Was retrospektiv wie ein Erweckungserlebnis geschildert wird, muss sich tatsächlich ähnlich zugetragen haben und ist vom Inhalt vieler seiner Schriften her plausibel. Rousseaus Antwort auf die Frage der Akademie, der *Erste Diskurs*, enthält diverse Hinweise auf seine späteren Werke. Die Frage der Akademie zielt auf ein Problem, mit dem er selbst sich bereits beschäftigt und das mit seiner Person zu tun hat. »Ich hatte Verachtung für mein Jahrhundert und meine Zeitgenossen entwickelt ... ich war unzufrieden mit mir und anderen ... mein Herz befand sich in dauerndem Widerspruch zu meinem Geist, als ein glücklicher Zufall mir die Erleuchtung gab, was ich für mich zu tun und von meinen Mitmenschen zu denken hatte.«[1]

Wo ist bei allem Fortschritt des Denkens die Moral geblieben? Dies fragt der von der Genfer Erziehung geprägte, auf ein tugendhaftes Leben verpflichtete Rousseau, der sich schon in Chambéry hin und wieder aus der Gesellschaft zurückgezogen hat. Doch derselbe Rousseau ist ein Kind seines Jahrhunderts, vernunftorientiert, wissbegierig und auf Erfolg bedacht; er schreibt Opern und Stücke, um bekannt zu werden.

Als Rousseau mit Diderot über diese Fragen spricht, bestärkt dieser ihn in dem Gedanken, sich an dem Wettbewerb der Akademie zu beteiligen. Er habe genug Talent für diese Aufgabe, meint der Freund.

Die Akademie rührt mit ihrer Frage an eines der Grundprinzipien der Aufklärung, den Zusammenhang zwischen Zunahme des Wissens, neuen Erkenntnissen und der Verbesserung der Sitten. In Paris stellt dies niemand mehr in Frage. Doch das Leben in der Provinz bewegt sich langsamer. Die kleine und erst 1740 gegründete Akademie in Burgund, deren Mitglieder keine Wissenschaftler, sondern Juristen, Ärzte, Kleriker, also Laien und keine großen Literaten sind, mag noch daran gezweifelt haben. Gewiss aber hat sie den neuen Optimismus, den die Aufklärung und die große Verbreitung neuen Wissens mit sich bringen, begrüßt.

Rousseau hat seine ganz eigene Auffassung. Mit Diderot hat er darüber gesprochen, wie wohl die Antwort ausfallen könnte, und dieser hat ihn ermutigt, eine nonkomformistische Meinung zu vertreten. Bei der Arbeit an der Abhandlung kann Rousseau auf verschiedene Ideen zurückgreifen. Nicht nur die Bibel und die Genfer Minister predigen Bescheidenheit und Demut und greifen den Luxus an. Bei Plutarch und Seneca finden sich solche Gedanken ebenso wie bei Montaigne, Pascal und in der französischen Moralistik des 17. Jahrhunderts. Eine wichtige Rolle spielen für Rousseau auch die Arbeiten des Naturforschers Buffon. In dessen Werk findet sich eine ausführliche Beschreibung der Frühgeschichte der Menschheit, in der die Entwicklung des Menschen allerdings als Fortschritt und nicht wie bei Rousseau als Irrtum verstanden wird.

In wenigen Tagen und Nächten verfasst Rousseau seinen Text. Er findet kaum noch Schlaf, und am Morgen diktiert er die Überlegungen der Nacht Mme Levasseur, die im Unterschied zu Thérèse des Lesens und Schreibens mächtig ist.

Rousseau beantwortet die Frage der Akademie mit einem klaren Nein. Doch seine Abhandlung ist von großer Überzeugungskraft, hoher Eloquenz und stilistischem Können. Mit rhetorischer Brillanz weist er anhand historischer Beispiele nach, dass zivilisatorischer Fortschritt und Wissen unter den Menschen, die ursprünglich tugendhaft waren, Lasterhaftigkeit und Ungleichheit hervorgebracht haben. »Die Künste und Wissenschaften verdanken ihre Entstehung unseren Lastern.« Aufklärung führe, so argumentiert er, gerade nicht zu einer Besserung des Menschen, sondern zu Misstrauen, Verrat, Kälte, Zurückhaltung und Hass. »In dem Maß, in dem unsere Wissenschaften und Künste vollkommener wurden, sind unsere Seelen korrumpiert worden.«[2]

Die florierende Kunst und Wissenschaft Athens hätten einen Niedergang der Sitten nach sich gezogen, das einfache Sparta hingegen, in dem für Künstler und Gelehrte kein Platz gewesen sei, habe unter seinen Bürgern zahlreiche Helden hervorgebracht. Die siegreichen barbarischen, aber tugendhaften Völker in der Geschichte verdankten ihre Überlegenheit der Sittenlosigkeit und Dekadenz ihrer Gegner.

Die Beschäftigung mit Wissenschaften und Künsten habe, so meint Rousseau weiter, weder edle Motive noch irgendwelchen Nutzen für die Gesellschaft erbracht, sondern beruhe auf eitler Neugier. Sokrates, den Rousseau neben wenigen anderen als weise und wirklich großen Denker gelten lässt, habe das Nichtwissen gepriesen. Er würde dafür im gegenwärtigen Frankreich nicht den Schierlingsbecher trinken müssen, wäre aber der Lächerlichkeit preisgegeben. Die Wissenschaften seien nicht aus der Tugend hervorgegangen, ihr Motiv sei zumeist starker Individualismus und Egoismus, entspringe dem Bedürfnis nach Anerkennung und führe zu einem unerbittlichen Konkurrenzkampf. Auch seien die Leistungen der Wissenschaftler wenig nützlich und zerstörten die Substanz der Gesellschaft. Künste und Wissenschaften seien Ausdruck der Entfernung von den Tugenden des Naturmenschen, sie seien Zeichen zunehmender Dekadenz, dienten der Verschleierung moralischer Verwahrlosung und wirkten sich negativ auf die Erziehung der Kinder aus, die nicht mehr lernten, was ihre Pflichten als Menschen seien. Er entwirft ein positives Bild des Naturmenschen und hält dem durch die geschichtliche Entwicklung denaturierten und zunehmend zum Bösen neigenden Menschen der Gesellschaft die *vertu*, die Tugend, des Naturmenschen der ersten Zeit der Menschheit entgegen. »O Tugend, erhabene Wissenschaft der schlichten Seelen ... Sind deine Prinzipien nicht alle in die Herzen eingegraben? Genügt es nicht, um seine Gesetze zu erkennen, wenn man in sich geht und die Stimme des Gewissens hört? ... Ohne jene berühmten Leute um ihren Ruhm zu beneiden, die in der République des lettres unsterblich werden, wollen wir versuchen, zwischen ihnen und uns jene ruhmreiche Unterscheidung zu machen, die man früher zwischen großen Völkern wahrnahm. Das eine [Athen] wusste gut zu reden; das andere [Sparta] zu handeln.«[3] Später wird er in weiteren Schriften seine positive Anthropologie spezifizieren und erklären, wie sich der Mensch vom Urzustand entfernt hat, und auch den Begriff der Tugend differenzieren.

Im *Ersten Diskurs* stellt Rousseau weiter fest, dass sich niemand in der zeitgenössischen französischen Gesellschaft um die Tugend und die Verbesserung der Sitten sorgt. Zu dieser Auffassung ist er nach sorgfältiger Beobachtung seiner Umgebung gekommen.

Ihm ist es mit seiner Kritik so ernst, dass er sich selbst mit in seine Erörterung einbezieht und sich auf die Seite derer schlägt, die sich nicht auf den eitlen Kulturbetrieb einlassen und die noch wissen, was Tugend ist. Die kunstvoll und mit rhetorischem Geschick geschriebene Abhandlung – auf den Widerspruch zwischen der Kritik an Künsten und Wissenschaften und der kunstvollen Art, in der Rousseau diese Kritik übt, werden Voltaire und andere später zu Recht hinweisen – ist zu anderen Ergebnissen gekommen, als es die Aufklärer und die Zeitgenossen erwarten. Die Akademie in Paris hätte eine so überflüssige Frage niemals gestellt, ihre Reaktion auf die Debatte ist die Maxime: *L'amour des lettres inspire le goût de la vertu*, »Die Liebe zur Literatur fördert den Sinn für Tugend«, die zum Thema der Preisfrage für den *Prix de l'éloquence*, den Rhetorikpreis, 1752 wird.

Im Grunde kommt der *Erste Diskurs* einer Kampfansage an die Aufklärung gleich und zeigt, dass Rousseau eine andere Richtung einschlägt als seine Freunde, die Enzyklopädisten, und viele Zeitgenossen. Die Preisfrage der Akademie von Dijon hat ihm Gelegenheit gegeben, sich endlich öffentlich zu bestimmten Phänomenen zu äußern, die er in den letzten Jahren in der großen Welt der Salons und im Milieu der Künstler und Literaten beobachtet hat. Es ist schon seit langem auch seine Frage, nur aus seiner besonderen, stark durch persönliche Erfahrung geprägten Perspektive. Er hat selbst oft genug erlebt, welcher Verstellung und Heuchelei es bedarf, will man in der Gesellschaft Erfolg haben; auch er selbst hat sich ja lange auf dieses Spiel eingelassen und ist der Stimme seines Ehrgeizes gefolgt. Doch inzwischen hat er dies als Täuschung erkannt, wie das Motto von Horaz, das er seiner Abhandlung vorangestellt hat, deutlich machen soll: *Decipimur specie recti*, »Wir werden durch den Anschein des Richtigen getäuscht«.

Welche Konsequenz hat das Aufdecken dieser Täuschung für ihn selbst? Wo liegen die eigentlichen Grundlagen seiner Arbeit und seiner Existenz?

Ihm ist jetzt klar geworden, dass es für ihn nur ein verlässliches Fundament geben kann, und dieses ist nicht die Wissenschaft, sondern die Besinnung auf sein unveräußertes Selbst und damit zugleich die Besinnung auf seinen Ursprung, auf seine Herkunft aus der Republik Genf, die für ihn fortan als Stadt der Tugend, der Freiheit und der Demokratie eine wichtige Rolle spielt und seiner Identität etwas gibt, das andere nicht haben: Er ist nicht Untertan eines Königs, sondern sieht sich als freiheitsliebenden Angehörigen einer Republik.

Diderot wird am 3. November 1749 aus seiner Haft entlassen. Die Verleger der *Enzyklopädie* haben die Autoritäten überzeugt, dass ohne Diderot ihr Unternehmen, in das viel investiert worden ist, zum Scheitern verurteilt wäre, ein finanzielles Desaster. Diderot kann nun die Autoren für die nächsten Bände verpflichten, Artikel zusammentragen und überarbeiten, und er beschreibt das Unternehmen Enzyklopädie als »gesamten Überblick über die Leistungen des menschlichen Geistes«, ein System des menschlichen Wissens, einen »Stammbaum aller Wissenschaften und Künste, der den Ursprung eines jeden Astes unseres Wissens und die Verbindungen untereinander wiedergibt«. Er gibt dem Lexikon den Namen *Dictionnaire raisonné des sciences, des arts et des métiers*. Hier ist das Wissen von drei Jahrhunderten zusammengetragen, und neu daran ist, dass im Gegensatz zur Tradition, in der das Wissen des Menschen über Gott im Mittelpunkt wissenschaftlichen Interesses stand, nun das in den Vordergrund rückt, was der Mensch über die Welt und sich selbst erforscht hat. Ohne den denkenden und die Erde betrachtenden Menschen sei das »pathetische und erhabene Schauspiel der Natur nichts als eine traurige und schweigende Szenerie«. Der Mensch, das denkende und soziale Wesen, sucht sein Glück nicht mehr in einem jenseitigen Leben, sondern im Hier und Jetzt. Und zu diesem Glück tragen Wissenschaften und Technik bei, die auch eine moralische Besserung herbeiführen. »Mögen unsere Neffen, die mehr Wissen haben werden, zugleich tugendhafter und glücklicher werden.« Dem großen Lexikon, dem Schatz allen menschlichen Wissens kommt ein bestimmter Rang zu: »Möge die Enzyklopädie ein Heiligtum werden, in dem das Wissen der Menschen vor der Zeit und Revolutionen geschützt ist.«[4] Rousseau hat im *Ersten Diskurs* über den Einfluss menschlichen Wissens auf die Moral das Gegenteil geschrieben.

Im Juli 1750 entscheidet sich die Akademie für den Beitrag Rousseaus. Er erhält als ersten Preis eine Goldmedaille im Wert von 300 Livres. Doch das Wichtige an dieser Auszeichnung ist, dass der Name des Gewinners von jetzt an in aller Munde und er ein anerkanntes Mitglied der République des lettres geworden ist, über das die Zeitungen und Fachblätter berichten.

Obwohl tendenziell gegen die Absichten der Enzyklopädie gerichtet, findet Rousseaus Preisschrift auch bei seinen Freunden Anklang. Vor allem die eloquente Form dieser Abhandlung, ihre geistreichen Pointen üben eine gewisse Faszination auf solche Leser aus, die wissenschafts- und fortschrittsgläubig sind. Diderot selbst, voller Freude über Rousseaus Erfolg, organisiert die Publikation des *Ersten Diskurses*, da der Autor krank ist.

Für diese Ausgabe schreibt Rousseau ein neues Vorwort, um deutlich zu machen, wie er sein Verhältnis zum Publikum sieht. Er begibt sich damit bereits in seiner ersten wichtigen Veröffentlichung bewusst in die Position eines Außenseiters und in Ansätzen die eines Revolutionärs:

»Ich sehe schon jetzt voraus, dass man mir nur schwer verzeihen kann, welche Partei ich zu ergreifen wage. Ich stoße alles vor den Kopf, was heute von den Menschen bewundert wird, und kann mit nichts anderem als öffentlicher Schande rechnen ... Ich habe meine Entscheidung gefällt; mir liegt nichts daran, den Schöngeistern oder den Leuten, die in Mode sind, zu gefallen. Zu allen Zeiten wird es Menschen geben, die von der vorherrschenden Meinung ihres Jahrhunderts, ihres Landes oder ihrer Gesellschaft unterdrückt werden ... Für solche Leser soll man nicht schreiben, wenn man über sein Jahrhundert hinaus leben will.«[5]

Und er unterstreicht die Besonderheit seines Ichs mit den Worten Ovids: *Barbarus hic ego sum quia non intelligor illis*: »Ich gelte hier als Barbar, weil ich von ihnen nicht verstanden werde.«[6] Barbar hat in diesem Zusammenhang einen durchaus positiven Klang als der Unverstellte, Unverdorbene, den Ursprüngen näher Stehende.

Als das Buch im Dezember 1750 erscheint, wird sein Autor mit einem Schlag berühmt. Offenbar sind seine Thesen keineswegs nur auf Widerstand gestoßen, im Gegenteil, viele sind davon begeistert und machen sich seine Auffassung zu Eigen. Es gibt auch Widerspruch, und so folgt eine öffentliche Debatte in Briefen und im *Mercure de France*, an der sich Rousseau lebhaft beteiligt. Einwände inspirieren ihn und bestärken ihn in seiner Meinung, dass die traditionelle biblische Auffassung und kirchliche Lehrmeinung, nach der das Herz des Menschen böse ist, nicht zutreffen. Er ist mehr denn je überzeugt, dass der Mensch von Natur aus gut ist und nur durch äußere Umstände zum Bösen fähig wird und dass der Naturmensch damit Wegweiser und Richtschnur für den Gesellschaftsmenschen sein kann. In der lange anhaltenden und öffentlichen Auseinandersetzung um den *Ersten Diskurs* antwortet Rousseau ausführlich auf kritische Fragen und bemüht sich darum, Missverständnisse auszuräumen. Dem Vorwurf, er wolle die zivilisierte Gesellschaft zu einer primitiven Lebensform zurückführen, hält er entgegen: »Hüten wir uns vor dem Schluss, dass alle Bibliotheken verbrannt, Universitäten und Akademien vernichtet werden müssen. Dadurch würde Europa der Barbarei verfallen; seine Sitten würden dadurch nicht besser ... Dass ein einmal sittlich verdorbenes Volk zur Tugend zurückkehrt, haben wir noch nie erlebt. Sollen also Wissenschaften und Künste ruhig in gewisser Weise die Wildheit der Menschen, die sie verdorben haben, mildern; versuchen wir, sie auf andere Gedanken zu bringen und ihre Leidenschaften zu verändern ...«[7] So äußert er sich in einem Brief an Stanislaus Leszczynski, den als Herzog von Lothringen in Lunéville residierenden früheren König von Polen und Schwiegervater Ludwigs XV.

Der moralisierende Grundton des *Ersten Diskurses* ist einer der Gründe für Rousseaus großen Erfolg, denn er erfüllt eine wichtige Funktion beim Publikum. Die Kirche, die immer mehr in Misskredit geraten ist, da viele ihrer Würdenträger selbst ihre Macht missbraucht haben, hat eine Lücke hinterlassen, ein Bedürfnis nach moralischen Fundamenten, die durch säkulare Äquivalente zu ersetzen sind. Rousseaus Aufforderung, sich auf das Herz des Menschen, auf die *vertu* zu besinnen, kommt dem entgegen. Rousseau spricht in seinem Vorwort, in dem von »einer Wahrheit, bei der es um das Glück der Menschheit geht« die Rede ist, ein tiefes Bedürfnis des Publikums an.

Der Autor des erfolgreichen kleinen Buches hat erreicht, wonach er sich jahrelang sehnte, öffentliche Anerkennung, Berühmtheit – paradoxerweise genau das, was er in der Schrift anprangert. So ist sein Interesse an dem triumphalen Erfolg, der, wie Diderot ihm schreibt, »ohne Beispiel« ist, eher gering. Er beabsichtigt, einen anderen Weg einzuschlagen, der eher dem entspricht, was er in seinem Buch erörtert. Seine Wertschätzung will er künftig aus sich heraus und nicht aus öffentlicher Anerkennung beziehen – eine hohe Anforderung an sich selbst, die einzulösen einen lebenslangen Kampf bedeutet. Immer wieder gerät er dabei in widersprüchliche Situationen.

1750 ist er immer noch ein Freund der Enzyklopädisten. Während Diderots Haft hat er einen anderen Mitarbeiter der *Enzyklopädie* kennen gelernt, den Deutschen Friedrich Melchior Grimm, einen im Dienst des Fürsten zu Sachsen-Anhalt stehenden Pfarrerssohn aus Regensburg, studierten Juristen und in Frankreich angesehenen Publizisten. Von 1753 an bringt er die *Correspondance littéraire* heraus, eine bedeutende Stimme der Literaturkritik, die in ganz Europa gelesen wird. Rousseau und Grimm freunden sich an, sie musizieren gemeinsam, treffen sich, manchmal sogar im Beisein von Thérèse, die sonst von Rousseaus geistigen und gesellschaftlichen Aktivitäten ausgeschlossen ist, und des Pfarrers Klüpfer, der im Dienst des Barons von Thun steht. Rousseau begegnet Grimm aufrichtig und vertrauensvoll. Als die von diesem verehrte Sängerin Mademoiselle Fel ihn abweist, fällt Grimm in eine tiefe Depression und kommt dank Rousseau, der ihn betreut, wieder zu Kräften.

Eine kleine Begebenheit hätte Rousseau vor allzu großer Vertrauensseligkeit warnen sollen. Klüpfer hält eine junge Dame aus, und eines Abends lädt er Rousseau und Grimm zu ihr ein. Sie trinken gemeinsam und ziehen sich nacheinander mit dem Mädchen ins Schlafzimmer zurück. Rousseau, voller Selbstvorwürfe, beichtet Thérèse die Geschichte sogleich. Grimm besucht sie am nächsten Tag, und hat nichts Besseres vor, als ihr von seinen, aber auch Rousseaus Eskapaden zu berichten. Normalerweise jedoch kommen die beiden Welten, die der Literaten und sein Leben mit Thérèse, miteinander nicht in Berührung.

Das Verhältnis von Jean-Jacques und Thérèse ist stabil und übersteht alle Stürme, denen sich Rousseau und damit auch sie aussetzt. Thérèse ist ihm treu ergeben und bietet wenig Widerstand; sie stellt ihn nicht in Frage und bestätigt ihn in allem, was er unternimmt. Sie bietet ihm sexuelle Erfüllung, auch wenn er für sie »keinen Funken Liebe« empfindet, und konsolidiert seinen Lebenswandel. »Ich habe den Tag, der mich mit meiner Thérèse verband, immer als den Tag betrachtet, der mein moralisches Sein gefestigt hat.«[8]

Anfang 1750 ist er mit ihr in die Rue de Grenelle Saint-Honoré gezogen und bewohnt nun endlich nach jahrelangem Hausen in einfachen Hotelzimmern eine eigene Wohnung in der vierten Etage. In der sechsten leben die Eltern von Thérèse, deren Mutter nicht mehr auf den materiellen Nutzen, den dieser Mann ihrer Familie bringt, verzichten will. Grund für den Umzug ist die bessere finanzielle Lage Rousseaus. Der frühere Botschafter von Venedig de Montaigu hat ihm endlich seine Schulden gezahlt, seine Arbeitgeber Dupin haben sein Gehalt erhöht und ihm Möbel geschenkt. Das Zusammenleben mit Thérèse kommt Rousseau als Ausdruck der Bescheidenheit und Einfachheit entgegen.

Nachdem ihm der literarische Durchbruch gelungen ist, könnte er jetzt wie mancher andere vom Schreiben leben, doch hat er nach seinem großen Erfolg in Dijon eine wichtige Entscheidung getroffen; nicht die Karriere eines berühmten Schriftstellers, der von seinen Einkünften lebt, will er anstreben, sondern sein Leben mit einer Arbeit verdienen, die ihm seine Integrität bewahrt. Er wird Notenkopist. Parallel zu diesem Schritt in einen praktischen Brotberuf, der ihm Unabhängigkeit garantiert und ihn nicht in die Lage versetzt, um des Geldes willen anders zu reden und zu schreiben, als er denkt, vollzieht er feierlich, was er mit demselben Begriff benennt wie die Genfer Reformation, *la Réforme*, seine persönliche »réforme«: Er legt seinen Degen ab, trägt keine weißen Strümpfe mehr, verkauft seine Uhr. Neben dieser äußeren vollzieht er auch eine innere Reform, unterzieht sich einer strengen Prüfung und entwirft einen Plan, wie er künftig leben will. Auch sexuelle Abstinenz spielt nun eine immer größere Rolle.

»Eine große Revolution, die sich in mir vollzogen hatte, eine andere moralische Welt, die sich meinem Blick enthüllte, die unsinnigen Urteile der Menschen, deren Absurdität ich zu erkennen begann, ohne vorherzusehen, wie sehr ich ihr Opfer werden würde, das immer stärkere Bedürfnis nach einem anderen Gut als dem literarischen Ruhm, dessen Dunst mich kaum erreicht und dessen ich schon überdrüssig war … all dies nötigte mich zu der großen Revision, deren Notwendigkeit ich schon lange gespürt hatte. Ich unternahm sie also und vernachlässigte nichts von dem, was ich bei ihrer Ausführung selbst bewirken konnte. Aus dieser Zeit stammt mein Verzicht auf die Welt und jene lebhafte Neigung zur Einsamkeit, die mich seither nicht mehr verlassen hat.«[9]

Zu den Neuerungen gehört es auch, einen einträglichen Posten in der Bank bei seinem Freund Dupin de Francueil schon nach wenigen Monaten wieder aufzugeben. Finanzielle Abhängigkeit von einem Bankier kommt für ihn nicht mehr in Frage. Damit ruft er den Ärger seiner Freunde auf den Plan, die ihn auf seine Pflichten gegenüber Thérèse und den Levasseurs hinweisen. Doch er lässt sich in seiner Entscheidung nicht beirren.

Durch den Akademie-Preis ist seine Popularität gewachsen. Viele Besucher kommen zu ihm und bringen Geschenke und Geld, das er nicht annehmen will, von dem aber die Familie Levasseur heimlich profitiert. Er selbst will sich ganz auf seine eigene Arbeit verlassen und so leben wie seine Verwandten in Genf, die Uhrmacher, die sich in seiner idealisierenden Erinnerung von ihrer ehrlichen Arbeit ernährten und sich einer gewissen Unabhängigkeit erfreuten. Er stellt sich damit ostentativ auf die Seite der Leute niederen Ranges, deren Anliegen er vertreten möchte.

Der Widerspruch zwischen der gewollten redlichen Handwerkerexistenz und dem Leben des berühmten Schriftstellers, der er inzwischen zweifellos ist, ist nicht zu übersehen. Doch hält Rousseau beharrlich an seiner neuen Überzeugung fest. Dies führt zu einem Nebeneinander verschiedener Identitäten, die sich teilweise überschneiden: Rousseau, der in einer Kleinbürgeridylle lebt und täglich Noten kopiert; Rousseau, der weiterhin in der Gesellschaft der Großen verkehrt und auf die Anerkennung und Anregung seiner Freunde angewiesen bleibt; Rousseau, der Schriftsteller, der bei allem, was er zur Gesellschaft zu sagen hat, auch von sich zu reden und sich zu einem besonderen Menschen, einem Vorbild für andere zu stilisieren beginnt.

Dies bedeutet, dass er ständig zwischen verschiedenen Möglichkeiten oszilliert. Aber fällt ihm dies wirklich schwer? Ist es nicht seit früher Kindheit fast zu einer normalen Lebensweise geworden? Er hat sich schon als Kind ständig auf neue, miteinander kaum vereinbare Situationen einstellen müssen: zwischen der vornehmen Altstadt und der Unterstadt, der Oberschicht und dem Volk, zwischen Landleben und Stadtexistenz, zwischen Wohlergehen und Armut, zwischen Protestantismus und Katholizismus, zwischen Sesshaftigkeit und Wanderschaft, zwischen Erotik und Enthaltsamkeit. Zu einer einzigen, unverwechselbaren Lebensform hat er es bisher nicht gebracht, doch scheint er sich nun danach zu sehnen. »Ich begann, mein Innerstes einer strengen Prüfung zu unterwerfen, um es für den Rest meines Lebens so zu organisieren, wie ich es bei meinem Tod vorfinden wollte.«[10]

Ein Problem im Zusammenleben mit Thérèse macht ihm, nachdem er mit dem *Ersten Diskurs* ein berühmter Mann geworden ist, nun doch zu schaffen: die häufigen Schwangerschaften. Inzwischen hat er schon vier Kinder ins Findelhaus gebracht, und bei den beiden letzten kann er nicht mehr für sich geltend machen, arm und mittellos gewesen zu sein. Um sein Gewissen zu erleichtern, schreibt er am 20. April 1751 einen Brief an Mme Dupin de Francueil, in dem er sich für die Preisgabe seiner Kinder rechtfertigt. Er begründet es mit folgenden Argumenten: Als Schriftsteller brauche er Ruhe, um zu arbeiten. Er wolle unabhängig sein und würde ohnehin nur ein schlechter Vater sein. Er leide an einer chronischen Verengung der Harnwege. Wenn er es könnte, würde er seine Kinder zu dem erziehen, wozu sie im Waisenhaus erzogen werden, nämlich zu Bauern und Arbeitern. Sie sollten nicht Reiten lernen, nicht Schriftsteller werden, sondern Feld- und Landarbeit betreiben und mit Werkzeugen umgehen und sie hätten es auf diese Weise in der Erziehung besser getroffen als er selbst. Die Kinder wegzugeben bedeute für ihn einen Verzicht, der ihm nicht leicht falle. Doch dieses Vorgehen entspreche auch den Vorstellungen Platons, der verlangt habe, dass die Kinder nicht in der Familie, sondern vom Staat erzogen werden. Gegen den Vorwurf, man dürfe keine Kinder bekommen, wenn man sie nicht erziehen wolle, wehrt er sich mit heftigen Worten: »Verzeihen Sie, Madame, die Natur will, dass man Kinder in die Welt setzt, denn die Erde bringt genug Nahrung für alle hervor, doch der Stand der Reichen, Ihr Stand, stiehlt dem meinen das Brot meiner Kinder.«

Es ist nicht sicher, ob Rousseau diesen Brief jemals abgeschickt hat, doch er trägt ihn in chiffrierter Form immer bei sich. Bei seinem Tod wird er in seiner Tasche gefunden. Der durch sein Versagen als Vater entstandene Konflikt hat ihm sein Leben lang keine Ruhe gelassen. So führt er immer neue Argumente für sein

Verhalten an, zum Beispiel: »Ich zitterte davor, sie dieser schlecht erzogenen Familie auszuliefern, von der sie noch schlechter erzogen worden wären«[11], oder er weist darauf hin, dass sie als Kinder des Volkes zu Handwerkern oder Bauern ausgebildet würden, was der Gesellschaft am meisten nütze. In keinem Fall ist er mit dem Kinderproblem auf Dauer leichtfertig umgegangen, im Gegenteil, es hat ihn motiviert, sich grundsätzliche Gedanken über eine bessere Erziehung zu machen. So sind auch in dem Rechtfertigungsbrief an Mme de Francueil bereits Gedanken enthalten, die Rousseau im *Émile* ausführlich erörtern wird. Ganz offensichtlich lässt ihn das Problem der Kindheit nicht los. Er denkt dabei an seine eigenen Erfahrungen, an die falsche Erziehung, die ihm zuteil geworden ist, aber auch an die Kindheit generell, in der er die Zukunft der Menschheit verkörpert sieht.

Noch aber arbeitet er an anderen Themen, den *Émile* wird er erst etwa zehn Jahre später schreiben.

8
Der Buffonistenstreit

Trotz der persönlichen *réforme* ist Rousseau noch ein begeisterter Enzyklopädist und bleibt ein *homme de lettres*. Er kann gar nicht existieren, ohne zu schreiben, gelesen zu werden und öffentlich zu debattieren. Die gemeinsame Arbeit an der *Enzyklopädie* verbindet ihn mit den Freunden, er ist einer der bekanntesten Mitarbeiter des Lexikons, und niemand will sich mit ihm streiten, obwohl er mit dem Ersten Diskurs genügend Anlass dazu geboten hat. Seinen Angriff auf Künste und Wissenschaften nimmt ihm keiner der Philosophen übel. D'Alembert verteidigt diesen in der Einleitung zum ersten Band damit, dass Rousseau nur den Missbrauch, nicht aber die Künste und Wissenschaften selbst gemeint habe. »Wir bitten ihn, zu prüfen, ob die meisten Schmerzen, die er den Wissenschaften und Künsten zuschreibt, nicht ganz andere Ursachen haben, die hier aufzuzählen ebenso langwierig wie heikel wäre.«[1] Noch ist der Ton untereinander versöhnlich, doch tut sich, auch was die Lebensweise angeht, ein gewisser Graben zwischen Rousseau und den Enzyklopädisten auf. Sie halten sich in ihrem Leben nicht an strenge Prinzipien wie er, sie fürchten nicht um ihre Unabhängigkeit, wenn Mäzene sie unterstützen, denen gegenüber sie aufgeschlossen sind und die sie nicht brüskieren wollen. Die Leute der oberen Kreise wiederum akzeptieren sie als Kritiker und Gesprächspartner, die ihnen manche Anregung geben. Solange ein Schriftsteller sich mit dem Lebensnotwendigen begnügt und auf seine Freiheit achtet, besteht, so meinen sie, für ihn nicht die Gefahr allzu großer Anpassung an die Verhältnisse. So bewegen sie die Dinge vorwärts, beeinflussen die Denkweise der Oberschicht, ohne ihre eigene Existenz durch zu große Konflikte zu gefährden.

Rousseau muss seinen selbst auferlegten Prinzipien folgen und dies wird mit der Zeit nicht einfacher. Er verteidigt einerseits sein

Ideal vom redlichen Geldverdienen mit Arbeit, andererseits verkehrt er nach wie vor in den höheren Kreisen, wenn auch zunehmend in der Rolle eines Außenseiters.

Er gewinnt immer neue Freunde hinzu, darunter den Genfer Toussaint-Pierre Lenieps, der sich im Kampf gegen die Patrizier engagiert hat, aus seiner Heimatstadt verbannt wurde und als Bankier in Paris arbeitet. Diderot führt Rousseau bei dem wohlhabenden jungen deutschen Baron von Holbach ein, der aus Leipzig stammt, in Leiden Naturwissenschaften studiert und sich seit 1749 in Paris niedergelassen und dort geheiratet hat. In seinem Haus versammeln sich zum Abendessen die geistigen Größen der Zeit, eine Gelegenheit, offen und gefahrlos seine Meinung zu allen Gebieten zu äußern, die die Gemüter erregen: Geschichte, Politik, Finanzen, Philosophie und Literatur. Holbach, der zahlreiche Artikel für die *Enzyklopädie* schreibt – es sind am Ende an die vierhundert –, ist in seiner Kritik radikaler als viele seiner Freunde. Er vertritt ein materialistisches atheistisches Menschenbild und eine diesseitige Tugendmoral. Die christliche Offenbarungsreligion lehnt er strikt ab. Mit ihm setzt sich Rousseau oft auseinander, denn er trägt die mitunter radikalen Angriffe seiner Freunde auf die Religion nicht mit. Für ihn ist die Existenz Gottes eine unaufgebbare Wahrheit.

Nicht immer ist Rousseau ein aufgeschlossener Gesprächspartner; oft flüchtet er sich in die Einsamkeit seines Arbeitszimmers und rechtfertigt sich dafür mit seinem inzwischen chronischen Harnwegsleiden, das er immer wieder als Entschuldigungsgrund verwendet, wenn er sich aus dem gesellschaftlichen Treiben zurückziehen will. Die häufige Betonung seiner Krankheit gibt ihm eine gewisse Sonderstellung.

1752 erregt Rousseau erneut die öffentliche Aufmerksamkeit, diesmal weniger als Schriftsteller denn als Musiker. Im August gastiert in Paris eine italienische Operntruppe und führt neben anderen Werken auch Pergolesis Opera buffa *La serva padrona* auf, die sich beim Publikum größter Beliebtheit erfreut. Anlässlich dieses Erfolgs bricht, angestoßen durch Grimm, der so genannte Buffonistenstreit um die Frage aus, ob die französische oder die italienische Musik die bessere sei. Der wichtigste Vertreter der französischen Musik ist Jean-Philippe Rameau, der 1722 gegen die höfische Musik Jean-Baptiste Lullys eine neue Art der Musik nach bestimmten harmonischen Gesetzmäßigkeiten formuliert hat und auch entsprechend komponiert. Von der Jahrhundertmitte an gelten jedoch auch seine Werke als Ausdruck des Ancien Régime mit seinem repräsentativen Glanz. Die Anhänger der italienischen Oper finden sich eher unter den Gegnern der Monarchie, sie sind Befürworter einer neuen Zeit. Im Buffonistenstreit geht es sowohl um den Text als auch um die Musik. Die französische Oper bevorzugt mythologische Stoffe, die italienische historische. Während Rousseau zunächst noch der französischen die besseren Texte, der italienischen die bessere Musik zuerkennt, gewinnt seine Kritik an der französischen Musik später die Oberhand. Die italienische Musik sei »zum Punkt höchster Vollkommenheit« gelangt, ihre Melodie sei besonders zum Singen geeignet, sie spreche das Gefühl an, ganz im Gegensatz zur Differenziertheit der für Rameaus Musik so wichtigen harmonischen Strukturen, die eher den Verstand als das Gefühl interessierten.

Rousseau hat deshalb gegenüber dieser Harmonik eine so große Vorliebe für die einfache Melodie, weil Singen eine natürliche Fähigkeit des Menschen sei. Er hält auch hier ähnlich wie im *Ersten Diskurs* die unbeschädigte Natur der Künstlichkeit entgegen. In der französischen Musik sei der natürliche Ton verloren gegangen, so meint er, das Gehabe der Sänger sei artifiziell. Die italienische Musik erinnere an die einfache natürliche Musik der Urzeit. Unmittelbar eingängige und unprätentiöse Melodien, die sich dem Gefühl vermitteln, und eine unkomplizierte harmonisch einfache Begleitung zieht er komplexen harmonischen Strukturen vor. 1753 greift er in der *Lettre sur la musique française* Rameau und seine Musik auf teilweise recht undifferenzierte Weise heftig an und stellt die denkwürdige Behauptung auf, es gebe keine französische Oper, da die Sprache dafür nicht geeignet sei. Er schmäht die Harmonie der französischen Komponisten als roh und ausdruckslos; Arien seien keine Arien und Rezitative keine Rezitative, also hätten die Franzosen keine Musik. Jahre später wird er diese Kritik widerrufen, doch für den Augenblick gilt, dass er mit seinen Äußerungen große Empörung und Widerspruch hervorruft und einen tiefen Graben zwischen Befürworter und Kritiker der jeweiligen

Musikrichtung reißt. Rousseau bekommt die Folgen seiner heftigen Attacken auch persönlich zu spüren: Der freie Eintritt in die Pariser Oper wird ihm nicht mehr gewährt und von ein paar Musikern des Orchesters wird er tätlich angegriffen. Von jetzt an gibt es zwei Lager: die Anhänger Rousseaus und die Anhänger Rameaus, Erstere versammeln sich bei den Opernaufführungen um die Königin, Letztere um den König.

Wofür sich Rousseau einsetzt, ist Einfachheit gegen Komplexität, auch hier ist seine Kritik an einer hoch entwickelten Kultur und Kunst deutlich. Er preist die »Einheit der Melodie« in der italienischen Musik, die allein dem Zuhörer die Idee einer Oper vermitteln könne. Harmonie und Rhythmus müssten im Dienst der Melodie stehen und ihr zu besserer Wirkung verhelfen. Die Melodie ist »eine Folge von Tönen, die ... ein dem Ohr gefälliges sinnvolles Ganzes« ergibt, und so einfach und unmittelbar ohne intellektuelle Anstrengung aufgenommen werden kann. Hier ist eine deutliche Parallele zu Rousseaus Auffassung von der Einfachheit und Natürlichkeit des vorzivilisatorischen Menschen zu erkennen.

Die italienische Musik, die Rousseau auch in diesem Sinne vorbildlich erscheint, ist auch für ihn selbst ein nachahmenswertes Beispiel. Wie um seine Erörterungen zu illustrieren, komponiert er nun eine Oper, die erste *opera buffa* in Frankreich, *Le Devin du Village*, »Der Dorfwahrsager«. Es handelt sich um ein Schäferidyll, an dessen Libretto sich 1768 Mozart mit seinem Singspiel *Bastien und Bastienne* orientieren wird. In seinem Stück will Rousseau demonstrieren, dass auf dem Land die wahre Liebe möglich ist, jedoch in der Stadt und bei Hofe nicht. Die Oper ist einfach strukturiert, nicht von größter Kunstfertigkeit und ohne besondere musikalische Brillanz. Dies ist Rousseaus Absicht, da es ihm ja gerade auf die Einfachheit der Musik im Kontrast zu Rameau ankommt. Ob seine kompositorischen Qualitäten für komplexere, anspruchsvollere Musik ausreichen, ist eine andere Frage. Jedenfalls ist der in einfacher Manier komponierten kleinen Oper – sie dauert eine gute Stunde – ein immenser Erfolg beschieden. Die Uraufführung im Schloss von Fontainebleau vor dem König und Mme de Pompadour und dem Adel findet ein begeistertes Publikum, das Stück wird mehrfach gespielt und wird dann ins

Programm der Pariser Oper aufgenommen, immer vom Publikum gefeiert, auch in der Provinz und im Ausland.

Rousseau hat nun eine große Anhängerschaft gefunden, die ihn nur »Jean-Jacques« nennt. Die einfache Botschaft des *Dorfwahrsagers* bringt seinem Autor bei den Leuten den Ruf eines weisen Mannes ein, der weiß, wie Menschen glücklich werden. Der Komponist erhält vom König hundert, von Mme de Pompadour 50 Louis d'Or Gratifikation, die er erst nach einigem Zögern annimmt. Die zahlreichen Aufführungen des Stücks bringen ihm recht gute Einkünfte. Er schickt Geld an Mme de Warens, die ihn in diversen Briefen darum gebeten hat, und er unterstützt wie immer die Familie Levasseur.

Der König bietet Rousseau eine Pension an. Dies wäre die Gelegenheit, für den Rest seines Lebens sorglos von seiner Kunst zu leben. Doch er bleibt seinem Prinzip treu und will beweisen, dass er nicht von den Mächtigen abhängig ist, dass er in aller Freiheit sagen und denken will, was ihm beliebt, und dafür lieber in Mühe und Arbeit sein Geld verdient. Er entschuldigt sein Fernbleiben von der Audienz beim König mit seinem Harnwegsleiden, zum einen eine Brüskierung, die ihm zu seinem Glück nicht übel genommen wird, zum anderen eine Attitüde, eine Demonstration von Selbstbewusstsein. Kein Zeitgenosse verhält sich gegenüber Monarchen so abweisend wie der überzeugte Republikaner Rousseau.

Diderot macht ihm die Ablehnung der Pension zum Vorwurf, dies sei verantwortungslos gegenüber Thérèse. Doch Rousseau lässt nicht mit sich reden. Seine *réforme* macht sich zunehmend öffentlich bemerkbar und ruft Ärger hervor, auch den seiner besten Freunde.

Der Erfolg des *Dorfwahrsagers* ermutigt ihn nun, seine Komödie *Narcisse* auf die Bühne zu bringen, die er in der Jugend geschrieben und Marivaux mit der Bitte um Korrekturen vorgelegt hatte. Das Stück fällt beim Publikum durch, doch Rousseau lässt es drucken und verfasst ein langes Vorwort, in dem er sich gegen Kritik rechtfertigt, nach der er die Künste angreife, aber dennoch eigene Kunstwerke aufführen lasse. »Künste und Wissenschaften«, so schreibt er, »die erst den Lastern zum Ausbruch verholfen haben, sind notwendig, um sie daran zu hindern, zu Verbrechen zu werden.«[2] Damit gesteht er den Künsten bei aller Kritik doch eine gewisse erzieherische Wirkung zu.

Auch wenn er betont, es komme ihm allein auf die eigene Wertschätzung an und er brauche nicht die der anderen, wirbt er hier doch um Anerkennung, wenn er sich gegen seine Widersprüchlichkeit verteidigt. Diese sei zweifellos eine »sehr bittere Satire, aber nicht seine eigene, sondern die seines Jahrhunderts«. Mit dieser Äußerung verweist er auf die Umbrüche und Umwälzungen seiner Zeit, in der verschiedene soziale Gruppen und zahllose Ideen nebeneinander und gegeneinander stehen, in der auf allen Ebenen eine Suche nach neuen Zielen, Erkenntnissen und Wahrheiten stattfindet. Und er selbst befindet sich mittendrin. Immerhin nimmt er für sich in Anspruch, sich im Namen von Tugend und Wahrheit mit der Kunst zu beschäftigen, während andere dies allein für ihren Ruhm täten.

Ob ihm der eigene Ruhm wirklich so gleichgültig ist, scheint fraglich. Seit er mit dem *Ersten Diskurs* berühmt wurde, hat er sich immerhin mehrfach wieder öffentlich engagiert, besonders mit seinen Angriffen auf die französischen Musik und Rameau im Buffonistenstreit. Niemand nimmt ihm seine Kritik an den Künsten ab, seine Unnachgiebigkeit und Schärfe, seine Neigung zur Polarisierung stellen für manchen Freund ein Problem dar. Man macht sich über ihn lustig, doch alle sehen in ihm einen außergewöhnlichen Geist.

Seit dem *Dorfwahrsager* ist Rousseau auch als Musiker bekannt. Im April 1753 wird ein von ihm komponiertes *Salve Regina* mit der Sängerin Mademoiselle Fel aufgeführt. Dazu verfasst er ein Heft mit zwölf Liedern, die *Canzoni Batello* für am Gesang Interessierte. Nachdem er so bekannt geworden ist, stünde einer Karriere als Musiker nichts im Weg. Doch nachdem er so viel erreicht hat, gibt er die Kompositionsarbeit weitgehend auf und betätigt sich nur noch als Musikforscher und Lexikograph.

In seinem *Essai sur l'origine des langues*, dem »Essay über den Ursprung der Sprachen«, behandelt er noch einige Fragen, die während des Buffonistenstreits aufgekommen sind. Am Anfang der Menschheit, als die Menschen noch nicht Ideen, sondern Gefühle und Leidenschaften zum Ausdruck gebracht hätten, habe sich Sprache vom Gesang nicht unterschieden, der Gesang sei vorher da gewesen. Und erst als Kommunikation unter Menschen unbedingt notwendig geworden sei, um überleben zu können, habe sich Sprache entwickelt. »Die andauernde Gefahr des Untergangs ließ es nicht zu, sich auf Gesten zu beschränken und die ersten Worte lauteten nicht *Lieben Sie mich*, sondern *Helfen Sie mir.*« Mit steigendem zivilisatorischem Fortschritt sei die Sprache immer rationaler und immer weniger musikalisch geworden: »Das Studium der Philosophie und der Fortschritt im Denken hatten die Grammatik perfektioniert und nahmen der Sprache jenen lebhaften und leidenschaftlichen Ton, der sie zuvor zum Singen gebracht hatte ... Die Melodie war nicht mehr so entscheidend für das Reden und erhielt nach und nach eine eigene Existenz, die Musik wurde von den Worten unabhängig.«[3]

Weitere Arbeiten zur Musik sind im *Dictionnaire de musique* zu finden, einer Zusammenfassung aller Beiträge Rousseaus für die *Enzyklopädie*. Rousseau jedoch kehrt seiner Karriere als Musiker den Rücken, als sie gerade erst begonnen hat.

9
Der Naturmensch

18 Rousseau um 1752 (Gemälde von Maurice Quentin de La Tour, Musée d'art et d'histoire, Genf)

Im Pariser Kunstsalon von 1753 wird Rousseaus von Quentin de La Tour ganz in der Mode der Zeit gemaltes Porträt mit sechzehn anderen Pastellen berühmter Leute ausgestellt. Auf diesem Bild hat er strahlende Augen, lächelt, wirkt nachdenklich und sympathisch. Hier scheint er noch ganz dazuzugehören, eine Neigung zum Außenseitertum sieht man ihm nicht an; er befindet sich im Kreis der Enzyklopädisten und literarischen Größen seiner Zeit. Allerdings lässt er seinen Namen mit dem Zusatz *Citoyen de*

Genève versehen, ein erster deutlicher Hinweis darauf, dass er eigentlich ein anderer sein möchte.

Mit dem *Ersten Diskurs* hat Rousseau eine Bresche in die optimistische Fortschrittsgläubigkeit der Zeitgenossen geschlagen. An ethischen Maßstäben gemessen ist für ihn der Triumph der Aufklärung über die Unwissenheit kein Sieg. Rousseaus Kritik ist eine Herausforderung der zeitgenössischen Gesellschaft, aber dies ist erst der Anfang. Als im November 1753 die Akademie von Dijon erneut eine Preisfrage stellt, deren Thema lautet: »Was ist der Ursprung der Ungleichheit unter den Menschen und ist sie durch das Naturgesetz gerechtfertigt?«, bietet sich ihm die Gelegenheit, seine Überlegungen zu vertiefen. Dieses Mal liegt Rousseau wenig daran, den Wettbewerb zu gewinnen, da er bereits ein bekannter Autor ist. Er legt auch keinen Wert darauf, zu gefallen, und fürchtet sich nicht vor Maßnahmen der Zensur. In der Abhandlung zu der Preisfrage hat Rousseau nun die Möglichkeit, den Kritikern des *Ersten Diskurses* seine Vorstellungen ausführlich darzustellen. Hatte er in der Debatte um diese Schrift in seinem Brief an Stanislaus, den früheren König von Polen, noch geäußert: »Die erste Quelle des Bösen ist die Ungleichheit«[1], so untersucht er jetzt, woher diese Ungleichheit kommt. Er bedient sich hierbei der Form einer philosophisch-naturwissenschaftlichen Abhandlung; beide Gebiete sind zu seiner Zeit noch nicht getrennt und werden gleichermaßen rezipiert. Rousseau ist nun bestrebt, zu zeigen, dass die zentralen Aussagen des *Ersten Diskurses* historisch zu begründen sind.

Rousseaus literarische Arbeit ist untrennbar mit der Betrachtung und Veränderung seiner eigenen Existenz verbunden. Mit der »persönlichen Reform« hat er bereits erste konkrete Schlüsse aus den Einsichten des *Ersten Diskurses* gezogen. Im Kontrast zur kultivierten, glanzvollen, luxuriösen Gesellschaft der französischen Hauptstadt erinnert er sich nun immer mehr an seine Genfer Erziehung, an die Predigten über Tugend, Einfachheit und Gerechtigkeit, an die Lehren der Stoiker über Mäßigung und Gelassenheit. Ihm wird zunehmend bewusst, dass er sich in einer ihm fremden Welt bewegt, in der er sich nicht zu Hause fühlen kann. Seine Gemeinschaft mit Thérèse kommt dem Ideal vom einfachen Leben zwar nahe, doch ist er immer noch Teil des Literaturbetriebs und ein Mittelpunkt der Salonkultur. Dieses Dilemma ist ihm durchaus bewusst und so bedeutet Kritik an der Gesellschaft auch immer Kritik an der eigenen Existenz. Dass sich der Mensch der Zivilisation von dem Naturmenschen entfernt hat, kann er an seinem eigenen Leben nachvollziehen. Ebenso wie er selbst sich zu einer Reform entschlossen hat, könnte auch die Gesellschaft andere Wege gehen. Wie er sich selbst auf das Nützliche und Notwendige im eigenen Leben besinnt, sollte auch die vom Luxus korrumpierte Gesellschaft ihre Sitten verbessern. Nützlichkeit und Wohlergehen, zwei zentrale Vorstellungen, die, beeinflusst von der Religion, in Genf so eine wesentliche Rolle spielen, haben für ihn immer größere Bedeutung.

Im *Ersten Diskurs* ist eine Reihe von Gegensätzen deutlich geworden: die Welt von früher gegen die Welt der Gegenwart; Bescheidenheit und Notwendigkeit gegen den Luxus; Kunst und Wissenschaft, die der eigenen Profilierung dienen, gegen echte Weisheit; Rechtschaffenheit gegen korrumpierte Sitten. Der gegenwärtige Zustand der Gesellschaft befindet sich auf dem Prüfstand, die Gegenwart muss sich an der Vergangenheit messen.

Zu diesem Zweck entwickelt Rousseau die hypothetische Vorstellung einer paradiesähnlichen Urgesellschaft, in der Frieden und Harmonie herrschen. Dann beschäftigt er sich mit der Frage, wie die Urgesellschaft, wie der ursprüngliche Mensch aussah und wie es gekommen ist, dass er sich aus diesem Zustand entfernt hat.

Die klassischen Schriften über die Grundlagen des Naturrechts sind Rousseau bekannt. Er hat die Werke von Hobbes, Locke, Pufendorf und Grotius studiert. Auch diese haben sich mit der Frage des Urzustandes des Menschen auseinander gesetzt, das Wesen des Menschen beschrieben und daraus die Legitimität der staatlichen Ordnung abgeleitet. Rousseau ist der Meinung, dass sie dabei nicht den natürlichen, sondern den zivilisierten Menschen im Auge hatten. »Sie redeten vom wilden Menschen und stellten den zivilisierten Menschen dar.«[2]

Hobbes hat die politische Ordnung auf dem Prinzip der Selbsterhaltung des Menschen, der seinen Vorteil sucht, begründet. Einen solchen Menschen gibt es für Rousseau im Naturzustand noch gar nicht. Er hält diesem negativen Bild vom Naturmenschen die Auffassung entgegen, dass der Urmensch gut gewesen sei und neben der Selbsterhaltung auch die Fähigkeit des Mitleids und der Fürsorge für andere besessen habe. Der gute Naturmensch, durch eine fiktionale Rekonstruktion der frühesten Zeit der Menschheit entstanden, für die Rousseau unter anderem auf antike Texte, Reiseberichte von Zeitgenossen nach Übersee und Buffons *Histoire naturelle* zurückgreift, wird für Rousseau zum Korrektiv des korrupten Menschen der Gegenwart.

Im Urzustand lebte der Mensch in einer den Tieren nicht unähnlichen Weise. Er wohnte in den Wäldern, war stark und handlungsfähig, hatte geschärfte Sinne und war selten krank, da die meisten Leiden durch die Zivilisation hervorgerufen werden. Seine geistige Betätigung war gering. Er war glücklich, seine Leidenschaften waren natürlich und leicht zu befriedigen.

Er lebte für sich im Freien, fand genug zu essen, begegnete er einer Frau, paarte er sich mit ihr und hinterher trennte man sich wieder. Die Frauen zogen die Kinder allein auf. Die Lebensbedingungen waren für alle gleich gut, Unterschiede nahmen die Menschen kaum wahr, sie wurden auch gar nicht spürbar, da es keine Vergleichsmöglichkeiten gab. Der Naturmensch war zwar von seinen Anlagen her gesellschaftsfähig, doch er lebte allein, genügte sich selbst und war damit unabhängig, und dies war für sein Wohlergehen entscheidend. Im Vergleich zum Tier besaß er Intelligenz, hatte das Bewusstsein, frei zu sein, und wurde nicht vom Instinkt geleitet. Er besaß den Trieb zur Selbsterhaltung, *l'amour de soi,* die *commisération*, das Mitleid, sowie die Fähigkeit, sich weiterzuentwickeln, die *perfectibilité*. Letztere ist nur deshalb aktiviert worden, weil eine Kette äußerer Umstände eintrat, Klimakatastrophen wie Überschwemmungen und Vulkanausbrüche, dürre Sommer oder strenge Winter, durch die ein Mensch allein nicht mehr lebensfähig war. Wäre dies nicht geschehen, hätte der Mensch in dem Urzustand verbleiben können, in dem er lange Zeit gelebt hatte. Doch nun hatte eine Entwicklung begonnen, die nicht mehr aufzuhalten war. Mit jeder Stufe, auf der der Mensch sich weiter von der Ursprünglichkeit entfernte, wurde er mehr verdorben und eine Rückkehr in den Urzustand war nicht mehr möglich.

Der in der Einheit mit der Natur lebende ursprüngliche Mensch, dessen Bedürfnisse befriedigt waren, hatte keinen Grund, andere anzugreifen. Durch Selbsterhaltungstrieb und Mitleid, seine einzigen Empfindungen, konnten Individuum und Art erhalten werden. Dieser allein lebende Mensch dachte nicht, hatte keine Leidenschaften, keine Erinnerung und blickte nicht in die Zukunft. In diesem Zustand herrschte Gleichheit unter den Menschen.

Die Entwicklung vom Naturmenschen zum historischen Menschen, der Übergang vom Naturzustand zum Leben in Gesellschaft und damit der Beginn der Ungleichheit, hat sich nach Rousseau folgendermaßen abgespielt:

Die als Solitäre lebenden Naturmenschen werden durch äußere Umstände veranlasst, ihre Fähigkeit, sich zu vervollkommnen, die *perfectibilité*, ins Spiel zu bringen. Als sie sich gegen Naturereignisse, mit deren Folgen sie nicht allein fertig werden, schützen müssen, schließen sich Menschen zu Horden zusammen. Sie müssen nun nachdenken, sich organisieren, bewältigen in gemeinsamer Anstrengung die Härten des Lebens. Sie wehren sich gegen wilde Tiere, gehen auf die Jagd, und die ersten Werkzeuge und Waffen entstehen, zum Beispiel Pfeil und Bogen und Haken zum Fangen von Fischen. Der Mensch erlangt Macht über die Natur, er gibt seine Unmittelbarkeit auf, die Dinge sind beherrschbar geworden.

In einer weiteren Phase entstehen Hütten, darin wohnen Familien, deren Oberhäupter weise Patriarchen sind. Die Mütter versorgen Haus und Kinder. Man baut Dörfer und lebt wie im Paläolithikum als Jäger und Sammler. Zur gegenseitigen Verständigung entwickelt sich langsam die Sprache, ausgehend von Gesten, Schreien und anderen Lauten. Die Menschen dieser Zeit haben sich bereits vom Naturzustand entfernt, doch die Individuen befriedigen ihre Bedürfnisse noch weitgehend selbst. Durch das engere Zusammenleben entwickeln sich Liebe und Freundschaft. Diese Zeit ist für Rousseau das Goldene Zeitalter, die *jeunesse du monde*, die »Jugendzeit der Welt«. Noch ist das von den weisen Patriarchen geordnete Zusammenleben der Menschen friedlich und harmonisch. Die Menschen sind nun keine Wilden mehr, sondern »Barbaren«, ein für Rousseau durchaus positiver Begriff.

Danach entwickeln sich Ackerbau und Metallverarbeitung und hier beginnen die Menschen voneinander abhängig zu werden; die Klügeren und Stärkeren verschaffen sich Vorteile und so beginnt die Ungleichheit. »Eisen und Weizen haben die Menschen zivilisiert und das Menschengeschlecht ins Verderben geführt«,[3] sagt Rousseau und dies ist aus folgendem Grund geschehen: Die Wirtschaft dient nicht mehr allein der Versorgung, man ist zur Produktion übergegangen und hat Überfluss geschaffen, und es ist Streit um dessen Besitz ausgebrochen. Durch die Arbeitsteilung ist die Integrität des Einzelnen zerstört worden, der Mensch hat versucht, dies zu kompensieren, indem er sich Besitz zugelegt hat. Der Mensch beginnt, sich von seinesgleichen zu unterscheiden. In der Konfrontation mit anderen wird er sich seines Andersseins bewusst. Aus dem *amour de soi*, dem Selbsterhaltungstrieb, ist der *amour propre*, die Eigenliebe, geworden, durch die der Einzelne seinen Vorteil sucht und auf andere keine Rücksicht mehr nimmt. Er definiert sich nicht mehr aus sich selbst heraus, sondern im Vergleich mit anderen, er ist darauf aus, sich durch Leistung und Status vom anderen zu unterscheiden. Der andere ist zum Konkurrenten geworden, es herrschen Rivalität und Furcht voreinander, das Mitleid geht verloren. Das Glück, die Einheit des Einzelnen mit sich selbst, ist dahin, der Mensch ruht nicht mehr in sich wie der Naturmensch.

Das ursprüngliche Gleichgewicht kann nicht wiederhergestellt werden, da Besitz diejenigen ausschließt, die nichts besitzen. Besitz, der auf keiner rechtlichen Grundlage basiert, führt zum Krieg und damit wird eine zivile Ordnung notwendig. Und da Ordnung gegenüber Willkür und Gewalt das kleinere Übel ist, eine gewisse Form von Gerechtigkeit besser als Anarchie, entsteht der Staat. Auf Initiative der Reichen wird ein Vertrag geschlossen, der diesen ihren Vorteil sichert, und damit ist die Ungleichheit institutionalisiert. »Verfolgen wir das Fortschreiten der Ungleichheit in diesen verschiedenen Umwälzungen, werden wir entdecken, dass das Erlassen eines Gesetzes und die Einführung des Rechts auf Eigentum die erste Etappe darstellen; die Errichtung einer Regierung die zweite; die dritte und letzte Etappe ist die Umwandlung legitimer in willkürliche Herrschaft, so dass der Zustand des Reichen und Armen in der ersten Zeit, der des Mächtigen und Schwachen in der zweiten und der von Herren und Sklaven in der dritten autorisiert wurde, der letzte Grad der Ungleichheit und das Ziel, zu dem alle anderen hinführen.«[4]

Bei seiner Beschreibung von Ursprung und Entwicklung des Unglücks in der Welt, die als säkulare Parallele des in der Bibel geschilderten Sündenfalls verstanden werden kann, ergeben sich zwei positive Dimensionen im Denken Rousseaus: Das Böse ist im Unterschied zur Auffassung der Bibel nicht durch die Sünde des Menschen, sondern durch den historischen Prozess entstanden und hat dessen Wesen nicht angetastet. So kann der Mensch als Einzelner gut sein, sofern ihn nicht die Gesellschaft korrumpiert und dies lässt die Möglichkeit von Erziehung zu. Auf dieser Prämisse baut Rousseaus Abhandlung über die Erziehung, *Émile*, auf. Im Hinblick auf die Gesellschaft besteht die Möglichkeit, Institutionen zu entwickeln, die nicht Ungerechtigkeit, sondern Gerechtigkeit, nicht Willkür, sondern legitime Herrschaft garantieren. Hiermit wird sich Rousseau im *Contrat Social* beschäftigen.

Nicht darin, dass Rousseau dem Menschen attestiert, gut zu sein, liegt seine Originalität, sondern darin, dass er dieses Gutsein des Menschen den Mängeln und Verbrechen der Gesellschaft als Korrektiv entgegenhält. Diese Kontrastierung birgt revolutionäres Potenzial. Den Gegebenheiten der aktuellen Gesellschaft steht als eine Forderung die legitime natürliche Ordnung entgegen. Aus dem Kontrast dieser einfachen Gegenüberstellung ergibt sich die Spannung zwischen der korrumpierenden Gesellschaft und dem eigentlich guten Menschen.

Bestimmte Passagen des *Zweiten Diskurses*, in denen die Institutionalisierung des Eigentums und damit der Unterschied zwischen Arm und Reich und die Ungerechtigkeit der Gesellschaft geschildert werden, sind berühmt und populär geworden: »Der erste, der ein Stück Land absteckte und auf die Idee kam, zu sagen: dies gehört mir und der Leute fand, die dumm genug waren, ihm zu glauben, war der eigentliche Begründer der bürgerlichen Gesellschaft. Wie viele Verbrechen, Kriege, Morde, wie viel Elend und Schrecken wären den Menschen erspart geblieben, hätte jemand die Pfähle ausgerissen und den Menschen zugerufen: Glaubt dem Betrüger nicht, ihr seid verloren, wenn ihr vergesst, dass die Früchte allen, aber die Erde niemandem gehört.«[5] Solche Sätze können all jenen, die Grund und Boden besaßen, keineswegs gefallen und mit ihnen macht sich Rousseau viele Feinde.

Die Besitzlosen hingegen sehen in ihm einen Vorkämpfer ihrer Sache.

Mit dem *Zweiten Diskurs* ist Rousseau auf der Höhe seiner schriftstellerischen Fähigkeiten angekommen, sowohl stilistisch als auch in der Gedankenfolge, der Polemik, dem Wissen, der Phantasie. Er hat Buffons Naturgeschichte ebenso verarbeitet wie Reiseberichte über primitive Völker und antike Texte, hat aus der Beschäftigung mit den verschiedenen Konzepten der Rechtsphilosophen seine eigenen, radikalen Schlüsse gezogen.

Er wird sich auf diesem Gebiet noch mit weiteren Schriften auszeichnen, vor allem dem *Contrat Social.*

Zugleich aber wird er nicht mehr aufhören, beim Schreiben seine Existenz ins Spiel zu bringen und in seiner eigenen Entwicklung eine Parallele zu der der Menschheit zu sehen. Wurde diese durch äußere Umstände einer Veränderung unterzogen, so gilt dies auch für ihn in seinem eigenen Leben. Die Gleichheit unter den Menschen ist verloren gegangen, und er selbst gehört zu jenen, die darunter zu leiden haben und keine materielle Unabhängigkeit genießen können. Sein freiwilliger Entschluss, auf den einträglichen Posten in der Bank Dupins zu verzichten, um nicht an der Ungleichheit mitzuwirken, basiert auf Grundsätzen wie Mäßigung, Bescheidenheit, Gerechtigkeit, Tugend, die er mit scharfer Konsequenz praktizieren will. Mit dieser Haltung erhebt er Anklage gegen soziale Ungleichheit, will die Gewissen aufrütteln und beweisen, dass man in der gegenwärtigen Gesellschaft würdig und moralisch leben kann, wenn man sich an die Grenzen der Armut begibt. Die persönliche Reform hat eine politische Dimension angenommen. Den sozial niedrigen Stand setzt er mit moralischer Überlegenheit gleich. Diese Position hält er immer wieder unter großer Anstrengung durch, auch wenn er dabei seine hochgestellten Wohltäter und Gönner oft hart brüskieren muss. Er übernimmt die Rolle eines Opfers der korrumpierten Gesellschaft und fordert dadurch seine Umgebung heraus, besonders seine Freunde, die Philosophen. Sie glauben an die Verbesserung der Menschheit durch den Fortschritt, die Technik, die Vernunft, er spricht immer mehr von Natur, Tugend, Einfachheit. Er greift die dem Rationalismus verhafteten Aufklärer im Vorwort zu seiner Komödie *Narcisse* öffentlich an: Der Philosoph »verneint in seiner Person alles

Interesse, das tugendhafte Menschen mit ihren Mitmenschen teilen: Seine Verachtung für die anderen nutzt seinem Hochmut; seine Eigenliebe steigt proportional zu seiner Gleichgültigkeit für den Rest der Welt. Familie, Vaterland werden für ihn sinnentleerte Wörter; er ist weder Verwandter noch Bürger noch Mensch; er ist Philosoph«[6]. Zwar spricht er auch von wahren Philosophen, die in unseren Herzen die Erinnerung an die Gesetze der Menschheit und der Tugend wachrufen, doch seine Kritik verärgert die Freunde.

Die Veränderung in seinem Reden und Verhalten ist nicht unbemerkt geblieben. Im Salon des Barons von Holbach verfällt die Gesellschaft in Schweigen oder wechselt das Thema, wenn Rousseau den Raum betritt, man provoziert und neckt ihn, und ohne die verbindliche Art von Holbachs Frau hätte er diese Treffen künftig gemieden. Besonders aber ärgert sich Rousseau über die Kritik seiner Freunde an der Verbindung zu Thérèse, die »philosophie antithérésienne«, wie Holbach sie scherzhaft nennt.[7] Rousseau duldet keine Einmischung in sein Privatleben. Ebenso missfallen ihm die von materialistischen Ansichten gefärbten Gespräche, wie folgendes Ereignis deutlich macht: Im Salon der früheren Schauspielerin Mademoiselle Quinault, der bescheiden und frei von Prunk ist und in dem sich ebenfalls die Philosophen treffen, kommt das Gespräch auf die Religion. Man schickt die Diener nach draußen, um frei reden zu können. Der Dichter und Enzyklopädist Saint-Lambert kritisiert den katholischen Kult und den Volksglauben, Rousseau plädiert für die Naturreligion, in der keine Dogmen und keine Kirche von Bedeutung sind und auch die Wunder, die das Volk betrügen, wegfallen. In diesem Sinne könnte er sich als Christ verstehen. Saint-Lambert hält ihm entgegen, dass der Mensch nur Teil der Materie sei, worauf Rousseau sich zu seinem Glauben an Gott bekennt. Als ihn Mme d'Épinay wenige Tage später fragt, ob nicht etwas an Saint-Lamberts Überlegungen richtig sei, antwortet er: »Madame, manchmal wenn ich in meinem Arbeitszimmer sitze und die Fäuste vor die Augen halte oder nachts bin ich seiner Meinung.« Dann aber weist er mit einer Hand zum Himmel und sagt: »Sehen Sie das, der Sonnenaufgang, der den Dunst, der über der Erde liegt, zerstreut, zerstreut bei mir zugleich den Nebel meines Geistes. Ich finde meinen Glauben wieder, meinen Gott und meinen Glauben an ihn. Ich bewundere ihn, ich verehre ihn, ich werfe mich nieder in seiner Gegenwart.« Rousseau ist ein Kritiker der Kirche, der Dogmen, der im Grunde weiß, dass er keine Argumente gegen die Atheisten hat, aber seinen Glauben nicht aufgeben will.[8]

Er ist der Gesellschaft der Philosophen überdrüssig und fühlt sich innerlich seiner Heimatstadt Genf nah. In der Widmung des *Zweiten Diskurses* an die Genfer Republik hat er diese enthusiastisch gelobt, als eine freie und friedliebende Stadt, in der sich alle an die Gesetze halten, in der Volk und Regierung demselben Ziel dienen, in der die Bürger über die Gesetze abstimmen, die Regierungsbeamten weise und aufgeklärt, die Pfarrer tugendhaft und würdevoll sind; und er preist die Genfer Verfassung und das dortige Leben: »Meine lieben Mitbürger oder besser gesagt meine Brüder, je mehr ich über eure politische und zivile Lage nachdenke, desto weniger kann ich mir vorstellen, dass die Natur der menschlichen Dinge eine bessere haben könnte.«[9] Er hat Genf idealisiert, doch ist er selbst lange nicht mehr dort gewesen. Ein wichtiger Grund für ihn, die Stadt wieder zu besuchen.

Im Juni 1754 reist er mit Thérèse nach Genf. Auf dem Weg dorthin macht er einen Umweg über Chambéry, von wo aus er ein Exemplar des *Zweiten Diskurses* nach Genf sendet.

Er hat das Buch seiner Heimatstadt gewidmet, jedoch nicht der Regierung, dem Kleinen Rat – dies hätte zur Zensur geführt, und er will sich keiner Zensur mehr unterwerfen –, sondern der Republik Genf, den Genfer Bürgern, was einer Provokation des Patriziats gleichkommt. Doch hat er dem Buch einen respektvollen Brief an den Rat beigelegt, in dem er die Stadt Genf preist, ihr stolzes Volk, die Regierung eines freien Volkes, seine Pfarrer und Theologen, die freundlichen und tugendhaften Frauen, die gute Erziehung, die er auf den Irrwegen seiner Jugend ganz vergessen habe. Die Widmung an die Republik ist nicht nur unüblich, sie könnte auch die Ruhe in der Stadt gefährden, die auf die heftigen Auseinandersetzungen gefolgt ist, die es zwischen 1734 und 1738 zwischen Patriziern und Bürgern wegen des Anspruchs der Bürger, mehr Einfluss auf die Erhebung von Steuern zu nehmen, gegeben hatte und die nur durch Vermittlung des französischen Königs hatten beigelegt werden können.

Auf der Titelseite der Schrift ist unter dem Namen des Autors *Citoyen de Genève* zu lesen. Damit stellt er sich nicht nur außerhalb der französischen Geisteselite, obwohl seine Werke gerade auf deren Nährboden wachsen, sondern beansprucht das Recht, Genfer Bürger zu sein, das ihm nach seiner Konvertierung zum Katholizismus gar nicht zusteht. Er hat bei all dem ein Idealbild der Republik Genf im Sinn, das der Realität, die er eigentlich kennt, nur wenig entspricht. Doch sein Außenseitertum macht ihn stark. »Ihre Schriftsteller«, so schreibt er Jahre später an Malesherbes, den Chef der französischen Zensurbehörde, »können noch so laut schreien, ein Mann allein sei für die anderen nutzlos und erfülle seine Pflichten in der Gesellschaft nicht. Es bedeutet etwas, den Menschen ein Beispiel für das Leben zu geben, das sie führen sollten ... Es bedeutet etwas, die Menschen auf die Sinnlosigkeit der Meinungen, die sie unglücklich machen, aufmerksam zu machen.«[10] Gerade der Blick von außen sei es, so meint er im Folgenden, mit dem man nützliche Kritik üben könne. Seine Haltung hat etwas Missionarisches angenommen. Er will Vorbild sein und seine Texte zum Wohl der Allgemeinheit verfassen. Der Ehrentitel des Citoyen de Genève kommt ihm dabei sehr gelegen.

Bevor er mit Thérèse in Genf eintrifft, besucht Rousseau Mme de Warens zum letzten Mal. Sie lebt in Armut, da sie sich mit immer neuen Unternehmungen verspekuliert hat und ihre königliche Pension gepfändet ist. Er erkennt in der alten verarmten Frau seine junge blonde Mutter und Geliebte kaum wieder, und auch ihr muss Jean-Jacques, inzwischen ein berühmter Mann, fremd vorgekommen sein. Er lässt ihr von Thérèse Geld bringen. 1762 wird sie nach schwierigen letzten Jahren, in denen sie von Almosen lebt, in Chambéry sterben.

Die Situation der Stadt Genf ist nicht so demokratisch, wie er sie in seiner Widmung dargestellt hat. Mit der Mediation Frankreichs, Berns und Zürichs von 1738, mit der die inneren Auseinandersetzungen beendet wurden, sind die Rechte der Oligarchen weiter gefestigt worden. Die Generalversammlung hat keinerlei Rechte mehr und wird nur der Form halber als Souverän bezeichnet. Ohne Genehmigung des Kleinen Rats darf sie nicht einmal zusammentreten. Die Demokraten hoffen auf bessere Zeiten, doch momentan herrscht in ihren Kreisen eine trübsinnige Ruhe.

Rousseau zieht mit Thérèse in eine Wohnung am See im östlich vor der Stadt gelegenen Eaux-Vives. Er genießt den freundlichen Empfang der Menschen aller Schichten, die den berühmten Sohn ihrer Stadt zuvorkommend behandeln und bewundern. Genf ist »eine der zauberhaftesten Städte der Welt und seine Einwohner die weisesten und glücklichsten Menschen, die ich kenne«, schreibt er überschwänglich an Mme Dupin.[11] Als berühmter und bewunderter Mann in die Stadt zurückzukehren, die er als Jugendlicher fluchtartig verlassen hat, ist ein großes Glück für ihn, das ihn in dem Wunsch bestärkt, seine Konversion zum Katholizismus rückgängig zu machen und wieder offiziell den Status eines *Citoyen de Genève* zu erlangen. Am 1. August 1754 wird er wieder in die Kirche aufgenommen und muss dazu – im Gegensatz zu anderen Rekonvertiten – keinen Aufenthalt im Gefängnis über sich ergehen lassen. Ein Gespräch mit dem Konsistorium genügt im Fall des berühmten Sohnes der Stadt. Zum Abendmahl wird er allerdings erst wieder zugelassen, nachdem er erklärt hat, dass die Frau, mit der er unverheiratet zusammenlebt, nichts anderes ist als eine Krankenpflegerin. Die Strenge der Genfer Sitten – man macht zwischen einem Bürger der Stadt und einem Christen keinen Unterschied, Glaube ist wie zu Calvins Zeiten Bürgerpflicht – lässt ihm, will er sein Ziel erreichen, keinen anderen Ausweg als Betrug und Heuchelei. Das Bürgerrecht wird ihm offiziell am 25. August zuerkannt.

In seiner Wohnung am See übersetzt Rousseau Tacitus und schreibt für Band V der Enzyklopädie, der 1755 erscheint, den Artikel *Economie politique*, »Politische Ökonomie«. Darin analysiert er die Funktionen der Regierung oder öffentlichen Verwaltung und unterscheidet Souveränität, die gesetzgebende Macht als die höchste Autorität im Staat, von der Exekutive, der Regierung, einer zweitrangigen, die sich um die Ausführung der Gesetze kümmert. »Die politische Körperschaft ist also auch ein moralisches Wesen, das einen Willen besitzt; und dieser allgemeine Wille (*volonté générale*), der immer zur Erhaltung und dem Wohlergehen des Ganzen und jedes Teils neigt, und die Quelle der Gesetze stellt für alle Mitglieder des Staates im Hinblick auf sie und auf sich die

Richtschnur für Gerechtigkeit und Ungerechtigkeit dar.«[12] Im ersten Teil verteidigt Rousseau das Gesetz, das den Gemeinwillen zum Ausdruck bringt und die Freiheit des Einzelnen garantiert und weist auf die Aufgabe einer guten Regierung hin, den Bürger zu erziehen. Im zweiten Teil betont er die Notwendigkeit von Patriotismus, den die Regierung fördern solle, da im Herzen der Bürger staatliche Autorität am besten verankert sei. »Es ist gewiss, dass die großen Wunder der Tugend der Liebe zum Vaterland entsprungen sind.« Im dritten Teil, in dem es um Wirtschaft geht, übt er Kritik am Handel und plädiert für eine weitgehend agrarische Wirtschaft, ein Steuersystem, das Reiche belastet und Arme von Steuern befreit, schlägt Luxussteuern und die Errichtung von Kornspeichern für Arme im Fall von Lebensmittelknappheit vor sowie ein Erziehungssystem, in dem der Bürgersinn gefördert werden soll. In Eigentumsfragen ist seine Auffassung noch widersprüchlich. Hatte er das Eigentum im *Zweiten Diskurs* stark angegriffen, lobt er es jetzt als Grundlage der Zivilgesellschaft. »Die Grundlage des Sozialvertrags ist das Eigentum und seine erste Bedingung, dass jeder das, was ihm gehört, in Frieden genießen kann.« Dann wieder polemisiert er dagegen, dass die Reichen von der gesellschaftlichen Ordnung profitieren. »Gehen nicht alle Vorteile der Gesellschaft an die Mächtigen und Reichen? Haben nicht sie allein alle einträglichen Posten inne?«[13] Unbegrenztes Privateigentum hält er für gefährlich.

An seinem Plädoyer für den Patriotismus lässt sich seine augenblickliche Stimmung ablesen. Genf wird für ihn zum Ideal von Staat und Vaterland, das sonst nirgendwo zu finden ist, da überall Fürsten herrschen. Politik und Moral sind für Rousseau nicht voneinander zu trennen.

Kurz vor seiner Rückkehr nach Paris im Oktober unternimmt Rousseau eine sechstägige Bootsreise auf dem See. Die Schönheit dieser Landschaft mit der Bergkulisse wird zu einem wichtigen Element des Romans *Julie ou la Nouvelle Héloise*, »Julie oder die Neue Heloise«, werden, der in Vevey, dem Geburtsort von Mme de Warens, und der Umgebung spielt.

Auf der Heimreise in die französische Hauptstadt hat er die feste Absicht, im kommenden Frühjahr nach Genf zurückzukehren. Er hat eine angenehme Zeit in der Stadt verbracht, ist von Patriziern und Bürgern eingeladen worden, hat das Viertel des einfachen Volkes Saint-Gervais besucht, überall hat man ihn gefeiert. Viele haben den Wunsch geäußert, dass er sich für immer in Genf niederlässt. Er selbst wünscht sich dies auch, obwohl er nicht weiß, ob er für seine Existenz als Notenkopist in seiner Heimat genügend Aufträge bekommen würde. Seine Pläne werden am Ende durch die Übersiedelung seines berühmten Kollegen und Widerparts Voltaire nach Genf durchkreuzt. Dieser erhält durch den Einfluss von Patriziern vom Rat der Stadt die Erlaubnis, auf Genfer Gebiet zu wohnen. Als Rousseau dies erfährt, begreift er sofort, dass für sie beide in dem kleinen Genf kein Platz ist. Er fürchtet zudem, dass der Franzose die Sitten seiner Heimat verdirbt und dort Pariser Verhältnisse einführt.

Beide Autoren haben häufig korrespondiert. Rousseau hat Voltaire mit einem freundlichen Brief den *Zweiten Diskurs* geschickt, Voltaire hat darauf in amüsiert-mokantem Ton reagiert: »Ich habe, Monsieur, Ihr neues Buch gegen das Menschengeschlecht erhalten. Ich danke Ihnen dafür. Nie hat jemand so viel Geist verwendet,

19 Voltaire (Gemälde von Maurice-Quentin de La Tour)

um uns zu Tieren zu machen. Man bekommt beim Lesen Ihres Werkes Lust, auf allen vieren zu kriechen. … Die Literatur nährt die Seele, bringt sie auf den richtigen Weg und tröstet sie, und sie verleiht Ihnen Ruhm, während Sie gegen sie schreiben … Ich hörte, dass es Ihnen gesundheitlich schlecht geht. Sie sollten in der Luft Ihrer Heimat genesen, die Freiheit genießen und mit mir die Milch Ihrer Kühe trinken und unser Gras fressen … Ich beschränke mich darauf, als Wilder in der Einsamkeit nahe Ihrer Heimat zu leben, in der eigentlich Sie jetzt sein müssten … Ich bin ganz philosophisch und mit der zärtlichsten Wertschätzung, Monsieur, Ihr demütiger und gehorsamer Diener.«[14]

Rousseau bedankt sich: »Ich spüre die Ehre, die Sie meiner Heimat erweisen, und teile die Dankbarkeit meiner Mitbürger und hoffe, sie wird noch größer werden, wenn sie von den Lehren profitiert haben, die Sie ihnen erteilen können. Erleuchten Sie ein Volk, das Ihrer Lehren würdig ist; und Sie, die Sie Tugenden und Freiheit so gut darzustellen wissen, lehren Sie uns, sie innerhalb unserer Mauern ebenso zu lieben wie Ihre Schriften. Alles, was in Ihre Nähe kommt, muss von Ihnen den Weg des Ruhmes erlernen.«[15]

Was hier noch in feiner Ironie zum Ausdruck kommt, wird später in offene Gegnerschaft umschlagen. Nicht nur philosophisch und literarisch verfolgen beide verschiedene Ziele, Voltaire hält wenig vom *Zweiten Discours* und versieht sein Exemplar mit polemischen Randglossen, vor allem wegen Rousseaus Angriffen auf das Eigentum. Beide Philosophen gehören nicht derselben Klasse an: Voltaire ist ein vermögender Bürger und Grundbesitzer, der Spekulationsgeschäfte tätigt, Rousseau gehört quasi zur Unterschicht und lebt von seinem Handwerk. Voltaire wird später zum Gewährsmann derer, die Freiheit vor allem als Eigentum begreifen, Rousseau steht für diejenigen, die im Eigentum das Ende der Freiheit sehen. Rousseau ist überzeugt, dass er in Genf mangels Aufträgen nicht existieren kann, für den reichen Voltaire stellt sich diese Frage nicht. Er genießt auf Genfer Terrain Schutz vor Zensur und Verfolgung.

Der *Zweite Diskurs* wird von der Akademie von Dijon nicht mit einem Preis bedacht, zu heftig sind die Angriffe gegen das Eigentum. Rousseau kann dies leicht verschmerzen. Er will sagen, was er für die Wahrheit hält, und weiß, dass er sich damit nicht immer Freunde machen kann. Die Kontroverse in der Öffentlichkeit ist weniger heftig als nach dem *Ersten Diskurs*, doch werden zwei wichtige Momente nicht übersehen: Rousseau rührt mit seiner Kritik am Eigentum an die Grundlagen der Gesellschaft und widerspricht dem biblischen Schöpfungsbericht von der Erschaffung des Menschen nach dem Bilde Gottes und der Geschichte von Adam und Eva, die erklärt, wie das Böse in die Welt gekommen ist.

Die Abhandlung wird bei dem aus Genf stammenden Verleger Marc-Michel Rey gedruckt, der sich 1747 in Amsterdam niedergelassen hat, wo viele in Frankreich verbotene Autoren gedruckt werden können.

Nach Erscheinen des *Zweiten Diskurses*, 1755, ist Rousseau über längere Zeit krank, und Freunde empfehlen ihm, den Genfer Arzt Théodore Tronchin zu konsultieren, der auch Voltaire behandelt. Tronchin ist Laienmitglied der *compagnie des pasteurs*, der Gemeinschaft der Pfarrer, zugleich aber ein Freund der Aufklärer. Er selbst bietet Rousseau seine Hilfe an, doch dieser ist gegenüber den therapeutischen Fähigkeiten der Ärzte äußerst skeptisch und lehnt ab. Allerdings empfiehlt er Mme d'Épinay der Fürsorge Tronchins, aber als dieser ihr ärztlichen Rat erteilt, kommentiert er ihn mit den Worten: »Ich weiß nicht, was ich Ihnen zu den Anweisungen von M. Tronchin sagen soll. Erfahrung macht sie mir äußerst verdächtig. Er hat einen so guten Ruf, dass er vielleicht nur ein Scharlatan ist.«[16] Rousseau hegt gegenüber Ärzten große Skepsis, hält wenig von ihrer Kunst und konsultiert sie so wenig wie möglich.

Das Jahr 1755 bringt ihm nur wenige Einkünfte, obwohl der *Zweite Diskurs* als Buch höchst erfolgreich ist. So kopiert er fleißig Noten. Er trifft seine Freunde, verbringt viel Zeit im Hause der geistreichen Mme d'Épinay. Sie ist die Maitresse von Grimm geworden, der bei der Sängerin Fel so wenig Glück hatte. In ihrem Salon hält sich oft ihre Schwägerin Élisabeth Sophie d'Houdetot auf, die Freundin des Dichters Saint-Lambert. Rousseau, der die Paare häufig trifft, selbst immer allein und ohne interessante Partnerin, ohne Liebe, die ihm Erfüllung gibt, leidet darunter. Er hat nur Thérèse und ist oft missmutiger Stimmung, doch Mme d'Épinay ist großzügig und verständnisvoll; sie nennt ihn *mon ours*, »mein Bär«. Seine Freunde werfen ihm vor, dass er sich so oft zurückzieht, denn trotz seines Widerspruchsgeistes, trotz seines gelegentlichen Starrsinns und des Beharrens auf seinen Prinzipien vermissen sie ihn und sein anregendes Gespräch, bei dem es oft um Fragen der Religion geht. Rousseau macht aus seinen Vorbehalten gegenüber den atheistischen Neigungen seiner Freunde keinen Hehl. Die Vorstellung, dass es Gott gebe, sei notwendig für das Glück, und er wünsche sich, dass sie glücklich sei, sagt er Mme d'Épinay.

Im Herbst 1755 lädt sie ihn auf ihr Schloss La Chevrette bei Ermenonville ein. Er kann sich vorstellen, hier, weit von der Stadt entfernt, die Ruhe und Freiheit zu finden, die er in Paris vermisst. Er wird dort zu oft von Besuchern bestürmt, die den berühmten Mann sehen wollen, und dies stört ihn bei der Arbeit. Da er sich ohnehin aus dem Kreis der Freunde immer mehr zurückzieht, um sich mit sich selbst zu beschäftigen, warum nicht gleich auf dem Land leben? Als Mme d'Épinay ihm die Hermitage anbietet, ein Wohnhaus, das mit fünf Zimmern, Küche, Keller, einer eigenen Quelle und einem großen Gemüse- und Obstgarten ausgestattet ist, zögert er zunächst. Würde er nicht zu sehr in die Abhängigkeit der Pariser Großfinanz geraten? Als sie ihm außer der Wohnung noch das Angebot macht, zu seinem Lebensunterhalt beizutragen, da die Einkünfte aus seinem letzten Werk zu gering seien, kontert er dies mit den harschen Worten, er sei nicht käuflich. Um an Geld zu kommen, verkauft er mit ihrer Hilfe seine Bücher und rechnet genau mit ihr ab – als Ausdruck der Unabhängigkeit seines Denkens und Handelns.

Am 9. April 1756 siedelt er zusammen mit Thérèse und deren Mutter in der Karosse von Mme d'Épinay nach Montmorency über.

10
Traumgestalten

Der Aufenthalt in Montmorency nahe dem Schloss La Chevrette war als Rückzug in die Einsamkeit gedacht. Nicht ohne Bedenken hat sich Rousseau auf den Versuch eingelassen, in der Nähe und als Gast illustrer Freunde zu leben, denn er liebt seine Unabhängigkeit und möchte um keinen Preis, dass das mondäne Leben im Schloss ihn in seiner Ruhe stört. Doch in den ersten Monaten ist er mit Thérèse und ihrer Mutter allein. Er bewohnt nun mit den beiden Frauen die speziell für den berühmten Gast hergerichtete Hermitage. Er überwacht als Gegenleistung den zum Schloss gehörigen Weinberg und das Wasserreservoir. Das Schloss ist etwa vier, das Dorf Montmorency zwei Kilometer entfernt. Rousseau ist von seiner neuen Umgebung begeistert, ihm ist, als beginne sein Leben erst jetzt.[1] Sein Tagesablauf ist streng geregelt. Vormittags kopiert er Noten, nach dem Mittagessen unternimmt er große Spaziergänge und macht sich unterwegs Notizen. Nirgendwo ist sein Geist produktiver, als wenn er sich in der freien Natur bewegt.

Auf dem Land ist er in der ersten Zeit hochzufrieden und genießt das Leben: keine sozialen Zwänge, niemand kontrolliert ihn, er muss sich nicht verstellen. Doch allmählich beginnen Freunde und Gesprächspartner zu fehlen, denn in Thérèse hat er kein passendes Gegenüber. Dies ist ihm nie so aufgefallen wie jetzt. In Paris hat er jederzeit Gelegenheit zum Gedankenaustausch gehabt. Doch in die Hermitage kommt nur selten Besuch. Am meisten vermisst er Diderot, der ihn trotz wiederholter Bitten fast nie besucht.

Die Enzyklopädisten ihrerseits vermissen ihren Freund und Mitstreiter in Paris, doch sie können ihn nicht umstimmen, in die Stadt zurückzukehren. Allmählich wird deutlich, wie weit sie auseinander liegen, obwohl ihr Anliegen eigentlich dasselbe ist. Auch

20 Die Eremitage von Jean-Jacques Rousseau in Montmorency (Stahlstich, um 1840, von Johann Martini, Sig. Archiv f. Kunst & Geschichte, Berlin)

sie haben das Wohl der Menschheit im Auge. Aber sie wollen es erreichen, indem sie gegen Vorurteile und die Macht der Kirche kämpfen, während Rousseau das geeignete Mittel im Rückzug in sich selbst sieht und in einer beispielhaften Existenz fern von der korrumpierenden Gesellschaft.

Rousseau ist durch seine »Reform« in mehrfacher Hinsicht eine Herausforderung für seine Freunde. Nicht nur durch die Veränderung seines Äußeren stellt er etwas Besonderes dar, sondern auch dadurch, dass er sich entschließt, alle Angebote von Zuwendungen abzulehnen, am Rand der Armut zu leben und sein Geld selbst zu verdienen, und kritische Distanz zum König wahrt. Hinzu kommt das genügsame Leben in der Einsamkeit weit weg von den anderen Geistesgrößen. Die Enzyklopädisten und auch Voltaire setzen ihre Schwerpunkte anders. Sie sind Teil der Gesellschaft und ihrer luxuriösen Lebensweise, sie lassen sich für das Schreiben bezahlen, sie sind gegenüber Monarchen aufgeschlossen. Voltaire freundet sich mit Friedrich II. an, Diderot mit Katharina II. von Russland. Rousseau stellt eine Provokation dar, er ruft den Unmut der Freunde hervor und dies schlägt sich in diversen Angriffen und einer zunehmenden Missstimmung zwischen ihnen nieder.

Die *Enzyklopädie* ist ein Erfolg. 1755 ist Band V erschienen. Ihre Mitarbeiter leben von den Einkünften als Autoren und genießen diese Unabhängigkeit ebenso wie das Leben in der Stadt. Rousseau will, obwohl er inzwischen eine ganze Reihe Artikel für die *Enzyklopädie* geschrieben hat, im Unterschied zu den Kollegen im Schreiben nach wie vor keinen Beruf sehen, er will nur das Notwendigste zum Leben haben. Er fürchtet sich immer mehr vor Anpassung und erzwungener Gefälligkeit, und er möchte auf keinen Fall, dass man ihn mit den Enzyklopädisten auf eine Stufe stellen und meinen könnte, er identifiziere sich mit ihren materialistischen und atheistischen Vorstellungen. Seine Gedanken gehen immer deutlicher in eine andere Richtung.

Es fällt ihm nicht immer leicht, den selbst erteilten strengen Geboten zu folgen. Das Leben mit Thérèse ist eintönig, aber nicht nur für ihn. Die fünffache Mutter, die ohne Kinder leben muss, verbringt ihre Tage mit der alten Madame Levasseur und in Gesellschaft der Bediensteten von Mme d'Épinay. Sie beschäftigt sich mit Hausarbeit und versorgt mit Hingabe ihren Mann, der immer mehr zum Sonderling mutiert. Es gibt so gut wie keine körperlichen Beziehungen zwischen ihnen. Rousseau möchte keine weiteren Kinder und sein Harnleiden ist ihm hinderlich.

Sehr glücklich kann die Existenz einer Pariserin, die an Abwechslung und städtisches Leben gewöhnt ist, in dieser Einsamkeit kaum sein. Da es den beiden an Gesprächsstoff mangelt, unterhält Thérèse Jean-Jacques mit Geschichten aus dem Alltagsleben; so erzählt sie ihm, dass Mme Levasseur hinter seinem Rücken Mme Dupin um Zuwendungen angegangen ist, sich mit Diderot und Grimm über ihre Situation unterhalten hat und dass diese sowie Holbach der alten Mme Levasseur immer wieder Geld zugesteckt haben. Dies kann dem auf Unabhängigkeit bedachten Citoyen nicht recht sein.

Mit Thérèse verbindet ihn über das tägliche Einerlei hinaus

nichts. Er bedauert, sich nicht um ihre Bildung gekümmert zu haben. Wenige Male hat sie ihn auf Spaziergängen begleitet, aber bald hat sie sich dabei gelangweilt und jetzt zieht er allein durch die Wälder. Thérèses Leben kümmert ihn nicht weiter. Er ist mit seiner Arbeit beschäftigt und mit der schönen Jahreszeit hat sich Mme d'Épinay mit Freunden aus Paris auf ihrem Landsitz niedergelassen. Rousseau besucht sie oft. Thérèse ist von dieser Gesellschaft selbstverständlich ausgeschlossen. Rousseau hat ein eigenes Zimmer im Schloss, in dem er gelegentlich übernachtet. Sein Verhältnis zu Mme d'Épinay, die er jetzt nicht mehr »Madame«, sondern »ma bonne amie« nennt, ist enger und freundschaftlicher geworden. Zwar sind ihre Einladungen ihm manchmal eine Last, doch noch kann er es ertragen, ohne sich in seiner Ruhe allzu sehr beeinträchtigt zu fühlen.

Nicht alle seine Buchpläne kann er gleich realisieren. Das Musiklexikon verschiebt er auf später, auch dem lange geplanten Buch über politische Institutionen will er sich nicht sofort widmen, denn er denkt momentan, stark von Condillac beeinflusst, über die Frage nach, was die Ursache dafür ist, dass Menschen sich verändern. Er ist sicher, dass äußere Umstände wie das Klima, Jahreszeiten, Klänge und Farben, Licht und Dunkelheit, Lärm und Stille, Bewegung und Ruhe dabei eine Rolle spielen: »All dies wirkt auf unsere Maschine und unsere Seele ein.«[2] Er beschäftigt sich mit dem Problem, ob es möglich ist, eine Umgebung zu schaffen, in der die Seele der Tugend näher kommt und die animalische Ökonomie mit der moralischen Ordnung versöhnt werden kann. Er will eine Untersuchung mit dem Titel *La Morale sensitive, ou le matérialisme du sage*, »Die sensitive Moral oder der Materialismus des Weisen«, realisieren, doch gibt er die Idee zunächst wieder auf. Seine Überlegungen zu dieser Frage werden später eine wichtige Rolle in der *Nouvelle Héloise* und im *Émile* spielen.

Zunächst beginnt er, in der Hoffnung, interessante Anregungen zu finden, mit einer Arbeit, um die ihn Mme Dupin gebeten hat. Er soll aus einem ganzen Konvolut von Schriften und unveröffentlichten Manuskripten des verstorbenen Philosophen Abbé de Saint-Pierre einige lesbare Bücher machen. So beschäftigt er sich mit dem *Projet pour la paix perpétuelle*, »Plan für einen dauernden Frieden«, in dem der Abbé vorschlägt, dass sich die europäischen Monarchen einer Konvention anschließen, mit der territoriale Ansprüche verhindert und Gründe für bewaffnete Konflikte beseitigt werden. Rousseau vertritt demgegenüber die alle gegenwärtigen Systeme in Frage stellende Auffassung, dass nur ein Völkerbündnis, in dem der wahre Souverän, das Volk, zu reden hat, Frieden garantieren kann. Das Problem des Krieges, und wie man ihn verhindern kann, liegt ihm am Herzen, immer wieder weist er auf die Sinnlosigkeit von Kriegen und Gewalt hin. Er hat dies im *Zweiten Diskurs* getan, und in der Hermitage widmet er dem Thema eine eigene Schrift mit dem Titel *Etat de guerre*, »Kriegszustand«, in dem er Hobbes' Vorstellung vom Krieg aller gegen alle kritisiert, nach der der Krieg ein natürlicher Zustand ist.[3] Ein weiteres Werk des Abbés hatte zu dessen Ausschluss aus der Académie française geführt, weil er für eine Relativierung der Macht des Königs und eine gewählte Regierung plädiert hatte. Ansonsten hatte man den Abbé ungeschoren gelassen. Rousseau aber scheut sich davor, dessen subversive Gedanken mit der eigenen Person zu verbinden. So erscheint später, 1761, nur das Werk *Projet pour la paix perpétuelle*.

Nachdem er die Arbeit am Gesamtwerk Saint-Pierres aufgegeben und noch keinen neuen Plan für ein eigenes Buch entwickelt hat, beschäftigt Rousseau sich intensiv mit sich selbst. Er denkt über sein Leben nach, fragt sich, ob er mit seinen fünfundvierzig Jahren nicht bald sterben wird, ohne je richtig gelebt zu haben. Ihn überkommt eine tiefe Sehnsucht nach Liebe, doch zugleich glaubt er zu wissen, dass es die für ihn nicht mehr geben kann. Was ihm im eigenen Leben fehlt, ersetzt er nun durch Traumgestalten. »Die Unmöglichkeit, wirkliche Wesen erreichen zu können, verschlug mich ins Land der Schimären, und da ich nichts fand, das meines Deliriums würdig war, dachte ich mir eine ideale Welt aus, die meine kreative Phantasie bald mit Wesen gefüllt hatte, die nach meinem Herzen waren.«[4] Hier deutet sich schon die Arbeit an einem neuen Werk an, doch noch kann er seine Träume nicht literarisch umsetzen, denn er hat mit Alltagsproblemen zu kämpfen.

Wieder leidet er heftig an seiner Harnwegserkrankung und behandelt sich mit Sonden. Außerdem erhält er von Nachbarn aus Paris die unerfreuliche Nachricht, dass Mme Levasseur bei ihnen im Namen von Thérèse Schulden gemacht hat. Hin und wieder besucht ihn Alexandre Deleyre, ein jüngerer Mitarbeiter der *Enzyklopädie*, der Rousseau bewundert und Thérèse und ihrer Mutter kleine Gefälligkeiten erweist. Er erzählt Rousseau zu dessen Ärger den neuesten Klatsch aus den Pariser Salons. Deleyre ist anhänglich, doch die Gespräche mit ihm interessieren Rousseau nur wenig. Er sehnt sich umso mehr nach einem richtigen Freund.

Seine Nähe zur Natur in der Einsamkeit der Hermitage lässt ihm die notwendige Ruhe, sich wieder intensiv religiösen Fragen zu widmen. Die Auseinandersetzungen mit seinen Freunden über Atheismus und Materialismus lassen es ihm notwendig erscheinen, seine eigene Position deutlicher zu machen. In der Natur wird ihm die Existenz Gottes zur Gewissheit. Aber welche Bedeutung hat dies für ihn selbst und die Menschheit überhaupt?

Ein Ereignis vom November 1755 gibt ihm Anlass, diesen Fragen weiter nachzugehen. Erstmals äußert er sich öffentlich zu religiösen Problemen, die bisher eher im Hintergrund standen.

Die Stadt Lissabon ist von einem furchtbaren Erdbeben, einer Feuersbrunst und anschließenden Flutwelle heimgesucht worden und an die 30.000 Menschen sind dabei umkommen. An diesem Ereignis entzündet sich ein grundlegender Streit. Voltaire hat ein Poem über das Erdbeben verfasst, *Poème sur le désastre de Lisbonne*, »Gedicht über die Katastrophe von Lissabon«, in dem er die Leibnizsche Auffassung, diese Welt sei die beste aller Welten, in Frage stellt und die göttliche Vorsehung kritisiert, da unzählige unschuldige Menschen umgekommen seien. Voltaire ist der Meinung, Gott könnte das Böse ausschalten und habe die Freiheit dazu. Er lässt das Gedicht an Rousseau senden, der trotz seines Rückzuges als Schriftsteller aus der öffentlichen Debatte inzwischen nicht mehr wegzudenken ist. Schon jetzt, bevor seine wichtigsten Werke überhaupt erschienen sind, genießt er größte Popularität in allen Schichten der Gesellschaft. Er hat in seinen Schriften einen Ton getroffen, der alle anspricht, und so wird es auch in Zukunft sein. Sein Briefwechsel mit Voltaire ist im *Mercure de France* veröffentlicht worden und wird in ganz Europa gelesen.

Rousseau verfasst als Antwort auf Voltaires Gedicht die *Lettre sur la Providence*, den »Brief über die Vorsehung«, in dem er Voltaire heftig widerspricht. Er verteidigt die göttliche Vorsehung. Dass es das Böse gebe, sei kein Grund, an Gottes Güte zu zweifeln. Kein Mensch könne übersehen, welche Bedeutung ein solches Ereignis im gesamten Werk Gottes habe. Man könne nicht Gott und der Vorsehung anlasten, was Menschen angerichtet hätten, indem sie keine soliden Häuser gebaut hätten. Der Mensch müsse nur seine Freiheit richtig nutzen. Gott lasse das Böse zu, um die Freiheit des Menschen zu respektieren. Er verzichtet in dem Brief nicht auf einen persönlichen Seitenhieb gegen den berühmten Kollegen, indem er ihm Pessimismus vorwirft, der angesichts seines Wohlstands kaum berechtigt sei. Und er hält ihm seine eigene bescheidene Existenz entgegen, die ihn nicht daran hindere, an Gott und die gute Vorsehung zu glauben.

Wie Voltaire verabscheue auch er Aberglauben und Intoleranz und halte mehr von guten Werken als vom Glauben, denn Gott sei die Tugend wichtiger als Glaubensinhalte. Er schlägt Voltaire vor, eine Art Glaubensbekenntnis für Bürger, einen Moralkodex oder Bürgerkatechismus zu verfassen. Danach bekennt er sich zu seinem eigenen Glauben: »Ich habe in diesem Leben zu sehr gelitten, um nicht auf ein anderes zu hoffen. Alle Feinheiten der Metaphysik mögen meine Schmerzen schlimmer machen, doch den Glauben an die Unsterblichkeit der Seele können sie in mir nicht erschüttern. Ich spüre sie, ich glaube an sie, ich will sie und hoffe auf sie.«[5]

Voltaire antwortet ihm freundlich in einem kurzen Brief und Rousseau ist zufrieden. Später ist er allerdings überzeugt, dass die eigentliche Antwort Voltaires dessen 1759 erschienener Roman *Candide oder die beste aller Welten* ist[6], in dem er sich erneut mit Leibniz auseinander setzt und Rousseau und seine Ideen attackiert. Rousseau misst jedenfalls der Frage nach der Vorsehung entschieden mehr Bedeutung bei als Voltaire.

Nachdem er von seiner Krankheit genesen ist, wendet sich Rousseau wieder seiner mit Phantasiewesen bevölkerten Traumwelt zu; die Personen nehmen nun konkrete Gestalt an: Da sind Julie und Claire, zwei Cousinen, die gemeinsam aufwachsen, und der Chevalier de Saint-Preux, Julies Hauslehrer und Liebhaber und Freund Claires, die in großer Harmonie leben, zur Liebe fähig, aber auch zu Verzicht und Tugend. Der männliche Part ist ein Spiegel Rousseaus selbst. Ihre Geschichte wird in Briefen erzählt, und aus den Briefen, deren Zahl stetig wächst, entsteht allmählich ein Roman, *Julie ou La Nouvelle Héloise*, »Die neue Heloise«. Ausgerechnet der Kritiker der Künste, der tugendhafte Citoyen de Genève wird nun zum Autor eines Liebesromans. Zwei Prinzipien stehen einander gegenüber, strenge Moralität und ein innerer Gefühlsreichtum, der ein Ventil sucht. Rousseau ist sich dieses Widerspruchs bewusst. Daher soll dieser Roman zugleich ein Buch über das bessere Leben der Menschen miteinander und über die Tugend werden.

Dieses Buch hat gewisse inhaltliche Parallelen zu einem autobiografischen Werk des Mittelalters, der *Historia calamitatum mearum*, der »Geschichte meiner Leiden«, von Pierre Abaelard, einem berühmten Gelehrten und Geistlichen, in der dieser von der Liebe zu seiner Schülerin Eloisa berichtet, die von ihm schwanger geworden ist, wofür er von deren Onkel, einem Kleriker, mit Kastration bestraft wird. Von der Schilderung der Leiden Abaelards hat Rousseau gelernt. In seiner eigenen Lebensgeschichte wird das Leiden eine wichtige Rolle spielen. Rousseaus *Neue Heloise* ist weniger grausam als das Original: Julie, ein junges Mädchen aus gutem Haus, verliebt sich in ihren jungen Hauslehrer, den Chevalier de Saint-Preux. Julies Vater hat sie einem standesgemäßen älteren Mann versprochen. Die beiden Liebenden werden getrennt, doch ihre Liebe bleibt bestehen. Nach Julies Heirat verzichten beide, doch sie leben gemeinsam auf einem großen Gut in einer idyllischen Landschaft und sind Teil einer von Julies Ehemann Wolmar klug und umsichtig geleiteten Lebensgemeinschaft, Saint-Preux als Erzieher von Julies Kindern. Doch auch wenn Julie ihre Pflicht erfüllt und aufrichtig an die Heiligkeit der Ehe glaubt, so besteht ihre Liebe zu Saint-Preux weiter. Der Widerspruch zwischen Pflicht und Neigung kann am Ende nur durch Julies Tod aufgehoben werden.

Rousseau arbeitet den ganzen Winter über an diesem Roman. Aus Paris erreichen ihn mitleidige Briefe seiner Freunde wegen der Kälte auf dem Land, doch das Schreiben absorbiert ihn völlig. Abends liest er Thérèse und Mme Levasseur voller Rührung aus dem Roman vor. Mme Levasseur nickt immer wieder zustimmend und sagt: »Monsieur, das ist wirklich schön.« Thérèse, die kaum begreift, worum es geht, weint, wenn auch er vor Rührung weint.

Ganz selten fährt Rousseau nach Paris, einmal besucht er Diderot, seinen besten Freund. Er ist der Einzige, den er wirklich vermisst, und dies macht ihm zu schaffen. Mit ihm hat er über alle seine Buchprojekte gesprochen und dieser Austausch fehlt ihm. Doch die Arbeit der beiden ist inzwischen allzu verschieden. Nicht nur was den Inhalt betrifft. Diderot muss in Paris sein, um die *Enzyklopädie* zu realisieren. Er hat kein Verständnis dafür, dass Rousseau zum Schreiben die Einsamkeit braucht, und wirft ihm in einem Artikel vor, er stelle sich mit seiner Zurückgezogenheit zur Schau. Zum Streit kommt es, als Diderot in dem Theaterstück *Le fils naturel*, »Der Uneheliche Sohn«, ohne an Rousseau zu denken, eine Person sagen lässt: »Der Mensch ist in der Gesellschaft am richtigen Ort. Und nur der Böse ist allein.« Rousseau bezieht diesen Satz auf sich und schreibt dem Freund einen verärgerten Brief. Diderot entschuldigt sich für den Satz, beendet den Brief jedoch mit den Worten. »Adieu, Citoyen! Ein Eremit ist übrigens ein recht merkwürdiger Citoyen.« Der Streit eskaliert, Rousseau glaubt, Grimm habe ihm Diderot entfremdet. Er bezeichnet Diderot als arriviert und weltmännisch. »Es gab eine Zeit, in der wir beide arm und unbekannt waren. Da waren wir Freunde ... Aber sie sind alle wichtige Leute geworden, und ich bin weiter das geblieben, was ich war ...«[7] Auf Vermittlung von Mme d'Épinay, der Rousseau den Briefwechsel zu lesen gegeben hat, kommen am Ende doch ein Treffen und eine Art Versöhnung der beiden Freunde zustande, doch den endgültigen Bruch wird auch das nicht verhindern.

11
Liebe und Tugend

So stark Rousseaus Kritik an der Gesellschaft sein mag, so schwer fällt es ihm, auf die Gemeinschaft mit seinesgleichen zu verzichten. Seine rigide Haltung ist nicht immer aufrechtzuerhalten, zu groß ist die Anziehungskraft all der Dinge, die er bei Thérèse vermisst. Am schwersten ist es, ohne den geistigen Austausch mit anderen und ohne deren Anerkennung auszukommen.

Rousseau ist jetzt fünfundvierzig, durch häufiges Kranksein schon ein wenig gealtert, durch sein nach strengen Prinzipien geordnetes, einem festgelegten Zeitplan folgendes Leben werden seine Kräfte in Anspruch genommen. Mit der Liebe hat er längst abgeschlossen, die körperlichen Beziehungen zu Thérèse hat er abgebrochen, er führt ein freudloses Leben.

Dann wird er plötzlich wieder mitten in die illustren Kreise seiner Freunde hineingezogen, als er sich in die 27-jährige Gräfin Elisabeth-Sophie-Françoise d'Houdetot verliebt. Sie ist die Cousine und Schwägerin von Mme d'Épinay, Mutter von drei Kindern und hat, da sie von ihrem Ehemann vernachlässigt wird, ein enges Liebesverhältnis zum Marquis de Saint-Lambert. Rousseau ist ihr schon beim Theaterspielen in La Chevrette begegnet. Als Sophies Ehemann und Saint-Lambert während des Siebenjährigen Krieges zu den Truppen gerufen werden, hat ihr Freund ihr geraten, in seiner Abwesenheit die Gesellschaft Rousseaus zu suchen. Als sie seinem Rat folgt, verliebt sich Rousseau leidenschaftlich. Er ist sich sicher, zum ersten Mal zu spüren, was wahre und große Liebe ist. Sophie entspricht ganz dem Ideal seines Herzens, sie gehört der feinen Gesellschaft an und hat bessere Umgangsformen als die Mädchen aus dem Volk. Eigentlich fühlt er sich alt und müde, hat längst mit dem Gedanken abgeschlossen, eine solche Frau lieben zu können, doch eines Abends während eines Gewitters sucht die junge Gräfin bei ihm Zuflucht. »Es war eine so freudige Begegnung, dass sie Gefallen daran fand und wiederkommen wollte. Diesen Plan führte sie jedoch erst im folgenden Jahr aus … Dieses Mal kam sie zu Pferd und in Männerkleidern. Ich schätze solche Maskeraden nicht besonders, doch diese war so romanesk, dass ich mich hinreißen ließ, und diesmal war es Liebe.«[1]

Rousseau hat mit einem Mal vergessen, dass er der sich selbst genügende ideale Naturmensch, der verantwortungsvolle Citoyen sein will. Er sei, so schreibt er, »vom Bedürfnis nach Liebe verschlungen« gewesen. »Mein Blut geriet in Wallung, mir wurde der Kopf verdreht trotz meiner grauen Haare, und plötzlich war der ernste Citoyen de Genève, der strenge Jean-Jacques mit beinahe 45 Jahren wieder ein verzückter Schäfer … Sie kam, ich sah sie, ich war trunken von Liebe.«[2]

Was er wie eine Heimsuchung schildert, der er sich nicht entziehen kann, wird ihn viele Monate lang faszinieren, ihm ein paar glückliche Wochen bescheren und danach viele Schmerzen bereiten.

In der Zeit erster Verliebtheit unternehmen sie gemeinsam Spaziergänge, tagsüber und in Mondscheinnächten, er liest ihr aus der *Nouvelle Héloise* vor, in der sich die Liebenden Julie und Saint-Preux vollendet schöne poetische Briefe schreiben, in denen sie sich ausführlich und voll Enthusiasmus über ihre Gefühle äußern. So etwas hat es in der Literatur in dieser Intensität und Direktheit bisher nicht gegeben.

Die Beschäftigung mit dem Thema Liebe in seinem Roman hat offenbar den Autor selbst dafür anfällig gemacht. Sophie und er kommen einander sehr nah, sie gestehen sich ihre Liebe, tauschen Zärtlichkeiten aus. Wie weit ihr Verhältnis tatsächlich gegangen ist, ist nicht überliefert. Rousseau hat Sophie in den *Bekenntnissen* geschont und das Bild einer geistig-seelischen Liebesbeziehung gezeichnet.

Rousseau versichert Sophie seiner aufrichtigen, wahren, unverwechselbaren Liebe, doch er erklärt ihr zugleich, dass er auf sie verzichten wolle, obwohl er sie liebe wie keine andere zuvor, auch um seines Freundes Saint-Lambert willen. Er stellt die Dinge so dar, dass man vermuten kann, dass er auch jetzt die körperfeindliche calvinistische Erziehung kaum ablegen kann. Er empfindet Liebe, ohne sich deren Erfüllung zu gestatten.

21 Rousseau trifft Mme d'Houdetot, in die er unsterblich verliebt ist. (Gravur nach N. A. Monsiaux für »Die Bekenntnisse«)

Auch aus Sophies Perspektive kann die Liebesgeschichte mit Jean-Jacques nicht von Dauer sein, da Sophie Saint-Lambert aufrichtig liebt. Doch offenbar kommt ihr die Abwechslung während dessen Abwesenheit sehr gelegen, und seine Anregung, Rousseau zu treffen, nimmt ihr zunächst alle Bedenken.

Rousseau besucht sie in ihrem Haus in Aubonne, einen guten Kilometer vom Schloss entfernt, er schreibt ihr Briefe von vollkommener Schönheit, die leidenschaftlicher sind als die seines Romanhelden Saint-Preux.

Roman und Wirklichkeit sind in diesem Sommer für Rousseau nur schwer zu trennen. So wie Saint-Preux unter großen Schmerzen auf Julie verzichtet, so versagt sich auch Rousseau die Erfüllung seiner Liebe. Rousseau scheint sich dabei selbst ebenso zu erfinden, wie er Saint-Preux erfunden hat. Sophie inspiriert ihn bei der Darstellung seiner Romanheldin Julie. Die Begegnung mit Sophie, die Liebe und der Schmerz der Trennung beeinflussen die Entwicklung des Romangeschehens; sie geben ihm eine moralische Wende und lassen ihn zu einem Gegenmodell der libertären französischen Gesellschaft werden.

Letztlich hat Sophie wenig mit der tugendhaften Julie des Romans gemein. Während Julie auf die nicht standesgemäße Liebe zu Saint-Preux verzichtet, um dem Willen ihres Vaters zu gehorchen, und Wolmar heiratet, einen älteren Adeligen und früheren Kriegskameraden ihres Vaters, mit dem sie dann auch eine vorbildliche Ehe führt, hat die echte Sophie mit der Ehe wenig im Sinn. Sie hat einen Liebhaber, weil sie unglücklich verheiratet ist, und kommt ja auch Rousseau sehr nahe, während Saint-Lambert im Krieg ist. Später, nach seiner Rückkehr, leugnet sie ihre Zuneigung zu Rousseau, verbrennt seine Briefe und verlangt die ihren zurück, damit Saint-Lambert nichts erfährt. Julies Ehemann Wolmar hingegen weiß von Julies Bindung zu Saint-Preux, vertraut ihm und Julie und deren Tugend, so dass eine Lebensgemeinschaft zwischen ihnen möglich wird. Intrigen und Geheimnisse gibt es in der *Nouvelle Héloise* nicht. Man begegnet sich offen und aufrichtig. Was für ein Gegenbild zur Welt der Salons, in der jede Liebesaffäre zum allgemeinen Gesprächsstoff wird, in der Täuschung und Betrug zur Tagesordnung gehören.

Während der Romanze mit Sophie hat Rousseau wenig Rücksicht auf seine Umgebung genommen und sich offen seinen Gefühlen hingegeben. Er hat seine Gastgeberin Mme d'Épinay vernachlässigt, die zuvor seiner Aufmerksamkeit und Freundschaft immer sicher sein konnte. Er hat sich in aller Offenheit mit Sophie getroffen, ohne sich vor den Argusaugen ihrer Schwägerin zu fürchten. Er hat keine Rücksicht auf Thérèse genommen, die unter seiner Liebesaffäre mit Sophie zu leiden hat, da diese nicht verborgen bleiben kann und in den Unterhaltungen der Bediensteten des Schlosses, mit denen die Levasseurs Umgang haben, ebenso eine Rolle spielt wie in der Konversation der Herrschaften. Außerdem haben Sophie und Jean-Jacques Thérèse als Liebesbotin benutzt. Es ist zu dramatischen Szenen gekommen. Mme d'Épinay, eifersüchtig auf die Zuneigung Rousseaus zu ihrer Schwägerin, sucht Thérèse auf und verlangt die Briefe von Sophie. Doch Thérèse verweigert der Dame den Gehorsam, um Rousseau zu schützen. Was mag die Gefährtin Rousseaus bei all dem empfinden? Niemand nimmt darauf Rücksicht; offenbar ist Thérèse für die anderen nichts weiter als eine Frau von niederem Stand, deren Gefühle nicht von Bedeutung sind. Rousseaus republikanische Überzeugungen, sein Bekenntnis zum einfachen Leben sind durch seine Leidenschaft für die unerreichbare Sophie für eine Weile verloren gegangen.

Schon nach wenigen Wochen ist die Romanze zwischen Jean-Jacques und Sophie mit der überraschenden Rückkehr Saint-Lamberts nach Paris im Juli 1756 so gut wie vorbei. Sophie wendet sich wieder ihrem Liebhaber zu und bleibt, auch nachdem er wieder in den Krieg zurückgekehrt ist, aus Angst vor Entdeckung distanziert gegenüber Rousseau, doch aus ihren Briefen spricht der Wunsch, ihre besondere Freundschaft fortzusetzen: »Machen Sie sich wegen meiner Freundschaft keine Sorgen ... Voll Ungeduld, mein lieber Citoyen, warte ich auf Nachricht von Ihnen. ... Zählen Sie für immer auf mich, mein Freund ... Glauben Sie auch, dass meine Gefühle von denen Ihrer anderen Freunde ganz unabhängig sind.«[3]

Rousseau leidet schlimme Qualen. Seine Liebe zu Sophie besteht noch lange weiter und mehr denn je fürchtet er sich vor Einsamkeit. Er schreibt ihr einen Brief, der seine tiefe Verzweiflung über das Ende ihrer Beziehung dokumentiert: »Wie weniger grausam wärst du gewesen, hättest du mir den Dolch ins Herz gestoßen. Zu welcher Höhe hast du mich geführt und wie sehr hast du mich dann erniedrigt. Als du mich anzuhören bereit warst, da war ich ein Mensch, doch seit du mich von dir gewiesen hast, bin ich der letzte der Sterblichen. Ich habe die Vernunft, den Verstand, den Mut verloren ... du hast mir alles genommen. ... Erinnere dich der Zeiten unseres Glückes ... Jene belebende Flamme, die mir ein zweites Leben schenkte, das kostbarer ist als das erste, gab meiner Seele und meinen Sinnen die ganze Kraft der Jugend zurück ...«[4] Er sendet den Brief nicht ab.

Mit Sophie und Saint-Lambert, vor dem die Liebesaffäre geheim gehalten wird, entsteht eine Art Freundschaft zu dritt, wie sie sich ähnlich in der *Neuen Héloise* zwischen Saint-Preux, Julie und Wolmar entwickelt. Doch fürchtet sich Sophie vor Entdeckung und so verliert auch die Freundschaft an Intensität.

Dass die Liebe zu Sophie sich als unerfüllbar erwiesen hat, kann Rousseau akzeptieren, doch auf ihre Freundschaft will er nicht verzichten. Er widmet ihr eine Reihe von Briefen, die er *Lettres morales*, »Moralische Briefe«, nennt. Darin ist weniger von Liebe als von Tugend die Rede, von dem Gewissen, auf das man sich verlassen soll, von Gott, dem unfehlbaren Richter über Gut und Böse, von Einsamkeit, Einfachheit, Nächstenliebe sowie bestimmten Regeln, nach denen man ein einfaches Leben führen kann. Er möchte Sophie nun stattdessen auf den Weg der Wahrheit und des Glücks bringen: »Ich werde mich um Sie kümmern, um Ihre Pflichten, um die Tugenden, die Ihnen anstehen, um die Mittel, Ihr glückliches Naturell zu vervollkommnen«,[5] schreibt er Ende 1757 Anfang 1758, als Sophies Leidenschaft längst erloschen ist, er aber immer noch seinen Schmerz zu überwinden sucht.

Rousseau kompensiert, so könnte man meinen, indem er in die Rolle eines Tugendlehrers schlüpft, die tiefe Enttäuschung über die Nichterfüllung seiner Liebe. Andererseits sind die Briefe an Sophie ein geeigneter Anlass, sich selbst als tugendhaften Menschen zu zeichnen, eine neue Facette des durch »die Reform« veränderten Ich. Er kündigt ihr die Existenz der ihr gewidmeten *Lettres morales* in einem Brief feierlich an. Er möchte sie ihr persönlich übergeben und bittet um eine Unterredung. Doch Sophie holt die Briefe nicht ab, denn solche Dinge interessieren sie nicht. Sie hat sie nie gelesen.

Rousseau braucht lange Zeit, bis er sich von seinem Schmerz erholt. Wenn ihm Sophie nicht auf seine Briefe antwortet, schreibt er in seiner Verzweiflung Dinge wie »Dies ist jetzt schon der vierte Brief ohne Antwort« oder »Dieses Schweigen ist von einer raffinierten Grausamkeit, die ihresgleichen sucht«[6]. Sophie versucht ihn immer wieder zu beruhigen, allein damit Gras über die Sache wächst und Saint-Lambert nichts erfährt.

Die moralische Wende, die Rousseau vergeblich der Beziehung mit Sophie zu geben versucht, hat ihre Parallele in der *Nouvelle Héloise*. Auch hier wird die Tugend zum höchsten Gut. Nachdem Julie auf Saint-Preux verzichtet hat, bestimmt die Tugend das Leben der ihre Pflicht liebenden, die Leidenschaft überwindenden, moralisch guten »schönen Seelen« in Clarens, dem Ort, an dem nun alle gemeinsam leben. Die Tugend des Menschen in der Gesellschaft entspricht dem Gutsein des Naturmenschen. Während Letzteren das Mitleid in seinem Verhalten bestimmte, leitet den Menschen in der Gesellschaft die Vernunft, die ihn die Lebensordnung erkennen und lieben lässt. Diese Liebe zur Ordnung ist das Gewissen, das ihn zum richtigen Handeln motiviert.[7] In der fiktionalen Welt des Romans können Rousseaus Vorstellungen, wie wahres Leben aussehen sollte, zum Tragen kommen. Doch was in der literarischen Erfindung Roman möglich ist, hat keine Entsprechung in der Wirklichkeit. Sophie ist keine jener »schönen Seelen«, die ihrem Körper entsagen, für die Pflicht und Neigung eins sind, daran hätten auch Rousseaus Briefe wenig geändert. Sein Ideal kann nicht das ihre sein. Sie ist eine Dame der mondänen Salons, die im Grunde wenig mit dem nachdenklichen, um Fragen der Moral, der Religion, der Politik bemühten ernsthaften Jean-Jacques gemein hat. Er wird diesen Weg ohne Sophie weitergehen, im Leben jetzt wieder um seine *réforme* bemüht, im Schreiben, indem er sich im *Émile* ausführlich den Fragen der Erziehung zum richtigen Leben widmet. Die Frau, die er für den Zögling Émile bestimmt hat, wird immerhin den Namen Sophie erhalten.

Doch noch steht die *Nouvelle Héloise* im Mittelpunkt seines Interesses. Darin erörtert er nun die Frage, was wahre Liebe ist und ob sie in einer Gesellschaft gelebt werden kann, in der Kinder nach Standesprinzipien und Elterninteressen verheiratet werden. Dieses Buch ist ein Hymnus auf die Liebe, und Rousseau sucht darin zu zeigen, was geschieht, wenn ihr kein Raum gelassen wird. Indem er seine Heldin, die auf ihre Liebe verzichtet hat, sterben lässt, hält er einer Gesellschaft den Spiegel vor, in der die Liebe anderen Interessen untergeordnet wird. Er stellt damit die Standesehe und die durch sie vielfach entstehenden außerehelichen Liebesverhältnisse in Frage und wird zum Verfechter der Liebesheirat. Auch viele andere Themen, mit denen Rousseau Kritik an der Gesellschaft übt, kommen in den Briefen seiner Romanhelden zur Sprache, darunter zum Beispiel Ablehnung von Gewalt und Ablehnung überholter Traditionen wie dem Duell. Besonders Julie ist eine geschickt argumentierende, intelligente und selbstbewusste Briefschreiberin, eine moralische Autorität. »Hüten Sie sich, das klare Wort der Tugend mit dem wilden Vorurteil zu verwechseln, das alle Tugenden in die Spitze eines Schwertes versetzt und nur dazu dient, tapfere Verbrecher zu erzeugen«, schreibt sie an Saint-Preux, als er sich ihretwegen duellieren will.[8]

Besonders Rousseaus Plädoyer für die Wahrhaftigkeit des Gefühls in der *Nouvelle Héloise* findet großen Anklang. Er liest Teile des Buches im Salon der Mme d'Épinay vor, er fertigt eine Abschrift des Manuskripts für Sophie. Seine Zuhörer sind berauscht von der Schönheit seiner Sprache, vom Edelmut seiner Helden, von der Spannung der Handlung. Eine Gesellschaft, die von Liebe und Treue nicht mehr allzu viel zu verstehen scheint, liebt sie in diesem Buch.

Als Jahre später, 1762, der Roman erscheint, wird das Buch zu einem der größten Erfolge des 18. Jahrhunderts überhaupt. Rousseau scheint seinem Ziel, den Menschen wieder beizubringen, was Liebe und Treue und Tugend sind, sehr nahe.

Doch noch befindet er sich mitten im Getriebe der höheren Gesellschaftskreise. Um der einzigen wahren Liebe seines Lebens willen ist er noch einmal in ihren Strudel geraten und wirkt bei einem Spiel mit, das er eigentlich verachtet und längst hinter sich lassen wollte.

Seine Verbindung zu Sophie, die Rousseau gern geheim gehalten hätte – er spielt darin ja weder eine glückliche Rolle noch entspricht sie seiner Vorstellung von Tugendhaftigkeit –, bleibt nicht ohne Folgen. Nach Monaten der Diskretion hat Saint-Lambert gerüchtweise über das Liebesverhältnis von Sophie und Rousseau erfahren. Angesichts des regen Informationsaustauschs in den Salons kann dies kaum überraschen. Diderot hatte Rousseau deshalb schon lange nahe gelegt, Saint-Lambert selbst darüber zu berichten. Doch Rousseau hatte gehofft, dass der Freund nichts erfährt. Jetzt macht er sich selbst schwere Vorwürfe und empfindet die Entdeckung als tiefe Schande. Er ist über die Indiskretion zutiefst empört und gedemütigt und verdächtigt Mme d'Épinay, die sich mit Grimm und den Freunden über das Ereignis ausgetauscht hat. Sie streitet jede Verantwortung ab, es kommt zu heftigen gegenseitigen Vorwürfen, und erst nach langem Hin und Her versöhnt man sich wieder, freilich nur vorübergehend.

Am 9. Oktober 1756 wird Mme d'Épinays Geburtstag gefeiert. Rousseau hat für den Abend die Festmusik geschrieben. Doch ist durch den Ärger um seine Affäre mit Sophie die Stimmung in La Chevrette getrübt. Die Konflikte zwischen ihm, Mme d'Épinay und ihrem Liebhaber Grimm, durch dessen ständige Gegenwart im Schloss Rousseau nur noch eine Nebenrolle spielt und sogar sein Zimmer wechseln musste, schwelen weiter.

Als wenig später Mme d'Épinay, die in Genf den Arzt Tronchin konsultieren will, wünscht, dass Rousseau sie auf der Reise begleitet, lehnt er aus Krankheitsgründen ab. Seine Freunde in Paris, die solche Entschuldigungen schon lange nicht mehr ernst nehmen, darunter auch Diderot, verlangen, dass Rousseau seine Absage rückgängig macht. Diderots Argument ist, dass er der Freundin und großzügigen Gastgeberin zur Seite stehen sollte, da sie in Genf kaum jemanden kenne und auch Abwechslung brauche. Doch Rousseau lässt sich nicht umstimmen. Über Thérèse, die es durch den Klatsch der Dienstboten weiß, erfährt er, Mme d'Épinay sei von Grimm schwanger und wolle in Genf fernab der Pariser Öffentlichkeit entbinden. Doch ist dies mehr als ein Gerücht? Gewiss will Rousseau in dem sittenstrengen Genf nicht in den Verdacht geraten, Mme d'Épinays Liebhaber zu sein, doch der wahre Grund für seine Absage ist wohl, dass er nicht als Bediensteter einer Großbankiersfrau in seine Heimatstadt kommen will, in der er inzwischen als berühmter Mann gefeiert wird.

Nun werden zahlreiche Briefe gewechselt, mit Diderot, mit Saint-Lambert, doch Rousseau ist nach wie vor zu keiner Zusage bereit. Jetzt hat niemand mehr Verständnis für ihn. Selbst Sophie stellt sich auf die Seite der Freunde, um nicht den Gedanken aufkommen zu lassen, er bleibe ihretwegen in der Hermitage.

Rousseau verhält sich auf den ersten Blick äußerst ungeschickt. Deutlich zeigen sich die Spuren seiner Einsamkeit, könnte man meinen, niemand in seiner Nähe kann ihn noch beraten und vor unvorsichtigen Schritten warnen, mit denen er sich seine Freunde zu Feinden macht. Doch es stellt sich die Frage, ob er dies nicht auch beabsichtigt. Sich mit den Freunden, die so andere Ziele haben als er selbst, zu versöhnen hieße ja, seine Vorsätze aufzugeben und seinen Weg zu verlassen. Ihm kommt es auf die Konfrontation an. Mme d'Épinay wirft er vor, sie habe Diderot gegen ihn aufgebracht, und sagt ihr außerdem unverblümt, wenn sie ihn nicht mehr zum Sklaven haben wolle, werde er für immer ihr Freund bleiben. Ausgerechnet gegenüber Grimm, dem Liebhaber der Mme d'Épinay, nennt er in einem Brief alle Gründe für seine Entscheidung und rechnet dabei auch Mme d'Épinays Wohltaten gegen eigene Leistungen auf: »Wie gut kenne ich alle Auslegungen des Wortes Freundschaft; ein schöner Begriff, der oft nichts anderes als Knechtschaft meint.«[9] Diesen Brief liest Grimm in den Salons vor und bringt die Freunde damit gegen Rousseau auf, dem man Undankbarkeit gegenüber seiner Gastgeberin vorwirft. Grimm antwortet Rousseau nach der Abreise Mme d'Épinays mit einem aggressiven Schreiben, welches das endgültige Zerwürfnis der beiden einleitet. Es enthält eine Menge von Vorwürfen, die nicht nur den konkreten Anlass ihres Streits betreffen, sondern auch den Inhalt von Rousseaus Schriften. Auf Seiten Grimms spielt Rivalität gegenüber dem berühmten Rousseau eine wesentliche Rolle.

Rousseaus frühere Freunde sind gute Polemiker. Sie ersparen ihm nach seiner Distanzierung ihnen gegenüber nichts. So hat Rousseaus Klage über ihr Verhalten, unter dem er leidet, eine gewisse Berechtigung, doch er selbst trägt einen großen Teil der Verantwortung für die Eskalation. Er stellt ihre Lebens- und Denkweise in Frage und fordert sie heraus. Die Folgen dessen, was er aus Überzeugung tut, muss er ertragen. Im Grunde geht es bei den Auseinandersetzungen um grundlegendere Dinge als um die Frage, ob er Mme d'Épinay auf einer Reise begleitet oder wer Saint-Lambert über seine innige Beziehung zu Sophie informiert hat. Es geht um seine grundsätzlich andere Lebensauffassung, seine Weigerung, sich auf die Spielregeln der Pariser Salonkultur einzulassen, sich an den Intrigen, dem Klatsch zu beteiligen, sich um jeden Preis Geltung zu verschaffen. Mme d'Épinay wollte sich mit dem berühmten Rousseau schmücken, hat für ihre gastgeberische Großzügigkeit von ihm Hingabe und Dankbarkeit erwartet und hat ihn damit gründlich missverstanden. Rousseau stellt sich nicht in den Dienst anderer. Seine Ablehnung des Luxus, sein selbstbestimmtes Leben in der Einsamkeit, in der die Gesetze der Gesellschaft nicht gelten, seine Ablehnung des Materialismus und Atheismus verfolgt er mit radikaler Konsequenz und hat damit seine Umgebung aufs Empfindlichste brüskiert.

Ende Oktober ist Mme d'Épinay in Begleitung ihres Mannes nach Genf gereist. Rousseau erfährt davon nichts.

Das Gewirr der Gefühle, Ressentiments und Täuschungen scheint unauflöslich, nicht nur bei Rousseau selbst. Auch Diderot hat ihn bei aller Kritik immer wieder seiner Freundschaft versichert: »So viel steht fest: Als Freund bleibe nur ich Ihnen ... Das habe ich unverblümt allen gesagt, die es hören wollten.« In demselben Brief folgt eine Reihe von Vorwürfen und Unverständnis für Rousseaus Verhalten, um ihn am Ende wieder seiner Zuneigung zu versichern.[10]

Die oft widersprüchlichen, teilweise pathetischen, an Beteuerungen reichen Briefe Rousseaus und seiner Freunde zeugen von der Absicht aller, sich selbst im besten Licht zu zeigen, jede Schuld von sich zu weisen, zu demonstrieren, dass sie nur das Beste tun, denken und empfinden. Aber sie tragen damit nur dazu bei, die Verwirrung immer größer zu machen. Niemand kann sich diesem Kommunikationsgeflecht entziehen, in dem es in den Augen Diderots von »Reibereien«, »Kleinlichkeit und Erbärmlichkeit« nur so wimmelt, auch Diderot selbst kann es nicht. Zu eng sind die sozialen Verknüpfungen der Enzyklopädisten, zu sehr sind sie nach wie vor auf das Wohlwollen ihrer Gönner angewiesen. In dem kleinlichen großen Streit zeigt sich, wie wenig Distanz die Aufklärer zu sich selbst und ihrer Umgebung haben, wie sehr sie auf die Wahrung ihres guten Rufes, ihrer Ehre und der Richtigkeit ihrer Ideen bedacht sind. Zwischen der Analyse gesellschaftlicher Missstände, dem Aufdecken von Vorurteilen und einem Leben, das sich von ihnen frei macht, liegt ein weiter Schritt. Doch aus dem komplexen Netz von Beziehungen, Intrigen und Auseinandersetzungen verschiedenster Art wollen sie sich nicht befreien und sehen auch keine Notwendigkeit dazu. Sie haben Rousseaus grundsätzliche Kritik nicht verstanden und so steht er allein da. Er verzweifelt an diesen Verhältnissen, versucht, ehrlich zu sein, und gibt sich damit selbst der Lächerlichkeit preis. Er ist der Raffiniertheit der höheren Kreise dieser Gesellschaft im Umbruch kaum gewachsen. An Sophie schreibt er: »Alle, die mich liebten, hassen mich ... Habe ich noch eine Freundin oder einen Freund? Ein Wort, nur ein Wort, damit ich weiterleben kann.«[11] Er lässt Brief auf Brief folgen, erhält jedoch nur spärliche Antworten von Sophie, und wenn, dann mit der bangen Frage, warum man sie in die Sache hineinzieht. Sie möchte auf der sicheren Seite sein und fürchtet Saint-Lambert, Rousseau geht es ebenfalls um sich selbst, doch er ist in seiner Persönlichkeit tief verunsichert und voller Rechtfertigungszwang. »Mich können alle im Stich lassen, das ertrage ich. Aber ... Sie, die Sie mein Herz kennen, verachten mich ... Großer Gott! Bin ich ein Verbrecher? ... Wenn ich böse bin, ist das ganze Menschengeschlecht verdorben. Man soll mir einen Menschen zeigen, der besser ist als ich, man soll mir eine liebendere, empfindsamere Seele zeigen, die sich mehr als ich einer Freundschaft hingibt, sich vom Ehrenhaften und Schönen mehr berühren lässt. Man soll sie mir zeigen und dann schweige ich.«[12] Auf solche Gedanken kann ihm niemand eine Antwort geben; die Freunde, lebenstüchtig und pragmatisch, versuchen es mit konkreten Ratschlägen. Er selbst möchte nach all den Auseinandersetzungen und Vorwürfen die Hermitage verlassen, doch weiß er nicht, wohin er gehen soll, da seine Geldmittel knapp sind. Seine Freunde legen ihm nahe, wenigstens den Winter über dort zu bleiben, doch dies will er nur, wenn ihn seine Gastgeberin ausdrücklich dazu auffordert. Doch wie kann er von ihr einen solchen Schritt erwarten? Kurz zuvor, am 27. November, hatte er ihr Folgendes geschrieben: »Wenn man vor Kummer sterben könnte, wäre ich nicht mehr am Leben. Doch ich habe eine Entscheidung getroffen: Die Freundschaft zwischen uns ist erloschen, Madame. Aber auch wenn sie tot ist, hat sie noch Rechte, die ich zu achten weiß. Ich habe Ihre Wohltaten nicht vergessen und Sie können mit aller Dankbarkeit rechnen ... Mein Gewissen ist mein Richter und ich überlasse Sie dem Ihren ...«[13]

Am 8. Dezember erreicht ihn ein kurzer Brief Mme d'Épinays. »Da Sie die Hermitage verlassen wollten und da sie es tun mussten, bin ich überrascht, dass Ihre Freunde Sie davon abgehalten haben. Ich pflege meine Freunde hinsichtlich der Erfüllung meiner Pflichten nicht zu konsultieren und habe Ihnen über Ihre nichts mehr zu sagen.«[14]

Mitte Dezember 1756 zieht Rousseau mit Thérèse in ein bescheidenes, von dem Staatsanwalt Jacques-Joseph Mathas gemietetes Haus auf dem Hügel von Montlouis in Montmorency, etwa drei Kilometer von der Hermitage entfernt. Mme Levasseur zieht nach Paris zu ihrer Enkelin. Einerseits empfindet Rousseau seinen Auszug als Demütigung, andererseits ist er stolz auf seine Unabhängigkeit in dem kleinen Haus. »Endlich bin ich frei und kann wieder die Offenheit und Unabhängigkeit genießen, die mir die Natur geschenkt hat«[15], schreibt er in einem Brief und bedauert, dass er sich auf die Einladung Mme d'Épinays in die Hermitage überhaupt eingelassen hat.

Die Gemeinschaft mit seinen Freunden hat sich als Illusion erwiesen. Die Gesellschaft, unter der Rousseau leidet, ist zur Negativfolie für die literarische Gegenwelt der *Nouvelle Héloise* geworden. Darin sucht er zu illustrieren, wie eine Gemeinschaft von Menschen existieren kann, die ganz nach ihren Gefühlen leben, doch zugleich auf die Stimme ihres Gewissens hören und die Rolle verantwortlicher Citoyens übernehmen. Es sind Menschen, die ihrer Bestimmung folgen, die nicht nur als Einzelne, sondern als Gemeinschaft »der schönen Seelen« seinem Ideal von Tugend entsprechen. Diese ideale Seelengemeinschaft tritt auf dem Hintergrund der von Rousseau seit dem *Ersten Diskurs* immer wieder formulierten Kritik an der Gesellschaft umso deutlicher hervor. Er prangert in der *Nouvelle Héloise* verschiedenste Missstände an: die große Kluft zwischen Arm und Reich, die Entfremdung der Menschen von ihrer eigentlichen Bestimmung durch soziale Zwänge und Abhängigkeit, die Eitelkeit und Äußerlichkeit vieler Frauen, die Tatsache, dass Kinder von ihren Eltern gegen ihre eigenen Gefühle verheiratet werden, die Gespräche in den Salons, bei denen es angeblich um Wahrheit geht, die aber nichts als Lügen sind. So schreibt Saint-Preux, der sich in Paris aufhält, an

Julie: »Mit heimlichem Schrecken betrete ich diese riesige Wüste der Gesellschaft. Man lernt dort, kunstvoll zu lügen, durch Philosophieren die Prinzipien der Tugend zu erschüttern, seine Leidenschaften und Vorurteile mit feinem Sophismus zu färben und seinen Irrtum nach der jeweiligen Mode auszurichten. Man muss nicht den Charakter der Menschen, sondern nur ihre Interessen kennen, um in etwa zu erraten, was sie zu diesem oder jedem Thema sagen werden. Wenn ein Mann sich äußert, hat man es mit einer Hülle zu tun und nicht mit einem Menschen, der Gefühle hat ... Geben Sie ihm nacheinander eine Perücke, ein Offiziersgewand oder ein Brustkreuz, dann wird er nacheinander mit demselben Eifer Gesetze, Despotismus oder Inquisition predigen ... Es gibt eine kleine Zahl Männer und Frauen, die für alle anderen denkt und für die alle anderen reden und handeln, und da jeder sein Interesse im Auge hat und niemand das allgemeine Wohl und da die Einzelinteressen einander immer widersprechen, stoßen ständig Intrigen und Ränke, ein Hin und Her von Vorurteilen und gegensätzlichen Meinungen aufeinander, und die, die, angestachelt durch die anderen, in der größten Erregung sind, wissen fast nie, worum es eigentlich geht. Ein Mann ist in dem einen Haus ehrenhaft und im Nachbarhaus ein Gauner: Das Gute, Schlechte, Schöne, Hässliche, die Wahrheit, die Tugend gibt es nur auf begrenztem Raum. Wer gern verschiedene Gesellschaften aufsucht, muss ... seine Prinzipien ständig ändern, gewissermaßen bei jedem Schritt sein Denken verändern und seine Maximen mit einem Messstab abmessen: Bei jedem Besuch muss er, wenn er hereinkommt, seine Seele abgeben, falls er eine hat, und eine andere in den Farben des Hauses annehmen, wie ein Lakai die Livree wechselt ... Ich habe bisher viele Masken gesehen, wann werde ich endlich Menschen begegnen?« Oder: »Redet mir nicht von den Philosophen. Ich missachte diese trügerischen Auslagen, die nichts als leeres Gerede sind ...«[16]

Rousseau, der hier Saint-Preux seine Stimme verleiht, berichtet aus eigener Erfahrung und spitzt die Dinge zu. Er verschont mit seinem Angriff auch seine Freunde nicht und deren Reaktion bleibt nicht aus.

Er ist eines der wichtigsten Gesprächsthemen in den Pariser Salons geworden. Man liest zur allgemeinen Unterhaltung aus persönlichen Briefen vor. Man versucht, ihn lächerlich zu machen. So unterstellt man ihm, er könne seine Bediensteten nicht bezahlen, weigere sich aber, Geldgeschenke anzunehmen. Dabei ist bekannt, dass Rousseau gerade gegenüber Leuten mit wenig Geld und Besitz korrekt und großzügig ist.

Seine Bescheidenheit findet keine Anerkennung. Niemand will etwas davon wissen, dass Geld abhängig machen kann, niemand will anerkennen, wie sehr es die Beziehungen der Menschen untereinander beeinträchtigt. Rousseaus radikale Ablehnung und sein Beispiel schockieren. Immer wieder beweist er, dass er nicht nur anders denkt, sondern auch entsprechend handelt. Die Kopie des Manuskripts der *Nouvelle Héloise*, die er für Sophie unter großem Aufwand erstellt hat, lässt er sich beispielsweise nicht bezahlen, um ihre Freundschaft nicht zu korrumpieren.

Gerade aber weil er nicht einfach ein Moralapostel ist, sondern zugleich ein brillanter Autor, geistreich und voller Ideen, ist es schwer, ihn nicht ernst zu nehmen. Er ist ein kritisches Gegenüber, das die Gesellschaft radikal in Frage stellt und in gewisser Weise auch bedroht.

Doch mit seiner Vorstellung von einer isolierten Existenz als Schriftsteller, der ein Gegenbild zur Gesellschaft zu vertreten hat, leugnet er ein wichtiges Bedürfnis jedes Menschen: die Anerkennung durch andere. Obwohl er glaubt, auf sie verzichten zu können, wird er immer nach ihr verlangen. Noch in seinen letzten Schriften bleibt sie ein entscheidendes Thema. Die Idee vom sich selbst genügenden Naturmenschen wird zu einem grausamen selbstquälerischen Postulat, das seine Wirkung auf seine Psyche nicht verfehlt. Er ist sich selbst und anderen gegenüber unerbittlich, wenn es um seine Prinzipien geht, und indem er darauf beharrt und verlangt, dass seine Freunde seine Eigenheiten und Merkwürdigkeiten akzeptieren, setzt er seine guten Beziehungen immer mehr aufs Spiel. Wer ihm auf seinem Weg nicht folgt, sein Verhalten und seine Ideen nicht gutheißt, wird für ihn zum Feind. Dabei ist sein größter Feind wohl er selbst, denn die Konsequenzen seines Verhaltens fallen auf ihn zurück. Er nimmt dies zwar hin, leidet jedoch darunter und er wird auf die Dauer immer mehr zum Getriebenen seiner hohen Ansprüche.

Bei aller Überzeugung, selbst den richtigen Weg zu gehen, ist er nie frei von der Angst, man könne in der Öffentlichkeit ein falsches Bild von ihm zeichnen und ihn als *scélérat*, als Schurken, darstellen. Diese Angst wird ihn bis zu seinem Tod nicht loslassen, beinahe zur Obsession werden, und er wird immer wieder darum kämpfen, nicht verkannt zu werden.

Zu den Zerwürfnissen mit seinen Freunden trägt er selbst entscheidend bei, in der festen Überzeugung, nicht anders handeln zu dürfen.

Nach allem, was die Akteure des großen Spiels um Liebe und Freundschaft erlebt, was sie sich gegenseitig vorgeworfen haben, nach allem Gerede, allen Intrigen kommen sie dann noch einmal zusammen, als hätte es ihren Streit nie gegeben. Mme d'Épinay ist lange aus Genf zurückgekehrt, Rousseau lebt längst nicht mehr in der Hermitage und hat ihr eine Kopie der *Nouvelle Héloise* zukommen lassen.

Er erhält am 26. Oktober 1758 folgenden Brief:

»Ich habe das Buch erhalten, das Sie die Güte hatten, mir zu senden. Ich lese es mit dem größten Vergnügen. Ich empfinde dasselbe Gefühl wie immer, wenn ich die Werke aus Ihrer Feder lese. Haben Sie besten Dank dafür.« Dann lädt sie ihn nach La Chevrette zum Essen ein, gemeinsam mit M. und Mme Dupin, Dupin de Francueil, Sophie, Saint-Lambert. »Alle Leute, die zu mir kommen, wünschen sich, Sie zu sehen, und wären bezaubert, mit Ihnen das Vergnügen zu teilen, einen Teil des Tages mit Ihnen zu verbringen.«[17]

Rousseau folgt der Einladung, man redet wieder miteinander, die Wogen haben sich scheinbar geglättet, und Rousseau ist erleichtert, dass man nun in Paris nicht mehr behaupten kann, er habe sich mit sämtlichen Freunden überworfen. Rousseau ist eben doch abhängig von der Meinung der anderen und ebenso auf Bestätigung angewiesen wie jeder andere Mensch. Dies wird ihn künftig nicht davon abhalten, sich weiter heftig mit anderen auseinander zu setzen.

12
Theater in der Stadt Calvins

Das Unternehmen *Enzyklopädie* ist in eine entscheidende Phase getreten. Es sind bereits sechs Bände erschienen, doch vor Erscheinen des siebten Bandes der Enzyklopädie ist es zu heftigen Auseinandersetzungen in der Öffentlichkeit gekommen, die ein ganzes Jahr dauern. Die Jesuiten und das höchste Gericht, das Parlament von Paris, protestieren gegen allzu freigeistige Tendenzen unter den Philosophen im Umkreis Diderots. Seit am 4. Januar 1757 ein Attentat auf Ludwig XV. verübt worden ist, werden subversive Autoren durch ein Edikt mit dem Tod bedroht. So sind auch die Enzyklopädisten ins Visier der Mächtigen geraten, ihr Unternehmen ist in Gefahr. Manche von Diderots Mitstreitern wie d'Alembert, Marmontel und Duclos wollen aufgeben. Selbst Voltaire rät dazu oder legt Diderot zumindest nahe, die Arbeit im Ausland fortzusetzen. Doch Diderot bleibt konsequent und verteidigt erfolgreich sein Lebenswerk, das seiner Auffassung nach im allgemeinen Interesse der Menschheit liegt. Er betrachtet es nach wie vor als seine Aufgabe, zur Befreiung der Menschheit Wissen zu verbreiten, ist überzeugt, dass die Wahrheit lebensnotwendig ist und er diese Aufgabe aus Liebe zur Menschheit erfüllt. Er fühlt sich überdies den 4000 Subskribenten verpflichtet und bittet Voltaire, d'Alembert zu überzeugen, dass ihr Projekt fortgesetzt werden muss.

Rousseau hat Anfang Dezember 1757 von Diderot erfahren, dass der siebte Band, der im Oktober erschienen ist, einen ausführlichen Artikel von acht Kolumnen über Genf, »das Vorbild einer vollkommenen politischen Verwaltung« enthält. Autor des Artikels »Genève« ist d'Alembert und dies muss Rousseau befremdlich erscheinen. Warum hat man nicht ihn, den aus Genf stammenden Mitarbeiter der Enzyklopädie, mit diesem Artikel beauftragt? Kurz nach seinem Umzug in das Häuschen in Montmorency wird ihm der Band zugesandt. D'Alembert hat für den Text ausführliche Recherchen in Genf angestellt und bei Voltaire gewohnt. Dieser hat Genf gute Noten ausgestellt. Es sei nicht mehr die Stadt Calvins, sondern ein Land wahrer Philosophen. Alle Pfarrer pflegten ein vernünftiges Christentum, die meisten Regierungsmitglieder verehrten ein höheres Wesen und Moralität stehe im Mittelpunkt. An d'Alembert hat er geschrieben: »Es ist unmöglich, dass es in der Stadt Calvins ... nicht wenigstens ein paar Calvinisten gibt. Doch sind es nicht viele und sie werden ziemlich verspottet. Alle ehrenwerten Leute nennen sich Deisten durch Christus.« Voltaire malt ein Wunschbild, überzeugt, es gebe ein Einvernehmen zwischen Philosophen und der Genfer Geistlichkeit auf der Basis einer Vernunftreligion, bei der die Offenbarung als nützlich und nicht als notwendig gilt und die Trinität keine Rolle spielt. Die Pfarrer hält er für Apostel der Naturreligion. Und er ist sich im eigenen Interesse gewiss, dass in Genf große Sympathie für das bislang verbotene Theater besteht.

Über die Frage nach der erzieherischen Wirkung des Schauspiels zur Förderung guter Sitten wird schon lange kontrovers diskutiert. Voltaire plädiert dafür, die Enzyklopädisten ebenso. Ihnen dient das Theater zur Bekämpfung des religiösen Fanatismus. In Genf ist es seit 1627 verboten, obwohl selbst Calvin es noch zu erzieherischen Zwecken genutzt hatte. Diverse Versuche, Theater zu eröffnen, sind immer wieder gescheitert. Auch Stücke Voltaires dürfen nicht aufgeführt werden, doch dieser hat gute Beziehungen zu den gegenüber der theaterfreundlichen französischen Kultur aufgeschlossenen Kreisen der Patrizier und findet bei ihnen ein offenes Ohr.

In Genf hat der Theaterstreit allerdings eine etwas andere Färbung als in Frankreich. Dort ging es, als diese Kunstform noch umstritten war, vor allem um Fragen der Religion, hier aber geht es auch um Politik. Die Partei des Volkes nämlich ist konservativ, was die Sitten angeht, und misstraut Einflüssen von außen ebenso wie dem Patriziat, welches das Theater fördern will.

Im Artikel »Genève« stellt d'Alembert der Republik ein positives Zeugnis aus, preist deren demokratische Traditionen, das Rechtssystem, die Bildungseinrichtungen und die florierende Industrie. Sodann bedauert er, dass eine so fortschrittliche Stadt kein Schauspiel besitzt. Ein solches könne den Geschmack und die Sitten und Empfindungen tugendhafter Bürger verfeinern und damit die Kultur fördern. Die guten Sitten der Einwohner würden sich positiv auf die Schauspieler auswirken und einem diskreditierten Berufsstand zu neuem Ansehen verhelfen. D'Alembert äußert sich auch zu den Genfer Pfarrern und lobt deren Aufgeschlossenheit und Zurückhaltung gegenüber dogmatischen Prinzipien, die sie veranlasse, keine den Verstand brüskierenden Glaubensinhalte vorzuschreiben. Er erklärt damit die Genfer Pfarrer zu Anhängern der Naturreligion und zu Zweiflern an der Verkündigung, der Unsterblichkeit der Seele und dem Jüngsten Gericht.

In Genf reagiert man kritisch auf d'Alemberts Ausführungen. Man unterstellt ihm die Behauptung, die Pfarrerschaft glaube nicht an die Trinität. Tronchin schreibt dem Autor, er spreche den Genfern ihr Christentum ab, und eine von der Geistlichkeit eingesetzte Kommission veröffentlicht am 10. Februar 1758 einen Bericht, nach dem die Genfer Pfarrer höchste Achtung vor der heiligen Schrift haben. Voltaire ist über solche Reaktionen verärgert, da sich darin zeigt, dass man in Genf weniger fortschrittlich ist, als er sich vorgestellt und nach außen kundgetan hatte. Rousseau wird von dem Pfarrer Vernes aufgefordert, bei d'Alembert gegen dessen Äußerungen zur Religion der Genfer zu protestieren, doch er weigert sich: »Ich lehne es ab, in Glaubensfragen das Gewissen Formeln zu unterwerfen ... Ich habe die Natur zu Rate gezogen, nämlich das innere Gefühl, das meinen Glauben unabhängig von meinem Verstand leitet ... Mein Freund, ich glaube an Gott, und Gott wäre nicht gerecht, wenn meine Seele nicht unsterblich wäre. Dies ist alles, was die Religion an Wesentlichem und Nützlichem zu sagen hat. Sollen sich mit dem Übrigen die Disputierer befassen.«[1] Hier wird schon ein Unterschied zwischen der Auffassung Rousseaus und der vieler Genfer Theologen deutlich, die sich an der Vernunftreligion orientieren und denen eine zentrale Rolle des Gefühls fremd ist.

Rousseau interessiert allerdings weniger die Frage nach der Genfer Religion als die Problematik der Einrichtung eines Theaters in Genf. Mit einer Stellungnahme zu d'Alemberts Artikel

»Genève« sieht er die Gelegenheit gekommen, sich öffentlich von den Enzyklopädisten und auch von Voltaire zu distanzieren, und verfasst innerhalb von drei Wochen bei eisiger Kälte in seinem Arbeitszimmer in Montmorency den *Brief an d'Alembert*, in dem er auf die Gefahren hinweist, die das Theater für die Stadt Genf habe. Er ist bemüht, Interesse an seiner Heimatstadt zu bekunden, die er nicht ganz dem Einfluss Voltaires überlassen will, denn er ist der Meinung, dass d'Alembert unter Voltaires Einfluss steht.[2] Im Unterschied zu diesem, der im Theater ein Medium sieht, die Menschheit Tugend und Vernunft zu lehren, sieht Rousseau darin, wie bereits im *Ersten Diskurs* deutlich geworden ist, den Inbegriff für die Verderbtheit der Gesellschaft. Er kritisiert das französische Theater, insbesondere Molière, der nicht das Laster kritisiere, sondern nur das Lächerliche. In Paris, einer Stadt, in der die Leute durch Ablenkung von bösem Handeln abgehalten würden, sei das Theater gerechtfertigt, doch ein gutes Volk wie das der Genfer würde durch das Theater verführt und vom Pfad der Tugend abgebracht. Das Theater könne die Sitten nicht verbessern, denn um zu gefallen, müsse es dem Geschmack des Publikums schmeicheln und seine Leidenschaften erregen. Nicht das Schauspiel könne die Tugend liebenswert und das Laster hassenswert machen. Was den Menschen an das Ehrsame binde und ihm Abscheu gegen das Böse einflöße, trage jeder Einzelne in sich selbst und deshalb brauche man keine Theaterstücke. Das Mitleid, das Tragödien erregten, sei nur oberflächlich und bezöge sich auf erfundene Helden. Es fordere von niemandem Opfer und könne eine verdorbene Seele nicht bessern. Eher würde es dazu führen, dass man sich mit seinem »Gutsein« zufrieden gebe und nichts Gutes mehr tue. Überhaupt sei die Tragödie so weit von der Wirklichkeit entfernt, dass ihre Lehren die Betrachter gar nicht wirklich betroffen machten. Auch stünde im Theater sehr oft die Liebe im Mittelpunkt des Geschehens, was die Menschen nur davon abhalte, ihre Schwächen bei sich zu bekämpfen, und sie vielmehr dazu brächte, sich ihnen hinzugeben. Auch würden solche Stücke zu einer herausragenden Stellung und Dominanz der Frauen führen, deren Domäne eben die Liebe sei. Und würde das Theater einmal eingeführt, hätte man es nicht mehr unter Kontrolle.

Schauspieler hätten nicht nur zweifelhafte Sitten, sondern seien unecht und falsch, da sie immer nur Rollen spielten und ihr eigentliches Menschsein aufgäben. Dabei sei es die größte Tugend, man selbst zu sein und nicht als etwas zu scheinen, was man nicht sei. Rousseau zeiht Theater und Poesie der Lüge und erinnert an Platon und die ideale Republik, in der für Dichter kein Raum gewesen sei. Er sieht in Genf ein neues Sparta, in dem man selbst Akteur seiner Feste sei und keine Nachahmung betreibe. Genf sei der ideale Ort für Schauspiele, die zu einer Republik gehören: öffentliche Feiern im Sinn der Brüderlichkeit, auf denen reine Freude und echter Frohsinn herrsche, in denen es auf Frieden, Freiheit, Gerechtigkeit und Unschuld ankomme. Spiele, Gymnastik, Floßwettfahrten auf dem See, Feste im Freien, auf denen sich jeder einfachen, unschuldigen Vergnügungen hingeben könne, im Sommer, und im Winter Bälle, auf denen sich junge Leute im Beisein ihrer Eltern kennen lernten.

Als leuchtendes Beispiel für ein freies, bescheidenes, gleichberechtigtes Leben führt er dem Leser die Montagnards vor Augen, ein Bauernvolk im Jura, das einfache, aber gesunde Sitten habe. Würde dort ein Theater eingerichtet, würden die Menschen bequem, das Leben teuer, es würden Steuern erhoben, die Sitten verkommen, Sinn für Luxus geweckt. Auch in Genf würde durch ein Theater der Luxus gefördert, ebenso wie Ungleichheit, die Freiheit würde zerstört und der Bürgersinn nähme Schaden. In dieser blühenden Stadt gebe es genügend einfache Zerstreuung in den Kreisen der ehrbaren Bürger. In diesem Zusammenhang lässt sich Rousseau zu heftigen frauenfeindlichen Tiraden hinreißen. Er bezieht sich dabei auf Beobachtungen in seiner Heimatstadt. Dort gebe es zwei Welten, so wie es der natürlichen Ordnung entspreche: die der Männer, die miteinander redeten, läsen und dabei rauchten, und die der Frauen, die belanglose Dinge redeten, da sie keinerlei Genie besäßen. Da die Männer von ihnen getrennt seien, liefen sie nicht Gefahr, zu verweiblichen, wie dies in Pariser Salons geschehe. Männer neigten gelegentlich zum Glücksspiel und zur Sauferei, doch seien Trinker oft ehrliche, warmherzige Menschen. Durch zu viel Wein sei nie ein Volk untergegangen, wohl aber durch die Unordnung, die Frauen stifteten.

In Rousseaus ausführlichem Plädoyer für eine Republik und deren Sitten spielen Frauen keinerlei Rolle. Diesen kommt allein die Aufgabe zu, sich um Kindererziehung und Belange des Hauses zu kümmern, doch darüber hinaus muss ihnen jeglicher Einfluss abgesprochen werden. Rousseaus seitenlange Vorwürfe gegenüber Frauen lassen sich neben der Tatsache, dass er die Misogynie seiner Zeit teilt, nur damit erklären, dass er zum einen vom Scheitern seiner großen Liebe zu Sophie zutiefst verbittert ist, zum anderen das Bild von Thérèse und ihrer Mutter vor Augen hat, deren Lebensweise sich auf seine Darstellung ausgewirkt haben muss. Er hat nämlich schon ganz anders über Frauen gedacht und auch die intellektuellen Fähigkeiten der *femmes du monde* durchaus gewürdigt und sogar kritisiert, dass man immer nur von berühmten Männern, nie aber von berühmten Frauen spreche. Doch dies gilt vielleicht für Paris, in seiner Heimatstadt müssen Frauen Dienerin der Tugend sein und sich in der Familie nützlich machen.

Schließlich enthält die Schrift einen heftigen Seitenhieb gegen Voltaire: »Noch nie hat ein Ausländer Genf betreten, der nicht mehr Schlechtes als Gutes angerichtet hat.«[3] Dieser polemische Satz, der früheren Äußerungen Rousseaus, Voltaire werde die Stadt bereichern, konträr entgegengesetzt ist, wird der historischen Entwicklung der Stadt, die gerade den Migranten viel verdankt, wenig gerecht und er erklärt sich aus Rousseaus gewachsener Rivalität zu Voltaire. Rousseau nimmt es dem berühmten Schriftsteller übel, dass er sich in seiner Heimat niedergelassen hat, die Kultur der Stadt prägt und ihm selbst diese Möglichkeit genommen hat.

Im Oktober 1758 wird der *Brief an d'Alembert* veröffentlicht. Rousseau hat auch diesem Text eine Devise vorangestellt, ein Zitat des römischen Dichters Juvenal: *Vitam, impendere vero*, »Das Leben der Wahrheit widmen«. Er betrachtet diese Abhandlung als eine Arbeit im Dienst der Moral, also einer höheren Sache, nicht als Werk, das seinem Ruhm dienen soll.

Rousseau hat d'Alembert kurz vor Erscheinen geschrieben, er habe mit dieser Antwort auf seinen Artikel nur seine Pflicht getan. Diese Schrift, von der in wenigen Wochen 3000 Exemplare verkauft werden, provoziert ähnlich wie nach dem *Ersten Diskurs* eine erregte Debatte, an der sich mehr als 300 Personen beteiligen. Dies ist eine große Bestätigung für den isoliert lebenden, unglücklichen und chronisch kranken Rousseau, die ihn jedoch nicht aus seiner Einsamkeit befreit. Dazu hat er sich mit seinen Ausführungen zu viele Feinde gemacht, allen voran die Enzyklopädisten. Sein scharfer Angriff auf einen Artikel ihres Lexikons ist ein schwerer Affront. Diderot hat zahlreiche Theaterstücke geschrieben, die für ihn ebenso wichtig sind wie die *Enzyklopädie* selbst. Rousseau hat sich von seinen Mitstreitern deutlich distanziert und zum Außenseiter, wenn nicht zum Gegner ihres Unternehmens gemacht.

Die Kritiken der *Lettre à d'Alembert* sind sehr unterschiedlich: Für seinen Stil erntet Rousseau großes Lob, doch für den Inhalt können sich nur wenige begeistern. Angehörige frommer Kreise geben ihm Recht, darunter der junge Genfer Pfarrer Jean-Claude Moultou, der in Rousseau einen Retter Genfs und seiner Werte sieht. D'Alembert reagiert mit einem gemäßigten, aber ironischen Brief und erklärt, der Autor des *Dorfwahrsagers* habe eigentlich keinen Grund, gegen das Theater zu kämpfen, auch sei er nicht so gleichgültig gegenüber Ruhm, wie es scheine. Rousseaus Satz: »Das Leben ist so kurz und die Zeit so kostbar«, pariert er mit den Worten: »Wer zweifelt daran, Monsieur? Aber zugleich gibt es im Leben so wenig Glück und Vergnügen ist rar.« Marmontel, der neue Herausgeber des *Mercure de France*, weiß nur zum eloquenten Stil Positives zu sagen. Deleyre lobt das Werk, weist aber darauf hin, dass das Theater sozial und moralisch positive Wirkung habe. Grimm bezichtigt Rousseau des Sophismus. Man sei immer versucht zu sagen: »Dies ist sehr schön, aber sehr falsch.«[4] Wie er die Sitten seiner Vaterstadt darstelle, entspreche nur seinem Wunschdenken.

Voltaire ist über Rousseau erbost. Schließlich konterkariert der *Brief an d'Alembert* seine Pläne, in Genf ein Theater einzuführen. Er fragt, ob Rousseau nun unter die Kirchenväter gegangen sei.

Die Jesuitenzeitschrift *Journal de Trévoux* findet in der Aprilnummer 1759 viel Anerkennung für Rousseaus Schrift. In Genf sind die Meinungen gespalten und spiegeln die Auffassungen von Volk und Oberschicht. Mehrere Pfarrer loben Rousseau, darunter auch Moultou, sein gelehriger Schüler, der die politische Dimension der Schrift betont: »Wenn Genf seine alten Sitten bewahren oder wieder einführen kann, dann verdankt es das Ihnen. Die Reichen, die seit langem korrupt sind, haben begonnen, auch die Armen zu verderben. Anstand gibt es nur in der Klasse der durchschnittlichen Menschen, denn nur da kann es republikanische Tugenden geben.«[5] Anders reagieren die Patrizier. Bei ihrer Aufgeschlossenheit gegenüber dem Schauspiel ist Rousseaus Text eine Provokation, zumal er damit die Meinung ihrer politischen Gegner unterstützt. Der Arzt Tronchin hält Rousseau vor, dass er die Wirklichkeit verkenne; die angeblich so gesunden und positiven Zirkel des einfachen Volkes seien nichts als Zerstreuung und Zeitverschwendung und gingen über notwendiges (sic!) Amüsement weit hinaus.[6]

Viele Sympathien hat Rousseau der *Brief an d'Alembert* also nicht eingebracht. Dass er ihn für notwendig hielt, ist nicht allein mit seinem Ärger darüber zu erklären, dass man nicht ihn, sondern d'Alembert diesen Artikel hat schreiben lassen und dann noch unter dem Einfluss Voltaires. Das Werk ist auch ein Symptom für seinen Versuch, sich aus einem Gefängnis zu befreien, in das er sich selbst eingesperrt hat – zum Nachteil für sein psychisches und soziales Leben, zum Vorteil für sein literarisches Schaffen. Denn die Hermitage und Montmorency sind zwar Orte der Einsamkeit, aber auch Schauplatz großer Produktivität. Rousseau arbeitet hier an zwei wichtigen Werken, dem *Contrat Social* und dem Erziehungsbuch *Émile*. Offenbar ist es ihm nur möglich, seine Vorstellungen von einer gerechten Gesellschaft, einer richtigen Erziehung, dem richtigen Leben und Glauben literarisch zu verarbeiten, indem er sich das Bild des Naturmenschen zu Eigen macht, der sich selbst genügt und keiner Entfremdung durch die Gesellschaft unterliegt. Will er dies praktizieren, so ist der Rückzug aus der Gesellschaft notwendig, so schwer er ihm immer wieder fallen mag. Den ersten Schritt hatte er bereits durch den Umzug aufs Land getan. Als sich dann aber die Pariser Freunde dort einfanden, konnte er sich ihrer Gesellschaft nur schwer entziehen. Dann hat er alles getan, um sie zu brüskieren und zu verlieren, und er leidet schwer unter dem Verlust. In dieser eigenartigen, widersprüchlichen Lebenssituation entstehen seine wichtigsten Werke.

Hat er immer wieder mit dem Gedanken gespielt, doch nach Genf zurückzukehren und sich eine Perspektive offen gelassen, so glaubt er inzwischen nicht mehr daran. Nicht ohne Ärger über Voltaires spektakuläres, brillantes Lebens in Les Délices in Genf lebt Rousseau in Montmorency sein ebenfalls viel beachtetes Gegenmodell des »einsamen Naturmenschen«. Denn auch ihn und seine zurückgezogene Lebensweise nimmt die Öffentlichkeit wahr, er gilt als ein Mann der Tugend, der weiß, worauf es im Leben ankommt, als ein moralischer Wegweiser. Junge Menschen schreiben ihm und bitten um Rat. Diese Briefe sind Ausdruck tiefer Verehrung und oft voller Pathos. Darin ist vom großen Rousseau die Rede, der der Welt Nutzen bringe, die Menschen ermutige, dessen Rat man suche. Rousseau gibt großzügig Ratschläge in erbaulichen Briefen an Menschen hohen und niederen Ranges. Noch hat er seine Isolation nicht so weit vorangetrieben, dass er darauf ganz verzichtet.

Seine chronische Krankheit macht ihm zwar ständig zu schaffen, dennoch ist er von ländlicher Geselligkeit, hat ein gutes Verhältnis zu den Nachbarn und empfängt Besuche. Er hat Umgang mit Menschen, die anders sind als seine früheren Freunde in Paris. Hier bestimmt er das Gesetz des Handelns. Doch hängt ihm das Zerwürfnis mit Mme d'Épinay noch immer an. Während ihres Aufenthalts in Genf hatte diese Dr. Tronchin über Rousseau berichtet und dessen Verhalten kritisiert. Als Rousseau Tronchin im Frühjahr 1759 in einem Brief um eine Konsultation für einen Nachbarn bittet, erklärt sich der Arzt dazu bereit, schreibt jedoch auch: »Wie ist es möglich, dass der Freund der Menschheit kaum noch ein Freund der Menschen ist? ... Ich vermute, Monsieur, dass Ihre Gleichgültigkeit – ich benutze hier das mildeste Wort – zwei Ursachen hat, den Ort auf dem Globus, an dem Sie sich befinden, und Ihre schlechte Gesundheit.« Nun folgt ein schneller und heftiger Briefwechsel, der jeglicher Gelassenheit entbehrt. Noch immer kämpft Rousseau mit den früheren Freunden. Er ist überzeugt, dass Mme d'Épinay hinter Tronchins Kritik steckt, und antwortet: »Ich frage Sie, worauf Ihr Urteil über mich beruht. Ihre Art, mit mir umzugehen, erinnert mich nicht wenig an die, welche man bei den Verhören der der Inquisition ausgelieferten Unglücklichen verwendet. Wenn mich jemand heimlich verrät, sagen Sie mir, wer es ist.« Dann lässt er eine Kritik an Genf folgen, das nicht mehr so sei, wie es sein sollte. Da sei ihm das Leben bei den dekadenten Franzosen noch lieber. Tronchin antwortet, wenn es Rousseau ebenso gut ginge wie der Stadt Genf, dann wäre die Tinte, die er benutze, weniger schwarz. In einem weiteren Brief wirft ihm Tronchin den Streit mit Diderot und die Polemik der *Lettre à d'Alembert* vor. Er ermahnt Rousseau, sich mit Diderot zu versöhnen, demütig und voller Nachsicht zu sein. Diese Verhaltensregeln weist Rousseau verärgert zurück. Er weist darauf hin, dass er auf die Freunde in Paris nicht angewiesen sei. »Ich bin ein Freund der Menschheit und man findet überall Menschen«, erwidert er auf Tronchins Angriff. Und er lehnt erneut die Idee, nach Genf zu gehen, ab. Tronchin, der Rousseau seine ärztliche Hilfe angeboten hatte und ihm erneut geschrieben hat, wartet vergeblich auf Antwort. Rousseau schweigt und Tronchin wird ein erbitterter Feind. Er wird aber ein enger Freund Voltaires bleiben.[7]

Nach den schwierigen Monaten, die den Umzug nach Montmorency zur Folge hatten und nach dem Wirbel um den *Brief an d'Alembert* erlebt Rousseau nun eine ruhigere, beinahe heitere Zeit. Er hat in der Nachbarschaft Freunde gefunden, einen Maurer, zwei Juristen und zwei Mönche, deren Gesellschaft nichts von ihm fordert, bei der er sich verstellen müsste.

Doch befindet sich ganz in der Nähe das Schloss von Montmorency, im Besitz des dem Hochadel angehörigen Charles-François-Frédéric de Montmorency, Herzog von Luxembourg, der zehn Jahre älter ist als Rousseau. Er hat als Marschall von Frankreich das höchste militärische Amt inne. Mehrfach bereits hat er versucht, Rousseau auf sein Schloss einzuladen. Doch dieser hat sich bisher konstant geweigert. Zu nah ist die Erinnerung an die Verstrickungen, in die er durch das Leben nahe bei La Chevrette hineingezogen wurde.

An einem Aprilnachmittag besucht ihn der Herzog von Luxembourg in seinem bescheidenen Haus auf der Anhöhe von Montlouis in Begleitung mehrerer illustrer Freunde. Dies geschieht, nachdem der Herzog Rousseau mehrmals vergeblich in sein Schloss eingeladen hat. Er hat begriffen, dass Rousseau eine Art Huldigung, die Anerkennung und Wertschätzung seiner einfachen Lebensweise erwartet, und er hat diese Erwartung erfüllt.

Nun kann Rousseau nicht umhin, seinerseits einer Einladung ins Schloss zu folgen. Dort lernt er auch die Herzogin kennen und bald darauf findet er weitere neue Freunde in den höchsten Kreisen der Gesellschaft. Es sind Louis-François de Bourbon, der Prinz Conti, der zur königlichen Familie gehört, dessen Freundin, die schöne, bei Hof verkehrende Comtesse de Boufflers, die Marquise de Créqui, die Marquise de Verdelin. Mit dem Herzog verbindet Rousseau bald eine aufrichtige Freundschaft. Das Haus in Montlouis ist renovierungsbedürftig, und so bietet der Herzog Rousseau und Thérèse für die drei Monate der Bauarbeiten als Unterkunft das kleine Schloss von Montmorency in der Nähe des großen Schlosses an. Nach einigem Zögern nimmt Rousseau die Einladung an, allerdings führt er bestimmte Regeln für die Begegnungen mit M. und Mme de Luxembourg ein, etwa die, dass keine oder nur wenige andere Gäste kommen dürfen, wenn er da ist. Seine neuen Freunde halten sich daran, und als sein Haus fertig gestellt ist, besuchen sie ihn oft abends auf seiner kleinen Terrasse.

Die Achtung, Anerkennung und Fürsorge seiner hochgestellten Gastgeber tun ihm nach den persönlichen Niederlagen mit den anderen Freunden gut. Sie tauschen Medaillons mit ihren Porträts aus, gehen gemeinsam spazieren und unterhalten sich, Rousseau liest ihnen aus der *Neuen Héloise* und dem *Émile* vor, und gelegentlich macht er sich auf und besucht sie sogar in Paris im Palais du Luxembourg.

Selbst als Rousseau 1759 auf die Entlassung des Finanzkontrolleurs Silhouette, der die Ausgaben des Hofes verringern und die Pensionen des Adels kürzen wollte, reagiert und Silhouette in einem Brief mit den Worten »Die Verfluchungen der Gauner gereichen dem Gerechten zur Ehre« preist[8] und diesen Brief, bevor er ihn absendet, ahnungslos Mme de Luxembourg zeigt, die selbst eine solche Pension erhält, leidet ihre Freundschaft nicht darunter. Er hat in M. und Mme de Luxembourg großzügige Freunde, die ihm manches nachsehen, aber auch der Citoyen Rousseau ist nachsichtig, denn ihm bleibt nicht verborgen, dass Luxembourg durch sein Amt Teil des unterdrückenden Staatsapparates ist und gelegentlich auch entsprechend handelt. Hin und wieder beschweren sich die Untergebenen des Herzogs bei Rousseau, der ein offenes Ohr für sie hat und ihnen hin und wieder beisteht.

Rousseau ist wieder in Gesellschaft und dabei keineswegs unglücklich. Er beschwört den Wert der behaglichen Abende bei sich zu Hause im Beisein seines Vermieters Mathas oder des befreundeten Maurers. Er hat neben den Luxembourgs auch weiterhin Kontakt zu Mme Dupin und verkehrt mit dem Philosophie- und Physiklehrer Bertier, mit zwei eifrigen Jansenisten und Schachspielern, die in seiner Nähe wohnen, und dem Verleger Guérin.

Offenbar hat er in jener Zeit nicht das Gefühl, sich in Gesellschaft verstellen zu müssen. Er fühlt sich als er selbst und kann sich auf das besinnen, was ihm wichtig ist. Sein Herz scheint nicht mehr anfällig für die Versuchungen und Verstrickungen der Freundschaft und Liebe. »Seit mein Herz hart geworden ist, ich niemanden mehr liebe und alle Welt meinen Freund nenne, werde ich fett wie ein Schwein«, schreibt er im März 1760 gelassen, selbstironisch, unbeirrbar an Mme de Verdelin.[9]

Als Chrétien-Guillaume de Lamoignon de Malesherbes, Direktor des Buchwesens und der staatlichen Zensurbehörde, mit dem sich Rousseau angefreundet hat, ihm eine Mitarbeit bei der Wissenschaftszeitschrift *Journal des Savants* anbietet, erteilt Rousseau ihm eine Absage. Sein Weg ist ein anderer, er will nicht über vorgegebene Themen arbeiten, sondern eigene Werke verfassen. »Meine Gleichgültigkeit für diese Dinge hätte meine Feder gefrieren lassen. Die Leute bildeten sich ein, ich sei ein berufsmäßiger Schreiber wie all die anderen Schriftsteller, dabei habe ich immer nur aus Leidenschaft schreiben können«, heißt es in den *Bekenntnissen*. »Mein Talent speiste sich allein aus einer gewissen Seelenwärme bezüglich der Dinge, die ich zu behandeln hatte, und nur die Liebe zum Großen, Wahren, Schönen konnte meinen Geist beleben.«[10] Rousseau muss seinen eigenen Gedanken folgen. Und er geht nach wie vor ganz eigene Wege.

Ende März hat er dem Verleger Rey den letzten Teil der *Nouvelle Héloise* geschickt. Das Werk ist auf dem Weg in die Öffentlichkeit, nachdem Rousseau längere Zeit gezögert hatte, ob er es überhaupt drucken lassen soll.

Zum einen möchte er nicht, dass die Geschichte mit Sophie, die zweifellos mit dem Roman in einem gewissen Zusammenhang steht, wieder zum Gesprächsthema wird, andererseits fragt er sich, ob er als Kritiker des Romans tatsächlich selbst zum Romancier werden soll. Am Ende entschließt er sich doch zu einer Publikation. Der Verleger ist zur Freude des Autors sogar bereit, das Werk mit Radierungen zu illustrieren. Es wird zu einem Publikumsrenner werden.

Rousseau verbringt nun viel Zeit in der Natur, in der ihm die besten Ideen kommen, er fühlt sich frei von jeder Lüge und denkt über das Wohl der Menschheit nach, die ihre Freiheit und ihr Glück verloren hat, und stellt sich die Frage, wie sie es wieder erlangen könnte. Er glaubt an die Regenerierbarkeit des durch die Gesellschaft pervertierten Menschen und möchte dies am eigenen Beispiel beweisen. Schon seit einiger Zeit arbeitet er an einem Buch über Erziehung. Dieses Thema ist für ihn nicht neu. Schon als Hauslehrer in der Familie Mably in Lyon hat er für seinen Arbeitgeber die Abhandlung über das Thema verfasst, immer wieder haben ihn Mme Dupin, Mme d'Épinay und Mme de Créqui um Ratschläge für die Erziehung ihrer Kinder gefragt. »Schlagen Sie uns etwas vor, das man umsetzen kann, höre ich immer wieder.« Nach den *Diskursen* und der *Neuen Héloise* ist für ihn der Moment gekommen, seine Vorstellungen von einer ganz anderen, bisher nicht gekannten Erziehung zu präsentieren. »Es genügt mir, dass überall, wo Menschen geboren werden, man aus ihnen das machen kann, was ich vorschlage, und dass, wenn man getan hat, was ich vorschlage, das Beste geschehen ist, man das Beste für sie und die anderen getan hat«, heißt es im Vorwort.[11] An diesem Werk arbeitet er von 1757 bis 1760. Er greift dabei auf Erfahrungen aus der eigenen Kindheit und Jugend zurück. Die Prinzipien für dieses Buch habe er, so sagt er, auf dem Grund seines Herzens gefunden, in seinem Empfinden, in seinem Gewissen.

Im Mai wird Rousseau durch ein polemisches Theaterstück des fortschrittsfeindlichen Autors Palissot gegen die Enzyklopädisten an die früheren Freunde erinnert und sie erinnern sich an ihn. Schon am 8. März 1759 war der *Enzyklopädie* durch königliches Dekret die offizielle Erlaubnis entzogen worden, ein großer Sieg für die Partei der Kirche und der Reaktion, doch die Arbeit ist heimlich fortgesetzt worden. Palissot hatte bereits eine Satire gegen Rousseau und eine weitere gegen Diderot verfasst, jetzt greift er mit *Les philosophes modernes*, das mit Erfolg vierzehnmal aufgeführt wird, die Enzyklopädisten und auch Rousseau an. Als dieser den Text durch den Verleger erhält, weist er das Geschenk empört zurück, weniger um seiner selbst willen als wegen des Angriffs auf Diderot. Er habe »die Ehre gehabt, Freund eines respektablen Mannes [Diderot] zu sein, der in diesem Machwerk unwürdig angeschwärzt und beleidigt werde«.[12] Palissot hat die Unterstützung des Hofes und des Klerus. Eines Abends besucht die Tochter der Luxembourgs, die Fürstin von Robecq, die schwer krank ist, das Theater, verlässt es aber bereits nach einem Akt. Darauf verfasst der kritische Abbé Morellet eine Parodie des Stücks in biblischer Sprache, die am 29. Mai verkauft wird. Der Text enthält einen Abschnitt über die Fürstin, und dies wird dem Autor nicht verziehen: »Man wird eine hochgestellte Dame sehen, die schwer krank ist und sich als Trost vor ihrem Tod wünscht, der ersten Vorstellung beizuwohnen, und die sagt: Herr, du lässest deine Dienerin in Frieden fahren, denn meine Augen haben die Rache gesehen.«[13]

Als Morellet in die Bastille gesperrt wird, wendet sich d'Alembert an Rousseau, damit er sich bei Mme de Luxembourg für den Gefangenen einsetzt. Morellet wird am 20. Juli tatsächlich freigelassen, und d'Alembert bedankt sich bei Rousseau.

Noch während der Palissot-Affäre kommt ihm zu Ohren, dass in Berlin die *Lettre sur la Providence*, der »Brief über die Vorsehung«, mit dem er auf Voltaires Gedicht über das Erdbeben von Lissabon reagiert hatte, ohne seine Erlaubnis gedruckt worden ist. Rousseau vermutet Voltaire oder Grimm hinter der Sache. Er interveniert bei Malesherbes, um eine Verbreitung in Frankreich zu verhindern, doch gegen einen im Ausland gedruckten Text kann die Zensurbehörde nicht vorgehen. So rät ihm Malesherbes zu einer eigenen Ausgabe. Rousseau schlägt daraufhin Voltaire vor, seinen Text mit dessen Antwort zu veröffentlichen. Unvorsichtigerweise lässt er in dem Brief seinem Zorn gegen Voltaire freien Lauf. Noch immer ist er überzeugt, dass dieser die Sitten in Genf verdirbt, besonders, nachdem Moultou ihm dies in einem Brief so dargestellt hat. »Der Unglückliche hat mein Vaterland ins Verderben geführt«, schreibt er an Moultou,[14] und er hält sich auch gegenüber Voltaire nicht zurück und schreibt am 17. Juni 1760 einen Brief, der fatale Folgen haben wird, denn er macht sich damit den großen, einflussreichen Voltaire endgültig zum Feind:

»Ich liebe Sie nicht, Monsieur, Sie haben mir die schlimmsten Schmerzen bereitet, mir, Ihrem Schüler und begeisterten Bewunderer. Sie haben Genf ins Verderben geführt, als Preis für das Asyl, das man Ihnen dort gewährte; Sie haben mir meine Landsleute entfremdet als Preis für den Beifall, den ich Ihnen dort verschafft habe. Sie machen mir den Aufenthalt in meinem Land unerträglich, und wegen Ihnen werde ich auf fremdem Boden sterben, ... während Sie in meinem Land ... alle Ehrungen erhalten, die ein Mensch erwarten kann. Ich hasse Sie, aber das haben Sie ja gewollt. Doch ich hasse Sie als ein Mensch, dem es eher zugekommen wäre, Sie zu lieben, wenn Sie es nur gewollt hätten. Von allen Gefühlen für Sie, von denen mein Herz durchdrungen war, bleibt nur die Bewunderung, die man Ihrem Genie nicht verweigern kann, und die Liebe zu Ihren Werken. Wenn ich in Ihnen nur Ihr Talent würdigen kann, ist dies nicht meine Schuld. Nie wird es mir am Respekt mangeln, den ich Ihnen schulde ... Adieu, Monsieur.«[15]

Wozu diese Feindseligkeit? Warum persönliche Anschuldigungen in einer Frage, in der Voltaires Verantwortung für eine angebliche Verderbnis der Sitten höchst fraglich ist? Es ist schwer, hier eine Antwort zu finden. Es mag unreflektierte Rivalität gegenüber dem berühmten Autor gewesen sein. Hätte Rousseau einen engen Freund und Ratgeber gehabt, vielleicht hätte ihn dieser von einem solchen Brief abbringen können. Wie immer dieses Verhalten zu erklären ist, Rousseau hat sich einen Mann zum Feind gemacht, dessen Klugheit, spitze Feder und Geschicklichkeit in Fragen literarischer Fehden berühmt ist. Dies ist vor allem deshalb nicht zu unterschätzen, weil öffentliche Auseinandersetzungen einen hohen Stellenwert haben. Wie sich im Feudalzeitalter Ritter im Turnier auszeichneten, so tun dies in den Jahrzehnten vor der Revolution Literaten in offenen Briefen, Zeitungen und den diversen Zeitschriften. Dabei werden ihre Äußerungen und Formulierungen auf die Goldwaage gelegt, ihr Prestige kann steigen und fallen. Dies dient der Distinktion und dem Renommee der Berufsgruppe der vom Schreiben lebenden Autoren. Man zeichnet sich nicht mehr bei Hofe aus, sondern in einer größeren Öffentlichkeit, das Urteil der Zeitgenossen erhält immer größere Bedeutung für den persönlichen Erfolg. Und gerade Auseinandersetzungen um Fragen der Ethik und der Religion finden besondere Beachtung, da in diesen Bereichen die frühere, durch kirchliche Autorität vorgegebene Orientierung zunehmend verloren geht. In diesen Zusammenhang gehören auch persönliche Angriffe und Stellungnahmen in eigener Sache. Immer häufiger rechtfertigt man sich vor dem Publikum für sein Denken und Verhalten. Der Einzelne scheint weniger seinem Gewissen verpflichtet als einer ständig wachsamen und kritischen Leserschaft. Dies wiederum weckt das Bedürfnis, in möglichst günstigem Licht zu erscheinen und das größtmögliche Wohlwollen anderer zu gewinnen. Macht man sich eine wichtige öffentliche Stimme zum Feind, kann dies schlimme Folgen haben.

Voltaire wird zu Rousseaus erbittertem und keineswegs harmlosem Gegner. Schon immer war der junge unbekannte Genfer, der über Nacht berühmt wurde, ein Widerpart, doch war ihre sublime Rivalität bisher noch nicht nach draußen gedrungen. Richtig bricht Voltaires Zorn im November 1760 aus, als ihm das Genfer Konsistorium verbietet, in seinem Haus ein Schauspiel aufzuführen, und er überzeugt ist, dass Rousseau dahinter steckt. Dies wird er Rousseau noch Jahre später spüren lassen.

Rousseau ist, nachdem er diesen Brief geschrieben hat, keineswegs erleichtert. Er ist von missmutiger Stimmung und weigert sich, den Enzyklopädisten Alexandre Deleyre und den Bankier François Coindet zu empfangen, obwohl er unter seiner Einsamkeit leidet. Er überlegt, ob er mit dem Schreiben aufhören und sich mit Thérèse ganz in die Provinz zurückziehen soll, nachdem er den *Émile* und den *Contrat Social* beendet hat. Er sei es müde, zu sehen, wie »die Schriftsteller sich gegenseitig zerreißen wie die Wölfe«, und das Feuer, das ihn dazu gebracht habe, zur Feder zu greifen, sei fast erloschen.[16]

Immerhin empfängt er noch Mme de Boufflers, und zweimal sogar besucht ihn deren Geliebter, Louis-François de Bourbon, Prinz Conti, ein Angehöriger des Königshauses, wodurch sich Rousseau sehr geehrt fühlt. Conti ist ein wohlhabender Mann, der über zahlreiche Ländereien und das Schloss Temple in Paris verfügt. Er ist der leitende Kopf einer Gruppe, die für einen gemäßigten Absolutismus eintritt und die Macht der Parlamente stärken möchte. Beide spielen Schach miteinander, und Rousseau lässt ihn regelmäßig gewinnen, nicht ohne ihm dies zu verstehen zu geben.[17] Rousseau ist frei und ungezwungen im Umgang mit hochgestellten Persönlichkeiten. Was er jedoch verabscheut, sind deren Geschenke. Er möchte auf keinen Fall zu einem abhängigen Almosenempfänger werden. Der sich selbst genügende Naturmensch bleibt sein Ideal.

23 Louis-François de Bourbon, Prinz Conti (Kupferstich, anonym, 1765, Bibl. Nat., Paris)

13
Erziehung zum Menschen und Bürger

Neben den vielen Begegnungen mit dem Hochadel und der angenehmen Gesellschaft seiner Nachbarn ist Rousseau intensiv mit seinem Handwerk, dem Notenkopieren, und Schreiben beschäftigt. Der wichtigste Teil seines Lebens manifestiert sich in der Literatur. Hier investiert er die meiste Kraft, ist ganz er selbst ohne geringste Rücksicht darauf, wie die anderen auf das, was er schreibt, was er schreiben muss, reagieren. Er muss sich von den anderen, deren Meinung ihn nicht beeinflussen darf, ganz frei machen, wenn er das tun und sagen will, wovon er überzeugt ist. Die Zeiten, in denen er sich mit Diderot über Inhalte unterhalten konnte, sind lange vorbei.

In seinen literarischen und philosophischen Texten dieser Zeit ist der eigentliche Rousseau zu finden. Hier begegnet man seinen Überzeugungen, seinen Präferenzen und Abneigungen, hier erweist sich als zutreffend, was er in seiner Beschreibung des Erlebnisses von Vincennes, das den Beginn seiner Schriftstellerkarriere einleitete, so beschrieben hat: »In diesem Moment sah ich ein anderes Universum und wurde ein anderer Mensch.« Mit dem *Émile* löst er endgültig ein, was er selbst beansprucht: den Menschen neu zu erfinden. Die Grundlagen dazu hat er mit der Kritik der beiden *Diskurse* gelegt, und entsprechend seiner Methode, nach der seine Schriften sich gegenseitig erklären und die letzten immer die vorherigen voraussetzen, knüpft nun der *Émile* an die *Diskurse* an.

»Alles, was aus den Händen des Schöpfers aller Dinge kommt, ist gut, alles entartet in den Händen des Menschen«, lautet der erste Satz des Werkes. Wie aber kann der durch die Gesellschaft verdorbene, ursprünglich gute Mensch geheilt werden? Rousseau ist überzeugt, dies sei möglich, indem man zu den Anfängen zurückgeht, die in jedem Einzelnen zu finden sind, und diesen durch die richtige Erziehung dazu bringt, sich unter den irreversiblen Vo-

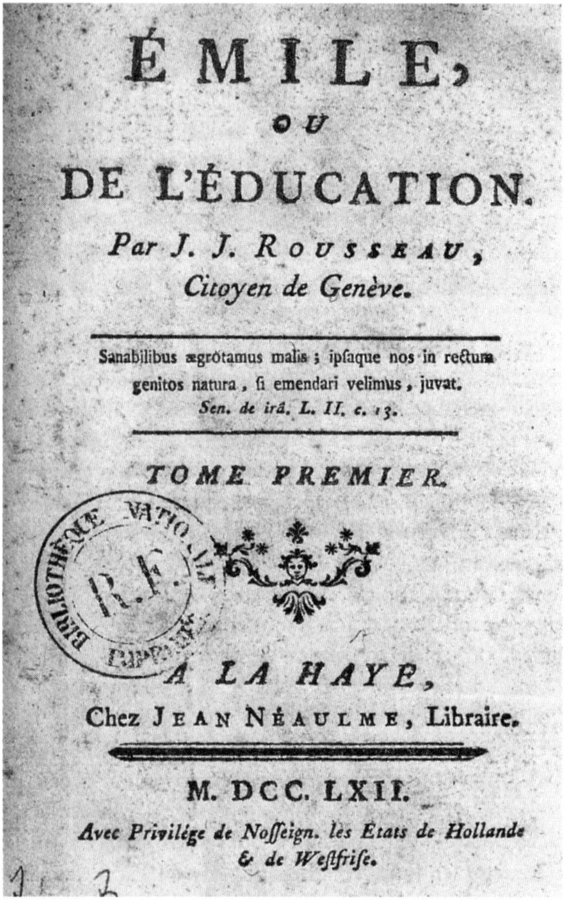
ÉMILE,
OU
DE L'ÉDUCATION.
Par J. J. ROUSSEAU,
Citoyen de Genève.

Sanabilibus ægrotamus malis; ipsaque nos in rectum
genitos natura, si emendari velimus, juvat.
Sen. de irâ. L. II. c. 13.

TOME PREMIER.

A LA HAYE,
Chez JEAN NÉAULME, Libraire.

M. DCC. LXII.
Avec Privilége de Nosseign. les Etats de Hollande
& de Westfrise.

24 Erstausgabe des »Émile«, Titelseite, 1762 (Bibl. Nat., Paris)

raussetzungen der Historizität des Menschen – er ist ein Gesellschaftswesen geworden und kann nur noch als solches existieren – möglichst wenig von seiner natürlichen Bestimmung zu entfernen. Den Weg dorthin mit Hilfe der idealen Erziehung zeichnet der *Émile*, ein Werk, dessen Gattung mit Handbuch der Erziehung oder Roman über die Erziehung nicht adäquat beschrieben ist. Der *Émile* ist mehr als ein Erziehungsbuch, er ist ein Buch über das Leben und seine Bestimmung, über die Religion, über die Ungleichheit und Ungerechtigkeit der Gegenwart, die Utopie eines besseren sozialen Lebens und ein Buch über den Autor selbst. Schon die Vielfalt der verwendeten Stilformen beweist, wie umfassend und grundlegend dieses Werk ist. Die Sprache ist eingängig, abwechslungsreich, voller Wortspiele und rhetorischer Figuren. Sie ist klar und verständlich und zugleich von hoher ästhetischer Qualität, dazu von suggestiver Kraft. Rousseau spricht den Leser an, er fordert ihn, er provoziert ihn, er kritisiert ihn, amüsiert ihn, unterhält ihn und instruiert ihn, er zieht ihn ins Geschehen hinein und zeigt, wie sehr er, seine Familie, Freunde, Nachbarn, die ganze Gesellschaft von dem Thema betroffen sind. Präzise Beobachtung steht neben Appellen und Sentenzen, kleinen Geschichten und Szenen, humorvollen Schilderungen, Berichten über pädagogische Experimente, Wortspielen. Es finden sich Dialoge mit dem Leser, Polemik, Wertungen und Urteile, Ironie, Klage, romanhafte Schilderungen, suggestive und auch schwärmerische Passagen. Das Buch ist Ausdruck großer schöpferischer Freiheit, antihierarchisch, offen und kommunikativ. Es lässt Rousseaus Wissen über Menschen und ihr Verhalten, Empathievermögen und einen ausgeprägten Realitätssinn erkennen.

Ein solches Buch, das die gegenwärtige Gesellschaft derart radikal in Frage stellt und auf so kreative Weise Gegenpositionen und Modelle entwickelt, kann niemand schreiben, der mit dieser Gesellschaft konform ist und alle ihre Regeln akzeptiert, sondern nur ein Außenseiter. Rousseaus Rückzug ist kaum das Ergebnis von Launen und Selbstüberschätzung. Nur in der Einsamkeit kann ein so einfallsreicher, umfassender und radikaler Gegenentwurf zur gängigen Erziehung, in der sich die höfische Gesellschaft spiegelt, entstanden sein. Ihm liegt die Idee zugrunde, dass an den Wurzeln, bei den Kindern begonnen werden muss, wenn der Niedergang der Gesellschaft aufgehalten werden soll; dass künftige Generationen nicht deformiert sein müssen wie die gegenwärtigen.

Wie sieht die Erziehung zur Zeit Rousseaus aus? So etwas wie Erziehung in der Familie gibt es in bürgerlichen und adeligen Kreisen kaum. Neugeborene werden der Amme anvertraut, später erhalten sie einen Erzieher, der ihnen Wissensgrundlagen und richtiges Benehmen beibringen soll. Danach kommt ein Knabe in ein Gymnasium und wird später in die Gesellschaft eingeführt, ein

Mädchen kommt in die Klosterschule und wird dann mit einem Unbekannten verheiratet. In den Jesuitenschulen werden die Knaben nicht in Naturwissenschaften unterrichtet, weil dies dem Glauben schadet, dafür werden antike Autoren gelesen, Geschichtszahlen und Texte auswendig gelernt, kirchliche Lehre, Achtung von Autorität stehen im Mittelpunkt.

25 Die Gouvernante (Gemälde von Jean-Baptiste-Siméon Chardin, 1699–1779, National Gallery of Canada, Ottawa)

Rousseau ist nicht der Erste, der all dies für reformbedürftig hält. Diderot, Condillac und Helvetius haben dies getan, ebenso John Locke und viele andere. Doch Rousseaus Vorstellungen sind in vieler Hinsicht neu.

Er legt seine Prinzipien der Erziehung dar, indem er am Beispiel Émiles, einer literarischen Figur, den Entwicklungsprozess eines Knaben darstellt, der einem Erzieher anvertraut wurde. Émile ist durchschnittlich intelligent, reich und adelig und soll durch die Erziehung gegen die Vorurteile seines Standes geschützt werden. Der einzige Stand, zu dem er erzogen werden soll, ist der eines Menschen. Der Erzieher, alias Rousseau, begleitet ihn von seiner Geburt bis zum 25. Geburtstag. Der Autor identifiziert sich in hohem Maß mit dem Erzieher. Er realisiert auf literarischem Gebiet etwas, worin er im wirklichen Leben versagt hat. Die Hingabe des Erziehers an Émile hat etwas von Wiedergutmachung für das Versagen Rousseaus als Vater. Doch auch mit dem Schüler identifiziert er sich, denn seine Erfahrungen aus der Kindheit und Jugend haben ihm deutlich gemacht, wie viele Fehlentwicklungen es geben kann.

Émile soll eine Erziehung erhalten, durch die er dem Naturmenschen möglichst ähnlich wird, um später das Leben in der Gesellschaft zu bestehen. Dazu muss er so lange wie möglich vor den Einflüssen der Zivilisation bewahrt und auf dem Land erzogen werden. Er soll die Freiheit erhalten, sich durch eigene Erfahrung zu entwickeln, wozu er unter dem Schutz und der Anleitung seines Erziehers in der Lage ist.

Wichtiger als die Vermittlung von Wissen ist Émiles moralische Bildung, die Förderung der Qualitäten seines Herzens, der Ehrsamkeit, der Tugend.

Émile soll außerdem praktische Dinge lernen, die ihm im Leben nützliche Dienste erweisen. Auch wenn er außerhalb der Gesellschaft erzogen wird, so ist doch das Ziel seines Lebens, Familienvater und Citoyen, für die Gemeinschaft verantwortlicher Bürger, zu werden. Der Vorbereitung auf diese Rolle dienen die letzten Erziehungsjahre.

Im Verlauf seiner Erziehung soll das Kind jeweils seinem Alter entsprechend behandelt werden und nur die Dinge lernen, die es auf der jeweiligen Entwicklungsstufe begreifen kann.

Rousseaus Erziehungsprinzipien und Erziehungsmethoden sind kohärent und systematisch aufgebaut. Er kann dabei u.a. auf John Lockes Erziehungstheorie zurückgreifen und ist von Condillac beeinflusst, dem zufolge die Empfindungen Voraussetzung für Ideen, Urteile und das Denken sind. Doch zahlreiche Vorstellungen resultieren aus eigener Erfahrung. Eine wichtige Rolle spielen dabei zum Beispiel zu frühe Lektüre, zu frühe Förderung der Sinnlichkeit, zwei Dinge, die in Émiles Erziehung nicht gestattet sind. Durch genaue Beobachtung und auch durch eigene Erfahrung in verschiedenen Berufen hat Rousseau Vorstellungen darüber entwickelt, was man durch Beobachtung lernen kann und wofür praktische Erfahrung notwendig ist.

Bestimmte gängige Erziehungsmethoden seiner Zeit lehnt er radikal ab. Dazu gehört unter anderem: Kindern gegenüber zu räsonieren, wenn sie dazu noch nicht in der Lage sind; an ihre Empfindsamkeit zu appellieren, solange sie noch nicht geweckt ist; im Übermaß von Moral und Religion zu reden, bevor sie verstehen können, worum es dabei geht. Bis zum 12. Lebensjahr sollen vor allem die Sinne angesprochen, die Beobachtung und Wahrnehmung geschärft werden. Émile soll Gelegenheit erhalten, vieles selbst zu erproben, Erfahrungen zu sammeln, manuelles Geschick zu erwerben. Seine Seele soll ihre natürlichen Eigenschaften, wie Mitleid, bewahren, dagegen soll er weder Eitelkeit noch Herrschsucht, Gier oder Lügen kennen lernen.

Rousseau teilt den Erziehungsprozess in vier Abschnitte, die jeweils einer Zeitspanne entsprechen.

Die ersten fünf Jahre

Der Erzieher muss Émile vor falschen Vorbildern, Herrschaft, Zwängen und Vorurteilen bewahren.

Damit die Entwicklung des Kindes natürlich verläuft, soll es von Anfang an Bewegungsfreiheit haben und nicht in enge Windeln geschnürt werden. Es soll nicht von einer Amme, sondern von seiner Mutter ernährt werden, wie es die Natur vorsieht.

Die körperliche Entwicklung des Kindes soll durch Bewegungsfreiheit gefördert werden. Es soll die Welt mit seinen Sinnen erfahren. Es wird mit Wärme und Kälte konfrontiert, mit Gewicht

26 Die kleine Schulmeisterin. Um 1740 (Gemälde von Jean-Baptiste-Siméon Chardin, 1699–1779, National Gallery, London)

und Entfernungen. Es soll sich an schlechtes Wetter gewöhnen, Mut entwickeln, unbekannte Empfindungen und starke Geräusche kennen lernen. Unnatürliche Empfindungen sollen ihm nicht vermittelt werden.

Tränen sind eine natürliche Sprache des Kindes. Der Erzieher muss auf sie reagieren, wenn das Kind sich nicht selbst helfen kann, doch nie so, dass das Kind nicht den Eindruck erhält, er unterwerfe sich seinem Willen. Dadurch würde in ihm der Geist der Unterdrückung geweckt.

Zwischen 5 und 12 Jahren

Der Erzieher darf der natürlichen Entwicklung des Kindes nicht vorgreifen. Es ist noch nicht in der Lage, zu denken, und soll seine Kindheit genießen. Es soll seinen Körper, seine Sinne, seine Kräfte erproben. Es soll Sport treiben, dabei leichte Kleidung tragen, auf harter Unterlage schlafen, gegen Schmerz abgehärtet werden, auch seine Seelenkraft soll gestärkt werden. Durch Spiele im Dunkeln wird sein Tastsinn geweckt, seine Sehkraft wird durch Einschätzungen von Entfernungen geübt, auch sein Gehör, seine Stimme und sein Geruchsinn werden gefördert. All dies soll in »wohlgeordneter Freiheit« geschehen. Um glücklich zu sein, muss das Kind diese Freiheit haben, die, da es noch unerfahren ist, in bestimmter Weise vom Erzieher strukturiert werden muss. Dieser Erzieher soll, wenn das Kind etwas falsch macht, auf Moralpredigten verzichten und dem Kind immer die Notwendigkeit aufzeigen, die sich aus Fakten ergibt.

Es ist sinnlos, unverständliche Strafen zu verhängen, Strafe muss die natürliche Folge von Fehlverhalten sein. So erhält das Kind die ersten Regeln für richtiges Handeln und damit die ersten Vorstellungen von Moral aus eigener Erfahrung.

Um sein Herz vor Lastern und seinen Geist vor Irrtümern zu bewahren, sollen ihm zum Beispiel weder Geschichte noch Geographie beigebracht werden, da es diese noch nicht richtig einschätzen kann.

Es soll keine Fabeln lernen, da deren Moral für Kinder nicht altersgemäß, ihre Sprache unverständlich, ihre Moral fragwürdig sei. Zu leicht würden sich die Kinder auf die Seite der Betrüger stellen, wie etwa auf die Seite des Fuchses in der Fabel *Der Fuchs und der Rabe*.

Die Erziehung zur Moral soll die natürlichen Neigungen zu Selbsterhaltung und Wohlergehen nutzen und in den Kindern den Sinn für das wecken, was ihnen zusteht. Vor der Erziehung zu Pflichten soll die zu den Rechten stehen. Auch die Rechte anderer soll es durch Erfahrung respektieren lernen.

Am Beispiel eines Gartens, in dem Émile Bohnen pflanzt, lernt der Knabe, was Eigentum ist.

Émile hat Zeit und Arbeit investiert, und was aus der Erde wächst, gehört nun ihm. Doch eines Tages sind alle Bohnen ausgerissen, was bei ihm ein Gefühl tiefer Ungerechtigkeit hervorruft. Es stellt sich heraus, dass der Gärtner der Urheber war. Und dieser erklärt, dass an diesem Ort kostbare Melonensamen lagen, die durch Émiles Arbeit zerstört worden sind. Émile lernt, wo das Recht des anderen beginnt.

Zwischen 12 und 15 Jahren

Jetzt vollziehen sich Émiles geistige Entwicklung und sein Verständnis für Technik. Es ist Eile geboten, denn die Pubertät, das Alter der erwachenden Sexualität, rückt näher, die den Schüler so stark in Anspruch nehmen wird, dass er sich für nichts anderes mehr interessiert. Jetzt gilt es, nützliche Dinge zu lernen.

Da Rousseau glaubt, dass Kinder dieses Alters noch nicht zur Abstraktion fähig sind, betreibt er mit Émile Naturbeobachtung und so wird dieser in die Fächer Physik, Geographie, Astronomie eingeführt.

Um nicht falschen Einflüssen ausgesetzt zu werden, soll er noch keine Bücher lesen mit Ausnahme des Robinson Crusoe, weil er dort lernen kann, was ein Naturmensch braucht und wie er aus eigener Kraft überleben kann.

Émile wird nun auch auf das Leben in der Gesellschaft vorbereitet. Dazu wird er zunächst zum Gebrauch seiner Hände veranlasst, wodurch er Interesse an der Physik, zunächst der Mechanik findet. Er kann bereits aus früheren Jahren mit Werkzeug umgehen und ist nun in der Lage, ein Handwerk zu lernen. Manuelle Arbeit ist Voraussetzung für die Fähigkeit, nachzudenken und zu urteilen.

Bei allem, was Émile lernt, soll darauf geachtet werden, dass er Freude daran findet. Auch soll seine Neugier geweckt werden. Der Lehrer soll diese nicht zu früh befriedigen, damit der Schüler Dinge von selbst zu begreifen lernt. Sein Verstand soll nicht durch Autoritäten ersetzt werden, denn dann würde er aufhören nachzudenken und würde zum Spielball fremder Meinungen.

Von den Vorgängen des Weltalls erfährt Émile durch Beobachtung eines Sonnenuntergangs.

Niemand kann unter den gegebenen Lebensbedingungen des Menschen immer Naturmensch bleiben. Auch Émile muss auf das Leben in der Gesellschaft vorbereitet werden.

Es ist Pflicht eines jeden, für die Gesellschaft nützlich zu sein, zugleich aber soll sich niemand von ihr unterjochen lassen. Die beste Voraussetzung dafür, dass Gleichheit unter den Menschen herrscht, ist, dass jeder mit Arbeit sein Leben verdient. Günstig ist

27 »Jeder achte die Arbeit der anderen, damit er seiner in Ruhe und Frieden nachgehen kann.« (Kupferstich aus dem 2. Buch des »Émile« von Dupreel nach Jean-Michel Moreau, 1822, Sig. Archiv f. Kunst & Geschichte, Berlin)

das Erlernen eines Handwerks, denn ein Handwerker ist unabhängig und kommt dadurch dem glücklichen Naturzustand am nächsten. Émile darf keinesfalls dazu erzogen werden, die Privilegien seines Standes zu genießen und nicht zu arbeiten. Nicht nur, dass dadurch das Gleichheitsprinzip verletzt würde, es weiß auch niemand, wie lange die soziale Ordnung bestehen bleibt. Rousseau selbst geht davon aus, dass ein gesellschaftlicher Umsturz bevorsteht: »Der Große wird klein, der Reiche wird arm, der Monarch wird zum Untertanen … Wir nähern uns einem Zustand der Krise und dem Jahrhundert der Revolutionen.«[1] Welche sozialkritische Brisanz in der Idee der Handwerkerausbildung steckt, zeigt folgender Dialog mit einer Mutter:

»Was, mein Sohn soll ein Handwerk lernen?«

»Wollen Sie ihn darauf festlegen, nichts anderes als Lord, Marquis oder Fürst zu sein und vielleicht eines Tages weniger als gar nichts? Ich will ihm einen unverlierbaren Rang geben, der ihm zu jeder Zeit Ehre macht, ich will ihn in den Rang eines Menschen erheben.«[2]

Schon aus Prinzip soll jeder für seinen Lebensunterhalt sorgen, um nicht zum Dieb an der Gesellschaft zu werden. Während man als isoliertes Wesen in der Natur völlig frei war, hat man gegenüber der Gemeinschaft, in der man lebt, Verpflichtungen. Arbeit ist eine Pflicht des Menschen in der Gesellschaft.

Unter den verschiedenen Möglichkeiten von Arbeit zieht Rousseau/der Erzieher das Handwerk vor, weil es der Natur am nächsten ist und die größte Unabhängigkeit von Geld und Menschen bietet. Handwerker sind allein von ihrer Arbeit abhängig, anders als Feldarbeiter, denen die Ernte am Ende nicht gehört. Mit dem Handwerk kann man kein Vermögen machen, aber den Lebensunterhalt verdienen. Der Erzieher wählt für Émile den Beruf des Schreiners, der folgende Vorteile hat: Er ist sauber, nützlich, kann im Haus ausgeübt werden, der Körper wird genug beansprucht, Einfallsreichtum, Geschicklichkeit und Geschmack werden entwickelt.

Zwischen 15 und 20 Jahren

Jetzt findet die moralische und religiöse Entwicklung statt. Es ist das Alter der erwachenden Sexualität, der Leidenschaften und Affekte. Die natürlichen Affekte müssen bewahrt werden. Sie sind sanft und liebevoll.

Eitelkeit, Ehrgeiz, Eifersucht und Hass, die ein Produkt der Gesellschaft sind, müssen abgewehrt werden.

Wenn sich die Pubertät einstellt und sich mit ihr die Sexualität entwickelt – für Rousseau gibt es die Freud'sche Vorstellung frühkindlicher Sexualität nicht –, gilt es, sie aufzuschieben, die Aufmerksamkeit abzulenken und entsprechende Phantasien zu mildern. Hierdurch können sich die Eigenschaften entwickeln, die den Menschen gesellschaftsfähig machen. Es entstehen Freundschaft, Mitleid und Sympathie. Durch die Sehnsucht, das Verlangen, die sexuelle Gefühle auslösen, kann sich die Zuneigung zu anderen entwickeln. Die Sexualität ist es, die den Menschen gesellschaftsfähig macht.

Ist die Sexualität in Émile erwacht, behandelt der Erzieher ihn wie einen Mann. Sein Liebesbedürfnis bekämpft er nicht, sondern er wird ein freundschaftlicher Begleiter, der ihn vor blinder Lust warnt und ihm die ideale Frau vor Augen führt.

Émile lernt Menschen kennen. Sein Bedürfnis nach gesellschaftlichem Umgang wächst und bringt ihn dazu, die Gesellschaft zu studieren. Was Menschen sind, soll er schon lernen, bevor er unter Menschen geht, damit er nicht durch ersten Kontakt mit ihnen unheilbar verletzt wird. Hierzu dienen Beispiele aus der Geschichte, besonders die der berühmten Männer von Plutarch und Fabeln.

Émile kommt nun in die Stadt. Er ist dank seiner Erziehung bescheiden, hat Mitgefühl, ist ehrenhaft, zurückhaltend. Seine Bescheidenheit und Natürlichkeit gefallen. Er wird ein glücklicher Mensch, denn er ist mit den Gütern zufrieden, die er zur Verfügung hat.

Rousseau fügt nun eine Überlegung darüber an, was er selbst täte, wenn er reich wäre. Er würde sich ein kleines Haus auf dem Land kaufen und dort mit Gleichgesinnten in einer auf demokratische Weise lebenden Landgemeinde leben, in der es keine Diener und keine Herren gibt und alle einander zuarbeiten. Auch Feste werden gefeiert, und es heißt: »Ich würde in ihrer Scheune mit froherem Herzen tanzen als auf dem Opernball.«[3] Hier nimmt er Gedanken der *Lettre à d'Alembert* und der *Nouvelle Héloise* über die Rolle der Feste in einem demokratischen Gemeinwesen wieder auf.

Eines seiner wichtigsten Anliegen formuliert Rousseau ebenfalls im 4. Buch des *Émile*, seine Auffassung von Religion. Vorher hat er sich bereits zweimal literarisch mit dieser Frage beschäftigt, einmal in dem *Brief über die Vorsehung* nach dem Erdbeben von Lissabon, dann in der *Neuen Héloise*, wo bereits, besonders in der Gestalt der Julie, Rousseaus Auffassung zum Ausdruck kommt, dass jeder Mensch von Natur aus ein religiöses Empfinden hat und an einen gütigen, sanftmütigen Gott glaubt und weiß, worin seine Pflichten bestehen.

Im *Émile* legt er ausführlich dar, welches Wesen die Religion seiner Meinung nach haben soll. Er nimmt dabei auch auf die eigene Person Bezug.

Ein junger Calvinist ist, wie der junge Rousseau selbst, in ein katholisches Hospiz gelangt und in Fragen des Glaubens auf Irrwege geraten. In dieser Situation hilft ihm ein junger Geistlicher aus Savoyen, der in beispielhafter Weise tugendsam und tolerant ist und dem jungen Calvinisten den richtigen Glauben vermittelt. Ihr Gespräch findet in der freien Natur vor einer prächtigen Alpenkulisse statt, in der die Macht und Herrlichkeit Gottes, des Schöpfers, zu erkennen sind.

Der Mensch hat, so meint Rousseau, ein natürliches Bedürfnis, an Gott zu glauben, und ist nicht auf die Offenbarung angewiesen. Das Universum ist durch Gott entstanden und wird durch seinen Willen bewegt und gestaltet. Die Harmonie der Welt beruht nicht auf einem glücklichen Zufall, wie die Materialisten annehmen. Ein höheres Wesen ist Urheber der Ordnung des Universums, Menschen können dies spüren. »Ich erkenne Gott überall in seinen Werken«, lässt Rousseau den Geistlichen sagen, »ich spüre ihn in mir, sehe ihn überall um mich herum; wenn ich ihn aber selbst betrachten will, herausfinden will, wo er sich befindet, was er ist, aus welcher Substanz er besteht, entzieht er sich mir und mein verwirrter Geist erkennt nichts mehr.«[4] Angesichts der Allmacht Gottes kann der Mensch nur schweigen und Gott verehren.

Gott ist ein gütiger Gott und kein rächender Gott, der die Menschen richtet und bestraft, wie es die christlich-kirchliche Tradition lehrt.

Alle Menschen haben einen natürlichen Glauben an Gott, ganz gleich, welcher Religion sie angehören, und alle Religionen welt-

28 »Die Natur offenbarte sich uns in ihrer ganzen Pracht.«
(Gravur von J. B. Simonet nach einer Illustration für den »Émile« von Moreau le Jeune, 1778, Bibl. Nat., Paris)

weit haben die gleiche Berechtigung, wenn sie den richtigen Kult haben. Dieser muss sich nach den Herzen der Menschen richten. Aufrichtige Liebe wird von Gott anerkannt. Daher sind auch Protestanten und Katholiken gleichrangig. Entscheidend ist, dass sie einander lieben und sich als Brüder betrachten. Das wichtigste Gebot lautet, Gott über alles und seinen Nächsten wie sich selbst zu lieben. Gott dienen kann man am besten mit dem Gefühl, das Gott dem Herzen eingibt. Aus dem natürlichen religiösen Empfinden ergibt sich moralisches Handeln.

»Zeigen Sie mir, was man zur Ehre Gottes, für das Wohl der Gesellschaft und meinen eigenen Vorteil den Verpflichtungen des Naturgesetzes hinzufügen soll … Die erhabensten Vorstellungen von Göttlichkeit stammen aus der Vernunft. Betrachten Sie den Anblick der Natur und hören Sie auf Ihre innere Stimme. Hat Gott nicht unseren Augen, unserem Gewissen und unserem Urteil alles gesagt? Was sollten uns Menschen zusätzlich sagen? Ihre Offenbarungen können nichts als Gott degradieren, indem sie ihm menschliche Leidenschaften zuschreiben.«[5] Die Lehre der Kirche hat das geheime Bild des Allerhöchsten verdüstert und entstellt. Absurde Widersprüche machen die Menschen hochmütig und intolerant, weil sie auf irgendwelchen Wahrheiten beharren, und dies hat statt Frieden nur Krieg gebracht.

»Hätte man auf das gehört, was Gott dem Menschen ins Herz eingibt, hätte es nie eine Religion auf Erden gegeben.« Rousseau stellt mit seiner Auffassung vom natürlichen Glauben jedes Menschen an Gott die Überlieferung in Frage, und zwar sowohl die den Protestanten wichtige Tradition der heiligen Schrift als auch die den Katholiken wichtige Rolle der Kirchenväter und der kirchlichen Dogmen. Wie die Aufklärer lehnt er Wunder ab, nicht nur, weil sie mit dem Verstand nicht nachvollzogen werden können, sondern weil sie von Menschen bezeugt worden sind, ebenso, wie die Schriften von Menschen stammen. Er stellt den Glauben auf eine ganz neue Basis und übt von dort aus radikale Kritik am Christentum und den christlichen Kirchen und relativiert deren Bedeutung. Damit verlässt er den Boden der geltenden Tradition. Bestimme Dinge lässt er gelten, er preist die »Schönheit des Evangeliums« oder die Person Jesu, den er noch höher schätzt als den weisen Sokrates und dem er auch etwas Gottähnliches zuerkennt.

Doch Jesus ist damit nicht mehr Teil der Trinität und selbst Gott. Darin steckt, wenn auch nicht explizit erwähnt, die Meinung, dass Jesus eher ein großer Philosoph als Gott ist und der Mensch, der von Natur aus gut ist, nicht unbedingt einen Erlöser braucht.

Zu dem Glauben an Gott gehören das Gewissen, um das Gute zu lieben, die Vernunft, es zu erkennen, die Freiheit, es zu wählen. Verhält der Mensch sich entsprechend, erreicht er einen Zustand des Glücks. Ob dies geschieht, hängt von ihm selbst und seiner freien Entscheidung ab. Rousseau glaubt an die Unsterblichkeit der Seele und daran, dass der Mensch für das, was er an Gutem tut, später belohnt wird. Andererseits lehnt er alle traditionellen Vorstellungen von einer ewigen Strafe für böse Menschen ab. Sie seien in diesem Leben schon genug bestraft, meint der savoyische Geistliche. Gier, Geiz und Ambitionen, Rache und Hass zerstörten ihr Glück.

Wie man sich richtig verhält, weiß jeder Mensch von Natur aus und findet die entsprechenden Regeln »im Grunde seines Herzens«. Das untrügliche Gewissen weiß am besten, was zu tun ist. Wer sich nach ihm richtet, gehorcht der Natur. Das Gewissen ist ein angeborenes Prinzip der Gerechtigkeit und Tugend, nach dem wir unsere Taten und die anderer als gut oder böse beurteilen.

Den natürlichen Glauben kann es überall geben, er ist nicht auf bestimmte Teile der Welt und auch nicht auf das Christentum beschränkt. Am besten scheint Rousseau, dass Menschen jeweils den Kult ihres Ortes praktizieren, der ihnen am meisten vertraut ist. Ihm geht es darum, die göttliche Ordnung zu respektieren, tugendhaft zu sein und Gott zu verehren.

Mit seiner Auffassung, die er dem Geistlichen aus Savoyen in den Mund legt, bezieht Rousseau deutlich Position, nicht nur gegen das traditionelle Christentum, sondern auch gegen den Materialismus Diderots und anderer und auch gegen den Sensualismus, denn für ihn hat der Mensch Leib und Seele; er unterscheidet sich auch von der Vernunftreligion von Philosophen wie Voltaire und damit hat er alle gegen sich.

Der fünfte Teil des *Émile* widmet sich der Erziehung der Frauen aus folgender Perspektive: Wer ist die Frau, die dem richtig erzogenen Mann entspricht. Diese Frau, so heißt es, »muss sich auf den Mann beziehen … Die Frauen müssen ihnen [den Männern] gefallen, ihnen nützlich sein, sich von ihnen lieben und ehren lassen, sie, wenn sie jung sind, erziehen, wenn sie groß sind, versorgen, ihnen Rat geben, sie trösten, ihnen das Leben angenehm und sanft machen; Pflichten der Frauen aller Zeiten, die man ihnen von Kindheit an beibringen muss«[6]. Die Aufgabe der Frauen besteht im Führen des Haushalts, im Gebären, Stillen und Versorgen der Kinder. Intellektuelle Fähigkeiten spielen keine große Rolle und sollen dies auch nur insoweit, als sie für das Leben der Frau und ihre Pflichten von Nutzen sind. Frauen sind dazu da, ein tugendhaftes, maßvolles Leben zu führen. Sie sind passiver und schwächer als Männer. Ihre Stärke liegt im Bereich des Gefühls und auch dies kommt dem Mann zugute.

Sophie ist das Mädchen, das der Erzieher als spätere Ehefrau für Émile bestimmt hat. Sie ist dazu erzogen worden, mit einem Naturmenschen ein glückliches Paar zu bilden. Sie ist fünfzehn Jahre alt und besitzt zahlreiche, einer Frau ziemende Qualitäten: Sie ist sensibel, besitzt Charme, ist musikalisch, von natürlicher zurückhaltender Eleganz, ein wenig kokett, angenehm und spontan, fröhlich ohne Übermut und frei von Schmähsucht, aufmerksam, verbindlich und von aus dem Herzen kommender Höflichkeit. Sie kann nähen und kochen und einen Haushalt führen und widmet ihr Leben Gott, indem sie Gutes tut. Sie liebt die Tugend, die für sie der einzige Weg zu wahrem Glück ist. Damit gesteht Rousseau einer Frau kaum mehr zu als im Denken und in den Traditionen seiner Zeit üblich. Eine Neuerung in Rousseaus Konzept ist immerhin das Recht, den Ehemann nach dem eigenen Herzen auszuwählen und nicht von den Eltern verheiratet zu werden. Diese haben nur beratende Funktion.

Rousseau lässt Émile und Sophie einander begegnen, als der Erzieher mit ihm auf einer langen Wanderung ist. Unterwegs nimmt eine Familie sie gastfreundlich auf. Deren Tochter ist Sophie. Émile und Sophie lieben einander, kommen sich schnell näher, Émile besucht Sophie mehrmals gemeinsam mit dem Erzieher. Und zwei Jahre später heiraten die beiden. Vorher ist Émile durch die Welt gereist und hat Erfahrungen in der Politik gemacht. Der Erzieher ist der Stifter ihrer Verbindung. Émile wird ein aktiver Vater sein und seinen Sohn selbst erziehen.

Nicht alle haben nach Erscheinen dieses Buches begriffen, dass es sich um ein Gedankenexperiment, eine idealtypische Darstellung von Erziehung handelt und Rousseaus Vorstellungen nicht bis ins Detail in der Wirklichkeit umgesetzt werden können. Rousseau, und das begreifen viele nicht, geht es nicht um die Erziehung eines wirklich existierenden Kindes, Émile ist ein von ihm selbst geschaffener Typus, auf den er seine Ideen anwendet. Er selbst sagt über den *Émile*, dass es ihm darum gegangen sei, zu zeigen, dass der Mensch von Natur aus gut ist und das Böse ihm im Lauf des Lebens beigebracht wird[7] und dass bei jedem Individuum, das auf die Welt kommt, ein Mensch im Naturzustand zu finden ist. »Es ist ein eher philosophisches Werk über das vom Autor in anderen Schriften aufgestellte Prinzip, dass der Mensch von Natur aus gut ist. Um dieses Prinzip mit der anderen, nicht weniger gewissen Wahrheit in Einklang zu bringen, dass die Menschen böse sind, musste man in der Geschichte des menschlichen Herzens den Ursprung aller Laster aufzeigen.«[8]

14
Die ideale Republik

In die literarisch produktive Zeit in Montmorency fällt auch Rousseaus Arbeit an dem Werk zur politischen Philosophie *Du Contrat social ou principes de droit politique*, »Über den Sozialvertrag oder Prinzipien des politischen Rechts«, mit dem er an die beiden *Diskurse* anknüpft und damit einen Teil des bereits in Venedig geplanten und seit 1756 weitaus umfangreicher gestalteten Werkes *Institutions politiques* realisiert. Mit dem *Contrat Social* ergänzt Rousseau seine Abhandlung über Erziehung. Während Émile dazu erzogen wurde, sich sein ursprüngliches Gutsein in einer korrupten Gesellschaft zu bewahren, wird jetzt gezeigt, was eine Gesellschaft ist, die auf legitimen Grundlagen beruht und nicht auf dem im *Zweiten Diskurs* kritisierten, von den Reichen und Mächtigen erlassenen Gesetz, das zu Unrecht deren Privilegien stärkt und die Notlage der Armen zementiert.

Rousseau setzt voraus, dass der Mensch gesellschaftsfähig ist, die bisherige Entwicklung eine Fehlentwicklung war und die bösen Eigenschaften der Menschen durch schlimme Regierungen gefördert worden sind. Was aber ist die beste Regierung? Nach welchen Prinzipien kann politische Herrschaft legitimiert werden? Und wie lässt sich die Freiheit der Menschen mit der Notwendigkeit politischer Herrschaft vereinbaren?

Rousseau ist nicht der Erste, der sich mit Problemen der Staatsphilosophie beschäftigt, auch ist der Begriff des *Contrat Social* nicht neu. Bereits vor ihm ist das Gottesgnadentum des Mittelalters, mit dem sich die Monarchie legitimiert, in Frage gestellt worden. Schon im 16. Jahrhundert haben die protestantischen Monarchomachen die Legitimation einer ihrem Glauben feindlich gesinnten Monarchie in Frage gestellt und die Meinung vertreten, dass nach dem Naturrecht allein die Zustimmung des Volkes einen König legitimieren kann. Im 17. Jahrhundert hat der deutsche Cal-

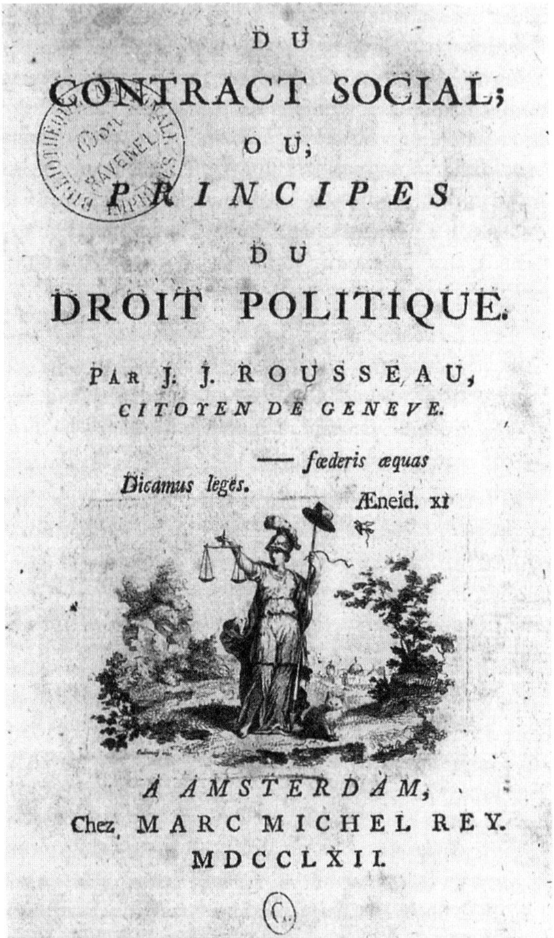
DU
CONTRACT SOCIAL;
OU;
PRINCIPES
DU
DROIT POLITIQUE.
PAR J. J. ROUSSEAU,
CITOYEN DE GENEVE.
— fœderis æquas
Dicamus leges.
Æneid. xi
A AMSTERDAM,
Chez MARC MICHEL REY.
MDCCLXII.

29 Erstausgabe des »Contrat Social«, Titelseite, 1762

vinist Althusius den Gedanken weiterentwickelt. Für ihn muss ein Vertrag zwischen kleinen Gemeinschaften geschlossen und ein föderaler Staat gebildet werden. In der Vorstellung des holländischen Naturrechtlers Grotius schließen die von Natur aus freien und gleichen Menschen einen Vertrag, durch den die Zivilgesellschaft entsteht und das Volk sich selbst gewählten Herrschern unterwirft, wodurch die Souveränität beim Volk liegt, aber doch dem politischen Oberhaupt übertragen wird, was seine Macht verstärkt. Für den deutschen Naturrechtler Pufendorf entsteht die Gesellschaft dadurch, dass die Menschheit den Unsicherheiten des Naturzustands entkommen will. In zwei Verträgen entsteht der Staat. Im ersten schließen sich die Menschen zusammen und entscheiden über die Bildung der Regierung, im zweiten unterwerfen sie sich einem absoluten Herrscher. Damit wird diesem die Souveränität des Volkes übertragen, wodurch ihm eine besondere Legitimierung und Stärkung seiner Macht zugute kommt. In England haben sich Thomas Hobbes und John Locke mit dem Problem befasst. Bei Ersterem wird der von ihm postulierte Zustand des Kriegs aller gegen alle durch einen Vertrag beendet, mit dem alle ihre Macht vollständig dem Herrscher übergeben, der damit über unbeschränkte Macht verfügt und so den zerstörerischen Verhältnissen des Naturzustands ein Ende setzt. Davon unterscheidet sich die Auffassung Lockes, für den die Menschen von Vernunft geleitet und friedfertig sind, bereits im Naturzustand über Eigentum verfügen und schließlich die Zivilgesellschaft gründen, um dieses zu garantieren. Die Regierenden sind vor allem Verwalter von friedlichem Leben und Wohlstand, Wahrer von Toleranz und individueller Freiheit. Locke ist sowohl gegenüber dem Konzept der Volkssouveränität als auch gegenüber der absoluten Monarchie skeptisch. Rousseau lehnt Lockes Vorstellung vom natürlichen Vorhandensein des Eigentums ab. Neben diesen Theorien hat sich Rousseau mit Platon, Machiavelli und Montesquieu beschäftigt und entwickelt, angeregt durch sie und in der Auseinandersetzung mit ihnen, seine eigenen Vorstellungen.

Um die Freiheit der Menschen zu garantieren, muss für Rousseau politische Macht im Willen der Beherrschten begründet sein. Die Zugehörigkeit der Menschen zum Staat kommt durch eine freiwillige vertragliche Vereinbarung, den *Contrat Social*, den »Sozialvertrag«, zustande. Hierbei vereinbart jeder Einzelne mit jedem anderen, sich der Gemeinschaft zu unterwerfen und alle seine Rechte an sie zu delegieren. Damit ist jeder Einzelne sowohl Teil des herrschenden Souveräns, *citoyen*, »Bürger«, als auch *sujet*, »Untertan«. Indem die Bürger den Vertrag freiwillig eingehen und dabei alle ihre Rechte der Gesellschaft übertragen, werden ihnen Freiheit und Gleichheit garantiert, da die Bedingungen für alle die gleichen sind. Indem der Einzelne der *volonté générale*, dem »Gemeinwillen«, dem vernünftigen politischen Willen aller, gehorcht, dessen Herrschaft er anerkennt, tut er nichts anderes, als seiner eigenen freien Entscheidung zu entsprechen. Grundlage jeglicher Autorität im Staat ist das Volk, der Souverän. Jeder Angehörige des Volkes versteht sich nach Eintritt in den Vertrag als Teil des Ganzen, was die Relativierung privater Ansprüche bedeutet. Nur so kann es völlige Gleichheit geben. Die ursprüngliche naturgegebene radikale Freiheit des Individuums wird in eine sittliche Freiheit verwandelt und realisiert sich im Leben der Gemeinschaft. In der Gesellschaftsordnung entspricht die Macht des Gesetzes den allgemeinen Zwängen, die in der Natur herrschten und das Leben des Einzelnen bestimmten. Durch den Vertrag wird der Instinkt durch die Moral ersetzt. Der Mensch verliert durch ihn seine natürliche Freiheit und damit die Möglichkeit, alles zu erreichen, was er mit ihr erreichen konnte, doch er gewinnt dabei die zivile Freiheit, die allen garantiert wird, und mit ihr sein Eigentum. Das Eigentum, das es im Naturzustand gab, wird nun rechtlich garantiertes Eigentum. Statt die »natürliche Gleichheit zu zerstören, wird durch den Vertrag eine moralische und legitime Gleichheit an die Stelle dessen gesetzt, was die Natur durch körperliche Ungleichheit zwischen den Menschen hervorgebracht hatte, und sie werden, wenn sie vorher an Kraft oder Geist ungleich waren, durch Übereinkommen und Recht alle gleich«[1].

Souveränität bedeutet, die *volonté générale* auszuüben. Diese ist immer gerecht und von allgemeinem Nutzen und nicht etwa die Summe egoistischer Einzelinteressen. Für den Bürger ist sie ein unbeirrbarer Instinkt wie der des Menschen im Naturzustand. Jeder hat, wenn er wählt, nur das Wohlergehen der Gemeinschaft im Auge, und bürgerliche Tugend bedeutet, dass der Wille des Einzelnen mit dem allgemeinen übereinstimmt. Die Souveränität kann nicht übertragen werden; wenn das Volk seinen Willen aufgibt, ist es kein Volk mehr. Überlässt es ihn Repräsentanten, gibt es seine Freiheit auf. So müssen Gesetze direkt beschlossen werden. Die Souveränität ist unteilbar. Was die Bürger delegieren können, ist die Exekutive, die nicht als souveräne Autorität, sondern als untergeordnete Macht verstanden wird. War bei den früheren Vorstellungen vom Sozialvertrag das Volk nur vorübergehend souverän, um dann seine

Freiheit den Herrschern zu überlassen, so bleibt es hier uneingeschränkt souverän. Die Souveränität manifestiert sich im Gesetz, das, vom Volk beschlossen, gerecht ist, weil jeder Einzelne ihm zugestimmt hat und niemand ungerecht gegen sich selbst ist. Sich dem Gesetz zu unterwerfen bedeutet Freiheit, weil es aus freiem Willen beschlossen worden ist. Wenn ihm alle zugestimmt haben, ist das Gesetz allgemein gültig. Alle Gesetze, die die Gemeinschaft betreffen, müssen auch von ihr beschlossen werden. Sie ist der Souverän. Damit im Gesetz die *volonté générale* zum Ausdruck kommt, muss sich jedes Mitglied verpflichten, nur noch das zu beanspruchen und zu tun, was alle in der Gemeinschaft wollen; jeder Bürger muss an der Entstehung der Gesetze gleichberechtigt mitwirken; die Gesetze müssen für die Bürger die gleiche Bedeutung haben, also müssen die sozialen Lebensumstände der Bürger in etwa gleich sein. Das Gesetzessystem wird von einem weisen Gesetzgeber entworfen. Sind die Gesetze einstimmig vom Volk angenommen, ist die Aufgabe des Legislators erfüllt.

Seine Aufgabe ist es, die menschliche Natur zu verwandeln und »jeden Einzelnen, der von sich aus ein vollkommenes und solidarisches Ganzes ist, in einen Teil eines größeren Ganzen zu verwandeln, von dem dieser Einzelne sein Leben und sein Sein erhält«.[2] Der Gesetzgebungsvorgang ist demokratisch, da die Gesetze, auch wenn sie nicht das Volk selbst entwirft, nur von ihm beschlossen werden können. Wichtige Gesichtspunkte bei der Gesetzgebung sind die Freiheit und Gleichheit der Bürger, weshalb Rousseau das Privateigentum begrenzt sehen möchte, damit kein Bürger einen anderen kaufen kann und sich niemand einem anderen verkaufen muss.

Zu dem Gesetzeswerk gehören drei Arten von Gesetzen, die grundlegenden (etwa einer Verfassung entsprechenden), welche die Beziehung zwischen Volk und Staat regeln, sodann die Zivilgesetze, die für Beziehungen zwischen einzelnen Bürgern und zwischen diesen und der Gemeinschaft zuständig sind, sowie die Strafgesetze gegen Kriminalität.

Die Anwendung der Gesetze obliegt der Regierung, einer größeren (Demokratie) oder kleinen Gruppe von Männern (Oligarchie) oder einem Einzelnen (Monarchie), die dem Souverän unterstehen und in dessen Auftrag handeln und jederzeit abberufen werden können. Es besteht also keine Gewaltenteilung wie im Konzept von Montesquieu in *L'esprit des lois*, »Vom Geist der Gesetze«. Die exekutive Macht ist vom Souverän nur delegiert. Welche Regierungsform zu einem Volk am besten passt, also seinem Wohlergehen am ehesten gerecht wird, muss es selbst entscheiden.

Rousseau sieht auch die Gefahr von Fehlentwicklungen, etwa wenn Eigeninteressen, die *volonté particulière*, der *volonté générale* zur Bedrohung werden. Hierbei hat Rousseau offenbar die Vorgänge in Genf im Auge, bei denen die Oligarchie der Patrizier die Macht der Bürger zunehmend eingeschränkt hat. Solche Entwicklungen gilt es aufzuhalten, durch Wachsamkeit und häufige und regelmäßige Bürgerversammlungen, auf denen die Exekutive sich für ihr Handeln rechtfertigen muss.

Die *volonté générale* manifestiert sich durch Abstimmungen des Volkes. Es ist darauf zu achten, dass das Gemeininteresse nicht durch Einzelinteressen zerstört wird, so dass die *volonté générale* nicht mehr den Willen aller repräsentiert. In einem souveränen Staat, in dem das Gewissen der Bürger intakt ist, bringt die Mehrheit den Gemeinwillen zum Ausdruck. Wäre dies nicht mehr der Fall, gäbe es keine Freiheit mehr und der Staat wäre zerstört. Rousseau betont die Notwendigkeit, das richtige Verhältnis zwischen Souverän und Regierung zu wahren.

Die Strukturen der Gemeinschaft werden durch die *religion civile*, die »Zivilreligion«, gestärkt, die die Interessen des Staates im Auge hat. Rousseau geht davon aus, dass Moral und Religion eng zusammengehören, und legt die Grundzüge der Zivilreligion in einem besonderen Kapitel dar, einem Text, der nach Erscheinen des Werkes zu seiner Verfolgung ebenso beigetragen hat wie das *Glaubensbekenntnis des Geistlichen aus Savoyen*. Die Zivilreligion ist dazu da, dass die Menschen ihre Pflichten gern erfüllen. Glaubensgrundsätze sind nur in Bezug auf die Moral der Bürger von Bedeutung. Auch die Hoffnung auf ein Leben im Jenseits ist unverzichtbar, da sie die Bürger darin bestärkt, opferbereit ihr Leben für das Vaterland einzusetzen. Die Zivilreligion unterscheidet sich von bereits bestehenden religiösen Strömungen vor allem dadurch, dass sie sich für Probleme des Diesseits interessiert und sich nicht auf die Jenseitserwartung konzentriert, die Gläubigen nicht in einen Loyalitätskonflikt zwischen staatlichen und kirchlichen Interessen bringt und den Staat kirchlichen Interessen unterzuordnen sucht. Das Glaubensbekenntnis der Zivilreligion besteht aus Inhalten, die für die staatliche Gemeinschaft von Bedeutung sind. Vier Grundsätze machen sie aus: die Existenz einer mächtigen, wohltätigen vorausschauenden Gottheit; das Leben in einer zukünftigen Welt; das Wohlergehen der Gerechten und die Bestrafung der Bösen; die Heiligkeit des Sozialvertrags und der Gesetze. Hinzu kommt ein negatives Prinzip: die Verdammung der Intoleranz. Ein guter Christ, der diese Grundsätze respektiert, wird auch ein eifriger Bürger sein, der die Gesetze, die Gerechtigkeit liebt und bereit ist, sein Leben für die Allgemeinheit zu opfern. Ob jeder Bürger an diese »Dogmen« glaubt, ist ihm überlassen. Der Staat kontrolliert nur, ob sie sich entsprechend verhalten, aber durchleuchtet nicht ihr Bewusstsein. Die Zivilreligion deckt sich nicht mit dem *Glaubensbekenntnis des Geistlichen aus Savoyen*, weil es um verschiedene Ziele geht: Der Geistliche sucht nach einer Religion für den Menschen, der Gesetzgeber aber die Religion des Bürgers; ihm geht es nicht um Wahrheit des Christentums, sondern um die politische Wirksamkeit der Religion, wie Rousseau in einem Brief vom April 1763 erklärt.[3]

Auch den wirtschaftlichen Strukturen des Staates widmet sich Rousseau und entwickelt dazu konkrete Vorstellungen. Um des sozialen Friedens willen sollten die Unterschiede im Eigentum nicht zu groß sein, und damit die Bürger ihre staatlichen Pflichten erfüllen können, müssen ihre wirtschaftlichen Verhältnisse generell stabil sein. Die ideale soziale Basis der Republik sind Eigentümer, die über eine geringe Menge Grund und Boden verfügen und diese in eigener Arbeit kultivieren, sowie Handwerker, die die lebensnotwendigen Güter produzieren.

Der *Contrat Social* erregt im Vergleich zu anderen Werken Rousseaus wie den *Diskursen* oder dem *Émile* weniger Aufsehen in der französischen Öffentlichkeit. Immerhin erlebt er bis 1789 zwanzig Auflagen und übte großen Einfluss auf das vorrevolutionäre Denken aus.[4]

Dennoch ist das Schicksal dieses Buches schon vor Erscheinen ungewiss, und sein Autor wird in die Fänge eines Staatsapparates geraten, der von demokratischen Prinzipien wenig hält und Andersdenkende unerbittlich verfolgt.

15
Der Meister der schönen Seelen

Im Winter 1759/60 führt Rousseau eine weit reichende Korrespondenz und versieht seine Briefe nun ostentativ mit der Devise *Vitam impendere vero*, »Das Leben der Wahrheit widmen«. M. und Mme de Luxembourg halten sich in Paris auf, er kann in Ruhe arbeiten. Die *Nouvelle Héloise* soll bei Rey in Amsterdam gedruckt werden. Die Arbeit mit dem Verleger verläuft nicht ohne Zwischenfälle. Rousseau ist ein anspruchsvoller und ungeduldiger Autor; immer wieder wirft er Rey Verschleppen der Satzarbeiten vor und nimmt in den Druckfahnen eine Unzahl zeitraubender Korrekturen vor. Auch an den zwölf Illustrationen, Radierungen von Gravelot, kritisiert er zahlreiche Details und verlangt Änderungen.

Rousseau beabsichtigt, wenn er mit den drei neuen Werken Geld verdient, die schriftstellerische Tätigkeit aufzugeben und für den Rest seines Lebens mit einer bescheidenen Rente auszukommen. Dabei ignoriert er jedoch, welche Gefahr die Publikation kritischer Bücher für einen Autor bedeuten kann. Er hat zwar die Maßnahmen gegen die Enzyklopädisten erlebt, doch glaubt er, selbst sicher zu sein – schließlich hat er hochrangige Protektoren, schließlich ist er kein Franzose, schließlich lässt er im Ausland drucken. Aber die Zensur hat auch ihn im Visier, besonders seit dem Attentat auf den König vom 5. Januar 1757, bei dem der ehemalige Lakai Robert-François Damiens, durch antiklerikale Kritik im Umfeld des Königs angestiftet, versucht hat, den König mit einem Messer umzubringen. Nach diesem Ereignis ist ein Dekret erlassen worden, nach dem staatsfeindliche Autoren unerbittlich zu verfolgen sind.

Umso notwendiger ist es für diese, ihre Bücher im Ausland drucken zu lassen. Dies ist ein kompliziertes Verfahren, denn bevor die Werke ihre Leser erreichen, müssen sie nach Frankreich reimportiert werden, möglichst an den Behörden vorbei. Bei diesem Prozedere, das nur funktioniert, indem die Zensur immer wieder großzügig wegsieht, gehen nicht nur die Schriftsteller ein Risiko ein, sondern auch die Verleger. Ihr finanzieller Erfolg wird dabei weniger durch die Zensur als durch Raubdrucke gefährdet. Diese nicht autorisierten Ausgaben nützen zwar der Verbreitung eines Buches, doch den Verleger können sie in den Ruin treiben, da er nicht genug von seiner eigenen Auflage absetzen und so seine Herstellungskosten nicht einspielen kann. Rey, dessen Ausgabe der *Nouvelle Héloise* mit den kostbaren Radierungen ausgestattet ist, möchte, um Raubdrucke zu verhindern, von Malesherbes eine Garantie gegen solches Piratentum. Doch der Chef der Zensurbehörde ist dazu nicht imstande, da die autorisierte Version schließlich im Ausland und damit außerhalb seines Machtbereichs gedruckt wird. Andrerseits fördert Malesherbes selbst eine weitere Ausgabe, nämlich den Druck von eintausend nicht autorisierten Exemplaren durch den Pariser Verleger Robin, der Rey allerdings eine Entschädigungszahlung leistet. Da Malesherbes für diese Ausgabe Mitverantwortung trägt, hat er Rousseau gebeten, einige Änderungen vorzunehmen, doch dieser weigert sich strikt mit dem Hinweis, er könne sich beim Denken nur auf den eigenen Kopf verlassen.

Inzwischen ist die holländische Ausgabe erschienen, die in ganz Frankreich gelesen wird, außerdem kommen weitere Raubdrucke auf den Markt. Alle Editionen des Buches finden reißenden Absatz.

Das Publikum war auf das Erscheinen des Buches gut vorbereitet. Rey hat es bereits Ende 1760 in einem Werbeprospekt angekündigt. Rousseaus Freunde, die den Roman vom Vorlesen kennen, loben ihn – Mme de Luxembourg am Hof, Mme d'Houdetot in den Pariser Salons, Duclos an der Akademie.

Die Ausgabe von Robin ist Ende Januar erschienen, die von Rey erst Anfang Februar 1761 auf den Markt gekommen, nachdem Robins Exemplare verkauft sind. Die Behörden haben die bereits im Dezember versandten zweitausend Exemplare so lange an der Grenze aufgehalten, bis Robins Auflage verkauft war. Doch auch Reys Ausgabe wird den Buchhändlern aus der Hand gerissen, und es ist bereits von einer neuen Edition bei Duchesne die

30 Inbrünstige Lektüre der »Nouvelle Héloise« (Gravur von Hubert nach Lefèvre, 1765, Bibl. Nat., Paris)

Rede. Doch Rousseau autorisiert sie nicht, da die französische Zensur zu viele Änderungen verlangt. Man habe versucht, seine Julie zur Konvertierung zu zwingen, »… ich zweifele nicht daran, dass ihre [der Zensoren] fromme Emsigkeit aus ihr eine orthodoxe Frau gemacht hat … liebenswert und ketzerisch gefiel sie mir besser als bigott und missmutig, wie sie jetzt ist«[1]. Es entstehen zahlreiche weitere Raubdrucke auch in anderen Städten, bis zum Jahr 1800 werden es 72 verschiedene Ausgaben sein. Die *Nouvelle Héloise* ist ein unumstrittener Bestseller. Das Buch findet reißenden Absatz, manche Buchhändler verleihen es sogar gegen geringe Gebühr an Leute, die wenig Geld haben.

Im Gegensatz zum *Contrat Social* bezeichnet sich Rousseau hier nicht als *Citoyen de Genève*. Schließlich handelt es sich um eine andere Gattung, und Rousseau will dieses Attribut nur für Schriften verwenden, die seinem Vaterland Ehre machen können, und dies kann man von einem Liebesroman am wenigsten erwarten.

Die Reaktionen der Öffentlichkeit sind vielfältig. Da Rousseau im Vorwort der *Nouvelle Héloise* von aufgefundenen Briefen spricht, als deren Herausgeber er angeblich fungiert, nährt er zahlreiche Spekulationen. Ein Geheimnis rankt sich um die Authentizität der Personen. Wer ist Julie? Ist Rousseau selbst der Chevalier de Saint-Preux?

Viele Frauen identifizieren sich mit Julie, die nicht nur eine geläuterte Sünderin, sondern eine Frau von größten Qualitäten ist. Sie besitzt Gefühl und Verstand, sie versteht es, ihre Pflichten zu erfüllen und doch die Schönheiten des Lebens zu genießen. Sie hat großen Einfluss auf ihre Umgebung und wird von allen geliebt. Die Frauen fühlen sich verstanden, da Julie so geliebt und geachtet wird, wie sie selbst gern geliebt und geachtet würden. Rousseau, so frauenfeindlich er einerseits ist, preist ihre Stärke im Bereich der Empfindsamkeit und gesteht ihr auch intellektuelle Leistungen zu. Mit der Figur der Julie propagiert er einen Typus, dem die Frauen gern entsprechen würden. Man bewundert die Empfindsamkeit des Autors, der so einfühlsam über die Gefühle und das Verhalten von Menschen schreibt. Rousseau wird zu einer Leitfigur, die Mitleid und Bewunderung erregt, ihm wird in einer Zeit des Zweifels an Werten und Sittlichkeit die Rolle eines Tugendlehrers zuerkannt, und er beginnt Einfluss auf die Sitten und das Verhalten der Zeitgenossen zu nehmen. Er erhält eine Flut von Briefen, darunter die einer geheimnisvollen Verehrerin, die sich Julie nennt und im wirklichen Leben Marieanne de la Tour-Franqueville ist, eine unglücklich verheiratete Pariserin aus der Rue Richelieu, die bis zu Rousseaus Tod mit ihm in Verbindung bleiben wird.

Die Meinung der Kritiker unterscheidet sich wie so oft von der des Publikums. Der Enthusiasmus der Rezensenten ist weniger groß. Dies liegt daran, dass das Genre des Romans neben dem des Theaters als zweitrangig gilt, zudem unterscheidet sich dieser Roman von den bisherigen durch seine Komplexität und Vielfalt. Es geht um Liebe, Moral, Religion, Politik und Wirtschaft, viele verschiedene Charaktere stehen nebeneinander, der Atheist Wolmar neben der gläubigen Julie, die sowohl eine große Liebende als auch eine tugendhafte Ehefrau ist – es ist schwer, eine Orientierung zu finden. Auch kritisiert man die langen Passagen, die wie

31 »Der erste Kuss der Liebe« zwischen Julie und Saint-Preux
(Gravur von N. Le Mire nach J.-M. Moreau le Jeune, 1773, Bibl. Nat., Paris)

Abhandlungen wirken und in einen Roman nicht zu passen scheinen. Man stört sich an der neuen, anderen ungewöhnlichen Art, einen Roman zu schreiben. »Alles in diesem Roman weicht vom Gewohnten ab«, heißt es kritisch im *Journal encyclopédique*.[2] Natürlich erhebt sich der alte Vorwurf, der Kritiker der Künste schreibe nun selbst einen Roman.

Grimm hält Rousseau in der *Correspondance littéraire* vom 15. Januar 1761 mangelndes Genie, mangelndes Stilvermögen, fehlenden Geschmack, Widersprüche und einen allzu unwahrscheinlichen Inhalt vor. »M. Rousseau hat sein Genre völlig aufgegeben, weil er einen Roman schreiben wollte. … Von allen Werken, mit denen sich das Publikum beschäftigt und an die es sich erinnert, ist seit langem kein so Schlechtes mehr erschienen wie die *Nouvelle Héloise*«[3]. Diderot hüllt sich ganz in Schweigen. Voltaire attackiert den Roman besonders heftig, wobei zu berücksichtigen ist, dass beide Autoren wegen des Genfer Theaterstreits nicht mehr gut aufeinander zu sprechen sind. »Der Held ist ein Hauslehrer, der sich mit der Jungfräulichkeit seiner Schülerin bezahlen lässt«, schreibt er an d'Argental, und im Januar 1761 veröffentlicht er unter dem Namen des Marquis de Ximenes vier *Briefe über die Nouvelle Héloise*, in denen er den Stil, die Wortwahl und die Trivialität vieler Situationen verurteilt. Sein Verriss ist so polemisch und wenig differenziert, dass ihm d'Alembert vorwirft, diese Kritik sei seiner nicht würdig.[4] Doch es gibt auch positive Stimmen unter den Philosophen, so weist d'Alembert darauf hin, dass nur zur Empfindung fähige Personen den Roman richtig würdigen können, woraus auf eine gewisse Wertschätzung des Gefühls bei dem Autor geschlossen werden kann; der *Mercure de France* urteilt, dass in dem Buch »die Nützlichkeit der Moral mit dem Interesse der Situationen zusammenkomme«; im *Observateur littéraire* heißt es, es komme kaum eine gute Tat vor, die man nach der Lektüre nicht selbst zu tun versucht sei.

Eine besondere Perspektive tut sich in der Wahrnehmung der Genfer auf. Rousseau hatte das richtige Gespür, als er Rey bat, keine Exemplare des Romans dorthin zu schicken. Das Konsistorium empfiehlt nämlich, das Buch nicht zu lesen, da es die Sitten verderben könne, Leihbüchereien dürfen es nicht ausleihen. Der Pfarrer Jacob Vernes bedauert den Atheismus Wolmars. Dessen

Amtskollege Jean-Claude Moultou, der Rousseau verehrt, spendet dem Buch großes Lob: »Man muss sterben, nachdem man dieses Buch geschrieben hat, und leben, nachdem man es gelesen hat.«[5] Zugleich warnt er Rousseau, dass es eine böse Intrige gegen dieses Buch gebe, die es in schwärzesten Farben male. Doch alle Bedenken der geistlichen Obrigkeit werden vom Publikum nicht geteilt, auch in Genf wird der Roman von vielen begeistert gelesen.

Wie es so oft geschieht, entscheidet nicht die Literaturkritik über den Erfolg der *Nouvelle Héloise*. Tausende unbekannter Bewunderer schreiben Rousseau begeisterte Dankesbriefe, berichten von der Wirkung des Buches auf ihr Empfinden und nicht wenige vergießen Tränen der Rührung. Der Roman erfüllt ein Bedürfnis der Leser nach Emotionen, und sein Autor wird zu einer Art Mentor für alle, denen Liebe und Freundschaft und Tugend etwas bedeuten.

Im Mai 1761 wird Rousseau schwer krank. Er glaubt, sein Tod stehe kurz bevor, und so unternimmt er wichtige Schritte zur Regelung seines Nachlasses. Er bittet den Genfer Pfarrer Moultou, nach seinem Tod die Gesamtausgabe seiner Werke zu betreuen. Er denkt darüber nach, was aus Thérèse werden wird, die ohne ihn ganz allein dasteht, und verfasst im Juni einen Brief an Mme de Luxembourg. In der letzten Zeit ist die Freundschaft zu ihr und ihrem Mann enger geworden. Rousseau hat große Anteilnahme am Tod der Tochter, Mme de Robecq, eines Sohnes und eines Enkels seiner Freunde gezeigt. Jetzt, wo er sein eigenes Ende nahe glaubt, schreibt er einen Brief, in dem er sich im Gegensatz zu seiner sonstigen Gewohnheit sehr offen zeigt.

»Was ich Ihnen nicht alles zu sagen hätte, bevor ich Sie verlasse. Doch ist die Zeit knapp; ich muss meine Beichte kurz machen und mein letztes Geheimnis in Ihr wohltätiges Herz ergießen. Sie wissen ja, dass ich seit sechzehn Jahren mit dem armen Mädchen, das bei mir wohnt, in größter Intimität lebe, allerdings sehe ich, seit ich mich nach Montmorency zurückzog, mich durch meinen Zustand gezwungen, mit ihr wie mit einer Schwester zusammenzuleben. Meine zärtliche Liebe zu ihr hat nicht nachgelassen, und wenn Sie nicht wären, würde der Gedanke, dass ich sie mittellos zurücklasse, die letzten Momente meines Lebens vergiften.

Aus unserer Verbindung sind fünf Kinder hervorgegangen, die alle ins Findelhaus kamen ...« Er habe, wie er der Herzogin weiter berichtet, keine Erkennungszeichen hinterlassen, um die Kinder wieder zu erkennen, nicht einmal ihr Geburtsdatum habe er festgehalten. »Seit einigen Jahren quälen die Gewissensbisse wegen dieser Nachlässigkeit meine Ruhe, und ich sterbe, ohne sie wieder gutmachen zu können ... Ich versah nur die Windeln des Ältesten mit einem Zeichen ... es muss, wie mir scheint, so etwa im Winter 1746/47 geboren sein. ... Gäbe es die Möglichkeit, dieses Kind wieder zu finden, wäre das ein wahres Glück für seine zärtliche Mutter ... Die Gedanken, mit denen mein Vergehen meinen Geist erfüllte, haben zum großen Teil dazu beigetragen, die Abhandlung über die Erziehung zu schreiben ... Ich habe die Mutter nicht geheiratet, und ich war auch nicht verpflichtet dazu, denn ehe ich mich mit ihr verband, habe ich ihr erklärt, dass ich sie nie heiraten würde.« Er weist dann auf die Schwierigkeiten einer Mischehe hin. Tatsächlich sind Ehen zwischen Protestanten und Katholiken in Frankreich nicht möglich und eine erneute Konvertierung zum Katholizismus kommt für Rousseau nicht in Frage. »Dennoch habe ich sie immer wie meine Frau geliebt und geachtet, wegen ihres guten Herzens, ihrer aufrichtigen Zuneigung, ihrer Uneigennützigkeit, die ohne Beispiel ist, und ihrer Treue, an der zu zweifeln ich nie den geringsten Anlass hatte.« In der Folge bittet er, sich nach seinem Tod um Thérèse zu kümmern: »... ich bitte Sie, dafür zu sorgen, dass sie stets ihre Freiheit hat und selbst entscheiden kann, ihren Wohnsitz zu verändern, wenn sie sich nicht wohl fühlt. Sodann bitte ich Sie inständig ... sich um ihre kleinen Angelegenheiten zu kümmern, damit sie ... bis ans Ende ihrer Tage Brot hat.«[6]

Mme de Luxembourg ist betroffen. Sie lässt nach dem ersten Kind suchen, hat aber keinen Erfolg. Es wäre auch verwunderlich, denn die Kinder, die ins Findelhaus gegeben werden, haben meist nur eine geringe Lebenserwartung. Im August gibt es dennoch Anzeichen dafür, dass das älteste Kind, eine Tochter, möglicherweise noch lebt. Rousseau aber lässt Mme de Luxembourg wissen, er sei nicht sicher, ob er über einen Erfolg wirklich zufrieden und ganz unbesorgt wäre. Es sei zu spät, auch habe er sich vor allem Thérèses wegen für die Suche interessiert, »und angesichts des zu leicht zu dominierenden Charakters der Person, von der die Rede ist, ist es nicht sicher, ob nicht das, was sie schon ganz fertig vorgefunden hätte, sei es im Guten oder im Bösen, für sie zu einem unheilvollen Geschenk geworden wäre«.[7] Dieser Satz könnte Teil einer Erklärung für das Weggeben der Kinder liefern: Offenbar hat Rousseau Thérèse das Aufziehen von Kindern nicht zugetraut.

Mme de Luxembourg jedenfalls kündigt für den nächsten Tag ihren Besuch bei ihm zu Hause an, da sie ihm unendlich viel zu sagen habe. Worum es sich hierbei gehandelt hat, ist nicht bekannt. Großes Verständnis für Rousseaus Verhalten wird die Herzogin nicht gehabt haben. In jedem Fall endet die Suche nach den Kindern. Rousseau tröstet sich in den *Bekenntnissen* damit, dass er zum einen nicht sicher gewesen sei, dass es sich wirklich um sein Kind handelt, zum anderen, dass man ein von anderen erzogenes Kind weniger liebe als eines, das man selbst aufgezogen habe. Es bleibt der Eindruck, dass Rousseau gegenüber den eigenen Kindern schon bei deren Geburt trotz gegenteiliger Beteuerungen von einer gewissen Gleichgültigkeit war und dass sich im Lauf seines Lebens daran nicht viel geändert hat.

Nachdem die Publikation der *Nouvelle Héloise* für die Verhältnisse der Zeit nicht nur weitgehend problemlos verlaufen ist, sondern Rousseau den außerordentlichen und lang anhaltenden Erfolg beschert hat, erwartet er auch beim *Contrat Social*, der ebenfalls bei Rey in Amsterdam gedruckt wird, keine größeren Schwierigkeiten.

Im November 1761 bricht eine der Sonden, mit denen Rousseau sein Harnleiden behandelt, ab und bleibt im Harnleiter stecken. Er rechnet erneut mit dem baldigen Tod und teilt Rey mit, er werde die Fahnen des *Contrat Social* nicht mehr lesen können. Er bedauert, dass seine wichtigsten Werke nicht zu seinen Lebzeiten erscheinen. Doch wie schon so oft überlebt er auch diese Krise und die Produktion des Werkes nimmt ihren Lauf.

Rey, dessen Freundschaft zu Rousseau enger geworden ist und der dessen Sorgen um Thérèses Zukunft nach seinem Ableben kennt, bietet ihr eine Leibrente an. Bedingung ist, dass Rey, aus formellen, aber auch aus moralischen Gründen, genau erfährt, welche Beziehung zwischen Rousseau und Thérèse besteht. Dieser leugnet daraufhin die tatsächliche Situation, die den moralischen Anschauungen Reys kaum entsprechen und damit die Rente gefährden würde. Man einigt sich nach längeren Debatten darauf, dass Thérèse das Geld von Januar 1763 an erhalten soll. Rousseau wird zu seiner großen Freude als weiteres Zeichen der Freundschaft Pate von Reys Tochter. Im Gegensatz zu Rey, der gern einen Sohn gehabt hätte, begrüßt Rousseau es, dass sein Patenkind ein Mädchen ist.

16
Der unzähmbare Geist der Freiheit

Die Veröffentlichung des *Émile* ist von Anfang an mit verschiedenen Problemen belastet und wird fatale Folgen für Rousseau haben. Trotz der Gefahren, die durch unliebsame Bücher allen Beteiligten drohen, setzen sich Rousseaus Freunde dafür ein, dass der *Émile* erscheinen kann. Zunächst bemüht sich Mme de Luxembourg um einen Verleger. Rousseau lässt sich diese Hilfe gern gefallen, denn nichts schützt einen Autor besser als die Protektion der Hocharistokratie. Auch Malesherbes selbst, der als Privatmann vielfach anders denkt als in seiner Rolle als Chef der Zensurbehörde, setzt sich für diese Veröffentlichung ein. So wird ein Vertrag mit dem Pariser Verleger Duchesne geschlossen, den der Verleger Guérin, ein einflussreicher Mann, der auch Texte für die Polizei druckt, empfohlen hat. Rousseau schreibt Duchesne im November 1761: »Sie drucken das letzte, das nützlichste, das wichtigste meiner Werke.«[1] Produziert werden soll das Werk nach Rousseaus Meinung in Holland, doch Duchesne, der auch mit Malesherbes verhandelt hat, druckt es in Paris. Er tut sich mit dem in Holland ansässigen Verleger Néaulme zusammen, um den Anschein zu erwecken, das Buch werde im Ausland hergestellt. Néaulme druckt Duchesnes Ausgabe in Holland dann einfach nach.

Schon bald kommt es zu ersten Konflikten zwischen Duchesne und Rousseau, der mit den Mustern, der Typographie und dem Papier nicht einverstanden ist, viel zu früh mit den Druckfahnen rechnet und ungeduldig wird. Es könnte viele Gründe für eine Verzögerung geben, doch für ihn steht fest, dass sein Manuskript den Jesuiten in die Hände gefallen ist und dass diese dabei sind, es zu verfälschen, und ein Erscheinen vor seinem Tod verhindern wollen. Dieser Verdacht ist unberechtigt und absurd, da die Jesuiten selbst verfolgt werden und selbst in Schwierigkeiten sind.

Rousseau aber ist unbeirrbar. Er beschwert sich bei Duchesne und richtet ein Schreiben an Malesherbes, in dem er sich darüber beklagt, dass sein Manuskript über Guérin an die Jesuiten gelangt sei. Als ihn kurz darauf die Druckfahnen erreichen, nimmt er seine Vorwürfe zurück und entschuldigt sich bei Malesherbes für seinen Argwohn mit Krankheit und Einsamkeit. Auch Duchesne bittet er um Verzeihung.

Doch schon kurze Zeit später wirft er dem Verleger erneutes Verschleppen der Produktion vor. Anstatt das Problem bei seinem Verleger in Paris selbst aus der Welt zu schaffen, bewegt sich Rousseau nicht aus Montmorency fort und überlässt die Klärung der Angelegenheit Malesherbes. Hierdurch gerät dieser in eine unangenehme Zwickmühle, da niemand wissen darf, dass sich ausgerechnet der Direktor der Zensurbehörde um den Vertrag mit Duchesne bemüht hat. Rousseaus Misstrauen ist tief, und er fertigt eine neue Abschrift des Vierten Buches des *Émile*, um es an Moultou nach Genf zu schicken, wo die Jesuiten es nicht fälschen können.

Auch bei Mme de Luxembourg beklagt er sich bitter über angebliche Betrügereien Duchesnes. Sowohl Malesherbes als auch Mme de Luxembourg sprechen mit dem Verleger und sind von dessen Unschuld überzeugt. Malesherbes schreibt Rousseau daraufhin im Dezember einen vierzehn Seiten langen Brief, der von großem Mut zeugt, denn Malesherbes behandelt alle Probleme Rousseaus im Zusammenhang mit dem *Émile* in großer Offenheit. Er könne absolut beruhigt sein, denn niemand außer dem Verleger habe sich mit dem Buch beschäftigt, niemand habe Gelegenheit zu einer Fälschung gehabt. »Ich habe gewusst, dass man das Buch druckt, aber getan, als wüsste ich es nicht«, lautet ein Satz in dem Brief, der Malesherbes Kopf und Kragen kosten kann. Dies sei das einzige Geheimnis im Zusammenhang mit dem Manuskript. Dann weist er darauf hin, welche Zugeständnisse man ihm bereits gemacht habe, damit das Buch in Frankreich gedruckt werden könne. Verständnisvoll und entgegenkommend heißt es am Ende des Briefes: »Ich sehe mit großem Kummer die heftige Erregung, die diese Angelegenheit bei Ihnen auslöst. Dies ist bei einem Autor ganz natürlich, und die Krankheit und Einsamkeit müssen sie erheblich verstärken. Gestatten Sie mir, Ihnen zu sagen, dass ich glaube, durch die verschiedenen Briefe, die Sie mir zu dem Thema geschrieben haben, in Ihre Seele geblickt zu haben. Ich habe darin nacheinander Beunruhigung, Verdächtigungen und schließlich wieder Gewissensbisse wegen unberechtigten Verdachts wahrgenommen und glaube, diese Empfindungen sind mit einer Wahrhaftigkeit dargestellt, wie sie die Kunst niemals erreichen könnte, und habe aus der einen Hälfte Ihrer Briefe geschlossen, dass Sie der ehrenwerteste und aus der anderen, dass Sie der unglücklichste aller Menschen sind.«[2] Nach diesem langen Brief ist Rousseau wieder beruhigt. Bald darauf treffen auch die Korrekturfahnen ein und alles hat seine Ordnung. Rousseau erkennt seinen Irrtum und schreibt einen reumütigen Brief an Malesherbes, in dem er bekennt, ihn und Mme de Luxembourg in größte Schwierigkeiten gebracht zu haben. Er spricht von Delirium und distanziert sich von »dem, der meinen Namen usurpiert und meinen Namen entehrt« hat. »Der Mann, der fünfzig Jahr lang das Herz hatte, das, wie ich spüre, in mir wiedergeboren wird, ist nicht derselbe, der sich so vergessen konnte, wie ich es getan habe.« Dieser sei jetzt aber »tot und werde nie mehr neu geboren«.[3]

Malesherbes antwortet freundlich und zieht den Schluss, er glaube bei Rousseau angesichts seines Verhaltens äußerste Sensibilität und tiefe Schwermut entdeckt zu haben. »Diese düstere Melancholie, die das Unglück Ihres Lebens ist, wird durch Krankheit und Einsamkeit gewaltig vergrößert, aber ich glaube, es ist Ihre natürliche Veranlagung und sie hat körperliche Ursachen, und ich meine sogar, Sie sollten sich nicht darüber ärgern, dass man dies weiß.«[4]

Auch Moultou gegenüber gesteht Rousseau seinen Irrtum ein und verabschiedet sich für immer von ihm, weil er sich wegen der abgebrochenen Sonde für todkrank hält.

Malesherbes' Brief hat ihn nachdenklich gemacht. Sollte sein Charakter tatsächlich so stark von körperlichen Vorgängen beeinflusst sein? Wird man ihm mit so einem Urteil gerecht? Die Mutmaßungen des Freundes fordern ihn heraus. Er meint in dem Brief den Widerhall mancher Gerüchte der Enzyklopädisten über ihn zu vernehmen. Diese haben öfter die Meinung geäußert, seine menschenfeindliche Haltung sei nichts als eine Attitüde und es fehle ihm an besseren Ideen. So glaubt er, der Moment sei gekommen, sich selbst zu analysieren und zu beschreiben. Niemand au-

22 Malesherbes, Chrétien-Guillaume de Lamoignon de (Kupferstich von Jean Bein, undatiert, Sig. Archiv f. Kunst & Geschichte)

ßer ihm selbst könne ihn verstehen, da ja nur er in seiner Seele lesen könne. Er schreibt im Januar 1762 vier lange Briefe an Malesherbes, in denen er sich mit sich selbst auseinander setzt. Jetzt wo sein Ende nah ist, erinnert er sich auch, dass Rey und Moultou ihn beide ermuntert haben, seine Memoiren zu schreiben. Er hatte dies bisher gegenüber Moultou mit der Begründung abgelehnt, die Wertschätzung von Leuten wie ihm genüge ihm völlig, das Wichtigste sei sein liebendes Herz, alles, was ihm Ehre mache, seien seine privaten Verbindungen, und so würde er, schriebe er seine Memoiren, Geheimnisse seiner Freunde verraten, die man auch nach deren Ende wahren müsse.

Aber nach dem, was geschehen ist, ist es ihm nun doch ein wichtiges Anliegen, die eigene Person im richtigen Licht darzustellen. In den *Briefen an Malesherbes* sucht er seinen Charakter, seinen Sinn für Einsamkeit, das Glück, das er auf dem Land erlebt und sein Verhältnis zum Schöpfer des Universums zu erklären.

»Ich schreibe Ihnen und schütte Ihnen mein Herz aus und wüsste nicht, in welchem Ton ich es sonst tun sollte. Ich werde mich unverblümt und unbescheiden darstellen; ich zeige mich Ihnen so, wie ich mich sehe, und so, wie ich bin; denn da ich mein Leben mit mir verbringe, muss ich mich wieder erkennen und ich sehe an der Art, in der jene, die mich zu kennen glauben, meine Taten und mein Verhalten deuten, dass sie nichts davon verstehen; niemand auf der Welt kennt mich, außer mir selbst: Sie werden über mich urteilen, wenn ich alles gesagt habe ... Ich habe keine Angst, so gesehen zu werden, wie ich bin. Ich kenne meine großen Fehler und ich spüre alle meine Laster deutlich: Mit all dem werde ich voll Hoffnung auf den höchsten Gott sterben, überzeugt, dass von allen Menschen, die ich im Leben kennen gelernt habe, niemand besser gewesen ist als ich.«[5]

Die *Briefe an Malesherbes* sind die ersten Texte einer ganz neuen Dimension in Rousseaus Werk, der Bekenntnisschriften. Es geht darin um seine Individualität, seine Besonderheit, und darüber schreibt er in einer ungewohnten Radikalität, wie es sie in der Tradition der Bekenntnisliteratur noch nicht gegeben hat. Rousseau stilisiert sich selbst zu einer Figur, die an seiner realen Person nicht zu messen ist. Hier wird einem Individuum ein Spielraum gegeben, eine Besonderheit zuerkannt, die auf die Menschen, die Rousseau kennen, höchst befremdlich wirken muss. Rousseau wird nun selbst zum Gegenstand seiner Imagination, zu einem beispielhaften, sich radikal selbst erfindenden Individuum, das für eine bisher nicht gekannte, sich von allen Konventionen und sozialen Zwängen abkehrende Freiheit steht und damit in eine neue Richtung weist: die Möglichkeit, bislang als unabänderlich geltende Bedingungen aufzuheben und sich ihnen zu entziehen, nicht durch einen ökonomischen oder politischen Umsturz, sondern aus der Kraft des sich selbst befreienden Einzelnen. Doch lässt es Rousseau nicht bei dieser imaginären radikalen Befreiung bewenden. Auch existenziell wird er diesem Weg radikal folgen. Den Opfern, die er dafür bringen wird, steht auf der anderen Seite eine Literatur gegenüber, die diese Freiräume ausleuchtet und bis in feinste Nuancen ausmalt. Eine Literatur, die eine Hommage an die Freiheit ist und von ihrer Wirkung her ein wichtiges Element auf dem Weg zur größtmöglichen Freiheit, der des Individuums.

In den *Briefen an Malesherbes* nimmt dieser Weg seinen Anfang. Rousseau stellt sich darin als einen aus Treue zu sich selbst einfachen, zurückgezogen lebenden Mann dar, der nur durch Zufall zum Autor wurde und dies nicht aus Eitelkeit. Rousseau dankt Malesherbes, dass er dies würdigt und ihn nicht so beurteilt, wie es die Philosophen tun. Sein großer Erfolg, so erklärt er, sei nicht von Bedeutung für ihn, sondern »eine natürlich Liebe zur Einsamkeit, die, je besser ich die Menschen kennen gelernt habe, immer größer geworden ist« und dazu »ein unzähmbarer Geist der Freiheit«, den nichts habe besiegen können. Er sei ein zum Alleinsein geborener Mensch und habe seine Arbeit nur für sich gemacht, für die Freude, die er verspürte, wenn sein Herz größer und weiter geworden sei. Er würde hundertmal lieber gar nichts als etwas gegen seinen Willen tun. »Der Zustand, in den ich mich gebracht habe, ist der einzige, in dem der Mensch gut und glücklich leben kann, da er der unabhängigste von allen ist und der einzige, in dem man nicht gezwungen ist, um des eigenen Vorteils willen anderen zu schaden.«[6] Er erkennt an, dass er ein feuriges Temperament habe, auch von scharfer Angriffslust sei. Er sei verbittert über den Verlust seines Glaubens an Plutarch und die von ihm dargestellten heroischen Menschen. »Verbittert durch das Unrecht, das ich erfahren hatte, und durch das, dessen Zeuge ich war, häufig niedergeschlagen durch die Unordnung, in die mich das Beispiel und der Zwang der Verhältnisse hineingezogen hatten, entwickelte ich Missachtung für mein Jahrhundert und meine Zeitgenossen.«

Rousseau glaubt, ein Mensch mit eigenen Regeln zu sein, der allein mit sich seine Wahrheit findet, so wie Gott sie gemacht hat. Diese Wahrheit habe er bei dem Erweckungserlebnis in Vincennes vor Augen gehabt und daraufhin auf alle anderen Bedürfnisse, die aus dem Vergleich mit anderen Menschen entstehen, verzichtet und ihr in den *Diskursen* und im *Émile* Ausdruck gegeben.

Er wolle ein einfacher und ehrlicher Mensch sein, berühmt geworden durch Aufrichtigkeit und nicht durch Ehrgeiz. Nach dem Erscheinen des *Émile* wolle er sich ganz zurückziehen und kein berühmter Schriftsteller mehr sein.

Der dritte Brief enthält eine Beschreibung des idyllischen Lebens in der Eremitage auf den Gütern der Mme d'Épinay, der

Pracht der Natur und der Einsamkeit, in der er auf seinen Spaziergängen eine ideale Gemeinschaft von Menschen imaginierte. »Wenn in solchen Momenten ein Gedanke an Paris, meine Zeit und meinen kleinen Glorienschein als Autor meine Träume störte, mit welcher Abscheu verjagte ich ihn augenblicklich, um mich ohne Ablenkung ganz den erlesenen Gefühlen zu widmen, von denen meine Seele erfüllt war.« Doch ist dies noch nicht der Höhepunkt der Erfüllung. Eine seltsame Leere kann ihn inmitten seiner Träumereien ergreifen, eine Sehnsucht nach »einer anderen Art des Glücks«, ein Gefühl von anziehender Traurigkeit, auf das er nicht hätte verzichten wollen, ein Verlangen nach dem Unendlichen, eine Ekstase, der sich sein Geist hingab und die ihn zu dem Ausruf »Oh, großes Wesen!« veranlasste, ohne mehr denken oder sagen zu können. Die Hinwendung zur Natur führt zur Hinwendung an das Universum, an die Unendlichkeit und deren Schöpfer.[7]

Mit der Stilisierung seiner Person zu einem Individuum von größter Freiheit und Wahrhaftigkeit verbindet Rousseau die Aufgabe, anderen durch seine Existenz eine Dimension zu vermitteln, die außerhalb gesellschaftlicher Zwänge liegt.

»Es ist wichtig, den Menschen ein Beispiel für das Leben zu geben, das sie führen sollten. Es ist wichtig, wenn man weder die Kraft noch die Gesundheit hat, um mit seinen Händen zu arbeiten, es zu wagen, aus seiner Einsamkeit heraus die Stimme der Wahrheit hören zu lassen. Es ist wichtig, die Menschen vor dem Wahnsinn der Meinungen, die sie unglücklich machen, zu warnen …«[8]

Er verzichtet bei seinem Entwurf für ein anderes Leben nicht auf heftige Kritik und geriert sich als Feind der Oberschicht, wobei er sich bewusst ist, dass Malesherbes dazu gehört: »Ich hasse die Großen, ich hasse ihren Stand, ihre Härte, ihre Vorurteile, ihre Kleinlichkeit und alle ihre Laster.« Die Verhältnisse im Schloss von Montmorency stellt er in günstigerem Licht dar. »Ich habe deren Herren gesehen, und sie haben mich geliebt und ich, Monsieur, habe sie geliebt und werde sie lieben, solange ich lebe, mit der ganzen Kraft meiner Seele.« Außerdem gibt er Auskunft über sein Verhältnis zu den Menschen überhaupt: »Ich habe ein sehr liebendes Herz, das sich selbst genügen kann. Ich liebe die Menschen zu sehr, um das Bedürfnis zu haben, unter ihnen auswählen zu müssen. Ich liebe sie, und weil ich sie liebe, hasse ich Ungerechtigkeit, weil ich sie liebe, fliehe ich vor ihnen. Ich leide weniger unter ihren Schmerzen, wenn ich sie nicht sehe.«[9] Er bekennt sich zu seiner Liebe zur Menschheit im Allgemeinen und argumentiert, deshalb brauche er keine Freunde unter ihnen. Offenbar glaubt er, den Menschen mit seinen Ideen am meisten von Nutzen zu sein. Damit scheint er auch sein Bedürfnis nach Einsamkeit rechtfertigen zu wollen.

Während Rousseau die Vorstellung von einem anderen Leben entwickelt, die er zum ersten Mal gegenüber Malesherbes so ausführlich formuliert, muss er sich auch mit Fragen des Alltagslebens beschäftigen. Da er nun immer wieder Sonden zum Urinieren verwendet, lässt er sich ein Armeniergewand nähen, um die Prozedur leichter zu handhaben. Zugleich soll das Gewand sein Außenseitertum dokumentieren.

Im Januar 1761 erfährt er von einem protestantischen Händler in Montauban im Languedoc, der die *Nouvelle Héloise* gelesen hat und sich von Rousseau Hilfe bei einem schwierigen Problem erhofft, folgende Geschichte: François Rochette, ein Pfarrer aus der Schweiz, der in der Nähe von Montauban heimlich eine kleine protestantische Gemeinde versorgt, ist nachts verhaftet worden und hat sich, obwohl darauf die Todesstrafe steht, zu seinen Taten bekannt. Am nächsten Tag haben einige Bauern und drei Adelige erfolglos versucht, Rochette zu befreien. Rochette und die drei Edelleute sind in Cahors gefangen genommen worden und nun wird ihnen der Prozess gemacht. Der Händler bittet Rousseau nun um seine Fürsprache beim Herzog von Richelieu, der Gouverneur des Languedoc ist. Rousseau weigert sich zu helfen, einmal mit dem Hinweis, dass die Gesetze zu achten seien, zum anderen mit der fragwürdigen Bemerkung, wer Christ sein wolle, müsse lernen zu leiden. Zwar kenne er Richelieu und kämpfe um Toleranz, doch nicht im konkreten Fall. Dies ist wenig glaubhaft, da er bei der Verhaftung des Abbé Morellet wegen seiner Schmähschrift gegen die Tochter der Luxembourgs durchaus und mit Erfolg interveniert hatte. Offenbar ist er nicht bereit, mit seinen Gönnern über das Problem zu sprechen. Der Händler aus Montauban nimmt Rousseau seine Haltung nicht ab und insistiert weiter. Der Geist des Evangeliums verlange keine unbedingte Unterwerfung unter das Gesetz, meint er. Wenig später berichtet er Rousseau von einer Affäre in Toulouse, wo man einen Protestanten namens Jean Calas beschuldige, seinen Sohn erhängt zu haben, weil dieser zum Katholizismus habe konvertieren wollen. Calas sei unschuldig, und Rousseau solle ihm helfen. Schließlich heiße es in der *Nouvelle Héloise:* »Versuche, einem Armen zu helfen, einen Unglücklichen zu trösten, einen Unterdrückten zu verteidigen ...« Rousseau entschuldigt sich mit seiner Krankheit. Der Händler berichtet Rousseau daraufhin vom Schicksal der Opfer, denen er nicht hat beistehen wollen: von der Erhängung Rochettes, der Enthauptung der drei Adeligen und der Verbannung dreier Protestanten auf die Galeere. Einen Monat später berichtet er von der Räderung Calas', der seine Unschuld beteuert habe. Rousseau erbittet weitere Dokumente und erhält sie im Mai, in dem Augenblick, als in Toulouse ein Massaker an Ketzern mit einem Feuerwerk gefeiert wird.[10] Rousseaus mangelndes Engagement mag mit seiner Krankheit und seinen Problemen mit dem Druck des *Émile* zusammenhängen. Andererseits ist er durchaus in der Lage, zu kämpfen, doch dies geschieht zumeist, wenn es um seine Ideen geht. Voltaire hat im Fall Calas immerhin das Verdienst, den Justizirrtum aufzudecken, für die Rehabilitation des Beschuldigten zu kämpfen und die Intoleranz gegenüber Protestanten anzuprangern. Rousseaus Engagement in diesen Fragen bleibt eher generell und theoretisch.

Inzwischen wird auch die Veröffentlichung des *Contrat Social*, der nach Rousseaus Wunsch vor dem *Émile* erscheinen sollte, zum Problem. Die von Rey im April abgesandten gedruckten fünftausend Exemplare werden an der Grenze konfisziert. Der Verleger protestiert mit dem Hinweis auf Raubdrucke, die in Frankreich in jedem Fall erscheinen werden. Nachdem Rey auch im Namen verschiedener Buchhändler Rousseau darum gebeten hat, seinen Namen vom Titelblatt zu entfernen und damit die Auslieferung des Buches zu ermöglichen, reagiert dieser ablehnend und nicht ohne Pathos:

»Was meine Person, mein Verhalten, meine Reden betrifft, so weiß ich, welchen Gehorsam und Respekt ich der Regierung und den Gesetzen des Landes, in dem ich lebe, schuldig bin, und es würde mich sehr ärgern, wenn in dieser Hinsicht irgendein Franzose eine größere Verpflichtung hätte als ich. Was jedoch die Prinzipien meiner Lehre und mich, einen Republikaner, angeht, die in einer Republik veröffentlicht werden, so darf in Frankreich weder ein Magistrat noch ein Gericht noch ein Parlament noch ein Minister und nicht einmal der König selbst mich dazu befragen und keine Rechenschaft von mir fordern.«[11] Es komme ihm darauf an, sich mit seiner ganzen Person für sein Werk einzusetzen, dessen Wahrheit erst lebendig und ansteckend werde, wenn man mit seinem Leben dafür einstehe. Erst dann könnten alle verstehen, dass es auch um sie selbst gehe.

Aus dieser Auffassung spricht ein geradezu messianisches Sendungsbewusstsein, zu dem gewiss seine Popularität beigetragen hat. Jedenfalls wird das Erscheinen des Buches verboten, und ein Verleger in Lyon, der einen Raubdruck gefertigt hat, wird verhaftet.

Auch die Probleme bei der Veröffentlichung des *Émile* nehmen weiter zu. Duchesne hat den Druck von Buch I und II gerade abgeschlossen, da bittet Rousseau ihn, diese aus Vorsicht in den Niederlanden drucken zu lassen, doch Duchesne lehnt dies ab und setzt nur den Namen Jean Néaulme und die Stadt Den Haag auf die Titelseite.

Das *Glaubensbekenntnis des Geistlichen aus Savoyen* hat Rousseau inzwischen in einer Kopie an Moultou nach Genf geschickt, und Moultou, der sich positiv dazu äußert, warnt ihn zugleich vor den Folgen. »Fürchten Sie nicht, dass man wild gegen den Autor und den Verleger vorgehen wird? Mein Gott, ich zittere um Sie … Sie werden in Genf großes Geschrei hervorrufen.« Als Rousseau ungläubig reagiert, versichert Moultou ihm, seine Naturreligion sei »wohlverstandenes Christentum«, er zeige im Grunde das, was andere durch die Offenbarung und die Wunder glaubten und ein vernünftiger Christ könne mit ihm einverstanden sein. »Aber dieser aufgeklärte Christ, mein lieber Mitbürger, dieser philosophische Christ ist nicht das Volk. Dieses glaubt nur an das Christentum, weil es an die Wunder glaubt, auf denen es beruht.« Er werde in den Augen des Volkes gewiss als Ungläubiger gelten.[12]

Auch Duclos zeigt sich erschrocken. Als Rousseau ihm den Text vorgelesen hat, bittet er ihn, niemandem zu sagen, dass er den Text kenne. Im Übrigen bezeichnet er ihn als sehr schön und richtig.[13] Néaulme hat inzwischen das *Glaubensbekenntnis* ebenfalls gelesen und zeigt sich besorgt. Rousseau antwortet ihm: »In einem Jahrhundert, in dem jegliche Religion in ihren Grundlagen untergraben wird, ist es wichtig, das Wesentliche zu bewahren, die Accessoires aufzugeben und den Stamm auf Kosten der Zweige zu erhalten, wenn man nicht alles retten kann. Mein Buch legt alles dar, was von der Religion der Gesellschaft nützt und zerstört das Übrige nicht. In jeder wohl regierten Gesellschaft kann es durchaus veröffentlicht werden.«[14] Néaulme äußert sich weiterhin skeptisch und wirft Rousseau vor, die Fundamente des Christentums zu untergraben, weil er sich gegen die Offenbarung wende. Daraufhin schreibt ihm Rousseau: »Ich erkläre Ihnen ein für alle Mal, dass weder Schande noch Gefahr noch Gewalt noch irdische Macht mich dazu bringen können, auch nur eine Silbe zu ändern. … Ich spreche zu Gottes Ruhm, zum wahren Wohl des Menschen und habe damit meine Pflicht getan …«[15]

Die Rhetorik, die an den Stil paulinischer Briefe erinnert, lässt deutlich erkennen, dass er von seiner Entscheidung nicht abzubringen ist. Er hat es schließlich auch abgelehnt, der Bitte des Verlegers entsprechend sein Buch, um der Zensur zu entgehen, anonym erscheinen zu lassen wie Voltaire, Montesquieu, Diderot und viele andere Autoren es immer wieder selbstverständlich tun. Für ihn ist das öffentliche Bekenntnis zur Autorschaft eine wichtige Pflicht. Rousseau fürchtet sich nicht.

Die Julie der *Nouvelle Héloise* hat schließlich ähnlich gedacht wie der Geistliche aus Savoyen, ohne dass die Zensurbehörde dagegen eingeschritten wäre, Mme de Luxembourg und Malesherbes selbst haben das Erscheinen des *Émile* unterstützt und Conti schätzt ihn.

In der Tat ist Rousseau für seine hochgestellten Freunde, die alle zum reformfreudigen Adel gehören, so etwas wie ein Gewährsmann. Seit Conti nicht mehr als Berater des Königs fungiert, da er unter Einfluss Mme de Pompadours den Hof verlassen musste, tritt er für eine Stärkung der Parlamente gegen die absolute Macht des Königs ein. Malesherbes hat gute Beziehungen zum Parlament, Mme de Luxembourg ist die Schwägerin der Geliebten Contis, Mme de Boufflers. Doch bald stellt sich heraus, dass ihr Einfluss Rousseau nicht schützen kann.

17
Scheiterhaufen

Am 24. Mai 1762 wird der *Émile* ausgeliefert. Er findet sogleich zahlreiche Leser, doch Kirche und Staat reagieren mit äußerster Empörung. Es kommt zu ungewohnten Reaktionen. D'Alembert beglückwünscht Rousseau zu dem Buch, ohne den Brief zu unterzeichnen. Duclos schreibt entgegen seiner sonstigen Gewohnheit überhaupt nicht. Malesherbes bleibt in seiner Rolle als Chef der Zensurbehörde nichts anderes übrig, als ein Buch zu verbieten, dessen Druck er selbst unterstützt hat.

Der Staat geht im Namen der Religion gegen Rousseau vor. Dies hat seinen Hauptgrund darin, dass das Werk zu einem besonders kritischen Zeitpunkt erscheint. Das Parlament, dessen Mehrheit jansenistisch und damit gegen die Jesuiten eingestellt ist, plant ein Verbot des Jesuitenordens, da die Jesuiten nur die Autorität des Papstes und ihres Generals anerkennen und nicht bereit sind, sich der Staatsautorität unterzuordnen. Ihr Einfluss auf die Gesellschaft erscheint dem Parlament zu groß. In Brest soll sich der Orden illegal eine große Erbschaft angeeignet haben. Eine Untersuchung der Statuten der Jesuiten hat gezeigt, dass ihren Mitgliedern Verpflichtungen auferlegt werden, die mit ihren Pflichten gegenüber dem Staat unvereinbar sind. Gemäß königlichem Dekret wird am 6. August der Orden aufgelöst, seine Schulen werden geschlossen. Die Enzyklopädisten spenden diesen Maßnahmen gegen ihre Erzfeinde großen Beifall, doch man behandelt sie deswegen nicht schonender als vorher.

In der Öffentlichkeit gibt es starken Widerstand gegen das Jesuitenverbot. Das Parlament will aber nicht in den Ruf geraten, unchristlich zu handeln, und in dieser Situation bietet der Fall Rousseau die passende Gelegenheit, sich in Fragen des Glaubens als rigoros zu erweisen.

Conti, Luxembourg und Malesherbes sind besorgt, nicht zuletzt, weil auch sie selbst mit der Sache zu tun haben. M. de Luxembourg bittet Rousseau, ihm sämtliche Briefe von Malesherbes zu übergeben, und fragt ihn, ob er sich im *Contrat Social* negativ über den mächtigen Minister Choiseul geäußert habe. Tatsächlich wird Choiseul, den Rousseau in Montmorency kennen gelernt hat und der die Aufklärer unterstützt, im Buch III des *Contrat Social* im Zusammenhang mit der Frage nach der richtigen Wahl der Besetzung hoher öffentlicher Ämter erwähnt. Nachdem Rousseau kritisiert, dass in einer Monarchie zumeist unfähige Personen diese Posten besetzen und in einer Demokratie das Volk bei der Wahl eine glücklichere Hand habe als ein Fürst, erwähnt er das seltene Beispiel eines besonders fähigen, vom König ausgewählten Mannes: »Wenn durch einen glücklichen Zufall einer jener Männer, die zum Regieren geboren sind, in einer fast zerstörten Monarchie das Ruder in die Hand nimmt, … ist man ganz überrascht, wie viele Ressourcen er findet, und das ist für ein Land ein großes Ereignis.«[1] Sollte Choiseul den Hinweis falsch verstanden und nicht das Lob, sondern die Kritik am Anfang der Passage auf sich bezogen haben? Dieser Gedanke beschäftigt und beängstigt ihn. Mme de Boufflers bittet um Rückgabe ihres Glückwunschbriefchens, das sie ihm nach Erhalt des Buches geschrieben hatte, außerdem erklärt sie Rousseau, dass sich Conti seinetwegen sehr bemühe, und macht ihm den Vorschlag, in England den Philosophen David Hume zu besuchen, dem sie am selben Tag geschrieben hat. Sie schlägt Rousseau außerdem vor, für ein paar Wochen in die Bastille, das Staatsgefängnis zu gehen, wodurch er der Verfügungsgewalt des Parlaments entzogen wäre. Rousseau teilt weder die Besorgnis seiner Freunde noch begreift er den Sinn all dieser Maßnahmen und Hinweise.

Als in Lyon ein Raubdruck des *Émile* erscheint, protestiert Rousseau dagegen, damit Rey nicht geschädigt wird. An die eigene Person und die Gefahr einer Verfolgung denkt er dabei nicht einmal. Am 3. Mai wird der *Émile* beschlagnahmt. Am 5. schreibt Rousseau an Néaulme: »Es heißt, das Parlament habe vor, den Autor zu verfolgen, doch ich glaube nicht, dass ein so weises und aufgeklärtes Gremium eine solche Dummheit begeht.«[2] Am 7. Juni verurteilt die theologische Fakultät der Sorbonne das Werk, und Luxembourg empfängt einen Brief des Priesters von Deuil, Abbé

Martin: »Soeben erhalte ich aus Paris den Brief einer vertrauenswürdigen Person, die mir sagt: Ich bin sicher, dass Jean-Jacques Rousseau heute vor das Parlament zitiert wird … Er soll verhaftet werden, und es gibt allen Grund, zu glauben, dass man es dabei nicht belassen wird. Er hat keine Zeit zu verlieren, um sich in Sicherheit zu bringen … Es ist im Gericht laut die Rede davon, dass es nichts nützt, die Bücher zu verbrennen, sondern dass man gegen die Autoren selbst vorgehen muss.« Noch am selben Tag gibt Mme de Luxembourg die alarmierende Nachricht an Rousseau weiter.[3] Als er die Mitteilung liest, glaubt er, dass Grimm und Mme d'Épinay, die mit dem Abbé befreundet sind, ihn bloß erschrecken wollen. Er ist der Einzige, der die Gefahr nicht erkennt, dabei haben ihn seine Freunde deutlich genug gewarnt.

Tatsächlich hat das Gericht vor, an einem Autor, der sich selbst zu seinem verbotenen Buch bekennt, ein Exempel zu statuieren. Das Buch soll im Hof des Gerichtsgebäudes verbrannt, Rousseau soll in das Gefängnis Conciergerie gebracht werden.

Gleich nach Erhalt der Nachricht schreibt Rousseau an Moultou: »Mein Buch [*Émile*] ist unter unglücklichen Umständen erschienen. Das Pariser Gericht will, wie es heißt, um seinen Eifer gegen die Jesuiten zu rechtfertigen, auch die verfolgen, die gar nicht so denken wie diese, und der einzige Mensch in Frankreich, der an Gott glaubt, wird deshalb zum Opfer der Verteidiger des Christentums. Seit mehreren Tagen sind alle meine Freunde eifrig bemüht, mich zu erschrecken; überall bietet man mir Verstecke an, aber da man mir keine guten Gründe nennt, sie anzunehmen, bleibe ich, wo ich bin, denn Ihr Freund Jean-Jacques hat es nicht gelernt, sich zu verstecken.« Das Gericht, das über ihn urteilen soll, lehnt er ab: »Das Parlament hat im Bewusstsein seiner außerordentlichen Macht wenig Vorstellungen von den Rechten und wird sie daher bei einem kleinen Einzelwesen wie mir kaum achten. … Wenn das Prinzip, das ich mir ausgesucht habe [*vitam impendere vero*] kein leeres Geschwätz ist, so ist die Gelegenheit gekommen, mich seiner würdig zu erweisen, und wofür könnte ich das bisschen Leben, das mir bleibt, besser nutzen? … Sie können mir das Leben nehmen, das mir mein Zustand zur Last macht, aber sie können mir nicht die Freiheit nehmen, ich werde sie bewahren, was immer sie tun, in ihren Ketten und Mauern. Mein Lebensweg ist zu Ende, mir bleibt nur noch, ihn zu krönen. Ich habe Gott Ehre erwiesen und zum Wohl der Menschen geredet … Sobald sich mein Schicksal entscheidet, informiere ich Sie, wenn ich in Freiheit bleibe. Andernfalls erfahren Sie es durch die Öffentlichkeit.«[4]

Ein Text, der an die letzten Reden Jesu erinnert, die Rousseau gewiss bekannt gewesen sind. Hier übernimmt er eine Rolle, die der des von ihm bewunderten Galiläers ähnlich scheint, etwa indem er auf eine Flucht verzichten und sich gefangen nehmen lassen will.

Am 8. Juni unternimmt Rousseau einen Spaziergang, von dem er in den *Bekenntnissen* sagen wird: »Nie im Leben bin ich so heiter gewesen.«[5]

In der folgenden Nacht übermittelt ihm Mme de Luxembourg einen Brief von Conti, nach dem seine Verhaftung unmittelbar bevorsteht und ihm Gefängnis und Scheiterhaufen drohen. Rousseau begibt sich daraufhin sogleich ins Schloss. Er lässt sich, um seine Gönner nicht in Gefahr zu bringen, zu einer Flucht überzeugen. Andernfalls hätte er vor Gericht gegen sie aussagen müssen. Er habe »seinen Ruhm um ihrer Ruhe willen geopfert«[6], sagt er später, um sein Verhalten zu erklären. Nachdem er sich zur Flucht entschlossen hat, verbrennt er gemeinsam mit dem Herzog kompromittierende Papiere.

Am nächsten Morgen tagt das Parlament von Paris. Der *Émile*, heißt es in dem Haftbefehl, entwickele das »kriminelle System« der Naturreligion und wage es, alle Religionen gutzuheißen; er behaupte, man könne, ohne an Gott zu glauben, gerettet werden, mache die Vernunft zur einzigen Richterin über religiöse Fragen, leugne die Wunder und die Offenbarung, die Autorität der Kirche und die Gottheit Jesu. … Zudem habe der Autor nicht einmal Angst gehabt, das Buch als das seine anzuerkennen. Daher ordne das Gericht an, dass das Buch im Innenhof zerrissen und verbrannt werde und dass der Autor des Buches, dessen Name genannt sei, gefangen genommen und in die Conciergerie gebracht werde.[7]

Rousseau nimmt Abschied von Thérèse, die ihm nach Auflösen des Haushalts nachfolgen soll, zu einem Ziel, das er ihr nicht nennt, damit niemand sie ausfragen kann. Zum Abschied sagt er ihr: »Mein Kind, du musst jetzt sehr tapfer sein. Du hast die Blüte meiner schönen Tage geteilt; da du es willst, bleibt dir jetzt nur, mein Unglück mit mir zu teilen. Du hast in meiner Gesellschaft nur noch Angriffe und Unglück zu erwarten: Das Schicksal, das an diesem traurigen Tage für mich beginnt, wird mich bis zu meiner letzten Stunde verfolgen.«[8]

Man hat Rousseau angeboten, sich einige Tage im Schloss zu verstecken, doch erinnert er sich an eine Einladung nach Yverdon in den Kanton Bern; schon seit längerem hat ihn der Freund Daniel Roguin, den er aus der ersten Zeit in Paris kennt und über den er Diderot kennen gelernt hatte, immer wieder aufgefordert, ihn dort zu besuchen. Rousseau will mit der Abreise nicht länger warten. Es ist inzwischen vier Uhr nachmittags.

Mme de Boufflers umarmt ihn zum Abschied und versichert ihn ewiger Freundschaft. Der Herzog begleitet ihn zu einer Kutsche, die er dem Freund samt Kutscher für die Reise zur Verfügung stellt. Sie umarmen einander lange, überzeugt, dass dies der endgültige Abschied ist. Auf dem Weg nach Paris begegnet ihnen eine Karosse mit vier schwarz gekleideten Männern, die ihn höflich grüßen. Vielleicht ahnen sie, dass er der Mann ist, den sie gefangen nehmen und nach Paris bringen sollen.

Rousseaus Freunde sind erleichtert; sie können nichts mehr für ihn tun und wären selbst in Gefahr geraten, hätte er sich länger geweigert, ins Exil zu gehen. Auch hätte Malesherbes um seine Position fürchten und sich nicht mehr, wie zuvor oft geschehen, für unliebsame Autoren einsetzen können. Und Conti, der die Rechte des Parlaments stärken will, ist auf ein Einvernehmen mit dem Gremium angewiesen und hätte seine Glaubwürdigkeit verspielt.

Auf seinem Weg ins Exil schreibt Rousseau *Le Lévite d'Ephraim*, »Der Levit von Efraim«, eine Erzählung, die auf eine Geschichte des Alten Testaments aus dem Buch *Richter* zurückgeht. Regelmäßig liest Rousseau biblische Texte und stilistische sowie inhaltliche Einflüsse auf sein Werk sind immer wieder erkennbar. In diesem Fall verfasst er eine erweiterte Nacherzählung einer recht martialischen Geschichte, in der verschiedene Mahnungen und Warnungen an die Zeitgenossen enthalten sind. »Ihr Sterblichen, achtet die Schönheit, die Sitten, die Gastfreundschaft; seid gerecht, ohne grausam zu sein, zeigt Erbarmen ohne Schwäche; und seid fähig, dem Schuldigen zu vergeben, statt den Unschuldigen zu strafen.«

Rousseau stellt die vorstaatliche, patriarchalische Zeit Israels als eine Ära hin, in der die Rechte anderer respektiert wurden, in der es einfache Sitten gab und daher keine Gesetze notwendig waren, in der »niemand über andere herrschte und in der man nichts Böses tat«. Der Levit ist ein Mann, der, nachdem er angegriffen wurde sein Recht erhält, was, wie Rousseau meint, jedem Unschuldigen in einem legitimen Gesellschaftssystem zusteht.

Berichtet wird über die böse Tat einiger Männer aus dem Stamm Benjamin in der Stadt Gibea, in der ein Levit aus Efraim Zuflucht sucht. Einige Männer des Dorfes verletzen die Gastfreundschaft und wollen sich an dem Leviten sexuell vergehen, woraufhin dieser ihnen die eigene, von ihm geliebte Nebenfrau als Objekt der Begierde überlässt. Sie kommt dabei um, woraufhin er die Leiche in zwölf Teile zerstückelt und diese an die zwölf Stämme Israels schickt. Da sich die Benjaminiten weigern, die Übeltäter auszuliefern, wird ein Feldzug gegen den ganzen Stamm ausgeführt. Benjamin wird beinahe ausgerottet, doch damit der Stamm wieder leben kann, werden alle Bewohner des Ortes Jabes im Gebiet des Stammes Menasse bis auf die Jungfrauen ausgerottet, und diese werden den Benjaminiten zur Frau gegeben.

Dieses grausame Vorgehen allerdings verurteilt Rousseau und vergleicht es mit der zeitgenössischen französischen Kriegführung. Er bringt hier wie nur an wenigen anderen Stellen seine Abneigung gegen Kriege zum Ausdruck: »Um das Elend, das durch so viele Morde entstanden war, wieder gutzumachen, verübte dieses wilde Volk noch schlimmere, die in ihrer Raserei an die Eisenkugeln erinnern, die von unseren in Brand gesteckten Maschinen hinausgeschleudert werden und, nachdem sie zunächst zur Erde gefallen sind, mit neuem Ungestüm nach oben fliegen und in ihren unerwarteten Sprüngen ganze Reihen umwerfen und vernichten.«[9]

Rousseau hat die grausame Geschichte gerade in der Nacht gelesen, als ihn die Warnung Mme de Luxembourgs erreicht und er das Haus verlassen muss. Offenbar lenkt ihn auf der Fahrt die Arbeit an dieser Geschichte von den eigenen Sorgen ab. Es interessiert ihn dabei auch, den grausamen Inhalt mit poetischen Land-

32 »Himmel, Beschützer der Tugend, ich lobe dich, ich berühre freien Boden.« Rousseau kehrt am 14. Juni 1762 auf Schweizer Gebiet zurück.

schaftsbeschreibungen zu verbinden. Der *Lévite d'Ephraim* wird deshalb zu seinem Lieblingswerk, weil für ihn darin deutlich wird, dass Hass und Leidenschaft seiner Seele nichts antun können.[10] Gewiss spielt auch eine Identifizierung des eigenen Schicksals mit dem des Leviten eine Rolle, der selbst unterwegs ist und Zuflucht sucht, dazu interessiert Rousseau die Auseinandersetzung mit Problemen der sexuellen Gewalt und illegitimer Herrschaft. Nicht einmal die widrigsten Lebensumstände können ihn daran hindern, sich schreibend mit den Fragen auseinander zu setzen, die ihn schon in seinen Hauptwerken beschäftigt haben. Die in der Neufassung der alttestamentlichen Legende enthaltenen Zuspitzungen, Aktualisierungen, Ermahnungen, Warnungen und Hinweise an die Zeitgenossen lassen erkennen, dass der Autor nicht im Geringsten bereit ist, seine Arbeit, seine Mission zu beenden.

Am 14. Juni erreicht er Yverdon in der Schweiz und an der Grenze küsst er die Erde der Freiheit.

Am 16. Juni wird in Paris der *Émile* verbrannt.

18
Im preußischen Exil

In Yverdon, das zum Kanton Bern gehört und am See von Neuchâtel liegt, wird Rousseau von Daniel Roguin herzlich empfangen und von seiner Familie umsorgt. Roguins Nichte Mme Boy de la Tour, die Witwe eines Lyoner Geschäftsmanns, nimmt sich seiner besonders an. Er genießt die Ruhe und die Freundlichkeit seiner Umgebung. Bald nach seiner Ankunft wird er auf der Straße erkannt und angesprochen und erhält viele Besuche.

Rousseau lässt seine Freunde in Paris von seiner Ankunft wissen. Bei Conti bedankt er sich dafür, dass dieser durch seine rechtzeitige Warnung seine Freiheit und Ehre gerettet habe, Luxembourg versichert er, dass es ihm gut gehe. Es stellt sich bald heraus, dass Rousseau von seinen Freunden in Paris nicht im Stich gelassen wird. Er erhält zahlreiche Briefe. Duclos bietet ihm Geld an, d'Alembert will ihn dem König von Preußen empfehlen, Mme de Boufflers ein Refugium auf deutschem Gebiet oder in England für ihn finden. Coindet, der Genfer Bankier in Paris, ist bereit, jederzeit zu kommen, falls er ihn braucht.

Thérèse teilt Rousseau am 17. Juni in einem Brief mit, dass er in Sicherheit sei, dass er sich freue, bald von ihr zu hören und zu erfahren, dass sie ihn immer lieben werde. Er stellt ihr frei, sich seinem Exil anzuschließen, rät ihr, die Freunde und Nachbarn bei der Auflösung des Haushalts zu Rate zu ziehen, und erklärt ihr, dass die Luxembourgs sich um sie kümmern würden, falls sie nicht komme. Er versichert ihr auch, dass er nichts Ungesetzliches getan habe.

Thérèse antwortet am 23. Juni, dass sie sehnsüchtig auf den Moment warte, wieder bei ihm zu sein, und ihn von Herzen umarme. »Sie wissen, dass mein Herz Ihnen allein gehört und ich Ihnen das immer gesagt habe«, schreibt sie ihm. Erst mit dem Tod werde ihr Zusammensein ein Ende finden.[1]

Inzwischen hat in Frankreich die Debatte über den *Émile* begonnen. Der Dauphin hat ihn als das teuflischste Buch, das je geschrieben wurde, gebrandmarkt, d'Alembert lobt seine Kritik an der Religion. Grimm äußert Zustimmung zur Entscheidung des Parlaments, Rousseau zu verhaften, und Diderot bemerkt, Rousseau opfere die Philosophen und habe die Frommen auf seiner Seite, die nur darauf warteten, dass er in ihr Lager wechsele.[2] In Genf greift der zum Rat der Zweihundert gehörende Naturforscher Charles Bonnet den Autor des *Émile* heftig an: »Er kann sich rühmen, … die Menschheit umarmt und zugleich erdolcht zu haben. Ich wünschte, dass der Unselige stirbt … oder noch lieber, dass er schon tot wäre.« Voltaire schreibt an d'Alembert: »Dieses Ungeheuer wagt es, von Erziehung zu reden. Er, der keinen seiner Söhne aufziehen wollte, der sie ins Findelhaus gebracht hat! Er hat die Kinder und die Schlampe, der er sie gemacht hat, im Stich gelassen.« Damit gibt er das Geheimnis vom Schicksal der Kinder Rousseaus preis. In Genf erzählt Tronchin Moultou davon. »Ich habe solche Achtung vor der Vaterschaft, diese Bindung erscheint mir so heilig, dass der, der sie verletzt, in meinen Augen das erste aller natürlichen Gefühle verletzt.«[3] Offenbar hat Mme d'Épinay, der Rousseau die Sache anvertraut hatte, sein Geheimnis verraten.

In Paris und Genf reagiert man unterschiedlich auf den *Émile* und den *Contrat Social*. Während Ersterer in Paris auf dem Hintergrund des Jesuitenverbots vor allem aus religiösen Gründen verurteilt wird, bleibt der als schwer verständlich geltende und weniger gelesene *Contrat Social* hier weitgehend unbeachtet. In Genf erregt gerade dieses Buch Aufsehen. Schließlich wird darin für Rechte des Souveräns eine Lanze gebrochen, und die Bürgerpartei sieht sich in ihren Ansprüchen gegenüber der Oligarchie bestätigt. Dass sich die Exekutive dem Souverän unterordnen soll, dass es regelmäßige Versammlungen zur Kontrolle der Regierung und keinen Vertrag geben soll, in dem sich das Volk der Obrigkeit unterordnet, bedeutet einen schweren Angriff auf die Genfer Oligarchie. »Unsere Bürger sagen, dass der *Contrat Social* ein Arsenal der Freiheit ist«, schreibt Moultou an Rousseau.[4] Zugleich weist er ihn darauf hin, dass der Abschnitt über die Zivilreligion die Leute erschrecke. Da dies zu Problemen führen könnte, schlägt er Rousseau vor, in einem Brief zu erklären, er habe nur die katholische Kirche angegriffen, habe aber weder etwas gegen die Offenbarung noch gegen die Genfer Religion. Rousseau weist dieses Ansinnen energisch zurück. Das *Glaubensbekenntnis des Geistlichen aus Savoyen* macht seine Position deutlich und er will davon nicht abweichen. So ist die Genfer Bürgerpartei einerseits begeistert, dass Rousseau ihre Anliegen vertritt, andererseits sind ihr seine Ansichten zur Religion zu radikal. Die vom Rationalismus geprägten Genfer Pfarrer folgen Rousseaus Auffassung von einer natürlichen Religion, doch schließen sie sich nicht seiner Kritik der Bibel als Menschenwerk an und sehen darin weiterhin ein von Gott inspiriertes Buch. Für sie gelten christliche Glaubenssätze wie die Wahrhaftigkeit der Wunder und die Göttlichkeit Jesu. Da Rousseau im Unterschied zu den Philosophen an bestimmten christlichen Wahrheiten wie der Unsterblichkeit der Seele und einem Leben nach dem Tod festhält, hat er auch diese nicht auf seiner Seite, ist weder der einen noch der anderen Gruppe zuzurechnen und steht mit seiner Auffassung allein da.

Maßnahmen der Genfer Regierung bleiben nicht aus. Beide Werke werden beschlagnahmt, weil sie »gefährliche Maximen bezüglich der Religion und der Regierung enthalten«.[5] Am 18. Juni tritt die Regierung erneut zu einer Beratung über den *Contrat Social* und den *Émile* zusammen. Die Gefährlichkeit der Schrift ist allen plausibel: Regelmäßige Volksversammlungen, Rechtfertigung der Exekutive vor dem Souverän erscheinen dem Gremium wie ein Aufruf zur Anarchie, Rousseaus Vorstellungen von Religion als purer Deismus. Der Generalstaatsanwalt Jean-Robert Tronchin fällt das Urteil: Beide Bücher verwechselten Freiheit mit Anarchie, die Proklamierung einer Naturreligion zerstöre die Offenbarungsreligion. Versammlungen, in denen sich die Regierung rechtfertigen müsse, seien im Genfer Gesetz verboten. Er sieht im *Contrat Social* einen Aufruf zu dauernder Revolution, da es keine gegenseitige Verpflichtung zwischen den Regierenden und den Regierten gebe und Erstere nichts als Instrumente seien, die die Völker ständig ändern oder zerstören könnten, wie es ihnen passe. Der Autor opfere die heiligsten Prinzipien einer grenzenlosen Freiheit. Er greife die Religion als Tyrannei und das Christentum als Sklaverei an. Der Rat plädiert dafür, den Autor selbst zu verschonen, schließlich habe Rousseau im *Glaubensbekenntnis des Geistlichen aus Savoyen* zugegeben, dem Genfer Glauben abgeschworen zu haben, er könne deshalb nicht mehr als Citoyen gelten und falle damit nicht unter die Gerichtsbarkeit der Republik. Beide Bücher empfiehlt das Gremium als »kühn, schamlos, skandalös, zerstörerisch für die christliche Religion und alle Regierungen« zu vernichten.[6] Der Kleine Rat beschließt dennoch, Rousseau zu verhaften, falls er sich auf Genfer Terrain begeben sollte.

Das Urteil der Genfer Regierung ist vor allem politisch motiviert. Zwar ist es opportun, die Genfer Kirche als konform mit der christlichen Tradition zu deklarieren und die von d'Alembert im Artikel *Genf* geäußerte Meinung, die Genfer Pfarrer seien liberal und glaubten nicht an die Trinität, durch Maßnahmen gegen Rousseaus Werke aus der Welt zu schaffen, in Wahrheit aber kommt es den Machthabern in Genf darauf an, die Bedrohung ihrer Macht durch demokratische Prinzipien, wie sie der *Contrat Social* fordert, zu verhindern. Rousseau und seine Forderung nach Gleichheit sind für das herrschende Patriziat höchst gefährlich. Die beste Waffe gegen Rousseau aber ist nicht politische Argumentation, sondern die Auseinandersetzung mit seinen religiösen Vorstellungen. Nicht jeder kann sich mit ihnen identifizieren, auch nicht alle derer, die ihm politisch durchaus folgen. So wird die Religion zum Mittel, die Leute gegen Rousseau aufzubringen. Moultou hat dies erkannt: »Rousseau wurde nicht wegen seiner Religion in Genf verurteilt. Seine Verfolger waren keine Christen, doch sie bedienten sich, um ihn zu vernichten, der dummen Leichtgläubigkeit einiger Christen ... Das *Glaubensbekenntnis des Geistlichen* war nur das Feuer, mit dem ein freies Volk den *Contrat Social* verbrannte.«[7] Der von den Bürgern, die im *Contrat Social* die Begründung ihrer Rechte und Freiheiten sahen, verehrte Rousseau wird in Misskredit gebracht.

Am 19. Juni teilt Moultou Rousseau mit, dass er verhaftet werden soll. Damit zerschlagen sich alle Hoffnungen, nach Genf zurückzukehren. Der *Émile* und der *Contrat Social* werden am 20. Juni verbrannt. Rousseau droht Gefängnis. Er mahnt Moultou, der ihn in Genf öffentlich verteidigt, zur Vorsicht, in nüchterner Einschätzung der Verhältnisse: »... Neid und Hass gegen mich haben ihren Höhepunkt erreicht. Sie nehmen erst ab, wenn ich lange nichts mehr geschrieben habe und allmählich vom Publikum vergessen werde und man von mir nicht mehr die Wahrheit fürchtet ... Schweigen Sie, respektieren Sie die Entscheidung des Magistrats und die öffentliche Meinung. Lassen Sie mich nicht vor aller Augen fallen, das wäre feige, aber sprechen Sie wenig über mich.«[8] Von einem Besuch solle er lieber absehen.

Rousseau sieht in Voltaire einen der Urheber für die Verbrennung seiner Bücher. Doch ist dies höchst unwahrscheinlich. Angesichts des kritischen und für Machthaber gefährlichen Potenzials, das vor allem der *Contrat Social* enthält, ist die Reaktion der Genfer Regierung, die Rousseaus Ideal von einer Republik kaum entspricht, durchaus begreiflich.

Gegen die Vorgehensweise der Regierung erheben sich Vorwürfe. Man habe Rousseau verurteilt, ohne ihn angehört zu haben. Nach Genfer Recht müsse über Fragen des Glaubens zuerst vom Konsistorium entschieden werden. Doch dieses Gremium sei übergangen worden und habe es geschehen lassen. Tatsächlich hat das Konsistorium nicht eingegriffen. Rousseau ist enttäuscht, dass keiner der Genfer Pfarrer protestiert und auch seine Freunde schweigen. Dann erhebt sich doch die Stimme des ehemaligen Militärs Charles Pictet, der in einem Brief an den Verleger Duvillard gegen das illegale Vorgehen gegen Rousseau protestiert. Er wird daraufhin aus der Generalversammlung ausgeschlossen, verliert für ein Jahr das Genfer Bürgerrecht und muss eine Strafe zahlen, Duvillard verliert für sechs Monate das Bürgerrecht. Es kommt zu neuen Protesten von Seiten des Bürgertums; Verwandte Rousseaus fordern eine Kopie des Urteils. Man wirft dem Kleinen Rat Inquisitionsverhalten vor. Doch ahnt noch niemand, wie viel Zündstoff in der Affäre Rousseau steckt; am Beispiel dieses Autors wird deutlich werden, wie es um die gesamte Republik und ihre demokratischen Institutionen bestellt ist.

Rousseau, der von den Vorgängen in Genf hart getroffen ist, ist klar, dass eine Rückkehr in seine Heimatstadt ausgeschlossen ist. Er wendet sich daher an den Landvogt von Yverdon, um zu klären, ob der Berner Senat ihm den Aufenthalt auf seinem Territorium gewährt. Den wiederholten Vorschlag von Mme de Boufflers, nach England zu gehen, lehnt er ab. Er fühlt sich in Yverdon wohl. Doch am 9. Juli verlangt die Berner Regierung seine Abschiebung.

Charles Bonnet und andere haben die Berner Regierung hellhörig gemacht und auf die Gefährlichkeit Rousseaus hingewiesen. Rousseau hat jedoch auch Sympathisanten in Bern, zum größten Unverständnis des Patriziers Bonnet, der an den bekannten Physiker von Haller schreibt, er sei überrascht, dass Rousseau viele Anhänger in Bern habe; er sei gewiss ein großer Feind der Berner Regierungsform, und wenn er der Herrscher wäre, würde die dortige Aristokratie bald in eine pure Demokratie umgewandelt. Die Fürsprecher können Rousseaus Schicksal nicht wenden. Einen Monat nach seiner Ankunft in Yverdon muss er es wieder verlassen.

Rousseau kehrt der Stadt schweren Herzens den Rücken. In Begleitung von Roguin machte er sich auf einen sechsstündigen Fußweg durchs Gebirge. Am nächsten Tag erreicht er das Dorf Môtiers im Val de Travers in Neuchâtel. Hier findet er Aufnahme in einem Haus der Nichte Roguins, der Mme Boy de la Tour. Das Fürstentum Neuchâtel gehört seit 1707 durch Erbschaft zu Preußen. Hier hat also der König von Preußen das Sagen, allerdings nicht in religiösen Angelegenheiten, die in der Hand der Pfarrer liegen, was für das Schicksal Rousseaus große Bedeutung hat.

Am 20. Juli kommt auch Thérèse in Môtiers an. Sie bringt Rousseau das Armeniergewand mit der Pelzhaube mit, das er von nun an tragen wird. Nachdem er sich in dem Haus eingerichtet hat, geht er wieder einem Handwerk nach. Da er keine Kunden findet, die Noten kopieren lassen wollen, stellt er jetzt Schleifen her. Er sitzt in seinem langen Gewand mit der Handarbeit vor seinem Haus wie die Frauen. »Ich versuche, die Vergangenheit zu vergessen. Ich trage jetzt ein langes Gewand und ich mache Schleifen, ich bin mehr als zur Hälfte eine Frau; warum war ich das nicht bloß schon immer!«, schreibt er an Mme de Verdelin nach Paris.[9] Er verkauft die Schleifen, doch jungen Müttern, die ihre Kinder, wie im *Émile* gefordert, selbst stillen, schenkt er sie.

Der Gouverneur des Fürstentums, der aus Schottland stammende Lord und Marschall George Keith, ist ein liberaler, toleranter Mann. Er ist sechsundsiebzig Jahre alt, hat 1715 an einem Aufstand gegen das englische Königshaus teilgenommen, wurde enteignet und wegen Hochverrats des Landes verwiesen. Friedrich II. hat ihn 1754 zum Gouverneur von Neuchâtel gemacht und 1761 sind ihm seine Güter restituiert worden. Keith setzt sich auf Rousseaus Bitten bei Friedrich II. dafür ein, Rousseau Asyl zu gewähren, und informiert Rousseau in einem Brief vom 12. Juli darüber: »Monsieur, ich schreibe dem König, damit er die Weisungen für Ihr Asyl in diesem Land gibt. Ich würde mich freuen, Ihnen einen Dienst zu erweisen ..., da ich Ihren Verstand bewundere und Ihre Lebensweise achte ... Sie würden mir durch Ihr Kommen eine große Freude bereiten. Ich würde Ihnen ein Pferd oder eine Kutsche schicken, um Sie hierher zu bringen. Sie können so lange, wie es Ihnen beliebt, hier bleiben.« Und in ironischer Anspielung auf Rousseaus *Diskurse* schreibt er weiter: »Sie hätten in mir einen alten Mann vor sich, der einem Wilden ähnlich, jedoch durch den Umgang mit zivilisierten Barbaren möglicherweise etwas verdorben ist.«

Wenige Tage zuvor hat Rousseau selbst dem preußischen König einen Brief geschrieben, aus dem klar seine Einstellung gegenüber dem Monarchen hervorgeht: Es heißt darin: »Ich habe viel Schlechtes über Sie gesagt und werde es vielleicht auch weiterhin tun; doch da ich aus Frankreich, Genf und dem Kanton Bern vertrieben wurde, suche ich in Ihren Ländereien Asyl.«[10]

Trotz der gegenüber einem König ungewöhnlichen Haltung, die aus diesem Brief spricht, lässt Friedrich den Gouverneur Keith wissen, Rousseau sei in seinem Land willkommen, vorausgesetzt, er verzichte darauf »über zweideutige Themen zu schreiben, die unter Ihren Neuchâteller Köpfen allzu lebhafte Gefühle hervorrufen und Geschrei unter all Ihren Pfarren erregen, die streitsüchtig und fanatisch sind«.[11]

Rousseau antwortet, er habe sich selbst Schweigen auferlegt, hoffe aber nicht, dass dies die Bedingung eines Königs sei, ihm Gastfreundschaft zu gewähren. »Meine Art zu denken, um welches Thema es dabei auch geht, gehört mir, da ich als Republikaner und frei geboren bin ... Ich habe mir versprochen, nicht mehr zu schreiben, aber ... ich habe es allein mir versprochen«, schreibt er im August.[12] In diesem Brief an den König, den Keith in weiser Voraussicht nicht weitergibt, beweist Rousseau, dass er bereit ist, sich an seine Prinzipien zu halten, wenn es um seine persönliche Freiheit geht. Im September schreibt Friedrich an Keith, gerne gewähre er Rousseau Asyl, und wären die Kosten des Siebenjährigen

Krieges nicht so hoch, würde er ihm gern eine kleine Hermitage bauen. Doch solle Keith ihm Geld und Nahrung zukommen lassen.

Darauf schreibt der radikale Republikaner an den König: »Sire, Sie sind mein Beschützer und Wohltäter, und mein Herz ist von Natur aus dankbar. Ich will meine Schuld begleichen, so gut ich kann. Sie wollen mir Brot geben: Ist bei Ihren Untertanen niemand, dem es daran mangelt?« Und im Hinblick auf den Siebenjährigen Krieg schreibt er weiter: »Nehmen Sie den Degen weg, der meine Augen blendet und beleidigt. Er hat seine Schuldigkeit hinreichend getan, das Zepter ist verwaist ... Sie sind noch weit von Ihrem Ziel entfernt, Sie haben keine Zeit zu verlieren, um es zu erreichen, prüfen Sie Ihr Herz, o Friedrich! Können Sie sich entschließen zu sterben, ohne der größte aller Menschen gewesen zu sein?

Wenn ich erleben dürfte, wie Friedrich der Gerechte und Gefürchtete das Volk beider Staaten zu einem glücklichen macht, dessen Vater er wäre, so wollte ich, Jean-Jacques Rousseau, mit Freuden zu Füßen seines Thrones sterben ...«[13]

Keith und Rousseau finden Gefallen aneinander, sie besuchen sich häufig. Rousseau schätzt an Keith, dass er Verständnis für seine schwierige Lage hat, ohne zum Almosengeber zu werden. Die Liberalität und Toleranz des Gouverneurs sind in seinem neuen Refugium eine Seltenheit.

Die mächtigen Pfarrer von Neuchâtel verbieten die Verbreitung des *Contrat Social* und des *Émile*. Doch der Pfarrer von Môtiers, Frédéric-Guillaume de Montmollin, ist ein aufgeschlossener Mann. Rousseau bittet ihn, in seiner Gemeinde zum Abendmahl zugelassen zu werden. Am 24. August schickt Rousseau ihm einen Brief, in dem er erklärt, er habe sich immer nur gegen die katholische Kirche gewandt und sei Anhänger der reformierten Kirche. Diese Erklärung genügt dem Pfarrer und so verlangt er nicht, dass Rousseau die Thesen seiner Bücher widerruft. Rousseau empfindet dies als großen Trost, die Zugehörigkeit zur Kirche ist ihm ebenso wichtig wie der Grundsatz, dass ein Gläubiger, dessen Verstand sich kritisch mit Fragen des Glaubens beschäftigt, zu Christus gehören darf. Am 29. August nimmt er am Abendmahl teil. Montmollin, der damit gegen seine Amtsbrüder handelt, beweist damit einigen Mut. Er mag zufrieden gewesen sein, den berühmten Rousseau in seine Gemeinde integriert zu haben.

Trotz wiederholter Beteuerung, nach dem Druck seiner Hauptwerke die Feder aus der Hand zu legen, ist Rousseau weiterhin literarisch tätig. Er schreibt das Stück *Pygmalion* und eine von Mme de Créqui angeregte Fortsetzung des *Émile* mit dem Titel *Émile et Sophie ou les Solitaires*, »Émile und Sophie oder die Einzelgänger«, in dem Émile, der auf einer einsamen Insel gefangen ist, seinem Erzieher von seinem dramatischen Leben erzählt. Nachdem Sophie ihre Eltern und eine Tochter verloren hat, ziehen sie nach Paris, weil Émile ihr etwas Zerstreuung bieten will. Dabei nimmt sie Pariser Sitten und Gewohnheiten an, vernachlässigt Émile und wird durch Ehebruch schwanger. Émile verlässt Sophie daraufhin, um ein ganz anderer zu werden. Er reist umher, lebt von seiner Hände Arbeit, besteigt in Neapel ein Schiff, weil in seinem Land nur Chaos und Korruption herrschen, Seeräuber kapern das Boot, er wird in Algier gefangen, hilft den Mitgefangenen, leistet harte Arbeit und organisiert Widerstand gegen die Sklavenhalter. Sein Aufseher erkennt seine Fähigkeiten und am Ende wird er – ähnlich wie der biblische Joseph in Ägypten – Aufseher und Berater des Fürsten. Dank seiner Erziehung gelingt es Émile, sein Unglück zu meistern und seine Menschenwürde zu wahren.

Bis hier geht die Geschichte, die Rousseau noch kurz vor seinem Tod fortsetzen wollte. Er hat das Ende Bernardin de Saint-Pierre, einem seiner letzten Freunde, erzählt: Danach flieht Émile aus Algier, zieht sich auf eine Insel zurück, in deren Zentrum er ein junges Mädchen findet und heiratet, da durch Sophies Ehebruch seine Ehe annulliert ist. Doch eines Tages kommt Sophie, die ihn überall gesucht hat. Er heiratet nun auch Sophie, die ihm nach ihrem Tod einen Brief hinterlässt, aus dem hervorgeht, dass sie zu dem Ehebruch gedrängt wurde und ihn nie wirklich verraten hat. Die Liebenden finden sich also wieder, und dies geschieht, weil die richtige Erziehung sie dazu befähigt hat. Dass es zu den Schwierigkeiten gekommen ist, liegt nicht an falscher Erziehung, sondern an der verkommenen Gesellschaft, in der es schwer ist, durch Tugend sein Glück zu finden, und die einen zwingt, sein Glück auf einer einsamen Insel zu suchen.

19
Die Rebellion der Citoyens

Das Leben in Môtiers verläuft friedlich, Rousseau erhält Briefe aus Paris von den Freunden M. und Mme de Luxembourg, Mme de Verdelin, Mme de Créqui, Mme de Boufflers, Malesherbes und Duclos. Seine Korrespondenz beschäftigt ihn viele Stunden am Tag. Zahlreiche Besucher finden sich ein, von Thérèse sorgfältig ausgewählt.

Keith denkt daran, sich bald zur Ruhe zu setzen, und möchte in seinem Schloss in Schottland mit Rousseau und dem Philosophen David Hume gemeinsam den Lebensabend verbringen. Er stellt sich ein Zusammenleben ohne Regeln und Zwänge vor, eine Idee, von der Rousseau angetan scheint.

Im Oktober hat er mit Betroffenheit vom Ableben der Mme de Warens erfahren. Dies hat Erinnerungen an seine Jugend wachgerufen. Immer öfter denkt er nun doch daran, Reys Bitte nach dem Schreiben seiner Memoiren nachzukommen. So wendet er sich an Malesherbes und bittet um Rückgabe der vier Briefe, von denen er keine Kopie besitzt und in denen er sein Leben schon skizziert hat.

Zu seinem Bedauern kann er mit seinen Memoiren aber noch nicht beginnen, da die Genfer Pfarrer, die Montmollin seine Aufgeschlossenheit gegenüber Rousseau nicht verzeihen, anfangen, den Exilierten in seiner Ruhe zu stören. Sie verlangen von ihm die Zurücknahme seiner Thesen über die Religion. Doch Rousseau weigert sich. Außerdem muss er sich zunächst mit einem anderen Thema befassen.

Inzwischen ist der *Émile* auch in Holland verboten worden. Im September ist er mit Zustimmung des Papstes Clemens XIII. auf den Index gesetzt worden. Beunruhigend für Rousseau ist jedoch vor allem ein Hirtenbrief des Pariser Erzbischofs Christophe de Beaumont gegen den *Émile*, weshalb er beschließt, dem Erzbischof von Paris auf seine Schrift zu antworten. Am 20. August ist der Hirtenbrief in den Kirchen verlesen worden. Beaumont hat darin auf die Gefährlichkeit Rousseaus hingewiesen, der ein sprachgewaltiger Mann mit hoher geistiger Begabung und zahlreichen Kenntnissen sei. Er wirft Rousseau Irrtum und Widerspruch zwischen Meinung und Verhalten vor: Einfachheit der Sitten und hoffärtige Ideen; ein Leben in der Einsamkeit, doch mit dem Wunsch, überall bekannt zu sein; Orientierung an antiken Grundsätzen und die Forderung, Neuheiten einzuführen; Beleidigung der Wissenschaft, die er selbst betreibe; Lob des Evangeliums und Zerstörung der Dogmen; Darstellung der Schönheit der Tugend, die er zugleich in der Seele der Leser vernichte. Er maße sich an, Erzieher des Menschengeschlechts zu sein, doch er täusche die Menschen und führe sie auf Irrwege. Verwerflich erscheint Beaumont auch, dass Rousseau den natürlichen Menschen für gut hält und damit die Lehre von der Erbsünde ablehnt, und er wirft dem Philosophen vor, mehr an den Menschen als an Gott zu glauben und sich das Erbe von Jesus Christus anzueignen. Den *Émile* erklärt er zum Teufelswerk, das die Moral des Evangeliums zerstöre, blasphemisch und ketzerisch sei.

Rousseau verfasst im Herbst 1762 eine Antwort an Beaumont, die er im Januar an Rey zum Druck weitergibt. Er nimmt darin unter anderem Bezug auf die Thesen des *Zweiten Diskurses* und des *Émile*, hebt die Aufrichtigkeit seines mit der Vernunft zu vereinbarenden Glaubens hervor, erklärt sich zum wahren, einfachen, die Wahrheit und das Gute liebenden Christen und Jünger Jesu. Den von der Kirche geforderten, an Dogmen orientierten Glauben bezeichnet er als falsch. Er polemisiert gegen die Transsubstanziationslehre, nach der Gott selbst sich während der Messe in die Hostie verwandelt und die Gläubigen in der Kommunion tatsächlich den Leib Christi zu sich nehmen, und betont damit seine antikatholische Haltung. In der Wunderfrage weist er darauf hin, sein Zweifel richte sich nicht gegen die Wunder also solche, sondern gegen die Echtheit der Zeugen. Gott brauche keine Vermittler, sondern spreche unmittelbar zu den Menschen. Er habe im Übrigen nie den guten Naturmenschen zum Modell erhoben, sondern im *Émile* eine Art der Erziehung präsentiert, die den Menschen besser machen könne, da sie sich an der Natur orientiere.

Rousseau hofft, mit dem *Brief an Beaumont* die Protestanten auf seine Seite zu ziehen. Er lobt den ehrenwerten Pfarrer, der ihn in seine Gemeinde aufgenommen hat und preist sich glücklich, in »der vernünftigsten und heiligsten Religion auf Erden aufgewachsen zu sein«. Doch er wendet sich auch gegen evangelische Pfarrer, die ihn zwingen wollen, seine Gedanken zurückzunehmen: »Sie werden mich nicht zwingen zu lügen, um orthodox zu sein, oder zu sagen, was ich nicht denke, um ihnen zu gefallen.«[1]

Mittlerweile hat sich in Genf die bürgerliche Opposition formiert. Sie möchte sich Rousseaus bedienen, um die Wiederwahl des Generalstaatsanwalts Tronchin zu Fall zu bringen. Ihre Anführer wollen den Brief Montmollins, in dem dieser den Genfer Pfarrern den Grund für die Zulassung Rousseaus zum Abendmahl erläutert, veröffentlichen und wünschen sich von Rousseau einen zweiten Brief, in dem er erklärt, dass er das *Glaubensbekenntnis des Geistlichen* nicht hätte schreiben müssen, wenn er sich immer in einem protestantischen Land befunden hätte.

Rousseau selbst erwartet vom Ausgang der Wahl die Antwort auf die Frage, ob die Genfer auch in Zukunft seine Mitbürger sein können. Der von Rousseau erwartete Brief steht im Mittelpunkt des Interesses zweier Parteien. Die Patrizier verlangen nach wie vor, dass Rousseau seine Thesen generell zurücknimmt, damit seine Verurteilung durch den Kleinen Rat im Nachhinein gerechtfertigt ist. Die Bürger wollen mit Rousseaus bereits vorhandenem Brief an Montmollin, in dem er sich als gläubiger Christ erweist, zeigen, dass die Regierung Rousseau zu Unrecht verurteilt hat, und Stimmen gewinnen. Sie erringen einen gewissen Erfolg. Tronchin gewinnt zwar die Wahl, jedoch nur mit geringer Mehrheit. Rousseau ist mit dem Ergebnis unzufrieden. Er schätzt die Opposition in Genf als zu schwach ein und versteht nicht, dass man nicht massiver gegen seine unrechtmäßige Behandlung vorgegangen ist. Ihm ist unbegreiflich, dass die Genfer Bürger nicht einsehen, wie sehr sie sich schaden, wenn sie diese Ungerechtigkeit gegen seine Person hinnehmen. Seine Liebe zum Vaterland und dessen Bürgern ist deutlich abgekühlt.

Im Winter 1762/63 leidet Rousseau heftig unter einem akuten Schub seiner Krankheit. Deshalb hat er ein Testament zu Gunsten von Thérèse aufgesetzt. Er bittet darin unter anderem um die Obduktion seiner Leiche zur Klärung der Ursachen seines Leidens.

Bei allem Ärger über die Genfer sind ihm Zweifel gekommen, ob es richtig war, den *Brief an Beaumont* drucken zu lassen. Er denkt an die unabsehbaren Folgen und schreibt an Rey, um das Erscheinen in letzter Minute zu verhindern. Doch in diesem Fall war der Verleger schnell, der Text ist bereits im Druck; dies wird fatale Folgen für den Autor haben.

Bei allen Schwierigkeiten im Exil steht Rousseaus Berühmtheit außer Frage. Es erreicht ihn eine Flut von Briefen aus ganz Europa. Auch seine Oper hat nach wie vor ein Publikum. In Versailles wird der *Dorfwahrsager* wieder aufgeführt. Und Duchesne will trotz aller Schwierigkeiten eine Gesamtausgabe von Rousseaus Werken herausbringen. Dies ändert jedoch nichts daran, dass Rousseaus Situation nach wie vor gefährlich ist.

Keith, der dies stets im Auge behält, wiederholt sein Angebot, mit ihm nach Schottland zu gehen. Rousseau kann sich dazu nicht entschließen. Ihn beschäftigen die Auseinandersetzungen in Genf. Keith gegenüber hat er inzwischen mehrfach geäußert, er wolle sein Genfer Bürgerrecht niederlegen, weil er sich von den Mitbürgern im Stich gelassen fühle, doch Keith rät ihm von diesem radikalen Schritt ab. Rousseau ist daraufhin bereit, die Reaktionen der Genfer auf den *Brief an Beaumont* abzuwarten und sich dann zu entscheiden. Ende April verlässt Keith zu Rousseaus Bedauern Neuchâtel und zieht sich in seine Heimat zurück. Doch er will dem Freund nicht nach Schottland folgen. Auch auf eine freundliche Einladung Humes, zu ihm nach England zu kommen, geht er nicht ein. Er dankt ihm, erklärt jedoch, dass die Reise in seinem Zustand zu beschwerlich sei.

Anfang Februar führt Jacques-François Deluc, Sprecher der demokratischen Partei in Genf und Freund Rousseaus, mit einem der vier höchsten Regierungsbeamtem, dem Syndic Cramer, ein Gespräch, um eine Rückkehr Rousseaus nach Genf in die Wege zu leiten. Er verweist auf die Zulassung Rousseaus zum Abendmahl in Môtiers und seine Berühmtheit. Doch Cramer zeigt sich intransigent, nur die Widerrufung seiner Thesen könne Rousseau eine Rückkehr ermöglichen. Als Rousseau davon erfährt, wehrt er die

Initiative ab. Auch das Ansinnen Moultous und anderer Freunde, die ihn dazu bringen wollen, sich vom Konsistorium ein Zeugnis seines rechten Glaubens ausstellen zu lassen, weist er empört zurück. Angesichts der in seinen Augen zu schwachen Opposition der Bürger gegen die Obrigkeit ist er zu solchen Schritten nicht bereit.

Nach Erscheinen des *Briefes an Beaumont* gibt es lebhafte Reaktionen. Obwohl Rousseaus Freunde, besonders Moultou den Brief loben und wegen des guten Verkaufs mit einer Wende in der Genfer Politik rechnen, die zu einer Rückkehr Rousseaus in seine Heimat führen könnte, bleibt Rousseau skeptisch und er irrt sich nicht.

Die Genfer Regierung hat am 29. April, auch auf Druck der französischen Regierung, beschlossen, dass der Brief an Christophe de Beaumont nicht in Genf erscheinen darf. Rousseau erscheint den Genfer Autoritäten als gefährlich, weil er sich als durchaus religiöser Mensch erweist und zum anderen großen Einfluss auf das Publikum hat. Sein Gegenentwurf fasziniert die Leute.

In der Öffentlichkeit erhebt sich keine Stimme dagegen. Rousseau ist tief enttäuscht und schreibt am 12. Mai einen Brief an den Kleinen Rat, in dem er für immer auf das Genfer Bürgerrecht verzichtet. Er tue damit, was seine Würde und Vernunft verlangten, so schwer es seinem Herzen falle. Er habe seine Bürgerpflichten erfüllt, so gut er könne, sei aber nicht in den Genuss der Rechte, die einem Bürger Genfs zustünden, gekommen. Er wünsche seinem Vaterland Wohlstand und Ruhm.

Rousseau hat diese Entscheidung getroffen, da ihm endgültig klar geworden ist, dass die politische Wirklichkeit in Genf wenig mit der idealen Republik seiner Träume zu tun hat. Der Ehrentitel des Citoyen de Genève, mit dem er einige seiner wichtigsten Schriften versehen hatte, erscheint ihm unvereinbar mit dem Status eines Genfer Bürgers, dessen Schriften verboten werden. »Ich habe für mein Land getan, was ich für meine Freunde getan habe. Ich habe mein Vaterland zärtlich geliebt, solange ich glaubte, eines zu haben. Doch habe ich herausgefunden, dass ich irrte. Ich habe mich von einer Schimäre gelöst und bin kein Mann von Visionen mehr«, erklärt er Duclos.[2] Seine Freunde bedauern seinen Schritt, nur Moultou, der allmählich selbst an der Genfer Regierung und der Pfarrerschaft verzweifelt, äußert Verständnis. Der Kaufmann Marc Chappuis, den Rousseau gleich nach seiner Zeit in Venedig kennen gelernt hatte, macht ihm in einem Brief heftige Vorwürfe. Und Deluc lässt Rousseau über Moultou wissen, dass es in Genf seit der Niederlegung seines Bürgerrechts viele gebe, die etwas unternehmen würden, wenn man sie nur unterstütze. Rousseau geht darauf ein und schreibt an Chappuis, er habe diesen Schritt nur unter großen Schmerzen vollzogen, doch er wolle nicht länger zu einer Stadt gehören, in der man ihn öffentlich geschmäht habe. Zehn Monate habe er vergeblich gewartet, dass die Bürger dagegen protestieren. Diese hätten ihr Handlungspotenzial nicht ausgeschöpft. Sie hätten nicht für ihn Partei ergriffen und ihm bleibe nur die Hoffnung auf die Nachwelt. »Sie [die Stadt Genf] hat ihre Verpflichtungen mir gegenüber verletzt und befreit mich dadurch von den meinigen.« Im Weiteren meint er, die Generalversammlung habe durchaus Gelegenheit zu Protesten gegenüber der Regierung, also zu den so genannten Repräsentationen gehabt; diese seien ein legales Mittel, wenn gegen Gesetze verstoßen werde. Doch es sei nichts geschehen. Daher sei es geradezu seine Pflicht, auf sein Bürgerrecht zu verzichten. »Ich hatte euch meine Ehre anvertraut, oh Genfer, und ich hatte meine Ruhe gefunden; aber ihr habt diese Hinterlassenschaft so schlecht verwaltet, dass ihr mich gezwungen habt, sie euch zu nehmen.«[3]

Der Oppositionsführer Deluc verwendet den Brief an Chappuis, um die Genfer Bürger aufzuwecken. Es kommt tatsächlich zu einer Repräsentation, deren Text der Regierung am 18. Juni übergeben wird.

Erst jetzt, ein Jahr nach der Verdammung des *Émile* und des *Contrat Social* durch die Genfer Regierung, kommt es endlich zu öffentlichen Protesten in der Stadt. Vierzig Bürger wehren sich gegen das Verbot des *Contrat Social*, der zum einen die Genfer Institutionen lobe, zum anderen sowieso nicht in Genf gedruckt sei und deswegen dort auch nicht verboten werden dürfe. Außerdem sei das Konsistorium übergangen worden, das Rousseau hätte anhören müssen. Der Aufstand gegen den Kleinen Rat, der 1738 durch die Mediation beendet worden war, ist erneut entflammt.

Die Exekutive reagiert auf den Protest der Bürgerschaft mit dem Hinweis auf Rousseaus Angriffe auf die Religion und spricht der Bürgervertretung das Recht ab, in solchen Angelegenheiten bei der Regierung vorstellig zu werden. Die Atmosphäre ist durch Deluc so aufgeheizt, dass Moultou Rousseau bittet, mäßigend auf die Bürger einzuwirken. Rousseau schreibt daraufhin an Deluc, er solle nichts mehr unternehmen, die Intervention sei ohnehin zu spät erfolgt.

Dennoch kommt es zu mehreren Repräsentationen. Im August fordern 700 Bürgervertreter die Einberufung der Generalversammlung, da es Meinungsverschiedenheiten in der Auslegung von Gesetzen gebe, für die die Generalversammlung zuständig sei. Der Konflikt hat sich ausgeweitet. Es geht nun nicht mehr allein um die Behandlung Rousseaus, sondern auch um die brüskierten Rechte der Generalversammlung und die fragwürdigen Privilegien der Exekutive. Die Regierung reagiert mit dem Argument, es drohe Anarchie, wenn sämtliche Fragen von jedermann diskutiert werden dürften. Der Kleine Rat behalte sich vor, über die Zulässigkeit von Repräsentationen zu entscheiden. Die Bürger kommen auf ihrem Weg nicht weiter. Man bittet Rousseau um Vorschläge und Argumente, und dieser schlägt Folgendes vor: dem Kleinen Rat zu sagen, er bestehe aus integren Personen, aber was könne geschehen, wenn dies nicht der Fall wäre? Welcher Missbrauch könne mit den Gesetzen getrieben werden?

Die Diskussion über die Legitimität der Gremien führt zu nichts. Der Kleine Rat beharrt auf seinen Privilegien und lässt nicht mit sich reden.

Ende September und im Oktober 1763 hat der Generalstaatsanwalt Tronchin die *Lettres de la Campagne*, »Briefe vom Land«, veröffentlicht, in denen er die Oligarchie in Genf und ihr Recht, Repräsentationen abzulehnen, verteidigt. Dieses Recht sei unverzichtbar, um Konflikte nicht ausarten zu lassen. Daraus folge, dass die Vorgehensweise gegen Rousseau rechtens gewesen sei. Die Bürger seien verpflichtet, sich nach den Prinzipien der Reformation zu richten, sie verletzten sonst ihren Bürgereid. Gegenüber einem Bürger, der wie Rousseau diese Pflicht verletzt habe, habe der Staat keinerlei Verpflichtungen mehr.

In seinen brillant formulierten Briefen hat Tronchin dem herrschenden Patriziat Argumente gegen die Bürger geliefert und niemand dort kann adäquat reagieren. Deluc bittet daher Rousseau, sich noch einmal für ihre Sache einzusetzen, woraufhin dieser zwischen Oktober 1763 und Mai 1764 eine Antwort an Tronchin verfasst, die den Titel *Lettres de la Montagne*, »Briefe vom Berg«, trägt. Es handelt sich um neun Briefe, gerichtet an einen fiktiven Bürger Genfs, der sich den Repräsentanten nicht angeschlossen hat und von der Berechtigung ihrer Sache überzeugt werden soll.

Sein Land sei ihm nicht so fremd, schreibt Rousseau, dass er ruhig zusehen könne, wie seine Bürger unterdrückt würden. Er sei verpflichtet, sich zu äußern, da es bei den Auseinandersetzungen um die Verteidigung seiner Sache gegangen sei. »Lassen wir Genf an seinem Platz und Rousseau in seiner Depression; doch die Religion, die Freiheit, die Gerechtigkeit, ganz gleich, wer ihr seid, stehen nicht über euch.«[4]

Er kommt auf den »Fall Rousseau« zu sprechen, bekräftigt, nur das Konsistorium habe das Recht, in Glaubensdingen zu urteilen, seine Verurteilung durch den Kleinen Rat sei nicht rechtens; er verteidigt den *Contrat Social*, dem zu Unrecht nachgesagt werde, er schade der Regierung; er stellt sich ausdrücklich hinter die Repräsentanten, verurteilt die Abwehr ihrer Initiativen durch die Exekutive und stellt dar, wie diese in den letzten zwei Jahrhunderten die Rechte der Bürger zunehmend eingeschränkt habe. Er kritisiert das oligarchische Prinzip, die Übermacht der Regierung, beklagt die verlorene Freiheit und verlangt, dass sich der Magistrat an die Gesetze halten müsse.

Neben Äußerungen zur politischen Situation Genfs bekräftigt Rousseau in dieser Schrift auch die Prinzipien des *Glaubensbekenntnisses des Geistlichen aus Savoyen*. Er hält der Orthodoxie der Genfer Kirche entgegen, er wisse, wie er die Bibel auszulegen habe: auf der Grundlage des freien Gewissens und der Vernunft. Da dies eine Forderung der Reformation selbst ist, bedeutet es eine starke und mutige Herausforderung des Genfer Konsistoriums. Die *Briefe vom Berg* enden mit einer Mahnung an die Genfer zur Einheit und einem Satz, der wie ein endgültiger Abschied, beinahe wie ein Vermächtnis klingt: »Dies ist meine Ansicht, Monsieur, und ich ende, wo ich begonnen habe … Ich habe meine letzte

Pflicht gegenüber meinem Vaterland erfüllt. Jetzt verabschiede ich mich von denen, die es bewohnen; sie können mir nichts Böses und ich kann nichts Gutes mehr für sie tun.«[5] Rey gibt Rousseau die Zusagen, den Text bis November, vor den nächsten Genfer Wahlen, zu veröffentlichen.

Im Winter 1763/64 ist Rousseaus Gesundheitszustand stabiler als im Vorjahr. Auch seine finanzielle Lage bessert sich. Er erhält Einkünfte aus dem Druck des *Émile*, der *Nouvelle Héloise*, des *Contrat Social*. Freunde aus Paris wie Mme de Verdelin und Mme de Boufflers stärken ihm weiterhin den Rücken und bieten ihm auch Geld an, was er jedoch ablehnt.

Nach wie vor erreicht ihn eine Flut von Briefen. Von Marieanne de la Tour erfährt er, sie habe sich mit Bauern unterhalten und diese sprächen von ihm wie von ihrer aller Vater. Auch auf dem Land scheint Rousseau zur Legende geworden zu sein. Verschiedene Leute korrespondieren mit ihm über die Erziehung ihrer Kinder. Einer der prominentesten ist der Prinz von Württemberg, der seine Tochter Sophie genannt hat. Rousseau antwortet ihm ausführlich auf seine Fragen zur Erziehung, man korrespondiert über die Fortschritte Sophies und den richtigen Umgang mit ihr.

Rousseau empfängt viel Besuch von Freunden, besonders den von Pierre-Alexandre Du Peyrou, den er im September 1762 kennen gelernt hat. Dieser ist als Enkel eines geflohenen Hugenotten in Surinam in Übersee geboren, weit gereist und hat sich in Neuchâtel niedergelassen. Rousseau hat großes Vertrauen in ihn und wird ihn später zum Testamentsvollstrecker machen. Er unternimmt mit ihm und mehreren Freunden eine größere Exkursion und verschiedene Ausflüge. Er hat begonnen zu botanisieren, eine Beschäftigung, die ihm seelischen Ausgleich verschafft und ihn immer wieder in die freie Natur führt.

All dies hindert ihn nicht daran, sich am Kampf gegen das Genfer Konsistorium zu beteiligen. Zusammen mit Genfer Oppositionellen bereitet Rousseau auf einem Treffen in Thonon das Erscheinen der *Briefe vom Berg* vor, die noch vor Weihnachten in der Stadt auf den Markt kommen sollen. Als Stoffballen getarnt, sollen die Bücher in die Stadt gelangen.

20
Gefährliche Gegner

Im August 1764 erhält Rousseau einen Brief von Matthieu Buttafoco, dem korsischen Gesandten in Frankreich und Anhänger der korsischen Befreiungsbewegung, die seit 1755 für die Unabhängigkeit von der Republik Genua kämpft. Rousseau hatte im *Contrat Social* seine Sympathie für die Korsen bekundet und die Ansicht vertreten, Korsika sei das einzige Land in Europa, das aufgrund seiner Überschaubarkeit und Unverdorbenheit für eine neue Gesetzgebung geeignet sei. Nun erhält er von Buttafoco und Pasquale Paoli, dem Führer des Aufstands der Korsen, den Auftrag, eine Verfassung für Korsika zu entwerfen, die dazu dienen soll, die bisher durch die korsische Freiheitsbewegung erkämpften Freiheiten zu bewahren.

Buttafoco ist hocherfreut über Rousseaus Zusage und sendet ihm alles verlangte Informationsmaterial über die Situation der Insel: eine detaillierte Karte, einen Bericht über alle Gegebenheiten der Insel: Geographie, Wirtschaft, Kultur, die Bevölkerung, die Festungsanlagen, Häfen. Die soziologische Struktur, die Sitten, das Militärwesen, die Verwaltungsstrukturen. Rousseau hat dies zur Bedingung gemacht, um sich der Aufgabe in angemessener Form widmen zu können. Von Januar bis November 1756 arbeitet Rousseau, der gründlich zahlreiche Dokumente studiert, die er sich hat schicken lassen, an dem »Entwurf einer Verfassung für Korsika«. Er hat sich intensiv mit den Lebensbedingungen der Insel, den Traditionen, der Kargheit des Landes, mit der Mentalität der auf Unabhängigkeit bedachten Korsen beschäftigt. Ihm schwebt eine patriotische und egalitäre Agrargesellschaft vor, Vorbilder sind dabei die Organisation der Schweizer Kantone, die Republiken des antiken Rom und Sparta, in seinen Augen Garanten der Bescheidenheit, Freiheit und Unbestechlichkeit. Der Einzelne soll Bürgersinn und Interesse für die Gemeinschaft entwickeln.

Die Autonomie der Insel scheint ihm am ehesten durch Selbstversorgung und Tauschhandel und die Begrenzung von Geldwirtschaft gewährleistet. Korsika soll ein Agrarland sein, in dem alle Bürger gleich sind, in der es weder Adel noch Übertragung von Auszeichnungen für besondere Meriten auf die nächste Generation gibt.

Die Insel soll in zwölf Bezirke aufgeteilt werden, die Bewohner der Städte sollen gegenüber den Landbewohnern keine Privilegien haben. Um den Titel eines Patrioten tragen zu dürfen, muss man verheiratet und über zwanzig sein, um Bürger zu werden, muss man zwei Kinder haben und Land besitzen. Luxus und überflüssiges Kunsthandwerk soll es nicht geben. Karossen sollen nur Frauen und Kleriker benutzen. Die natürlichen Bodenschätze Salz, Kupfer und Eisen sollen gefördert, die Fabriken dort errichtet werden, wo der Boden am wenigsten fruchtbar ist. Per Gesetz soll Privateigentum eingeschränkt werden, die dem Staat gehörenden Ländereien sollen durch bezahlte Arbeitskräfte bestellt werden.

Rousseau hat ein offensichtlich wohl überlegtes Konzept für die Organisation der Insel entworfen, doch er hat es nie ganz zu Ende geführt. Seine durch die zunehmenden Angriffe gegen seine Person prekär gewordene Lage hindert ihn daran. Buttafoco, der nachgefragt hat, wie es um ihr Projekt bestellt sei, erklärt Rousseau in einem Brief, er sei nicht in der Lage, seinen Auftrag zu Ende zu führen, er habe zu viele existenzielle Schwierigkeiten zu bewältigen. Doch, da er sich seines Exils in Neuchâtel nicht mehr sicher ist, erkundigt er sich, ob es die Möglichkeit gebe, sich fernab aller Politik in einem kleinen Haus auf der Insel niederzulassen. Buttafoco bejaht diese Frage, weist aber darauf hin, dass er aufgrund der Armut des Landes sämtliches Hausgerät, alle Bücher und alles, was er zum Leben brauche, mitbringen müsse. Daraufhin gibt Rousseau die Idee auf, nach Korsika ins Exil zu gehen.

Der Verfassungsentwurf gehört zu den Papieren, die er auf den weiteren Stationen seines Weges mitnimmt. Er hat ihn seinen Auftraggebern nie vorgelegt. So haben diese nie erfahren, welche Vorstellungen er für den Aufbau eines Staates auf Korsika entwickelt hatte. Es ist auch wenig wahrscheinlich, dass er bei ihnen mit seinen egalitären Prinzipien auf große Gegenliebe gestoßen wäre, da sowohl Buttafoco als auch Paoli im Grunde Befürworter eines aristokratischen Systems waren. 1768 wird sich das Problem von selbst erledigen. Die Republik Genua verkauft Korsika an Frankreich und damit ist es mit der Autonomie der Insel vorbei.

Bis jetzt hat Rousseau den Kampf um seine Ideen und deren Veröffentlichung unbeirrt geführt. Er hat sich in Môtiers eingelebt, und es ist ihm gelungen, sich trotz Verfolgung und Exil des Lebens zu freuen, er ist angesichts seiner schwierigen Situation von erstaunlicher Gelassenheit gewesen und scheint seine Orientierung nicht verloren zu haben.

Einen anschaulichen Einblick in diese Periode geben die Briefe und Berichte des 22-jährigen schottischen Adeligen James Boswell, des später berühmten Essayisten und Tagebuchautors, der Rousseau Anfang Dezember 1764 besucht. Er ist von dessen Schriften, besonders dem *Émile*, seiner Auffassung von Religion, über die er gerade wieder in den *Briefen vom Berg* gelesen hat, fasziniert und will den berühmten Autor nicht nur unbedingt kennen lernen, sondern ihn auch in einer persönlichen Angelegenheit, einer Dreiecksbeziehung, um Rat fragen. Rousseau ist in Boswells Augen ein tugendhafter und mutiger Mann, der durch kirchliche Engstirnigkeit verfolgt wird. Vor der erhofften Begegnung mit Rousseau hat er zur Vorbereitung auch die *Nouvelle Héloise* gelesen, in der die Dreiecksbeziehung ja ausführlich thematisiert wird. Um bei Rousseau überhaupt vorgelassen zu werden, unternimmt Boswell verschiedene Anstrengungen, so schreibt er ihm am 3. Dezember: »Ihre Schriften haben mein Herz aufgetaut, meine Seele erhoben, meine Einbildungskraft beflügelt. Glauben Sie, Sie werden froh sein, mich kennen gelernt zu haben … Verzeihen Sie, mich übermannt die Rührung. Ach, geliebter Saint-Preux! Erleuchteter Mentor! Beredter und liebenswürdiger Rousseau! Ich ahne, dass heute eine wahrhaft edle Freundschaft geboren wird. Mit tiefem Bedauern habe ich erfahren, dass Sie oft unpässlich sind. Vielleicht sind Sie es gerade jetzt. Lassen Sie sich deswegen bitte nicht davon abbringen, mich zu empfangen. Sie werden mich von einer Schlichtheit finden, die keineswegs stört, von einer Herzlichkeit, die Ihnen vielleicht hilft, Ihre Schmerzen zu vergessen …«[1] Vor allem aber gelingt es ihm, die Sympathie von Thérèse zu gewinnen, die er in seinem Tagebuch »eine adrette kleine Französin von großer Lebhaftigkeit« nennt. Diese ist durch die Jahre an der Seite des berühmten Mannes selbstbewusster geworden und pflegt nun sorgfältig darüber zu wachen, welche Besucher Rousseau empfängt. Boswell, der dies weiß, hat die Schwelle überwunden, indem er zuvor Thérèse den Hof gemacht hat. Diese hat ihm, froh darüber, dass sich endlich einer der Besucher auch für sie interessiert, gestattet, Rousseau zu treffen. So führt er in den folgenden Tagen verschiedene Gespräche mit Rousseau über Fragen des Glaubens, seiner Verfolgung, über Fragen der Moral, er berichtet von einem heiteren Mittagsmahl und Rousseaus einfacher, unkomplizierter Gastfreundschaft. Nach dem herzlichen Abschied gibt Rousseau Boswell einen Brief an Alexandre Deleyre, der auch mit Diderot befreundet ist und trotz des Zerwürfnisses zwischen den früheren Freunden und Kollegen weiterhin mit Rousseau korrespondiert und seine Ideen nach wie vor schätzt. Rousseaus Brief ist die Antwort auf eine ganze Reihe langer Briefe von Deleyre, in denen er ihm seine Bewunderung zum Ausdruck gebracht und berichtet hat, dass er seinen kleinen Sohn nach den Prinzipien des *Émile* erzieht. Rousseau versichert ihn seiner aufrichtigen Freundschaft, entschuldigt sich, dass er ihm lange nicht geschrieben hat, und bittet ihn dann, sich um Boswell zu kümmern, mit dem er selbst viele Gespräche über Religion und Moral geführt habe. Die Saat seiner Religion sei gerade erst aufgegangen. »In seiner Jugend sind ihm streng calvinistische Anschauungen eingetrichtert worden, und die spuken ihm jetzt noch im Kopf herum und bereiten ihm trübe Stimmungen. Ich habe ihm geraten, sich auf seiner Italienreise dem Studium der schönen Künste zu widmen. Wenn Sie mit ihm philosophieren, halten Sie bitte Ihre Neigungen im Zaum und zeigen Sie ihm moralische Gegenstände nur von ihrer tröstlichen und anrührenden Seite. Er ist ein Rekonvaleszent, dem der geringste Rückfall unfehlbar zum Verhängnis würde …«[2] Rousseau ist erfreut über die Anerkennung durch die jüngere Generation und weiß, dass seine Werke dort auf fruchtbaren Boden fallen. So macht er nicht nur schlimme Erfahrungen während seiner Zeit in Môtiers, trotz allen Ärgers über die Verhältnisse in seiner Heimatstadt und der widrigen Umstände des Exils. Boswell hat Thérèse zum Abschied eine Granatkette geschenkt und ihre Gastfreundschaft, ihre Emsigkeit im Haushalt und ihre angenehme Gegenwart gelobt. Sie werden einander noch einmal begegnen und sich dabei näher kommen.

Im Dezember 1764 hat Rousseau Duchesne das *Dictionnaire de Musique* zum Druck angeboten, weil er an seinen Lebensunterhalt denkt. Das Lexikon besteht aus 900 Artikeln zur Theorie und Praxis der Musik. Ein Teil davon, 380 Artikel, waren bereits 1749 in der *Enzyklopädie* erschienen; diese hat Rousseau überarbeitet und durch 17 Beiträge anderer Autoren ergänzt. Zwischen 1753 und 1764 hat er immer wieder Überarbeitungen des Lexikons vorgenommen, und er beendet diese Arbeit nun im Exil, weil er sich von dem Verkauf neue Einkünfte verspricht. Er hat noch weitere Publikationspläne. Der Verleger Fauche in Neuchâtel will in enger Zusammenarbeit mit dem Autor dessen Gesamtwerk verlegen. Hierzu wird eine Gesellschaft gegründet, die *société d'amis* in Neuchâtel. Keith rät Rousseau davon ab, seine Werke in Neuchâtel drucken zu lassen; er hat von der Liberalität und Toleranz der dortigen Bewohner keine allzu hohe Meinung und wird damit Recht behalten.

Die *Lettres de la Montagne*, die »Briefe vom Berg«, sind in der ersten Dezemberhälfte 1764 tatsächlich in Genf erschienen. Moultou ist begeistert und sagt Rousseau voraus, Genf werde sich eines Tages seinetwegen geehrt fühlen. »Diese Prophezeiung ist«, so schreibt er, »so sicher wie Ihr Ruhm.«

Doch davon wird Rousseau wenig spüren. Über ihm brauen sich düstere Wolken zusammen. Auslöser des Geschehens sind die Genfer Geistlichkeit und die unter ihrem Einfluss stehenden Pfarrer.

Nach Erscheinen der *Briefe vom Berg* ist in Genf der Kleine Rat zusammengetreten. Der Staatsanwalt Tronchin weigert sich, als selbst Betroffener an einer Verurteilung mitzuwirken. Der Kleine Rat wird in dieser Schrift des berühmten Rousseau in ganz Europa vorgeführt. Für das Patriziat ist Rousseau daher ein Feind des Vaterlands, ein Brandstifter. Der Kleine Rat fürchtet sich aber davor, das Buch verbrennen zu lassen, nicht zuletzt, weil man kurz vor den Wahlen steht.

Die Oppositionspartei findet in den *Briefen* zahlreiche Argumente für ihren Kampf. Rousseaus Freunde beglückwünschen ihn zu der Schrift. Der Botaniker d'Ivernois aus Môtiers spricht von einem Evangelium, von einer Fackel der Freiheit und einem Geschoss, das ein Pulvermagazin in Brand stecken könne.

Die Debatte um die *Briefe vom Berg* ist nicht das einzige Problem, das Rousseau in dieser Zeit beschäftigt. Es kommen weitere Schwierigkeiten auf ihn zu. Bei der Vielzahl anonym erscheinender Pamphlete und Texte mit Angriffen auf Traditionen und Religion, deren Autorschaft bewusst verschleiert wird, kommt es leicht zu Spekulationen und Unterstellungen, da niemand das Copyright dieser Schriften reklamiert, geschweige denn sich zu ihnen bekennt. Aus Angst vor Verfolgung will niemand in den Ruf geraten, er greife die Werte an, die der Monarchie heilig sind. Einer der wichtigsten Literaten, die diese Strategie verfolgen, ist Voltaire. Immer wieder polemisiert er unter falschem Namen gegen Dinge, die ihm vernunftwidrig erscheinen. Ende des Jahres 1764 richtet Voltaire eine heftige Attacke gegen Rousseau. Diese hat eine Vorgeschichte: Im Oktober hat eine Dame, die mit Rousseau über den *Émile* korrespondieren wollte, einen Brief an Voltaire mit der Bitte um Weitergabe an dessen Kollegen geschickt. Voltaire hat dies nicht getan, sondern der Dame seine Schrift *Lettre des Cinquante*, »Brief der Fünfzig«, eine unverhohlene Kritik am traditionellen Christentum, geschickt und sie als Werk Rousseaus ausgegeben. Gegenüber Mme de Luxembourg hat er indessen geleugnet, der Autor zu sein, und die Schrift hypokrit als schlimmsten Angriff auf das Christentum überhaupt bezeichnet. Rousseau, über dieses Vorgehen empört, hat daraufhin im *Fünften Brief vom Berg* Voltaire als den wahren Autor des Pamphlets bezeichnet, womit er kein großes Geheimnis verraten hat. Doch Voltaire ist darüber erbost und rächt sich bitter. Anonym veröffentlicht er ein Pamphlet gegen Rousseau unter dem Titel *Le Sentiment des Citoyens*, »Die Ansichten der Bürger«. Darin wird ein nur wenigen Personen bekanntes Geheimnis aus Rousseaus Lebens preisgegeben: die Tatsache, dass er fünf Kinder ins Findelhaus gebracht hat. Auf diesem Hintergrund spottet der Verfasser, dass Rousseau gänzlich ungeeignet sei, über Kindererziehung zu schreiben. Dieses Pamphlet muss im gesamten Kontext der Rivalitäten zwischen Voltaire und Rousseau gesehen werden, ist aber die unmittelbare

Reaktion auf die Enthüllung Voltaires als Autor des *Briefes der Fünfzig* durch Rousseau.

Rousseau ahnt nicht, dass Voltaire der Verfasser des bösartigen Pamphlets ist und verdächtigt den Pfarrer Jacob Vernes, dessen Stil Voltaire erfolgreich nachgeahmt hat. Die Schrift muss Rousseau in Panik versetzt haben, denn er reagiert kopflos und schickt die Broschüre an Duchesnes nach Paris, um sie drucken zu lassen, mit einem Vorwort, in dem er bestreitet, seine Kinder weggegeben zu haben. Er sendet sie auch an Du Peyrou mit den Worten: »Lesen Sie diesen Text. Da sehen Sie Monsieur, mit was für Feinden ich es zu tun habe. Mit solchen Waffen greifen sie mich an. Senden Sie mir das Textstück zurück, wenn Sie es gelesen haben, es wird eines der Monumente meines Lebens werden. Oh, wenn eines Tages der Schleier gelüftet ist, wie wird mich die Nachwelt lieben! Und Sie, lieben Sie mich jetzt, und glauben Sie mir, ich bin dessen würdig.«[3]

Die Öffentlichkeit verhält sich angesichts der Schrift eher gleichgültig. Allzu verbreitet ist die Gewohnheit, Kinder wegzugeben, als dass man sich darüber aufregen könnte. Selbst Grimm, der nicht als guter Freund Rousseaus gelten kann, äußert sich kritisch über die Broschüre und meint, die öffentliche Missachtung der Schrift habe Rousseau gerächt.

Auf Rousseau hat sie eine niederschmetternde Wirkung. Er wird in tiefe Selbstzweifel gestürzt. Das Pamphlet wird für ihn zum Anlass, über sich selbst, über seinen Wert, über seine Glaubwürdigkeit nachzudenken. Die mit der *persönlichen Reform* eingeleitete Rolle des tugendhaften, sich selbst genügenden Individuums ist durch das gelüftete Geheimnis, das ihm auf der Seele lastet, ins Zwielicht geraten. Daher nimmt er den Plan wieder auf, seine Memoiren zu schreiben. Am 13. Januar äußert er in einem Brief an seinen Freund Duclos, offenbar habe Mme d'Épinay sein Geheimnis verraten. Er werde sich angesichts dieser Situation nun »so zeichnen, wie er sei, und nichts Gutes und nichts Böses außer Acht lassen. Er wolle die Ereignisse seines Lebens genau aufschreiben, auch seine geheimsten Empfindungen in allen Situationen«, in denen er sich befunden habe.[4]

In Genf geht indessen die Auseinandersetzung um Rousseaus Schrift weiter. Der Autor hat den Kleinen Rat als tyrannisch gebrandmarkt. Das Gremium denkt an Rücktritt, stellt den Bürgern die Vertrauensfrage, doch Rousseau glaubt nicht, dass diese wirklich kämpfen werden. Er möchte mit den Genfer Auseinandersetzungen endgültig nichts mehr zu tun haben und endlich seinen Frieden finden.

Nachdem die *Briefe vom Berg* inzwischen auch in den Niederlanden verbrannt worden sind, wird Rousseaus Lage immer bedrohlicher. Im Februar 1765 erreicht ihn ein vorwurfsvoller Brief des Abbé de Mably, der ihn zwar seiner Freundschaft versichert, ihm jedoch vorwirft, in Genf einen Aufstand angezettelt zu haben. Dies sei mit seinem früheren Lob an seiner Vaterstadt und dem Respekt vor deren Regierung unvereinbar.

Voltaire hat noch eine weitere Attacke gegen Rousseau vorbereitet. In der schwierigen Situation, in der sich die Genfer Oberschicht durch Rousseaus Schrift befindet, gibt er ihr Argumentationshilfen, die er an den Sohn des Arztes sendet. Es sind vor allem Auszüge aus den *Briefen vom Berg*, gekürzt und so entstellt, dass sie blasphemisch wirken. Um Rousseaus Ruf noch weiter zu schaden, schlägt Voltaire der Genfer Regierung außerdem vor, sie solle das Gerücht in die Welt setzen, dass man einen aufständischen Gotteslästerer, in dem jeder unschwer Rousseau, den Wortführer der Oppositionellen, erkennen kann, verfolge und man die Pfarrerschaft bitte, energisch gegen ihn vorzugehen. Nach gewonnener Wahl werde der Kleine Rat dann der Frechheit dieses Verbrechers den Garaus machen. Die geballte Macht von Exekutive und Kirche, mit der hier gedroht wird, soll die Bevölkerung vom Oppositionskurs abbringen. Mme de Luxembourg gegenüber stellt sich der intrigante und gefährliche Voltaire indessen als Opfer der Aggressionen Rousseaus dar.

Bei den Wahlen erreicht die Partei der Patrizier nur eine knappe Mehrheit. Doch der Staatsanwalt Tronchin begrüßt die Situation mit Worten, die die Existenz Genfs mit der Macht der Oligarchie gleichsetzen. Man sei drauf und dran gewesen, keine Regierung mehr zu haben. Der Staat habe vor dem Untergang gestanden. In Wirklichkeit ist der Kleine Rat wegen der geringen Mehrheit stark geschwächt, und so wagt man es nicht, die *Briefe vom Berg* offiziell zu verbieten. Immerhin gelingt es der Genfer Obrigkeit, durch Einschüchterung des Volkes ihre Macht wieder zu festigen.

Die Regierung droht, wenn sie nicht den Vertrauenserweis einer breiten Mehrheit erhalte, in ihrer Gesamtheit zurückzutreten und damit die Republik der Gefahr der Anarchie auszusetzen. Am 7. Februar sprechen 1100 Bürger der Regierung das Vertrauen aus, beharren aber auf den Repräsentationen. Rousseau ist von diesem Vorgang empört und von den Bürgern, für die er sich so engagiert hat, bitter enttäuscht. Am 12. Februar veröffentlicht der Kleine Rat mit Unterstützung der Pfarrerschaft eine Erklärung, in der er sich über das Vertrauen der Bürger freut, die Forderungen nach Repräsentationen ignoriert und das »Furcht erregende Geflecht von Verleumdungen«, das die *Briefe vom Berg* darstellen, anprangert. Voltaire schlägt vor, das Buch zu verbrennen, doch nach wie vor wagt es niemand. Mit seiner Erklärung hat der Kleine Rat die Leute beruhigt, und der Arzt Tronchin stellt erleichtert fest, es sei wieder Ruhe eingekehrt, der elende Rousseau, der sein Vaterland habe vernichten wollen, sei jetzt Gegenstand öffentlicher Verachtung und werde von allen gehasst. Alle Bürger hätten nun sich dem Kleinen Rat unterworfen.

Auf diese Weise endet zunächst der Versuch des Genfer Bürgertums, sich von der Vorherrschaft der Patrizier zu befreien. Doch der Prozess gärt weiter, und im Januar 1766 wird dem Kleinen Rat nichts anderes übrig bleiben, als die Garantiemächte auf den Plan zu rufen, um wieder Ordnung in der Stadt zu schaffen.

Unter den Gelehrten und Philosophen finden Rousseaus *Briefe vom Berg* wenig Freunde. Der Deutsche Grimm bedauert die arme Republik, deren Regierung zu schwach gewesen sei, gegen Rousseau vorzugehen, den man in Bern mit Sicherheit aufs Schafott gebracht hätte. David Hume, damals Sekretär des englischen Botschafters in Paris, kritisiert, dass Rousseau einen Aufstand plane und die Magistraten in der täglichen Angst leben lasse, vom Pöbel massakriert zu werden.

In Den Haag werden die Briefe am 21. Januar 1764 verbrannt, in Bern werden sie verboten und in Paris am 19. März ebenfalls dem Feuer übergeben, groteskerweise gemeinsam mit dem *Dictionnaire Philosophique* von Voltaire.

Im Grunde sind die beiden berühmten Autoren also in einer ähnlichen Situation, freilich ohne dass sie dadurch einander näher kämen. Dem steht zu viel im Weg. Ihre Kontroverse ist in einer Zeit öffentlicher Profilierung, die das aufstrebende Bürgertum, das gerade erst dabei ist, sich gesellschaftlichen Rang zu verschaffen, gerne nutzt, von großem Wert. Sie steigert das Interesse des Publikums an beiden Schriftstellern und jeder Einzelne von ihnen kann sich durch geschickte Pointen und geistreiche Ideen hervortun. Eine Versöhnung müsste auf das Publikum geradezu langweilig wirken. Außerdem sind ihre Temperamente, ihre Herkunft, ihre Ansichten und Interessen höchst verschieden. Der reiche Bürger Voltaire war längst ein berühmter Mann, als der Kleinbürger Rousseau mit dem *Ersten Diskurs* bekannt wurde. Der kometenhafte Aufstieg des jungen Kollegen hat erste Rivalitätsgefühle in Voltaire geweckt. Damals korrespondierten sie allerdings noch in höflichem Ton miteinander. Doch schon bei der Auseinandersetzung um die Rolle der Vorsehung beim Erdbeben von Lissabon war er schärfer geworden und Rousseau hatte dem Kollegen einen angesichts seines Wohlstands unberechtigten Pessimismus vorgeworfen. Die Differenzen haben mit der Auseinandersetzung um das Theater in Genf zugenommen, und nach den bitteren Worten, mit denen Rousseau Voltaire zum Vorwurf gemacht hat, die Sitten seiner Heimatstadt zu verderben, war ein Zerwürfnis unvermeidlich. Voltaire hat seither keine Gelegenheit ausgelassen, gegen Rousseau zu polemisieren. Von einer Annäherung oder einer Versöhnung kann angesichts der im Lauf der Jahre immer größer gewordenen Rivalität der beiden illustren Autoren nicht mehr die Rede sein, ihr Zerwürfnis ist so groß, dass ein bis in unsere Gegenwart tradierter Antagonismus zwischen Voltaire und Rousseau fortbesteht.

Zweieinhalb Jahre hat Rousseau nun ohne Ergebnis für demokratische Verhältnisse in seiner Heimatstadt Genf gekämpft. Jetzt wendet er sich resigniert von ihr ab und behauptet, er habe jedes Interesse an Genf und den dortigen Verhältnissen verloren. Doch eine solche Abkehr von den Ereignissen ist nicht ohne weiteres möglich. Sein Engagement für die Stärkung der republikanischen Bewegung der Stadt bleibt nicht ohne Folgen für ihn.

21
Menschenjagd

Der liberale Umgang Neuchâtels mit Rousseau, besonders die Sympathie Montmollins für den gefährlichen Aufwiegler der Genfer Bürgerschaft und den radikalen Kritiker der Religion seiner Heimat lässt der Genfer Geistlichkeit keine Ruhe. Unter ihrem Einfluss tritt nun auch die Pfarrerschaft von Neuchâtel, *la vénérable classe des pasteurs*, auf den Plan, nachdem sie drei Jahre geschwiegen hat. Sie macht Montmollin den Vorwurf, Rousseau zu unterstützen, und daraufhin lässt sich dieser auf ihr Ansinnen ein, ihn aus der Gemeinde auszuschließen. In einem Brief vom 15. Januar beklagt er sich zunächst gegenüber den Genfer Amtsbrüdern über Rousseau und den Plan einer Gesamtausgabe seiner Werke. Doch stehe der Autor unter dem Schutz des Königs von Preußen und man habe keine Handhabe gegen ihn. Aber letztlich nützt die Protektion Friedrichs II. Rousseau im an die tausend Kilometer von Berlin entfernten Môtiers nur wenig; was in Neuchâtel vorgeht, lässt sich nur schwer kontrollieren. Am 13. Februar, einen Tag nach der öffentlichen Brandmarkung der *Briefe vom Berg* in Genf, fordern die Pfarrer von Neuchâtel die Regierungsbehörden zum Handeln gegen den Druck »skandalöser und gottloser Werke« auf. Der Stadtrat von Neuchâtel verbietet daraufhin den Verkauf der *Briefe vom Berg* und untersagt dem Verleger Fauche, die Werke Rousseaus herauszubringen. Friedrich II. wird über die Maßnahmen informiert; ein Minderheitenvotum dreier Ratsmitglieder plädiert gegenüber dem König in einem eigenen Schreiben zu Gunsten der Veröffentlichung.

Am 13. Februar erhält Rousseau den Besuch Montmollins. Dieser berichtet ihm, dass die Gemeinschaft der Pfarrer ihn exkommunizieren wolle, und es gebe nur einen Weg, dies zu verhindern, nämlich auf die Teilnahme am Abendmahl zu verzichten. Rousseau lehnt dies ab, erklärt sich jedoch bereit, künftig keine Schriften über religiöse Themen zu verfassen. Diese unverbindliche Zusage überzeugt Montmollin nicht. Auf die Nachricht, die Pfarrerschaft habe die Exkommunikation bereits beschlossen, antwortet Rousseau, er habe ebenfalls seine Entscheidungen getroffen, und ihm sei gleichgültig, was Montmollin tun werde. Rousseau ist sich dabei durchaus der Tatsache bewusst, dass ihm in dieser Situation die Protektion des Königs nichts mehr nützt, da es sich um eine religiöse Frage handelt, für die die Geistlichkeit zuständig ist.

Noch einmal betont er deshalb in einem Schreiben an Montmollin vom 10. März, er werde, solange er lebe, kein Werk mehr über religiöse Themen schreiben. Eine solche Erklärung genügt der Pfarrerschaft nicht. Rousseau soll vielmehr den »allgemeinen Skandal«, den er »durch Publizierung seiner gefährlichen und gottlosen Schriften in der ganzen Christenheit ausgelöst« habe, durch Zurücknahme aller Äußerungen wieder gutmachen.[1] Montmollin wird beauftragt, das Konsistorium von Môtiers einzuberufen, das Rousseau offiziell aus der Gemeinschaft der Gläubigen ausschließen soll. Rousseau wird am 28. März vor das Gremium zitiert. Er hat eine Stellungnahme verfasst, die der geistig nicht sonderlich brillante Kirchenrat nur schwer würde entkräften können, diese auswendig gelernt und sogar mit Thérèse einstudiert, doch am nächsten Morgen hat er alles vergessen. Er beschließt daraufhin, der Vorladung nicht zu folgen, und schreibt stattdessen einen Brief, in dem er zuerst auf seine Krankheit verweist und dann erklärt, er habe bisher nicht daran geglaubt, dass »die Sanftheit der Nächstenliebe eng mit dem Glaubenseifer verbunden« sei. Dies aber sei ein »unberechtigter Angriff auf den Geist der Religion und die Freiheit eines Bürgers«, wie es ihn bisher nicht gegeben hätte. »Solche Inquisitionen, unerhört in diesem Land, untergraben alle Grundlagen der Reformation und verletzen die evangelische Freiheit ebenso wie die christliche Nächstenliebe, die Autorität des Fürsten, die Rechte der Bürger als Mitglieder der Kirche ebenso wie als Staatsangehörige.« Er weigere sich, eine derartige Inquisition über sich ergehen zu lassen, und rechtfertige sich für sein Handeln »vor dem Gesetz und vor den Menschen«. Er erinnert an seine Zulassung zum Abendmahl vor drei Jahren und erklärt, als einfaches Mitglied der Kirche sei er allein Gott verpflichtet. »Da ich einmal in die Kirche aufgenommen bin, schulde ich

Gott allein Rechenschaft für meinen Glauben.« Er legt dem Brief die Bescheinigung über seine Zulassung zum Abendmahl bei.[2] Zunächst hat dieser Schritt keine Folgen, da er im Konsistorium noch einige Freunde hat. Für ihn ist dies ein großer Sieg über die *ministraille*, die »Pfaffen«.

Rousseau wird nicht aus der Gemeinde ausgeschlossen, weil Montmollin im Gemeindekirchenrat keine Mehrheit für sein Anliegen findet. Der Staatsrat seinerseits bekräftigt, dass Rousseau unter dem Schutz des Königs stehe und das Konsistorium keine Maßnahmen gegen ihn ergreifen dürfe.

Friedrich II. hat dem Verbot einer Gesamtausgabe von Rousseaus Werken inzwischen zugestimmt, er untersagt jedoch ausdrücklich, die *Briefe vom Berg* zu verurteilen und dem Verfasser in irgendeiner Weise Schaden zuzufügen.

Am 30. wird Rousseau durch Anweisung Friedrichs II. unter den Schutz des Staatsrats von Neuchâtel gestellt und damit der Rechtsprechung des Konsistoriums entzogen.

Am 26. April schreibt Rousseau auf Anraten von Freunden einen Brief an den Staatsrat, in dem er sich für dessen Unterstützung bedankt, und verspricht in eher unverbindlicher Formulierung, in seinen Schriften keine Themen mehr zu behandeln, die Missfallen erregen könnten. Obwohl er königlichen Schutz genießt, ist er realistisch genug einzusehen, dass er nicht mehr länger in Môtiers bleiben kann, und denkt über einen zukünftigen Wohnort nach. Sein Freund Oberst Chaillet schlägt ihm vor, auf die Sankt-Peters-Insel im Bieler See zu ziehen. Sie liege auf Berner Territorium, doch werde man ihn dort gewiss stillschweigend tolerieren.

Rousseau ist drei Jahre lang mit den Bewohnern von Môtiers freundlich umgegangen, er hat den Armen Almosen gegeben und Kranke besucht und war bei der Bevölkerung beliebt. Seit der Veröffentlichung der *Meinung des Bürgers* aber zeigen die Leute mit dem Finger auf Thérèse. Wenn die beiden durchs Dorf gehen, werden sie angepöbelt und beschimpft und mit Steinen beworfen. Außerdem hat Montmollin nach seiner Abstimmungsniederlage zu anderen Maßnahmen gegriffen und den Dorfbewohnern erfolgreich eingetrichtert, Rousseau sei nicht nur ein Fremder, sondern auch noch ein gottloser Mensch.

Rousseau, der bislang in allen Auseinandersetzungen seelische Stärke bewiesen hat, fühlt sich nun zunehmend gejagt und verfolgt. Voltaire hat vor kurzem öffentlich die Lüge verbreitet, Rousseau sei in Venedig nie Sekretär, sondern nur Diener des Botschafters gewesen. Die Schmähungen nehmen kein Ende.

Ein Genfer Freund bringt ihm in diesen Tagen eine Nachricht von Diderot, der ihr Zerwürfnis bedauert und sich mit ihm versöhnen will. Rousseau lehnt dies kategorisch ab, denn er verübelt es seinen früheren Freunden, das Geheimnis seiner Kinder verraten zu haben, und glaubt, auch Diderot sei dafür verantwortlich. In seiner Bedrängnis ist er unfähig, sich zu öffnen, und lehnt jedes Entgegenkommen ab.

Rousseaus Anhänger setzen sich weiter für ihn ein. Du Peyrou veröffentlicht im Juni eine Schrift mit dem Titel *Lettre de Monsieur X. relative à Monsieur J.-J. Rousseau*, »Brief an Herrn X bezüglich J.-J. Rousseau«, der angeblich in Goa, das den Aufklärern als Inbegriff der Inquisition gilt, erschienen ist, und in dem anonym berichtet wird, welcher Verfolgung Rousseau ausgesetzt ist, seit in Neuchâtel eine Ausgabe seiner Werke geplant ist. Darin ist auch von Machenschaften Montmollins die Rede, der das Volk gegen Rousseau aufwiegele.

Montmollin weist die Vorwürfe in einer Gegendarstellung zurück und macht allein Rousseau für das Geschehene verantwortlich. Dieser habe mit dem Brief an den Pariser Erzbischof Christophe de Beaumont – auf dessen Hirtenbrief Rousseau geantwortet und sich darin gegen den Vorwurf der Irrlehre und die Verdammung des *Émile* als Teufelswerk verteidigt und seinen an der Vernunft orientierten Glauben dargelegt hatte – und den *Briefen vom Berg* gegen das Schweigegebot verstoßen.

Jetzt antwortet Du Peyrou, diesmal mit Hilfe Rousseaus, in weiteren Briefen, in denen Montmollin als tyrannisch, hypokrit und eitel dargestellt wird. Den Pfarrern wird vorgeworfen, sie spielten sich als die Herren aller Völker, aller Gesetze, aller Könige der Welt auf, ohne dass man ihnen widersprechen dürfe.

Montmollin reagiert nicht nur mit einer Gegendarstellung auf Du Peyrous Schrift, sondern hetzt nun stärker als vorher in seinen Predigten und Gesprächen das Dorf gegen den Antichristen Rousseau auf. So verbreitet er unter anderem die Lüge, Rousseau habe erklärt, dass die Frauen keine Seele hätten. Rousseau wird daraufhin auf der Straße immer heftiger angepöbelt. Doch noch kommen so viele Besucher zu ihm, dass er noch nicht gänzlich isoliert ist. Schließlich erreicht Montmollin bei dem Angestellten der Post, Rousseau keine Briefe mehr auszuhändigen. Damit ist er von der Außenwelt weitgehend abgeschnitten. Wegen der fortdauernden Belästigungen Rousseaus durch die Bewohner von Môtiers – man hat ihm sogar die Bank vor dem Haus gestohlen und vor der Eingangstür zwei Eggen mit einem schweren Stein darauf postiert, der leicht herunterfallen kann – hat ihm Du Peyrou eine Wohnung in der Stadt Neuchâtel angeboten, doch auch andere Angebote haben ihn erreicht. Nach wie vor kann er nach England oder Berlin, die Herzogin von Coburg-Gotha lädt ihn nach Gotha ein. Er trifft keine Entscheidung, sondern denkt darüber nach, ob er nicht wieder nach Paris gehen und sich dort ein Zimmer nehmen soll, um den Druck des *Dictionnaire de Musique* zu überwachen.

Am 1. September besucht ihn die Mme de Verdelin. In der Nacht und den folgenden Nächten wird das Haus mit schweren Steinen beworfen, eine unmittelbare Folge einer Sonntagspredigt Montmollins gegen Rousseau. Nach Abreise der Marquise wird Rousseau wieder auf der Straße beschimpft, und am 6. September erfolgt ein neuer Angriff mit schweren Steinen auf sein Haus, bei dem er hätte zu Tode kommen können. Rousseau beschließt zu fliehen. Thérèse soll vorerst in Môtiers bleiben, bis er eine neue Wohnung gefunden hat. Der Gutsbesitzer Martinet stellt ihr einen Bewacher zur Verfügung. Nachdem sie und Martinet von der Bevölkerung bedroht werden, verlassen auch sie den Ort.

Eine Untersuchung der Gewalttätigkeiten kommt zu keinem Ergebnis, die Bevölkerung und die Täter schweigen, und am Ende scheint es, als sei dies alles nur ein Gerücht. Grimm berichtet von ein paar kleinen Kieselsteinen, von tätlichen Angriffen und einer Verfolgung könne keine Rede sein.

Rousseau hat sich inzwischen auf die Sankt-Peters-Insel im Bieler See besonnen, auf der sich nur ein einziges Haus befindet. Ein Beamter der Berner Regierung, der die Insel verwaltet, ist bereit, ihn aufzunehmen, wenn er sich ruhig verhält. Thérèse kommt zunächst bei Du Peyrou in Neuchâtel unter, dann folgt sie Rousseau auf die Insel.

33 Die Ile Saint-Pierre (Sankt-Peters-Insel).

Dieser abgelegene Ort wird für Rousseau zu einem willkommenen Refugium, in dem er bis zu seinem Lebensende bleiben will. In seinem Spätwerk *Les Rêveries du promeneur solitaire*, »Träumereien eines einsamen Spaziergängers«, von 1777 hält er seine Erinnerungen daran als eine Zeit größter Glückseligkeit fest. Er erfährt hier die tiefe Verbundenheit zwischen Mensch und Natur wie eine verlorene, aber jetzt wiedergefundene Einheit. »Wenn der Abend nahte, stieg ich von den Höhen der Insel und setzte mich gerne ans Ufer des Sees auf den Kies. Das Hin- und Herfließen der Wellen, sein fortlaufendes und anschwellendes Geräusch drangen mir regelmäßig in Ohren und Augen, ergänzten die inneren Bewegungen, die die Träumerei in mir auslöste, und genügten, damit ich ohne die Mühe nachzudenken mit Freuden meine Existenz spüren konnte.«[3] Rousseau hat einen Weg gefunden, der es ihm ermöglicht, seine unerträgliche Lage nicht nur zu vergessen, sondern gewissermaßen zu transzendieren.

Doch nur wenige Wochen nach seiner Ankunft wird ihm auch dieses Refugium genommen. Die Berner Regierung, durch den *Contrat Social* und dessen demokratische Prinzipien alarmiert, ist nicht mehr bereit, den von Genf verfolgten, aus Neuchâtel vertriebenen Unruhestifter auf ihrem Territorium zu dulden. Er erhält

Anweisung, die Insel zu verlassen. In seiner Verzweiflung schreibt er daraufhin am 20. Oktober an den Landvogt des benachbarten Nidau, Graffenried, über den die Berner Regierung Rousseau vom Beschluss seiner Ausweisung informiert hat, er sei bereit, in einem Schloss oder irgendeinem anderen Ort als Gefangener zu leben, er werde auf das Schreiben ganz verzichten und selbst für seinen Unterhalt sorgen, wenn man ihm bloß einen Garten ließe, in dem er spazieren gehen könne. »Alle meine Leidenschaften sind erloschen, ich habe nur noch das brennende Verlangen nach Ruhe und Zurückgezogenheit.«[4] Doch schon am 24. Oktober muss er die Insel verlassen. Er verbringt zwei Tage in Biel, wo er ebenfalls unerwünscht ist und nach zwei Tagen gebeten wird, die Stadt zu verlassen. Am 30. erreicht er Basel und gelangt am 2. November bis Straßburg. Von hier aus sendet er eine Kopie des Briefes an Graffenried an Mme de Verdelin und teilt ihr mit, er wisse nicht, welche Entscheidung er treffen solle: zu Rey nach Amsterdam zu gehen, zu Keith nach Preußen oder nach England.

In der elsässischen Stadt wird er gefeiert und empfängt in seinem Gasthaus Unmengen Besucher. Alle wollen den berühmten Mann in der Armeniertracht sehen, die er selbst bei Einladungen hochgestellter Persönlichkeiten nicht ablegt, viele wollen mit ihm sprechen. Er wird ständig eingeladen, selbst die Kirche behandelt ihn freundlich, um die Verfolgung durch ihre Schweizer Kollegen zu mildern. Der Theaterdirektor lädt ihn zu Proben des *Dorfwahrsagers* und des *Narcisse* ein.

Bald wird ihm der Wirbel um seine Person, der ihn anfänglich erfreut hat, zu viel. Er denkt an einen neuen Zufluchtsort. Wieder bieten sich ihm mehrere Möglichkeiten: Keith fordert ihn auf, nach Berlin zu kommen, David Hume hat ihn bereits Ende Oktober eingeladen, und auch Mme de Verdelin hat Verbindung zu dem Philosophen aufgenommen, der gern bereit ist, Rousseau in England unterzubringen. Doch Rousseau fühlt sich krank und kaum zu einer weiten Reise in der Lage. Am 14. November erhält er einen Pass für die Fahrt nach England, den ihm Mme de Verdelin beschafft hat. Nachdem er Keith um Rat gefragt und dieser ihm zugeredet hat, ist er bereit, auf die Insel zu gehen. Am 4. Dezember schreibt er Hume einen freundlichen Brief und teilt ihm mit, er nehme sein Angebot dankbar an. Nicht nur, dass Keith und Mme de Verdelin ihm dazu geraten hätten, es sei nun auch sein eigener Herzenswunsch.

Am 9. macht er sich in Begleitung von Jean-Jacques de Luze, einem Kaufmann aus Neuchâtel, der ebenfalls nach England reist und dem er vertraut, auf den Weg in sein neues Exil.

Mitte Dezember ist er in Paris und kommt bei der Witwe des Verlegers Duchesne unter. Da lädt Conti ihn ein, im Temple zu wohnen. Hier genießt er unbegrenztes Asyl, kann zahlreiche Besucher empfangen und Bekannte wieder sehen. So begegnet er Malesherbes und vielen seiner hochadeligen Freunde wieder. Diderot allerdings wartet zu seinem Bedauern vergeblich auf ein Zeichen von ihm.

Nach einer Weile wird Rousseau bewusst, dass der Temple ihm zwar Schutz bietet, er jedoch in seiner Freiheit eingeschränkt bleibt, da er unter ständiger Kontrolle seines Gastgebers steht. Den Vorschlag Contis, unter falschem Namen in einem seiner Schlösser zu leben und nicht mehr zu schreiben oder zumindest nichts ohne Zustimmung des Fürsten zu veröffentlichen, lehnt er ab. Wenn er größere Freiheit genießen will, bleibt ihm nur das englische Exil.

Zum ersten Mal begegnet er nun in Paris dem Mann, dem er seine Zukunft anvertrauen will. Hume ist 1711 als Sohn eines schottischen Grundbesitzers in Edinburg geboren, hat Jura studiert und danach Jahre in Paris verbracht, um sich der Philosophie zu widmen. Seine von Locke beeinflussten philosophischen Werke haben ihn zu einem Freund der Aufklärer gemacht. Seit 1763 ist er Sekretär des englischen Botschafters in Paris, er ist allseits beliebt und häufiger Gast in den Salons.

Da die beiden Männer einander kaum kennen, ist schwer vorauszusagen, wie sie sich verstehen werden, vor allem, wie Rousseau damit umgehen wird, dass er Hume seine Freiheit verdankt. Eigentlich sind die Voraussetzungen nicht schlecht. Als Mme de Boufflers 1762 Hume von Rousseaus Schwierigkeiten berichtet hat, ist dieser gleich bereit gewesen, dem berühmten Kollegen zu helfen, und hat sich Rousseau gegenüber bewundernd über seine Werke, die »Kraft seines Genies« und die »Größe seiner Seele« geäußert.

Darüber hinaus verbindet die beiden Denker nicht allzu viel.

34 Porträt von David Hume

Rousseau kennt Humes Schriften nicht und hält ihn für einen Republikaner. Hume ist Empirist, Positivist und Atheist und keineswegs ein Befürworter des *Contrat Social*; er stellt sich die Gründung des Staatswesens anders vor, nämlich wie Hobbes als Folge des Kampfes aller gegen alle. Die Familie gilt ihm als natürliches Vorbild für die staatliche Ordnung. Ein wichtiges Motiv für Hume, Rousseau zu unterstützen, besteht darin, seinem Landsmann Keith, Mme de Boufflers und Mme der Verdelin einen Gefallen zu tun. Rousseau hat Hume gegenüber die Empfindung von Dankbarkeit und einer gewissen Sympathie, noch bevor er ihn kennen gelernt hat.

Humes Freunde in den Salons haben den Philosophen bereits vor Rousseaus schwierigem Charakter gewarnt, doch Hume ist davon nicht weiter beeindruckt. Er sieht seine Aufgabe darin, Rousseau nach London zu bringen und ihm eine Bleibe zu suchen. Mehr erwarten die Freunde, die ihn um Unterstützung gebeten haben, nicht von ihm. Warum sich also Gedanken über den Menschen Rousseau und mögliche Schwierigkeiten machen? Hume ist zudem beeindruckt von der großen Popularität Rousseaus und seiner Beliebtheit in den höheren Kreisen.

Am 4. Januar machen sich Rousseau, Hume und de Luze auf den Weg. Auf der Reise übernachten sie in Senlis zu dritt in einem Zimmer. Während der Nacht hört Rousseau, der nicht schlafen kann, wie er später berichtet, Hume im Traum sagen: »Ich habe Jean-Jacques Rousseau!« Rousseau mag sich diese Worte nach den vielen Monaten der Verfolgung eingebildet haben. Er erschrickt, beruhigt sich jedoch wieder und wird sich erst später an das nächtliche Erlebnis erinnern.

Auf der Reise macht ihm Hume den Vorschlag, sich um eine Pension Georgs III. zu kümmern, und Rousseau weist diese Idee nicht zurück, vorausgesetzt, man hole das Einverständnis von Keith ein, denn er hat Geld vom preußischen König abgelehnt und möchte keinen Ärger erregen, wenn er welches vom englischen König annimmt. Dies ändert nichts daran, dass Rousseau nach wie vor eine Abneigung gegen Almosen jeglicher Art hat, doch glaubt er, es sei ungeschickt, die freundlich angebotene Hilfe Humes und die Gunst des Königs abzuweisen.

Nach einer stürmischen Überfahrt erreichen sie am 11. Januar Dover, wo Rousseau seinen Beschützer dankbar und freudig umarmt.

Auch in London wird Rousseau mit viel Aufmerksamkeit bedacht. Die Zeitungen schreiben über ihn mit Interesse und Sympathie. Zwei Maler fertigen Porträts von ihm, hohe Adelige begrüßen ihn und bei einem Besuch im Theater Drury Lane werden auch der König und die Königin auf ihn aufmerksam. Doch bald erträgt er den Wirbel um seine Person nicht mehr und zieht sich in das nahe bei London an der Themse gelegene Dorf Chiswick zurück.

22
Die Mauer des Schweigens

In den ersten Wochen haben sich Rousseau und Hume bestens verstanden. Hume hat ihn in die Gesellschaft eingeführt, so dass er interessante Personen kennen lernen konnte; England scheint Rousseau zu gefallen. Hume hat einen angenehmen Eindruck von ihm, nur seine übermäßige Empfindlichkeit erscheint ihm manchmal schwierig. In Chiswick bleibt Rousseau nur wenige Wochen. Denn auch hier erhält er so viel Besuch, dass er sich in seiner Ruhe gestört sieht. Am 13. Februar trifft Thérèse ein. Sie ist inzwischen fünfundvierzig und in Begleitung von James Boswell nach England gereist, mit dem sie sich bei dessen Besuch in Môtiers schon so gut verstanden hatte.

Thérèse ist mittlerweile eine lebenslustige Frau, die Rousseaus Vorliebe für eine karge, sparsame Existenz und seinen Verzicht auf Sexualität nicht unbedingt teilt. Die gemeinsame Reise mit Boswell nutzt sie weidlich aus und verführt ihren Begleiter, wie dieser berichtet.[1] Ob Rousseau davon erfährt, ist ungewiss, jedenfalls ist der Abschied der beiden Männer, als Boswell Chiswick wieder verlässt, nicht von größter Herzlichkeit. Thérèse ist während der Jahre an der Seite von Rousseau selbstständiger geworden und hat sich aus ihrer Passivität befreit. Mittlerweile ist sie so vielen Menschen begegnet, dass sie recht umgänglich und liebenswürdig ist und man ihr auch entsprechend begegnet. David Hume empfängt Thérèse mit großer Freundlichkeit. Sie erscheint ihm angenehmer, als sie ihm geschildert wurde, doch er stellt fest, dass sie geschwätzig ist und großen Einfluss auf Rousseau hat.

In London hat Rousseau den Grundbesitzer Richard Davenport kennen gelernt, auf dessen Gut Wooton Hall in Staffordshire er gegen geringes Geld eine Wohnung beziehen kann.

»Die große Nähe zu London und meine zunehmende Leidenschaft für die Einsamkeit und ich weiß nicht welches Verhängnis, das unabhängig von meinem Verstand über mich herrscht, ziehen mich in die Berge von Derbyshire«, schreibt er Du Peyrou am 14. März.[2]

Die finanzielle Lage des Emigranten ist nicht besonders rosig. Er besitzt noch ein paar Geldreserven aus seinen Buchveröffentlichungen, doch seine umfangreiche Korrespondenz und auch seine Umzüge kosten Geld. Weil er sparen muss und die Kosten für Briefe hoch sind, unterrichtet er seine Bekannten darüber, dass er jetzt nur noch selten schreiben werde. Nur mit zwei Personen, an deren Freundschaft er noch immer glaubt, will er regelmäßig korrespondieren, Keith und Du Peyrou. Im März schreibt er dem Bankier François Coindet unter Anspielung auf die Überfahrt, bei der er vom Regen durchnässt wurde, er fühle sich, als habe er eine neue Taufe empfangen. Er fährt in derselben Metaphorik fort, er habe auch den alten Adam abgelegt und alles vergessen, was mit der fremden Erde, die man Kontinent nenne, zu tun habe, all die Schriftsteller, Bücher und Dekrete. Nur bei ein paar Freunden mache er eine Ausnahme.

Rousseau ist nicht immer zu so humorvollen Äußerungen in der Lage. Er hat sich von den Anstrengungen der letzten Jahre noch nicht erholt und ist angespannt, gereizt, ängstlich, hochempfindlich und argwöhnisch. Er ist Hume mit Vertrauen begegnet, doch der kleinste Anlass ist geeignet, das Einvernehmen der beiden zu gefährden. Schon lange fragt man sich in den Pariser Salons, wie sich wohl die beiden in England vertragen, es gibt zahlreiche Spekulationen, man amüsiert sich, indem man sich vorstellt, welche Überraschungen der schwierige Rousseau wohl seinen englischen Gastgebern bereiten wird. Bei einem jener Treffen denkt man sich einen besonderen Spaß aus und erfindet einen angeblich von Friedrich II. an Rousseau verfassten Brief.

Den in den Pariser Salons üblichen Spielen und Neckereien, für die Rousseau ohnehin nie viel Sinn gehabt hat, kann er aufgrund seiner Gereiztheit nicht mehr souverän begegnen, indem er sie ignoriert oder darüber lacht.

Am 9. März erhält Rousseau von Du Peyrou die Kopie des angeblich von Friedrich II. verfassten Briefes vom 23. Dezember 1765 an Rousseau, in dem ihn der König nach Preußen einlädt. Es heißt darin unter anderem: »Wenn Sie darauf bestehen, sich den

Kopf zu zerbrechen, um neues Unglück zu finden, suchen Sie es sich nach Belieben aus … Ich werde aufhören, Sie zu verfolgen, wenn Sie aufhören werden, Ihren Ruhm darin zu sehen, verfolgt zu werden. Ihr guter Freund Friedrich.« Dieses Machwerk aus den Pariser Salons hat gewiss das Ziel, Rousseau zu diffamieren, doch niemand hält es deswegen für besonders verwerflich. Allzu sehr ist man an diese Art von bitteren Späßen gewöhnt. Verfasser des Briefes ist, vermutlich gemeinsam mit anderen, Sir Horace Walpole, ein wohlhabender Kunstsammler und Literat, der mit Hume befreundet und mit der Marquise Du Deffand, die einen bekannten Salon führt, liiert ist. Der gefälschte Brief hat sich in Windeseile verbreitet. Man schickt eine Kopie an Voltaire und Grimm veröffentlicht den Brief in der Zeitschrift *Correspondance littéraire*. Für Rousseau kann es sich nur um eine gezielte, bitterböse Kampagne gegen seine Person handeln.

Deshalb löst dieser Brief bei ihm, der sich nicht zuletzt durch die Erfahrungen der letzten Jahre ständig verfolgt sieht, neuen Argwohn aus. Hume, der schon lange von dem falschen Brief des Königs weiß und möglicherweise sogar an seiner Entstehung beteiligt war, denn in den Salons bleiben solche Dinge nicht geheim, weigert sich, Rousseau zu erklären, wer der Autor ist, und distanziert sich auch nicht von dem Brief, woraufhin Rousseau das Vertrauen in seinen Beschützer verliert. Sein Verdacht weitet sich schnell aus und bald verdächtigt er Hume, seine Briefe zu öffnen, Thérèse auszufragen, ihn zu bespitzeln.

Sein Argwohn gegen Hume wird stärker, nachdem dieser ihm ausgerechnet Walpole, der, wie Rousseau inzwischen auch erfahren hat, der Verfasser des fingierten Schreibens ist, als vertrauenswürdigen Briefkurier empfohlen hat. Ein weiteres Element für Rousseaus Konstruktion einer Verschwörung gegen sich, von der er zunehmend überzeugt ist, ist die Tatsache, dass der Sohn des Arztes Tronchin in London dasselbe Haus bewohnt wie Hume. Immer wieder erhält er Briefe, die geöffnet waren und wieder versiegelt worden sind, bevor sie ihn erreichen. Und Hume ist schließlich derjenige, der sich um seine Post kümmert.

Am 17. März sind Rousseau und Thérèse bei Seymour Conway, dem Chef des Auswärtigen Amtes, zum Abendessen eingeladen, doch Rousseau entschuldigt sich mit Krankheit. Unvorstellbar, mit Thérèse auf eine solche Einladung zu gehen, da sie sich in diesen Kreisen nicht richtig zu bewegen weiß.

Auf dem Weg nach Staffordshire verbringen sie eine Nacht in Humes Haus in London. Um Rousseau die Reisekosten zu ersparen, behaupten Hume und Davenport, die Kutsche befinde sich auf dem Rückweg zu Davenports Landsitz in Wooton und könne Rousseau und Thérèse mitnehmen, doch er durchschaut das Manöver und nimmt es ihnen schwer übel, dass sie ihn finanziell entlasten wollen. Vor dem Abendessen hat er einen Brief an Mme de Chenonceaux geschrieben, die Schwiegertochter jener Mme Dupin, für die Rousseau als Sekretär gearbeitet hatte. Währenddessen hat ihm Hume über die Schulter gesehen und angeboten, den Brief zu versenden. Als der Diener den Brief abholt, folgt ihm Hume nach draußen, und jetzt ist sich Rousseau endgültig sicher, dass Hume ihn überwacht und ausspioniert. Er wirft ihm vor, ihn zusammen mit Davenport betrogen zu haben und von ihnen wie ein Bettler behandelt zu werden, weil sie ihn nicht selbst die Reisekosten nach Wooton bezahlen ließen, sondern ihm die Kutsche des Gutsbesitzers zur Verfügung gestellt haben, die angeblich ohnehin diese Strecke fuhr. Durch diese kaum souverän zu nennende Abrechnerei und durch Rousseaus Argwohn wird die Atmosphäre während des Abendessens immer giftiger. Doch nach dem Dinner nimmt Rousseau seine Vorwürfe und Verdächtigungen zurück und fällt Hume mit den Worten »Nein, David Hume ist kein Verräter« weinend in die Arme. Hume, der nichts von Rousseaus vielen Verdächtigungen ahnt und gar nicht ermessen kann, was in dessen Kopf vorgeht, ist über dieses merkwürdige Verhalten verwirrt.

Als Rousseau und Thérèse am 22. März in Wooton ankommen, ist dort noch tiefer Winter. Da sie die englische Sprache nicht beherrschen, können sie mit der Dienerschaft nur in Zeichensprache kommunizieren. Briefe nach außen gibt Rousseau Davenport mit, da ihm die Post zu unsicher und zu teuer ist. An Coindet schreibt er: »Ich kann noch nicht den Zauber der Landschaft genießen, da sie unter Schnee begraben ist, doch bis dahin erhole ich mich … ich genieße mich selbst und erbringe mir selbst den Beweis, dass ich in den fünfzehn Jahren, in denen ich unglücklicherweise den traurigen Beruf des Schriftstellers ausüben musste, keines der Laster dieses Standes angenommen habe: Neid, Eifersucht, Sinn für Intrigen und Schaumschlägerei sind meinem Herzen keinen Augenblick nahe gewesen. Ich spüre keine Verbitterung wegen der Verfolgungen und meines Missgeschicks, und ich gebe die Laufbahn mit ebenso gesundem Herzen auf, wie ich sie begonnen habe. Dies ist die Quelle des Glücks, das ich in meiner Zurückgezogenheit genießen werde, wenn man mich dort in Ruhe zu lassen gedenkt … Womit soll man im Leben zufrieden sein, als mit dem einzigen Menschen, den man nicht verlässt?«[3]

Das Glück, das Rousseau in diesem Brief heraufbeschwört, ist, wenn er es überhaupt erlebt, nur von kurzer Dauer. Denn bald ist es mit seiner erhofften Ruhe vorüber, und ob ein Mann, der so sehr wie Rousseau von der Mitteilung an andere gelebt, eine Unzahl von Bewunderern gefunden hat, diese wirklich genießen kann, scheint zweifelhaft. Er ist derselbe geblieben, er ist ein Mann, dessen Denken sich weiterentwickelt, der immer neue Ideen hat und nach wie vor ein Schriftsteller ist, der sich mitteilen muss. Während er das Ende seines Literatenlebens beschwört, hat er längst den Plan, nun endlich mit der Arbeit an *Bekenntnissen* zu beginnen.

Er beginnt mit einer seiner wichtigsten Schriften, während seine früheren Gefährten, die Enzyklopädisten, ihr Werk, bei dem er selbst Mitarbeiter war, abgeschlossen haben. Im Februar 1766 ist der letzte Band erschienen. Dieses große Unternehmen der Aufklärung steht nicht mehr in Frage, Diderot und seine Mitstreiter können zufrieden sein.

Seine eigene Situation, so glaubt Rousseau, erlaube es ihm nicht, sich zur Ruhe zu setzen. Er sieht sich vor allem deshalb genötigt, die *Bekenntnisse* zu verfassen, weil sich in ihm zunehmend die Vorstellung festsetzt, dass es eine Verschwörung gegen ihn gibt, ein Komplott, in dem alle seine früheren Freunde mitwirken und mit dem ihm der Prozess gemacht werden soll, ohne dass er erfährt, worum es sich eigentlich handelt. Er sieht sich als Angeklagten und ist dabei gewiss Opfer des eigenen Argwohns; andererseits gibt es auch einigen Anlass für ein gewisses Misstrauen. Rousseau wird seit 1762 tatsächlich verfolgt. Seine Bücher sind verbrannt worden, er musste ins Exil gehen. Doch dies erscheint ihm weniger brisant als eine andere Verfolgung, von der er fest überzeugt ist und hinter der seiner Meinung nach Grimm, d'Holbach, Diderot, Mme d'Épinay und viele andere stecken. Im Lauf der Zeit weitet sie sich in seinen Augen immer mehr aus und schließt dann auch Ärzte, Machthaber, Schriftsteller, die galanten Damen, Regierungsmitglieder und andere mit ein.[4]

Ganz sicher fühlt er sich wegen dieser Verschwörung gegen seine Person, von der er fest überzeugt ist, auch im englischen Exil nicht, wie ein Brief an den preußischen König vom 30. März vermuten lässt, in dem er ganz im Unterschied zu sonst, auf jede Kritik an dessen Regierungsweise verzichtet: »Sire, dem Unglück, das mich verfolgt, verdanke ich zwei gute Dinge, die mich dabei trösten: das Wohlwollen des Lord Marschalls und die Großzügigkeit Ihrer Majestät. Während ich fern von dem Staat leben muss, in dem ich als Ihrem Volk angehörig eingeschrieben bin, habe ich die Liebe zu den Pflichten, die ich dort übernommen habe, bewahrt. Möge es mir vergönnt sein, Sire, dass mich Ihre Güte, die ich dankbar annehme, auch weiter begleitet und ich immer die Ehre habe, Ihr Schützling zu sein, wie ich auch immer ihr treuester Untertan sein werde. R.«[5]

Immer mehr verdichtet sich in ihm die Vorstellung, Hume habe sich gemeinsam mit Grimm, Madame d'Épinay und anderen gegen ihn verschworen. Den falschen Brief Friedrichs II. von Walpole schreibt er irrtümlicherweise d'Alembert zu. Bis nach Wooton verfolgt ihn die Vergangenheit, das Exil bietet ihm keinen Schutz, am wenigsten vor eigenen düsteren Gedanken.

Immer stärker wird nun seine fixe Idee, man habe ihn nach England gebracht, um ihn ins Unglück zu stürzen und ihm seine Ehre zu rauben. Mme de Verdelin gegenüber klagt er über Hume und sieht sich selbst als den »unglücklichsten aller Menschen«.

Seine Ideen von einem Komplott gegen ihn erhalten immer neue Nahrung. Auch in der Londoner Zeitung *Saint-James-Cronicle* ist der falsche Brief Friedrichs II. erschienen, und damit beginnt eine Pressekampagne gegen den zuvor so hochgepriesenen Rousseau, dessen Beschwerdebrief an die Zeitung keinerlei Wirkung hat. Als Nächstes erscheint ein von Voltaire verfasster Brief *Lettre au docteur Pansophe*, »Brief an Doktor Alleswisser«, in dem sich der Autor über Widersprüche in Rousseaus Werk lustig macht. Er tränke zu viel Wein, solle bescheidener, vernünftiger, ehrlicher sein. Rousseau solle doch seine Religion im Hyde Park predigen, denn solche Verrücktheiten würden in England nicht bestraft.

Rousseau ist tief verletzt, ihm fehlt der spielerische Umgang mit dieser Art von Schriftstücken, wie er in Pariser Literatenkreisen und unter Journalisten auch in England gang und gäbe ist. Umsonst sucht ihn Mme de Verdelin mit dem Argument zu beschwichtigen, er solle sich nicht von Leuten beeinflussen lassen, die, um Geld zu verdienen, Schlechtes über andere schrieben. Es zeigt sich, dass Rousseau jeglicher Humor abhanden gekommen, dass er von der Meinung anderer abhängig und in seinem Handeln, Fühlen und Denken weit entfernt ist vom Ideal des sich selbst genügenden Ichs.

Hinzu kommen alle möglichen paranoiden Ideen, doch er ist unfähig, sich von ihnen zu befreien, wie es noch während der Veröffentlichung des *Émile* möglich war, als er zunächst fest davon überzeugt war, die Jesuiten verfälschten das Manuskript, diesen Gedanken jedoch danach als Einbildung eines anderen zurückwies. »Der Mann, der fünfzig Jahr lang das Herz hatte, das, wie ich spüre, in mir wiedergeboren wird, ist nicht derselbe, der sich so vergessen konnte, wie ich es getan habe«, konnte er damals noch entschuldigend an Malesherbes schreiben. Doch zu solcher Einsicht ist er jetzt nicht mehr fähig.

In Thérèse kann er keine geeignete Ratgeberin finden, und vergeblich versucht Mme de Verdelin, dieser ins Gewissen zu reden: »Mademoiselle Levasseur, kümmern Sie sich um meinen achtbaren Freund, aber verlieren Sie nicht aus dem Auge, dass man sich Dinge leicht einbilden kann und wir Frauen eine lose Zunge haben und deshalb aufpassen müssen, was wir glauben und wie wir urteilen.«[6] Auch Keith und Du Peyrou ermahnen Rousseau, sich von den düsteren Produkten seiner Phantasie zu befreien.

Auf diesem Hintergrund wird die ohnehin heikle Frage der Pension durch König Georg III. zunehmend kompliziert. Hume hat sich darum bemüht, nachdem er die wirtschaftlichen Verhältnisse Rousseaus erforscht hat, damit nicht ein »falscher Armer« in die Gunst königlicher Bezüge kommt.

Rousseau müsste nun Seymour Conway gegenüber erklären,

dass er die Gunst des Königs gern annimmt, doch will er dies nicht tun, da Hume, dem er zutiefst misstraut, die Sache vermittelt hat. Gewiss ist seine generelle Ablehnung dieser Art von Zuwendungen ein weiterer Grund, sich zu sträuben.

Am 10. Mai schreibt Rousseau dem Chef der Zensurbehörde und Freund Malesherbes einen langen, vertrauensvollen Brief, schüttet sein Herz aus und berichtet ausführlich von seinem Verdacht gegen Hume und beschreibt seinen seelischen Zustand in den düstersten Farben: »Meine Nächte sind grausam, ich schlafe überhaupt nicht mehr und bin den traurigsten Ideen ausgeliefert; die Atmosphäre dieses Landes hat einen düsteren Einfluss auf all das, und häufig habe ich das Gefühl, zu lange gelebt zu haben.«[7]

Zwei Tage später schreibt er an Conway, bedankt sich von Herzen für dessen Bemühungen, erklärt jedoch, er habe, da es ihm so schlecht gehe, nicht die innere Freiheit, eine Entscheidung zu treffen, und bitte um Bedenkzeit.

Hume erkundigt sich nun bei Davenport, worunter Rousseau denn eigentlich leide, und als er erfährt, dass der Gast guten Mutes ist, Cembalo spielt und Spaziergänge unternimmt, ist der englische Philosoph tief verärgert und beklagt sich bei Mme de Boufflers bitter über dessen »Verrücktheiten«.

Als Hume Rousseau mitteilt, dass der Auszahlung seiner Pension nichts im Weg stünde, und sich zu vergewissern sucht, dass Rousseau nicht ein zweites Mal zögern wird, schreibt Rousseau Hume am 23. Juni, er verzichte fortan auf seine Dienste, wolle nichts mehr von ihm wissen und nichts mehr annehmen, auch wenn es zu seinem Vorteil sei. Außerdem wirft er ihm vor, ihn nach England gebracht zu haben, um ihn zu entehren. Von diesem Gedanken ist er nicht mehr abzubringen, und als Anfang Juni im *Saint-James-Chronicle* ein Artikel erscheint, in dem der berühmte Rousseau aufgefordert wird, zu erklären, warum der Freund der Gleichheit den Großen dieser Welt Tür und Tor öffne, ist Rousseau sicher, dass Hume, d'Alembert und Voltaire hinter diesem Artikel stecken und ihn vor aller Öffentlichkeit vernichten wollen.

Obwohl Rousseau in diesen Wochen Besuch erhält und angenehme Tage verbringt, grübelt er unaufhörlich über das angebliche Komplott seiner Gegner nach und trägt ein Beweisstück nach dem anderen zusammen. Er ist körperlich und seelisch geschwächt, und vermutlich leidet er an einer Persönlichkeitsstörung, zu der unter anderem ein übersteigertes Ego, das alles auf sich bezieht, sowie ein tiefer Argwohn gehören, der zu falscher Beurteilung von Tatsachen und Handlungen anderer und einer irrigen Deutung der Wirklichkeit führt. Dabei kann es sich auch um Verfolgungsideen handeln, die zu Angst und Flucht führen. Und Rousseau glaubt tatsächlich, dass er verfolgt wird. Ganz England erscheint ihm als eine Falle, in der man ihn vernichten will und aus der es kein Entkommen gibt.

Hume, empört über Rousseaus letzten Brief und die darin enthaltenen Unterstellungen, fordert diesen auf, seine Vorwürfe zu belegen. Daraufhin schickt ihm Rousseau am 10. Juli eine zehnseitige Antwort, die keinerlei Beweise enthält, sondern nur weitere falsche Deutungen von Ereignissen, Unterstellungen, und pathetische Klagen. Es ist der Brief eines Menschen in äußerster Bedrängnis, der von Verfolgungsideen gepeinigt wird. »Ich bin der unglücklichste aller Menschen, wenn Sie schuldig sind; ich bin der schlechteste, wenn Sie unschuldig sind … Wenn Sie unschuldig sind, haben Sie die Güte, sich zu rechtfertigen, sind Sie es nicht, Adieu für immer.«[8]

Hume, der nicht begriffen hat, in welchem Zustand sich Rousseau befindet, ist durch dessen Verhalten empört und verletzt. Schließlich ist er derjenige, der Rousseau den Weg ins englische Exil bereitet und seinem Schützling beigestanden hat, und möchte nicht in ein falsches Licht geraten. In seiner Erregung hat er sich erinnert, dass ihm seine Pariser Freunde vor seiner Reise mit Rousseau berichtet haben, wie schwierig der Umgang mit seinem Schützling sein kann. Nun wendet er sich an sie, da er mit ihrem Verständnis rechnet und hofft, dass sie ihn unterstützen, falls der berühmte Rousseau sich öffentlich kritisch über ihn äußert. In einem Akt der Vorwärtsverteidigung zur Wahrung seines Rufs – auch Hume ist wie alle Aufklärer sehr auf sein Renommee bedacht – hat er am 27. Juni an d'Holbach geschrieben und nicht ohne Polemik seine Sicht der Dinge wiedergegeben und unter anderem behauptet, Rousseau habe die Pension des Königs, für die er sich eingesetzt habe, abgelehnt. Inzwischen redet ganz Paris von dem Zerwürfnis zwischen den beiden Philosophen. Hume hat in seinem Brief Rousseau aufs Heftigste angegriffen, obwohl ihm Malesherbes, der durch Rousseau selbst von dessen psychischem Befinden weiß, Mme de Boufflers und auch der Enzyklopädist und Ökonom Turgot davon abgeraten haben. Keiner von ihnen wünscht eine Eskalation der Missstimmung zwischen Rousseau und Hume. Der Baron d'Holbach vernichtet sogar Humes Schreiben, damit dieser sich nicht kompromittiert, doch zugleich erzählt er die Geschichte in den Salons weiter, wodurch sich die Affäre schließlich in ganz Europa verbreitet. Rousseaus Feinde triumphieren. Doktor Tronchin krakeelt: »Mme de Luxembourg, de Beauveau und de Boufflers, seine lieben Freundinnen, haben ihn im Stich gelassen. Man redet von ihm nur noch als von einem bösen Gauner, darin sind sich alle einig. Noch nie ist ein Mann schneller zugrunde gerichtet worden.« Und der Genfer Charles Bonnet schreibt an von Haller nach Bern: »Hume wird zum Rächer für das Unrecht, das Religion und Regierung zugefügt worden sind.«[9] Hume will nun mit einer Dokumentation der Ereignisse in England an die Öffentlichkeit gehen, aus der hervorgehen soll, dass er in allem richtig gehandelt hat und die Schuld für das Zerwürfnis allein bei Rousseau liegt. Doch seine Freunde raten ihm ab. Rousseau habe eine spitze Feder und sei kein einfacher Gegner, so meinen sie. Im Übrigen ist er weitaus berühmter als David Hume und der könnte bei einer Auseinandersetzung leicht den Kürzeren ziehen. D'Alembert und d'Holbach fürchten vor allem, dass sich bei einer Auseinandersetzung der Philosophen untereinander die Partei der Frommen, denen die Aufklärer ein Dorn im Auge sind, nur freuen würde. Hume will dennoch ein Dossier vorlegen, zumal er von Rousseaus Absicht weiß, seine Memoiren zu schreiben, und jeglicher möglichen Diffamierung zuvorkommen will.

Rousseaus Freunde sind in großer Verlegenheit. Mme de Verdelin sieht nach wie vor in Thérèse eine wichtige Ursache für Rousseaus Verhalten, Du Peyrou und Keith fürchten eine weitere Eskalation, nachdem sie gehofft haben, im englischen Exil würde sich Rousseaus Lage verbessern. Mme de Boufflers rügt Hume dafür, dass er sich ausgerechnet an d'Holbach, einen der größten Gegner Rousseaus seit ihren Auseinandersetzungen um die Frage der Existenz Gottes, gewandt hat und Rousseau gegenüber nicht nachsichtiger war. Schließlich habe er die Pension des Königs nicht abgelehnt, sondern nur um Bedenkzeit gebeten. Doch auch Rousseau verschont Mme de Boufflers nicht mit Kritik; über sie hatte er ja Hume erst kennen gelernt. Sie bittet ihn um eine Erklärung für sein Verhalten gegenüber seinem Beschützer. Rousseau hüllt sich daraufhin ihr gegenüber in monatelanges Schweigen.

Im Salon der Mme de Lespinasse in Paris einigt man sich darauf, dass Hume nicht schweigen sollte, da die Affäre bereits an die Öffentlichkeit gedrungen sei. Man informiert nun auch Voltaire, der ebenfalls zu einer baldigen Publikation rät. Es scheint, als formiere sich nun tatsächlich eine Liga gegen Rousseau.

Doch es gibt auch manche Bedenken auf Seiten jener, die bereit sind, sich in Rousseaus Situation hineinzuversetzen. So hat Malesherbes Turgot erzählt, welche große Angst Rousseau im Zusammenhang mit der Veröffentlichung des *Émile* vor Machenschaften der Jesuiten hatte. Unter den Freunden erklärt man sich Rousseaus Verhalten durch den falschen Brief Friedrichs II., seine Exilsituation und seinen argwöhnischen Charakter und hält ihm zugute, dass er die Pension im Gegensatz zu dem, was Hume behauptet, gar nicht abgelehnt hat. Als d'Alembert, der auf der Seite Humes steht, erfährt, Rousseau verdächtige ihn, den gefälschten Brief Friedrichs II. geschrieben zu haben, distanziert er sich von der ganzen Angelegenheit und rät den Freunden und Kollegen, sich nur für den Fall zu einer Publikation zu entschließen, dass Rousseau Anlass dazu gibt, indem er Hume selbst öffentlich angreift. Eine Weile herrscht Unklarheit, was zu tun ist. Dann aber schreibt Rousseau am 2. August, nachdem er von der geplanten Veröffentlichung erfahren hat, dem Verleger Guy, dass Hume sich davor hüten werde und sich dabei, gehe er gewissenhaft vor, nur selbst entlarven werde.

Dies ist für Hume die Initialzündung für eine Veröffentlichung seines Dossiers.

Den Sommer 1766 verbringt Rousseau in der Gesellschaft englischer Adeliger aus der Gegend und eines jungen Literaten, Brooke Boothby. Er freundet sich mit der Herzogin von Portland an, die seine botanischen Interessen teilt und ihm Pflanzen und Samen schickt. Mit ihr wird er viele Jahre über Fragen der Botanik korrespondieren. Außerdem korrigiert er die Fahnen des Musiklexikons, treibt botanische Studien und herborisiert. Er beschäftigt sich mit Musik, spielt viel Cembalo und komponiert neue Weisen und Lieder. Im August besucht er Davenport und seine Kinder ins Cheshire.

Seine vielen Freundschaften machen ihm das Leben leichter, und doch lebt er in ständiger Angst, das »Komplott« gegen ihn könne sich ausweiten und seine Feinde könnten auch Davenport auf ihre Seite ziehen. Außerdem fürchtet er sich vor Einsamkeit.

Das Erscheinen von Humes Bericht ist für Rousseau der Beweis dafür, dass er verraten worden ist. Er reagiert nicht öffentlich darauf und schreibt an Davenport, er sei lieber der unglückliche Jean-Jacques Rousseau, der öffentlicher Diffamierung ausgesetzt sei, als der »siegreiche David Hume in all seinem Ruhm«.

Der Angriff Humes treibt Rousseau in noch größere Isolation. Mme de Boufflers, Mme de Luxembourg, Mme de Verdelin und Du Peyrou unterstützen ihn jetzt nur noch halbherzig. Keith, der endlich die Ruhe des Alters genießen will, kündigt zu Rousseaus tiefem Kummer ein Ende der Korrespondenz an.

Rousseau, der unter den Angriffen auf seine Integrität und Ehre vor allem deshalb leidet, weil er sich auf Gedeih und Verderb mit seinem Werk identifiziert, weil er selbst die Antwort auf die von ihm formulierten Probleme zu geben versucht, arbeitet nun intensiv weiter an den *Bekenntnissen*. Darin macht er sich bewusst selbst zum Gegenstand seines Schreibens, mit dem Ziel, sich und das, wofür er steht, angesichts der zahlreichen Angriffe zu rechtfertigen.

23
Rechtfertigung und Leiden

Bereits nach Voltaires Pamphlet *Le Sentiment des Citoyens* hat Rousseau in Môtiers mit ersten Überlegungen begonnen, jetzt arbeitet er intensiv an den *Bekenntnissen*. Die Entstehung des Buches fällt in die Zeit größter seelischer Unsicherheit, die schwierige Situation des Exils, doch ist dies vor allem dem ersten Teil kaum anzumerken. Er zeichnet hier in neuer literarischer Vielfalt, einem bisher nicht gekannten Stil die Zeit bis zu seinem 39. Lebensjahr nach. Rousseau ist inzwischen dreiundsechzig und verfügt kaum noch über Dokumente aus den ersten Jahrzehnten seines Lebens. Er schreibt die Ereignisse aus seinem Gedächtnis und mit dem Wissen und der Erfahrung eines älteren Mannes auf und zugleich als Schriftsteller von imaginativer und stilistischer Begabung. Er fügt in die Erzählung auch fiktionale Elemente ein, allerdings nicht in der Absicht, die Dinge zu verfälschen, sondern sie besser zu vermitteln und anschaulich zu machen. Im Zusammenhang eines Buches, das Recherche nach sich selbst, also von radikaler Subjektivität ist, scheint dies legitim, ohne dass von Fälschung die Rede sein muss. Rousseaus Ziel ist unbestritten die aufrichtige, präzise Darstellung des Gewesenen, und dass er die Absicht hat, nichts zu verschweigen, beweist die ausführliche Darstellung zahlreicher Fehler und peinlicher Situationen. Im großen Ganzen ist seine Wiedergabe, wie aus zahlreichen Briefen und anderen Dokumenten ersichtlich ist, nah an der Wirklichkeit, ganz im Unterschied zu Montaigne, der in den *Essays* darauf aus ist, ein positives Bild von sich zu zeichnen. Die literarischen Vorbilder sind ihm bekannt, er bezieht sich ausdrücklich auf Montaigne, doch will er im Unterschied zu diesem nichts beschönigen, sondern sich so darstellen, wie er wirklich ist. Augustin erwähnt er nicht ausdrücklich, doch von ihm übernimmt er sowohl den Titel »Bekenntnisse« als auch die Idee einer ausführlichen Darstellung der Kindheit und Jugend. Allerdings geht es ihm anders als Augustin nicht um die Beschäftigung mit seiner Sünde und der göttlichen Gnade, die für die Erlösung des Sünders unverzichtbar ist. Mit seinen religiösen Auffassungen ist er weit von der Denkweise Augustins entfernt. Die Frage der Rechtfertigung des Sünders, für diesen ein zentrales Anliegen, zu der ein Bekenntnis der Sünden und Hoffnung auf Vergebung gehören, steht hier nicht im Mittelpunkt.

Die *Bekenntnisse* sind ein literarisches Unternehmen mit einem tiefen existenziellen Hintergrund. Durch sein offenes Bekenntnis zu Fehlern, die ihn in keineswegs günstiges Licht rücken, oft in erotischem Zusammenhang, soll seine Glaubwürdigkeit gesteigert werden und damit seine Überzeugungskraft auch im Hinblick auf seine Ideen.

Dem Leser – ganz gleich, ob er sich der Haltung des Autors hinsichtlich dessen Rehabilitierung durch Darstellung seiner Fehler anschließen kann oder nicht – machen die *Bekenntnisse* deutlich, in welch hohem Maße die Existenz des Jean-Jacques, seine Erlebnisse und Erfahrungen sein Denken und Schreiben geprägt haben, welch direkter Zusammenhang zwischen dem Menschen Rousseau und seinen Werken besteht. Detaillierte Analysen seines Selbst, höchst vertrauliche Mitteilungen über sein Empfinden und Verhalten geben einen tiefen Einblick in die Seele dieses Menschen, in seine Hoffnungen und Enttäuschungen, seine Vorhaben und Irrungen, seine geistige Kühnheit und seinen Mut, ohne Rücksicht auf die Konventionen seiner Zeit und Gesellschaft das zu tun und zu sein, was er glaubt tun und sein zu müssen. Rousseaus *Bekenntnisse* sind eine Arbeit des Autors an sich selbst und seinen Ideen, geprägt durch das Bemühen, zu verstehen, zu begründen und zu rechtfertigen, was ihm sein Leben lang widerfahren ist und immer noch widerfährt, etwas, dem er sich nicht entziehen kann und auch gar nicht entziehen will. Dabei ist er von der eigenen Besonderheit unbedingt überzeugt und hebt dies hervor, indem er Gott zum Zeugen anruft. Jedoch nicht als zerknirschter Sünder, sondern als autonom und selbstbewusst handelndes Individuum. Auch an dieser Stelle sind jedoch Anklänge an die Sprache der Bibel deutlich:

»Ich betreibe ein Unterfangen, das ohne Beispiel ist und dessen

Ausführung keine Nachahmer finden wird. Ich will meinen Mitmenschen einen Menschen in der ganzen Wahrheit der Natur vorführen; und dieser Mensch werde ich sein.

Ich allein. Ich spüre mein Herz und ich kenne die Menschen. Ich bin anders als alle, die ich kennen gelernt habe: Ich wage zu glauben, dass ich mit keinem all jener, die existieren, vergleichbar bin. Wenn ich nicht mehr wert bin als sie, bin ich zumindest ein anderer. Ob die Natur recht daran getan hat oder nicht, die Form zu zerbrechen, in der sie mich gebildet hat, darüber kann man nur urteilen, nachdem man mich gelesen hat.

Soll die Trompete des Jüngsten Gerichts ertönen, wann sie will. Ich werde kommen, mit diesem Buch in der Hand, und mich vor den höchsten Richter stellen. Laut werde ich sagen: ›Dies habe ich getan, dies habe ich gedacht, so bin ich gewesen. Ich habe das Gute und das Schlechte mit derselben Offenheit dargelegt. Ich habe nichts Schlechtes verschwiegen, nichts Gutes hinzugefügt, und wenn ich hier und da ein unbedeutendes Ornament verwendet habe, dann geschah dies allein, um durch meine fehlende Erinnerung entstandene Lücken zu füllen; ich konnte dabei für wahr halten, wovon ich wusste, dass es wahr hätte sein können, und nie das, wovon ich wusste, dass es falsch war. Ich habe mich gezeigt, wie ich war: verachtenswert und schlimm, wenn ich es war, gut, großzügig, großartig, wenn ich es war: Ich habe mein Inneres enthüllt. So wie du es selbst gesehen hast, Ewiger, versammele um mich die zahllose Menge meiner Mitgeschöpfe; mögen sie meine Bekenntnisse hören, mögen sie über meine Schändlichkeiten seufzen, über mein Unglück erröten. Möge jeder von ihnen nacheinander sein Herz mit derselben Aufrichtigkeit dir zu Füßen legen, und möge nur einer, wenn er es wagt, zu dir sagen: *Ich bin besser gewesen als dieser Mensch.*‹«[1]

Rousseau versucht in diesem Werk, seine Vorstellungen von der Entwicklung des Menschen mit seinen autobiografischen Studien zu verbinden, der Mythos von sich selbst wird mit seinen Vorstellungen vom Verlauf der Geschichte und Entwicklung der Gesellschaft in Verbindung gebracht.

Rousseaus Haltung zu sich selbst und zur Gesellschaft rührt von einer rigiden religiösen Erziehung her und führt zugleich zu einer in seiner Zeit außergewöhnlichen, von moralischen Fesseln und Konventionen befreiten Selbstdarstellung. Rousseaus Lebensgeschichte steht damit auch für einen Prozess einer radikalen Befreiung. Einer Befreiung nicht nur von ethisch–religiöser Verpflichtung, sondern auch von sozialen und existenziellen Zwängen, denen er ausgesetzt ist.

Allerdings hat er zu seinen Lesern nicht seine Zeitgenossen bestimmt, sondern die Nachwelt, in der Absicht, dieser ein adäquates Bild seiner selbst zu hinterlassen.

Was aber ist darunter zu verstehen und wie soll die Nachwelt darüber urteilen? Wie kann sie seine Problemstellung überhaupt begreifen? Bis heute sind die *Bekenntnisse* ein interessantes Zeugnis dafür, wie ein Autor des 18. Jahrhunderts, in dem von einem freien Individuum im modernen Sinn nicht die Rede sein kann, Nachforschungen über sich selbst anstellt und sich dabei endlos scheinende Freiräume schafft.

Der oben zitierte pathetische Beginn des Werkes weist auf eine radikale Befreiung von der traditionellen christlichen Prägung hin. Die Anrufung des Jüngsten Gerichts ist hier nicht so zu verstehen, dass sich ein Mensch einem Tribunal unterwirft. Vor dem Gericht steht kein reuiger Sünder, der auf göttliche Gnade hofft, um erlöst zu werden, sondern ein bereits gerechtfertigter Mensch, der sich selbst freigesprochen hat, sich selbst für gerecht hält. Dass er sich dabei auf Gott bezieht, befreit ihn vom Urteil der Menschen, verweist in eine andere Sphäre, auf welche diese keinen Einfluss haben und die allein Rousseaus Ich und sein Gegenüber, Gott, betrifft, den er auf seiner Seite weiß. Das Jüngste Gericht hat seinen ursprünglichen Sinn verloren. Was aber tritt an die Stelle der Rechtfertigung, was ist dann überhaupt der Sinn von Bekenntnissen?

Rousseau setzt – und damit tut er etwas radikal Neues – an die Stelle der Schuld, mit der er sich nicht weiter auseinander setzen muss, da er seine Fehler längst selbst entschuldigt hat, das Leid, die Verfolgung, den Schmerz. Wer Schuld bekennt, hofft auf Erlösung. Wer Leid bekundet, hofft auf Mitleid und Anteilnahme. Hinter dem Anspruch, dies von seinen Mitmenschen, wenn auch erst von denen der kommenden Generationen zu erfahren, verbirgt sich die Forderung nach Anerkennung des »unzähmbaren Geistes der Freiheit«, der uneingeschränkten Subjektivität, wie er ihn in den Briefen an Malesherbes genannt hat.

Besonders im ersten Teil der *Bekenntnisse*, an dem Rousseau im englischen Exil arbeitet, das ihm immer mehr zur Hölle geworden ist, die er sich teilweise selbst bereitet, gelingt es ihm, sich ganz auf die Vergangenheit einzulassen, auf Kindheit und Jugend und die Zeit als junger Erwachsener, die oft von Heiterkeit und Lebensfreude gekennzeichnet ist und die er mit intensiver Erinnerung gerade an die schönen Seiten des Lebens zeichnet. Die wichtige Bedeutung der Kindheit für das Leben jedes Individuums, die Rousseau im *Émile* darlegt, findet ihre Entsprechung in der Darstellung seiner eigenen Existenz, und es wird besonders deutlich, in welchem Maß eigene Erfahrungen für seine pädagogischen Vorstellungen eine Rolle spielen. Bestimmte Situationen aus dieser Zeit haben für ihn noch im Alter Aktualität und Gültigkeit, Fehlverhalten und falscher Umgang mit anderen belasten ihn nach wie vor so sehr, dass er sogar Dinge, die ihm jetzt widerfahren, als Folge dieser Handlungen seiner Jugend begreift. Er befindet sich nach der selbst erteilten Absolution in einem eigenartigen Schwebezustand. Unerlöstheit und Schamgefühl sind immer wieder präsent, obwohl sie im Widerspruch zur vollzogenen Erlösung stehen. Dies weist darauf hin, dass eine Kluft zwischen dem postulierten und dem tatsächlichen Zustand des Ichs besteht, dass Jean-Jacques sich mitten in einem Prozess befindet, der beispielhaft für den nicht abgeschlossenen Prozess der Entwicklung und Herausbildung des mündigen Menschen steht.

Während sich Rousseau in den Tiefen seiner Vergangenheit befindet, gehen draußen die Stürme weiter. Humes Dokumentation *Exposé succint de la contestation qui s'est élevée entre M. Hume et M. Rousseau, avec les pièces justificatives*, »Kurze Darstellung der Auseinandersetzung zwischen M. Hume und M. Rousseau mit Beweisstücken«, wird ins Englische übersetzt und wird zum Erfolg für Hume. Doch gibt es auch kritische Stimmen, die ihm vorwerfen, die Kontroverse in der Öffentlichkeit verbreitet zu haben. Selbst Grimm ist dieser Auffassung, doch mit Genugtuung stellt er fest, dass Rousseaus Freunde, darunter selbst Conti, sich auf Humes Seite geschlagen haben. Du Peyrou schreibt Rousseau mit Bedauern, wie viele Stimmen sich gegen ihn erhoben hätten.

Das Echo von Humes Publikation erreicht Rousseau in Wooton, doch er versucht, die Sache, so gut es geht, zu ignorieren. Das Einzige, was ihm wirklich zu schaffen macht, ist das Schweigen von Keith, der für ihn ein unverzichtbarer Vater und Beschützer gewesen ist und den er schmerzlich vermisst.

Der Angriff Voltaires, in dem dieser aus den Beschwerdebriefen Rousseaus nach seinem Aufenthalt in Venedig so zitiert, dass Rousseau als kleiner Lakai des Botschafters dasteht, wird selbst von den Gegnern Rousseaus als böse und abstoßend verurteilt. Doch dies ist nicht Voltaires letzter Angriff auf Rousseau.

In Genf hat der Kleine Rat im Januar 1766 an die Garantiemächte appelliert, die immer noch schwelenden Auseinandersetzungen mit der Genfer Bevölkerung zu beenden. Rousseau wird im Juli zu Voltaires Vergnügen von den Vermittlern als Mitverursacher der Unruhen gebrandmarkt. Im November lehnt eine große Mehrheit der Bürger ein von den Garantiemächten vorgelegtes Papier zur Regelung der Konflikte ab. Étienne-François Choiseul, der französische Minister für Auswärtige Politik, reagiert mit einer Blockade der Stadt, um ihre Wirtschaft lahmzulegen und das Volk zum Nachgeben zu zwingen.

Durch einen Brief seines Freundes d'Ivernois erfährt Rousseau, dass fünfzehn Genfer Uhrmacher aus Paris verbannt worden sind und sein Freund Lenieps in Paris inhaftiert worden ist, vermutlich auf Betreiben des Kleinen Rats. Rousseau schickt daraufhin Geld für einen Sammelfonds, der die Genfer unterstützen soll. Diese bitten England vergeblich um Unterstützung. Es geht das Gerücht, Rousseau wolle in seine Heimatstadt zurückkehren, um die Bürgerbewegung zu stärken.

Voltaire ist über die Besetzung der Genfer Umgebung durch französische Truppen erbost – schließlich ist sein Gut in Ferney bei Genf davon betroffen –, und er schreibt eine böse Verssatire, *La guerre civile de Genève*, »Der Bürgerkrieg in Genf«, in der er Rousseau zum Schuldigen macht und ihn sowie Thérèse in geschmackloser Weise in den Schmutz zieht.

Auch Lenieps Inhaftierung wird mit Rousseau in Zusammenhang gebracht. So behauptet man, unter den Papieren des Gefangenen habe sich eine von Rousseau geschriebene neue Verfassung für Genf befunden. Zwar trifft dies nicht zu, dennoch bekundet

Rousseau seinen Genfer Gesinnungsgenossen seine Sympathie und bringt diese in diversen Briefen voller Wärme, Anteilnahme und Bewunderung zum Ausdruck.

Statt den Grund für die Verhaftung von Lenieps in der Genfer Regierung zu suchen, glaubt Rousseau, dahinter stecke Choiseul, weil er sich in dem Lob, das Rousseau ihm im *Contrat Social* zollt, nicht wiedererkannt habe, und nun Rache an ihm und seiner Sache nehme. Rousseau hat höchsten Respekt vor Choiseul, den er beim Herzog von Luxembourg kennen gelernt hat, und fürchtet seinen Einfluss.

Auch hier zeigt sich, dass Rousseau die Vorstellung, von allen verfolgt zu werden, mit jedem eben nur möglichen Argument untermauert.

Inzwischen quält ihn auch die Frage, wovon er künftig leben soll. Seit einiger Zeit hat er nichts mehr von Davenport gehört, der strenge Winter hindert ihn, sein Domizil zu verlassen und zu reisen, in Wooton möchte er nicht mehr bleiben, denn er fühlt sich dort als unliebsamer Gast, da Davenport sich nie meldet. Immer weniger Briefe erreichen ihn und er fürchtet die Zensur. Er entwickelt deshalb eine chiffrierte Schrift, um mit Du Peyrou zu korrespondieren. Aus Frankreich erhält er verschiedene Einladungen, darunter das Angebot des Grafen Mirabeau, auf einem seiner Güter zu leben. Rousseau lehnt dies in einem langen Brief ab, erklärt, wie schön es wäre, wenn »der Freund des Menschen« – so heißt ein 1759 erschienenes Werk von Mirabeau – den »Freund der Gleichheit« bei sich aufnähme, verweist dann jedoch auf das Dekret des Pariser Parlaments. Zudem preist er sein zurückgezogenes, einsames, köstliches Leben und stellt sich dar, als sei er an Politik nicht mehr interessiert, also gänzlich ungefährlich – wohl in der Hoffnung, dass Mirabeau dieses Bild von ihm Choiseul vermitteln möge.

Im Januar 1767 besucht Davenport Rousseau. Dieser beruhigt sich daraufhin wieder und sieht von seinem Plan ab, anderswo Asyl zu suchen. Es ist ein besonders strenger Winter, in dem Rousseau jede Lust am Lesen verliert und seine Bücher, tausend an der Zahl, für eine geringe Summe an den Ortspfarrer verkauft.

Ende des Monats schlägt Davenport Rousseau vor, die Pension des Königs nun endlich anzunehmen. Er müsse nur an Conway schreiben und ihm sein bisheriges Verhalten damit erklären, dass er Hume nichts habe schuldig sein wollen. Rousseau aber will kein Bittsteller sein und sagt nein. Davenport bietet ihm daraufhin an, die Aufgabe für ihn zu übernehmen, doch Rousseau, der Demokrat, möchte, dass der König ihm die Pension von sich aus anbietet. Am 18. März erfährt Rousseau von Davenport, dass Georg III. ihm eine jährliche Pension von 100 Pfund Sterling gewährt. Rousseau glaubt nun, die Pension annehmen zu müssen, und rechtfertigt sich damit, dass eine Ablehnung als Beleidigung des Königs und des Ministers verstanden werden könnte.

Die Aussicht auf materielle Sicherheit beeinträchtigt seine Angst vor Verfolgung in keiner Weise. Er ist überzeugt, dass seine Feinde, da er seine Memoiren schreibt, sich vor deren Veröffentlichung fürchten und ihn umso mehr verfolgen. Er ist weiterhin überzeugt, dass seine Briefe geöffnet, seine Papiere gestohlen werden, und glaubt nicht mehr daran, in England, dem Land der Freiheit, wirklich frei zu sein.

Er möchte Wooton verlassen und findet den Anlass dazu in einem Streit mit den Dienern, der nicht ohne Zutun von Thérèse am 30. April ausbricht und in dessen Verlauf die Köchin Asche in die Suppe schüttet. Am nächsten Tag verlässt Rousseau mit Thérèse das Haus und lässt seine Sachen und einen Abschiedsbrief an Davenport zurück.

Nun beginnt eine kleine Odyssee. Er reist mit Thérèse in anonymer Kleidung und nicht im Armeniergewand, in dem ihn jeder erkennen würde, und erreicht am 5. Mai Spalding in Lincolnshire, 150 km von Wooton entfernt. Von dort aus schreibt er einen Brief an den Baron Camden, den Kanzler von England, und bittet angesichts der Gefahr, in der er sich befinde, um dessen Schutz. Er möge ihm jemanden schicken, für den er selbst bezahle, um sicher nach Dover zu gelangen und dort das Schiff zu besteigen.

Am 16. erreicht er jedoch ohne fremde Hilfe Dover, 300 km von Spalding entfernt. Am 11. hatte er sich noch bei Davenport entschuldigt und angekündigt, er wolle nach Wooton zurückkehren, das ihm lieber sei als andere Gefängnisse. In Dover schreibt er nun einen wirren Brief an Conway und erklärt, er wolle fort, entweder aus England oder aus dem Leben. Er verspricht, über England und die Ereignisse dort zu schweigen, wenn er die Insel verlassen könne und erklärt sich bereit, seine Papiere Conway zu übergeben und die Pension des Königs anzunehmen, als Beweis dafür, dass man ihn in England gut behandelt habe. Dieser Brief ist ein Zeugnis der Angst. Die ganze Welt ist zu einem drohenden Gericht geworden, das ihn anklagt, ohne ihm zu sagen, wessen er eigentlich schuldig ist. Rousseau ist jetzt ein tief verzweifelter und verstörter Mensch.

Am 21. Mai – vorher ist aufgrund stürmischen Wetters keine Überfahrt möglich – nimmt er das Schiff nach Frankreich und erreicht am 22. Mai Calais.

24
Das Schloss des Prinzen Conti

Er hat England verlassen, das Land der Freiheit, das ihm als großes Gefängnis erschienen war, und befindet sich nun wieder auf französischem Boden, überzeugt, jetzt sei er Hume und der Liga seiner Feinde entwischt. In Wahrheit ist es genau umgekehrt. In Frankreich ist er nicht frei, sondern wird tatsächlich verfolgt; hier kann er jederzeit verhaftet werden, auch wenn einflussreiche Persönlichkeiten ihn protegieren. Bald nach seiner Ankunft wird ihm dies bewusst.

In welche Lage hat er sich gebracht? Was soll er jetzt tun? Wohin soll er gehen? Er denkt an Brüssel oder Venedig und fährt zunächst weiter nach Amiens. Von dort schreibt er an Mirabeau und Conti, auf den er in Amiens warten will, um mit ihm über seine Lage zu beraten. Die Stadt fühlt sich durch Rousseaus Gegenwart geehrt. Er ist schnell in seinem Hotel in Amiens erkannt worden und wird nun von den Honoratioren eingeladen. Sie bieten ihm ihre Sommerhäuser als Unterschlupf an. Die Stadtverwaltung gibt ein Essen für ihn, und man will ihn feiern, ungeachtet der Gefahr, die ihm droht.

Der Prinz Conti, dem Rousseau nach dem Urteilsspruch des Parlaments von Paris seine Rettung zu verdanken hatte und bei dem er vor seiner Abreise nach England im Temple gewohnt hat, ist über seine sinnlose Rückkehr nach Frankreich verärgert und mahnt ihn, Amiens nachts heimlich unter falschem Namen zu verlassen, da er jederzeit verhaftet werden könne. Doch ist Rousseau, als der Brief eintrifft, von Amiens bereits in Richtung Saint-Denis aufgebrochen, von wo aus ihn Mirabeau auf sein Schloss in Fleury-sous-Meudon bei Paris bringen lässt. Dies ist wegen der Nähe zu Paris kein sicherer Ort, zumal Rousseau bereits im Park von Meudon spazieren gegangen ist. Conti fordert ihn nun auf, sich nicht mehr öffentlich zu zeigen, und bietet ihm an, auf seinem

35 Jean-Jacques Rousseau findet unter falschem Namen eine neue Bleibe in Trye-le-Château, wo er von Prinz Conti empfangen wird.

Schloss in Trye, in der Nähe von Gisors, zu wohnen, das nördlich von Paris unweit der Grenze zur Normandie liegt. Coindet, der Verbindungsmann zwischen Rousseau und Conti, bringt Rousseau und Thérèse nach Trye, wo beide künftig mit falscher Identität leben sollen, als Jean-Joseph Renou und dessen Schwester Mademoiselle Renou. Sie beziehen den großen mittelalterlichen Turm des Schlosses.

Maoury, ein Offizier im Dienst des Fürsten, und dessen Familie betreuen die Gäste zuvorkommend. Schwierigkeiten gibt es mit den Dienern, die nur schwer begreifen, dass sie dieses einfach gekleidete Paar wie Herrschaften behandeln sollen.

Zunächst fühlt Rousseau sich wohl und sicher, doch bereits nach einer guten Woche gerät er wieder in düstere Stimmung. Als Coindet ihm in einem Brief rät, sich vor seinen Hirngespinsten in Acht zu nehmen, antwortet Rousseau voller Bitterkeit: »Seit feststeht, dass ich verrückt bin, ist es einfach, zu sagen, dass das Unglück, das mir widerfährt, nichts als Einbildung ist.«[1]

David Hume, der seinen guten Ruf als Wohltäter Rousseaus nicht verlieren will – zu sehr genießt er sein hohes Ansehen in den Pariser Salons –, hat Turgot und Mme de Boufflers Ende Mai geschrieben, sie mögen sich um Jean-Jacques kümmern. Der arme Mann sei vollkommen verrückt, aber harmlos und ein Gefängnisaufenthalt würde ihn zugrunde richten. Letzteres ist tatsächlich zu befürchten, denn Rousseau ist körperlich und seelisch erschöpft und kaum in der Lage, mit Problemen gelassen umzugehen.

Die Dienerschaft hat inzwischen das Dorf gegen Rousseau aufgewiegelt. Das Schloss liegt gleich an der Dorfstraße, und es kommt zu Querelen mit den Dorfbewohnern, die Maoury einzudämmen versucht. Rousseau beklagt sich gegenüber Mme de Verdelin bitter über die Dienerschaft und die Dorfbewohner, nicht ohne den Verdacht zu äußern, sie würden von unbekannter Hand gelenkt. Er ist erneut Opfer seiner Verfolgungsideen.

Mit der Arbeit an den *Bekenntnissen* ist er weit gekommen. Er hat jetzt die ersten sechs Bücher abgeschlossen, die von der Geburt bis zu dem Zeitpunkt reichen, in dem er nach Paris kommt, um sein Zahlensystem zur Musiknotierung vorzustellen.

Er will zunächst darauf verzichten, das Werk fortzusetzen, weil in dem zu behandelnden Zeitabschnitt alle seine Feinde vorkommen und er sich vor einer Auseinandersetzung mit ihnen fürchtet. Er lehnt nun generell jede schriftstellerische Arbeit ab. Als Mirabeau ihn um seine Meinung zu seinen Werken über Ökonomie bittet, erklärt er ihm, er habe keinerlei Interesse mehr an irgendwelchen Schriften, er wolle nur noch schweigen und sich ganz der Botanik widmen.

Im Dorf hängt man ihm die verschiedensten Gerüchte an: Er sei ein Engländer, der Weizen kaufe, um das Dorf auszuhungern; er sei ein Spion des Prinzen. Nachdem es im August zu neuem Ärger mit den Dienern gekommen ist, will Rousseau Trye verlassen. Daher schreibt er an Conti, Mme de Luxembourg und Mme de Verdelin, er wolle jetzt selbst über sein Schicksal verfügen. Mme de Verdelin bietet ihm ein Haus im Südwesten Frankreichs an, weitab von dem Wirkungskreis des Pariser Parlaments, auch erklärt sie ihre Absicht, mit Choiseul zu sprechen. Als Rousseau Ende August erkrankt, beschließt er, doch weiter in Trye zu bleiben.

Er fühlt sich nun von jedermann verfolgt, selbst von seinen besten Freunden. Nachdem er Mme de Verdelin und Coindet vertrauensvoll gebeten hat, ihm eine neue Unterkunft zu suchen, glaubt er, sie wollten ihn zwingen, Trye zu verlassen, und in eine Falle locken. Deshalb teilt er Du Peyrou in einem wirren und unklar formulierten Brief mit, er solle Coindet und Mme de Verdelin nicht trauen. Diese hätten ihn jahrelang getäuscht, doch er habe sie nun entlarvt. »Ich tue, als merkte ich nichts davon; ich zeige meine Gefühle nicht und überschütte sie mit Zärtlichkeiten. Sie verstellen sich, um mich zu verderben, ich verstelle mich, um mich zu retten.«

Du Peyrou geht, um Rousseau zu helfen, darauf ein: »Ich bitte Sie dringend, nichts von den augenblicklichen Ideen weiterzusagen, bevor Sie mich nicht gesehen haben, bis dahin bin ich sehr vorsichtig.«[2] Rousseau schreibt nun Mme de Verdelin und Coindet, um keinen Verdacht er erregen, in freundlichstem Ton, dass er in Trye bleiben wolle.

Im Oktober kommt Conti selbst nach Trye und behandelt Rousseau wie einen hohen Gast, damit die Dienerschaft begreift, wie sie ihn zu behandeln hat. Der Fürst versucht auch, mit Rousseau zu sprechen, um herauszufinden, wie er auf die Idee gekommen sei, Diener und Leute aus dem Dorf würden von fremder Hand gegen ihn aufgehetzt. Rousseau weiß keine Gründe zu nennen und kann nicht erklären, was in ihm vorgeht. Conti gelingt es ebenso wenig wie allen anderen, ihn von seinen paranoiden Vorstellungen zu befreien.

Rousseaus einzige Hoffnung ist Du Peyrou, dem er vertrauensvoll seinen Nachlass übergeben hat. Dieser hat seinen Besuch angekündigt, ist aber auf der Rückreise von Holland durch einen Gichtanfall in Paris aufgehalten worden. Anfang Januar kommt er in Begleitung seines Dieners nach Trye. Nach ein paar Tagen erleidet er einen neuen Gichtanfall mit hohem Fieber und wird von Rousseau und Thérèse gepflegt. Eines Nachts äußert Du Peyrou im Fieberwahn, Rousseau habe ihn vergiftet. Dieser versucht, den Freund zur Vernunft zu bringen. Er erklärt ihm, es handele sich um seine Gichterkrankung, doch der Patient lässt sich nicht überzeugen. Dies bestärkt nun wiederum in Rousseau die Vorstellung von einem Komplott seiner Feinde. Diese, so meint er, hätten alles getan, damit man glaubt, er habe den Freund um finanzieller Vorteile willen töten wollen. Wie so oft, wird er sogleich aktiv. Er will Du Peyrou noch in der Nacht ein Papier unterzeichnen lassen, aus dem hervorgeht, dass er auf alle Vorteile von Seiten Du Peyrous verzichtet. Thérèse hindert Rousseau nur mit Mühe daran, den Kranken zu belästigen. Doch am nächsten Tag legt Rousseau schriftlich nieder, welche Vereinbarungen sie miteinander getroffen hatten. Nach Scheitern der Gesamtausgabe bei Fauche in Neuchâtel hat Du Peyrou Rousseau eine Rente als Vorschuss auf eine Gesamtausgabe seiner Werke gezahlt, dafür hat Du Peyrou alle Rechte auf die gedruckten und in Manuskriptform vorliegenden Werke erhalten, darunter auch die *Bekenntnisse*. Jetzt will Rousseau ihm den Vorschuss zurückzahlen, sobald er dazu in der Lage ist. Du Peyrou aber hat den Wunsch, den Vertrag zwischen ihnen aufrechtzuerhalten. Man versöhnt sich wieder, allerdings besteht Rousseau nun darauf, dass Du Peyrou Schriften, die sein Leben betreffen, nicht zu seinen Lebzeiten veröffentlichen darf. Anfang Januar ist Du Peyrou wieder gesund und kehrt nach Neuchâtel zurück.

Mittlerweile ist das für französische Musiker bestimmte *Dictionnaire de Musique* erschienen. Die Überarbeitung des Werkes ist seit des Haftbefehls gegen Rousseau nach Erscheinen des *Émile* erheblich erschwert gewesen, da ihm die königliche Bibliothek nicht mehr zur Verfügung stand. Doch bereits 1764 hat er das Werk Duchesne zum Druck angeboten, und drei Jahre später erscheint es endlich – für den Lebensunterhalt Rousseaus von großer Bedeutung. Als Rousseau über den Bankier François Coindet, den er aus Montmorency kennt, vom Erscheinen und vom Publikumserfolg dieses Buches und diversen Aufführungen der Oper *Le devin du village* erfährt, zeigt er sich jedoch gänzlich uninteressiert und antwortet nicht einmal auf den Brief. Er kümmert sich scheinbar nur noch um sein Herbarium und seine botanischen Studien.

Im Februar besucht Coindet, der ja wie Rousseau aus Genf stammt, seinen Freund in Trye. Grund für sein Kommen sind die Vorgänge in Genf. Sie diskutieren heftig über der Frage, wie die Ereignisse zu beurteilen sind. In Genf haben sich die Auseinandersetzungen zwischen Patriziern und Bürgern wieder verschärft. Der Kleine Rat hat den Repräsentanten zwar Zugeständnisse gemacht, nach denen die Generalversammlung die Hälfte des Rats der Zweihundert wählen soll. Doch dies hat nur zu weiteren Spannungen geführt und der Sprecher der Opposition d'Ivernois fürchtet gewaltsame Auseinandersetzungen. Der Pfarrer Jean-Claude Moultou hat am 30. Januar Coindet davon berichtet und ihn gebeten, Rousseau zu einer Stellungnahme aufzufordern, in der er seinen Anhängern in Genf zur Mäßigung rät. Rousseau hat den Genfer Oppositionellen geraten, den Kompromissvorschlag anzunehmen, und am Ende hat man sich geeinigt, dass die Generalversammlung die Hälfte des Rats der Zweihundert wählt und überdies jährlich vier Mitglieder des Kleinen Rats abberufen darf. Damit ist der Einfluss der Exekutive wenigstens geringfügig eingeschränkt. D'Ivernois, erfreut über diesen Erfolg, hat Rousseau angeboten, sich dafür einzusetzen, dass man das Dekret vom Juni 1762 gegen ihn zurücknimmt, doch Rousseau, der den wiederhergestellten Frieden in Genf begrüßt, hat dieses Ansinnen mit dem Hinweis von sich gewiesen, die Schuldigen müssten ihren Fehler selbst einsehen und von sich aus ein solches Angebot machen.

Coindet, der auf Seiten des Patriziats steht, und Rousseau diskutieren heftig über die Ereignisse und können sich nicht einigen. So verläuft Coindets Besuch nicht zum Besten. Er reist nach Paris zurück und versichert dem Freund in mehreren Briefen, wie schmerzlich seine Erinnerung an ihre misslungene Begegnung sei. Von Rousseau erhält er zur Antwort einen Abschiedsbrief, in dem er erklärt, er befinde sich in einem Zustand der Angst, er wolle sich nicht noch mehr in Finsternis verlieren und müsse daher unnütze Verbindungen abbrechen.

Unter der Einsamkeit, in die er selbst hineintreibt, leidet er sehr. Seine Freunde aus der Zeit in Montmorency haben wenig Verständnis für sein Verhalten in England. Mme de Boufflers nimmt ihm übel, dass er sich mit Hume überworfen hat, und er versucht, sich mit ihr zu versöhnen, nicht zuletzt, weil sie die Freundin Contis ist.

Er fühlt sich in Trye eingesperrt und immer neue merkwürdige Ideen kommen ihm in den Sinn. Am 24. März ist er zum Essen in Gisors eingeladen. Nun berichtet er d'Ivernois, er sei überzeugt, dass man ihn auf dem Weg dorthin ergreifen und vielleicht töten werde. Als nichts Derartiges geschieht, schreibt er in realistischer Einschätzung seiner Lage: »Jetzt, wo ich sehe, dass nichts von dem, was ich mir vorgestellt hatte, eingetroffen ist, beginne ich zu fürchten, dass ich nach so viel wahrem Unglück manchmal imaginäres Unglück sehe, das sich auf mein Gehirn auswirkt.«[3]

Inzwischen haben ihm Conti und Mme de Verdelin den Weg zu Choiseul geebnet. In einem Brief verweist der verängstigte Rousseau, den hier sein republikanisches Selbstbewusstsein ganz verlassen zu haben scheint, auf die Stelle im *Contrat Social*, die der Fürst missverstanden haben könnte. Er bittet um eine Antwort, die nur aus den Worten »Je vous crois«, »Ich glaube Ihnen«, besteht. Ob er sie je erhalten hat, ist ungewiss.

Noch immer hat sich Rousseau mit Du Peyrou nicht über die Regelung seines literarischen Nachlasses geeinigt. Er möchte nun kein Geld mehr von ihm, beharrt auf seiner Unabhängigkeit und Freiheit, auch wenn er dabei arm bleibe. Über seine Manuskripte solle Du Peyrou verfügen, wie es ihm beliebe, und ihn nicht mehr damit behelligen.

Nachdem er im August 1767 die Pension des englischen Königs angenommen und bereits Geld erhalten hat, will er nun auch dies zurückgeben. Im Februar 1768 hat Brooke Boothby, sein Freund aus Wooton, ihm von der großen Armut des Volkes und dem immensen Reichtum der Großen berichtet, und Rousseau ist klar geworden, wie sehr er mit der Annahme der Pension von seinen Prinzipien abgewichen ist. Im April teilt er d'Ivernois seine Entscheidung mit: »Sicher trifft es zu, dass ich, schwach, krank und mutlos, wie ich bin, auf meine alten Tage kein Brot zum Leben habe und auch keines verdienen kann. Doch daran soll es nicht scheitern, die Vorsehung wird schon auf die eine oder andere Weise dafür sorgen. Solange ich arm war, lebte ich glücklich, und erst als ich alles hatte, was man braucht, habe ich mich als der unglücklichste aller Sterblichen gefühlt. Vielleicht kann ich die Ruhe, nach der ich verlange, durch meine frühere Armut wieder finden.«[4]

Die Vorstellung von einer »Verschwörung« seiner Feinde beschäftigt Rousseau fortwährend. Nun ist ihm der Gedanke gekommen, wie er sie vielleicht wirkungsvoll bekämpfen könnte: indem er aus der Anonymität heraustritt und sich der Öffentlichkeit stellt, damit sie vor aller Augen über ihn urteilen kann. Er hofft, auf diese Weise Licht in das Dunkel zu bringen, von dem er sich umgeben sieht. Nachdem er Conti von dieser Idee berichtet hat, gibt dieser Rousseau Gelegenheit, das Schloss in Trye zu verlassen. Er lädt ihn ein, nach Paris zu kommen, denn er hat begriffen, dass Rousseau sich auf seinem Schloss allzu intensiv mit seinen Verfolgungsideen beschäftigt, und will ihn von dem unsinnigen Vorhaben abbringen, sich einer Öffentlichkeit zu präsentieren, die von seinem Gemütszustand nicht das Geringste ahnt. Nun bereitet Rousseau seine Abreise vor, indem er seine Papiere der Äbtissin des benachbarten Klosters von Gomerfontaine übergibt und Thérèse bittet, in Trye zu bleiben und dort auf Nachricht zu warten. Thérèse gehorcht auch dieses Mal wie schon so oft.

Am 12. Juni, etwa ein Jahr nach seiner Ankunft in Trye, fährt Rousseau nach Paris und hält sich zwei Tage bei Conti im Temple auf und erhält die Erlaubnis, zu reisen. Der Prinz gibt ihm Schutzbriefe mit und ermahnt ihn, zu seiner Sicherheit den Namen Renou nicht abzulegen.

Am Morgen des 14. besteigt er die Postkutsche nach Lyon. Er ist wieder unterwegs, auf einer Reise, die kein Ende zu nehmen scheint.

25
Das undurchdringliche Gebäude der Finsternis

Am 18. Juni trifft Rousseau in Lyon ein, wohl wissend, dass die Stadt zum Hoheitsgebiet des Parlaments von Paris gehört und er dort nicht lange wird bleiben können. Er erholt sich bald ein wenig von den Strapazen in Trye, wohnt zunächst im Hotel, besucht aber bald die Bankiersfamilie Boy de la Tour, in deren Haus er in Môtiers gelebt hatte, auf ihrem Landsitz. Am 6. Juli bittet er Du Peyrou, ihm das Manuskript von *Émile und Sophie* zu schicken. Offenbar hat er wieder Gefallen am Schreiben gefunden. Er unternimmt Ausflüge in die Berge und botanisiert, und am 7. Juli reist er mit drei anderen Amateurbotanikern aus Lyon zur Grande-Chartreuse bei Chambéry. Am 13. geht er in Begleitung eines Bauern, der sein Gepäck trägt, zu Fuß nach Grenoble weiter.

36 Gegend bei Grande-Chartreuse, in der Nähe von Chambéry, wo Rousseau mit Freunden herborisiert

Conti hat mit dem Kommandanten der Region Dauphiné, in der Grenoble liegt, abgesprochen, dass sich Rousseau dort aufhalten darf. In Grenoble lernt er über Vermittlung von Mme Boy de la Tour Gaspard Bovier, einen jungen Anwalt, kennen, der ihn auf Ausflügen in die Umgebung begleitet. Die junge Frau von Bovier ist eine Rousseau-Verehrerin. Sie folgt bei der Erziehung ihrer Kinder dem Vorbild des *Émile*. Zu seiner Freude stellt Rousseau fest, dass der Sohn mit eiskaltem Wasser gewaschen und der Säugling von der Mutter selbst gestillt wird.

Wenn Rousseau mit Bovier unterwegs ist, treffen sie jedes Mal auf größere Menschenmengen. Es hat sich herumgesprochen, dass sich der berühmte Rousseau in Grenoble aufhält. Abends versammeln sich sogar junge Leute vor seinem Hotel und singen Arien aus dem *Dorfwahrsager*.

Bovier hat Rousseau dem erfolgreichen jungen Staatsanwalt Servan vorgestellt, zu dritt machen sie Bergtouren und diskutieren miteinander. Servan ist von moralischem Rigorismus und hat besondere Abscheu vor Frauen, die unverheiratet mit Männern zusammenleben. Rousseau hat eine entsprechende Abhandlung von Servan gelesen und lebt selbst seit über zwanzig Jahren im Konkubinat. Er spricht deshalb von Thérèse nur noch als von seiner Frau und hofft, dass Servan nicht das Pamphlet kennt, in dem Voltaire sein Privatleben an die Öffentlichkeit gezerrt hat.

Zum Todestag von Mme de Warens reist Rousseau nach Chambéry in Savoyen, um ihr Grab zu besuchen, obwohl er große Angst hat, unterwegs könne ihm jemand folgen und ihm etwas antun. So schreibt er vor der Abreise am 25. Juli einen langen Brief an Thérèse, in dem er ihr Ratschläge gibt, wie sie leben soll, falls er nicht wiederkommt. Thérèse wird von ihm vermutlich unterschätzt, denn oft genug hat sie sich in schwierigen Situationen allein durchgeschlagen und wird solcher Ratschläge kaum bedurft haben. Rousseau erklärt auch seine Lage. Er glaubt, dass ihn nun nicht mehr die Regierung, sondern die Philosophen verfolgen. »Ich habe Beweise, die jeden Tag sicherer werden, dass das wachsame Auge des Bösen mich auf Schritt und Tritt verfolgt und vor allem an der Grenze auf mich wartet.«[1] Seine Angst erweist sich als grundlos, denn er kann unbehelligt nach Grenoble zurückkehren. Hier bleibt er nur wenige Tage und verlässt am 12. August überstürzt die Stadt, kurz bevor Thérèse dort eintreffen soll, weil er fürchtet, dass man in ihr seine Konkubine sehen könnte.

Er fährt nach Bourgoin im Dauphiné, wo er von Donin de Rosière, einem über Freunde vermittelten Artilleriehauptmann, und dessen Vetter, dem Bürgermeister Champagneux, freundlich empfangen wird. Er mietet sich in einem Gasthof ein und wird am 15. August, dem Maria-Himmelfahrts-Tag und Kirchweihfest des Ortes, zum Festbankett eingeladen. Doch keinen Moment verlässt ihn die Vorstellung, dass er immerzu und überall von Feinden umgeben ist. Er denkt deshalb bereits daran, nach Savoyen oder Italien zu fliehen. An seine Zimmertür im Gasthaus heftet er ein Papier mit einem Text, der die Einschätzung seiner gegenwärtigen Lage wiedergibt. Es heißt darin:

»Die Könige und hohen Herren sagen nicht, was sie denken, doch sie behandeln mich immer großzügig.

Der wahre Adel, der den Ruhm liebt und weiß, dass ich mich damit auskenne, ehrt mich und schweigt.

Die Magistraten hassen mich wegen des Unrechts, das sie mir angetan haben.

Die Philosophen, die ich entlarvt habe, wollen mich um jeden Preis ins Verderben stürzen und es wird ihnen gelingen.

Die Bischöfe, die stolz auf ihre Geburt und ihren Stand sind, schätzen mich, ohne mich zu fürchten, und erweisen sich Ehre, indem sie mich schonen.

Die Priester, die sich an die Philosophen verkauft haben, bellen hinter mir her, um ihnen den Hof zu machen.

Die Schöngeister rächen sich, indem sie mich wegen meiner Überlegenheit, die sie spüren, verspotten.

Das Volk, das mein Idol gewesen ist, sieht in mir nichts als eine schlecht gekämmte Perücke und einen Verurteilten …

Die Schweizer werden mir das Unrecht, das sie mir angetan haben, niemals vergeben.

Der Genfer Magistrat spürt seine Fehler, er weiß, dass ich sie ihm vergebe, und würde sie wieder gutmachen, hätte er nur den Mut dazu.

Die Führer des Volkes, die auf meinen Schultern stehen, würden mich gern so gut verstecken, dass man nur noch sie selbst sieht.

Die Schriftsteller schreiben von mir ab und beschimpfen mich, die Spitzbuben verleumden mich, die Kanaille verlacht mich.

Die guten Menschen, falls es noch welche gibt, seufzen leise über mein Geschick; und ich preise es, wenn es eines Tages die Sterblichen zu belehren vermag.

Voltaire, der meinetwegen nicht schlafen kann, wird diese Zeilen parodieren. Seine groben Beschimpfungen sind eine Ehre, die er mir wider Willen zuteil werden lassen muss.«[2]

Die wirklich Großen, die ihn verschonen, erwähnt er zuerst, und der einzige Feind, den er beim Namen nennt, ist Voltaire, mit dem er die Liste beschließt. Man kann daraus ersehen, dass ihn die Feindschaft des berühmten Schriftstellers besonders trifft.

Am 23. August schreibt Rousseau an Thérèse, er sei »überall nur Gegenstand des Hasses und Spielball öffentlichen Spotts«, er fühle sich von denen verraten, die ihm am bereitwilligsten zu Diensten seien. Es erwarte sie ein furchtbares Schicksal, wenn sie zu ihm komme, daher sei es besser, sie kehre nach Paris zurück. Er stellt ihr frei, was sie tun will, verschweigt aber nicht, wie sehr er sich über ihre Gegenwart freuen würde. »Es scheint mir unpassend, dass Sie mich hier Bruder nennen. Lassen Sie uns Freunde und Verwandte sein in Erwartung eines Besseren, über das ich an dieser Stelle mehr nicht sagen möchte.«[3]

Am 26. Juli kommt Thérèse, alias Mademoiselle Renou, nach Bourgoin. Drei Tage später lädt Rousseau Champagneux und Rosière zum Essen ins Gasthaus ein. Jean-Jacques und Thérèse empfangen sie im vollen Hochzeitsstaat. Der Bräutigam vollzieht die Trauung entgegen allen Gepflogenheiten selbst, im Beisein zweier Zeugen. Danach hält er eine anrührende Rede. Während des Essens ist er bester Stimmung, trinkt viel und singt beim Dessert zwei Couplets, die er eigens für diesen Anlass geschrieben hat. Zur Begründung schreibt er den Freunden in Lyon, nie habe er eine Pflicht freimütiger und freudiger erfüllt. »Nichts weniger schuldete ich der, die ich nach einer Bindung von fünfundzwanzig Jahren zunehmend schätze und die sich entschlossen hat, alles Unglück, das man für mich bereithält, mit mir zu teilen und sich nicht mehr von mir zu trennen.«

Es ist keine Heirat, die auf glückliche Zeiten hoffen lässt, keine

Verbindung sexueller Erfüllung, diese gibt es zwischen beiden schon seit Jahren nicht mehr, sondern eher Ausdruck einer Verpflichtung gegenüber Thérèse, die ihm treu gedient und ihm in schwierigen Situationen beigestanden hat. An Madeleine Delessert, die Tochter von Mme Boy de la Tour, schreibt er: »Meine Schwester ist durch die Gnade des Prinzen [gemeint ist Conti] und durch die Gnade Gottes meine Frau geworden. ... Da sie mich nicht verlassen will, soll sie mir wenigstens in Ehren folgen ... Unsere Verbindung hat sich nicht geändert und ist nach wie vor so rein und brüderlich wie seit dreizehn Jahren.«[4] Rousseau hat seine sexuelle Enthaltsamkeit über Jahre aufrechterhalten. Anders Thérèse, für die ein solches Leben nicht in Frage kommt und die ihre sexuelle Erfüllung auf andere Weise zu finden sucht.

Nur wenige Wochen verbringt er in Ruhe, doch Ende August erfährt er über Bovier von den Geldforderungen eines gewissen Thévenin, der behauptet, Rousseau zehn Jahre zuvor neun Franc geliehen und ihm mehrere Empfehlungsschreiben gegeben zu haben. Mit großem Aufwand gelingt es Bovier, Thévenin als Betrüger zu entlarven. Entscheidend hierbei ist nicht die geringe Geldsumme, die man zu Unrecht von ihm fordert, sondern die Schlüsse, die Rousseau aus der Lappalie zieht: Wieder glaubt er, verfolgt zu werden, und fürchtet, man wolle ihn diffamieren.

Er entwickelt mit der Zeit eine solche Abneigung gegen das Leben in Frankreich, nach dem er sich in England so sehr gesehnt hatte, dass er am 2. September Choiseul bittet, ihm einen Pass zu besorgen, da er das Land verlassen wolle. Er denkt an ein Exil in Amerika, in Menorca, Zypern oder Griechenland, »türkische Barbarei« werde ihn kaum schlechter behandeln »als christliche Nächstenliebe«. Am Ende beschließt er dann, doch in Frankreich zu bleiben, ganz gleich, wie man ihn dort behandele, wie er an Moultou schreibt.[5]

Im November stellt er beim Ordnen seiner Korrespondenz fest, dass die Briefe mehrerer Monate aus der Zeit in Montmorency fehlen, von Oktober 1756 bis März 1757. Vermutlich sind diese einfach verloren gegangen, doch Rousseau ist überzeugt, hier einen Beweis für das Komplott gegen sich entdeckt zu haben. Da man soeben an der Grenze einen Komplicen von Damiens festgenommen hat, dem Attentäter, der 1757 das Attentat auf Ludwig

XV. versucht hatte, glaubt Rousseau nun, jemand habe die Briefe genommen, um sie zu fälschen und eines Tages damit zu beweisen, dass er ein Mitverschwörer des Attentäters ist. Er teilt Conti seine Entdeckung mit und verdächtigt nun auch Mme du Luxembourg, von der Verschwörung gegen ihn zu wissen, was ihm ihre Zurückhaltung ihm gegenüber plausibel mache.

Nach einer schmerzhaften Magenerkrankung im Januar 1769 zieht Rousseau mit Thérèse, die ihrerseits an Rheumatismus leidet, in ein Haus in Monquin nahe bei Bourgoin, das einer Familie de Césarges gehört und einen prächtigen Blick auf den Mont-Blanc und weitere Teile der Alpen, die Cevennen und das Rhône-Tal bietet. Bis Ende Mai genießt er das einfache Leben dort. Eine wichtige Kraftquelle ist dabei seine Religiosität. Er korrespondiert mit einem jungen Adligen, der Zweifel in Glaubensfragen hat, dem er am 15. Januar 1769 in einem Brief Auskunft über seine eigene Einstellung gibt: »Ich habe seit meiner Kindheit geglaubt, weil es die Autorität verlangte, in meiner Jugend, weil es meinem Gefühl entsprach, in reifem Alter aus Vernunftgründen. Jetzt glaube ich, weil ich immer geglaubt habe.« Er sei sich der Existenz Gottes sicher und halte den Materialismus für absurd. »In der Not ist es immer wohltuend, einen Zeugen zu haben, dass man sie nicht verdient hat, es ist ein der Tugend wahrhaft würdiger Stolz, Gott sagen zu können: Du, der in meinem Herzen liest, du siehst, dass ich als eine starke Seele und als gerechter Mensch die Freiheit nutze, die du mir geschenkt hast.«[6]

Auch Rousseaus Glaubensgewissheit kann ihm auf Dauer das Leben nicht erträglicher machen. In seiner Verzweiflung bittet er Conti Ende Mai um eine Unterredung; er wolle den Ort in Frankreich, an dem er lebe, frei wählen, oder einen neuen Pass erhalten, um das Land zu verlassen. Conti lädt ihn ein, nach Pougues bei Nevers zu kommen, wo er sich einer Kur unterzieht, weist aber darauf hin, dass Rousseau sich unter keinen Umständen im Land frei bewegen darf. Am 14. Juli trifft Rousseau in Pougues ein und ist nach mehreren Unterredungen mit Conti einigermaßen beruhigt.

Vor seiner Abreise haben Jean-Jacques und Thérèse diverse Auseinandersetzungen über ihre Beziehung gehabt. Thérèse ist unzufrieden mit dem Leben in Monquin und reizbar, die Harmonie ihres Zusammenlebens ist gestört. Als Rousseaus Ehefrau hat Thérèse höhere Erwartungen als vorher. Da diese enttäuscht wurden, ist sie zu ihm auf Distanz gegangen. Er schreibt ihr nun einen ausführlichen Brief, in dem er über ihre Beziehung nachdenkt. Dass Rousseau dies tut, ist ein Hinweis darauf, dass er das Leben mit Thérèse jetzt, wo sie seine Ehefrau geworden ist, wirklich ernst nimmt. Briefe über die Liebe hat er sonst an andere, von ihm bewunderte Damen der Gesellschaft gesandt.

Nun erklärt er ihr, seit sechsundzwanzig Jahren bemühe er sich, sie glücklich zu machen, doch offenbar sei sie unzufrieden und bei aller Ergebenheit liebe sie ihn nicht mehr. Die gerade vollzogene Heirat zeige doch, dass er alles tue, damit sie glücklich sei. Mehr könne er nicht tun. »Geben Sie zu, meine liebe Freundin, dass Ihre Entfernung von mir nicht das geeignete Mittel ist, um Ihnen näher zu kommen. Dies war meine Absicht, das schwöre ich Ihnen, doch Ihre Abkühlung hat mich davon abgehalten, und Neckereien genügen nicht, um mich anzuziehen, wenn das Herz mich von sich stößt. Während ich dieses schreibe, betrübt durch Not und Kummer, habe ich keinen lebhafteren und wahreren Wunsch, als meine Tage mit Ihnen in der vollkommensten Einigkeit zu beenden und nur noch ein Bett zu haben, wenn wir nur noch eine Seele besitzen.« Das Hauptproblem zwischen beiden scheint seine sexuelle Abstinenz zu sein, die Thérèse nicht mehr ertragen will. Möglicherweise hat sie eine Affäre mit einem Mönch aus Monqui gehabt. Darüber gibt es diverse Gerüchte in Briefen, so erzählt zum Beispiel Grimm, Rousseau habe Thérèse in flagranti mit einem Mönch ertappt und deshalb das Armeniergewand abgelegt.[7]

Jean-Jacques schlägt Thérèse vor, über ihre gegenseitige Beziehung nachzudenken. Sie könnte sich dazu in ein Frauenkloster zurückziehen, von einer endgültigen Trennung aber wolle er nichts wissen. Allein zu leben sei ihm unmöglich und würde seinen Tod bedeuten.

Da er mit ein paar Freunden für einige Tage eine botanische Exkursion auf den Mont Pilat unternehmen will, legt er ihr nahe, seine Abwesenheit zum Nachdenken zu nutzen.

Bereits nach einer Woche kommt er zurück. Der Ausflug war nicht von Erfolg gekrönt. Es hat geregnet, es waren kaum noch

Blumen zu finden und die Samen waren noch nicht reif. Bei einem Sturz hat er sich das Handgelenk verstaucht und wird nun zu Hause von Thérèse gepflegt. Das Leben geht weiter, die Auseinandersetzung scheint vergessen.

Wie schon so oft, hat sich Thérèse auch hier mit einer der Bediensteten gestritten und Rousseau beschwert sich bei Mme de Césarges. Er ist verbittert, gerade jetzt in dem langen, kalten Winter Monquin nicht verlassen zu können, doch die freundliche Mme Boy de la Tour lässt ihm ein Spinett bringen, um ihn aufzumuntern. Das Instrument wird eigens von einem Mann den Berg hinaufgetragen. Die Musik dient Rousseaus Zerstreuung und macht ihm das Leben leichter. Doch kann auch sie ihn nicht von der schrecklichen Vorstellung des allgemeinen Komplotts gegen ihn ablenken, und so wird der Gedanke immer konkreter, öffentlich seine Unschuld beweisen und die *Bekenntnisse* fortsetzen zu müssen. Er beginnt damit im November, ohne jemandem davon zu berichten. Zwar hatte er seinem Verleger Rey noch im April geschrieben, er solle nie mehr über seine Memoiren reden,[8] doch will er jetzt der Nachwelt ein Bild seiner selbst vermitteln, das der Wahrheit entspricht, um alle Anfeindungen und Verleumdungen zu widerlegen und von sich aus alle seine Fehler und Missgeschicke bloßzulegen. Es geht nun um seine Jahre in Paris, die Begegnung mit Diderot, Grimm und Mme d'Épinay, in denen, wie er glaubt, die Verschwörung gegen ihn ihren Anfang genommen hat, es geht um den Beginn seines Lebens als Schriftsteller, das Verlassen der Kinder, den Neid und die Missgunst der falschen Freunde, seine Leidenschaft für Sophie d'Houdetot, den Beginn des Komplotts gegen ihn, für das er starke Worte findet. »Hier beginnt das Werk der Finsternis, unter dem ich seit acht Jahren begraben bin, ohne dass es mir bei allem, was ich versucht habe, gelungen wäre, seine Furcht erregende Dunkelheit zu durchdringen. Im Abgrund der Schmerzen, in dem ich versinke, spüre ich die Schläge, die man mir zufügt, auch erkenne ich ihr Instrument, aber ich sehe weder die Hand, die es lenkt, noch die Mittel, die es ins Werk setzt ...«[9]

Er findet in dieser Arbeit neue Kraft und beschreibt nun die schwierigsten Zeiten seines Lebens, in der Gewissheit, dass er unschuldig ist und die stärkste aller Waffen besitzt, die Wahrheit.

Im Januar 1770 korrespondiert er mit der Herzogin von Portland über Botanik, vor allem aber wechselt er Briefe mit der Comtesse Rose de Berthier, einer jungen Frau von zweiundzwanzig, die er im Sommer auf dem Rückweg von Pougues kennen gelernt hat. Er legt seine Vorstellungen einer idealen Familie dar, preist »la douceur de la famille«, das sanfte, behagliche Familienleben, und ermahnt seine Briefpartnerin, ihre Kinder zu stillen. Aus einem dieser Briefe geht hervor, wie sehr sich Rousseau immer noch mit seiner Situation als gescheiterter Vater auseinander setzt und wie groß seine Skrupel sind. »Ausgerechnet ich spreche von Familie und Kindern ... Madame, beklagen Sie die, die ein eisernes Schicksal eines solchen Glücks beraubt hat; beklagen Sie sie, wenn sie nur unglücklich sind; beklagen Sie sie mehr, als sie schuldig sind. Niemals werde ich, der Verkünder der Wahrheit, meine Verhaltensmaximen durch meine Irrungen verbiegen lassen; nie wird man erleben, dass ich die heiligen Gesetze der Natur und der Pflicht verfälsche, um meine Fehler geringer zu machen. Ich möchte sie lieber sühnen als entschuldigen: Sagt mir mein Verstand, dass ich in meiner Lage das getan habe, was ich tun musste, glaube ich ihm weniger als meinem Herzen, das seufzt und ihn der Lüge zeiht. Verurteilen Sie mich, Madame, aber hören Sie mich an; Sie werden einem Mann begegnen, der ein Freund der Wahrheit ist und seine Fehler mit einbezieht und der nicht fürchtet, selbst daran zu erinnern, wenn dabei etwas Gutes herauskommen kann.« Und dann vermischt er sein eigenes reales Missgeschick mit seinen Verfolgungsideen: »Doch danke ich dem Himmel, dass er nur mich mit der Bitterkeit des Lebens getränkt und meine Kinder davor bewahrt hat: Sollen sie lieber in einem Zustand der Ungewissheit leben und mich nicht kennen, als dass ich erleben muss, wie sie durch die verräterische Großzügigkeit meiner Feinde verdorben werden, die darauf brennen, sie zum Hass zu erziehen und vielleicht sogar zum Hass gegen ihren Vater; mir ist es hundertmal lieber, der unglückliche Vater zu sein, der aus Schwäche seine Pflicht vernachlässigt hat und seinen Irrtum beweint, als ein treuloser Freund, der das Vertrauen seines Freundes verrät und, um ihn zu verleumden, das Geheimnis, das er ihm anvertraut hat, zu verraten.« Offenbar ist hier Mme d'Épinay gemeint. Am Ende beschwört er die junge, ihm nur wenig bekannte

Frau, mit pathetischen Worten, die beinahe an ein Gebet an die Madonna erinnern: »Meine Situation ist einzigartig; mein Fall ist unerhört, seit die Welt existiert ... Junge Frau, erhören Sie mich, was immer geschieht und welches Schicksal man mir auch bereitet, wenn man Ihnen meine Verbrechen aufgezählt hat, wenn man Ihnen die überraschenden Zeugnisse, unwiderlegbaren Beweise vorgelegt hat; gedenken Sie der Worte, mit denen mein Abschiedsgruß endet: Ich bin unschuldig.«[10] Die Verwandtschaft dieser Briefe mit Passagen der *Bekenntnisse* ist deutlich zu erkennen.

Rousseau, der das Leben in Monquin unerträglich findet, will das Angebot Du Peyrous, zu ihm nach Neuchâtel zu ziehen, nicht annehmen, obwohl sie darüber bereits zu seiner Zeit in Môtiers gesprochen hatten. Für ihn ist der Augenblick gekommen, sich nicht mehr zu verstecken, seine Flucht zu beenden, auch die Flucht vor der Öffentlichkeit. Deshalb nimmt er auch wieder seinen richtigen Namen an. Ende Januar schreibt er an Mme Boy de La Tour, erklärt ihr seine Absicht, nach Lyon zu ziehen, und bittet sie, ihm beim Umzug zu helfen. Im Februar schreibt er einen langen Brief an M. de Saint-Germain, der ihn in Bourgoin unterstützt und getröstet hat, und beschreibt erneut seine unbegreifliche, unberechtigte und grausame Verfolgungssituation; er zählt auch die Namen seiner angeblichen Feinde und ihre Untaten ihm gegenüber auf. Auch der Herzog von Choiseul gehört, so glaubt er, zu seinen unerbittlichen, hasserfüllten Verfolgern. Er spricht vom »undurchdringlichen Gebäude der Finsternis«, davon, dass »man ihn in einem Sarg begraben werde«, dass man ihm ein Leben bereiten werde, das hundert Mal schlimmer sei als der Tod, dass er keinen Schritt gehen könne, ohne verfolgt zu werden. Doch gibt er diesem exzessiv geschilderten Leid einen ebenso exzessiv positiven Sinn: »Nichts erscheint mir so groß und so schön, wie für die Wahrheit zu leiden. Ich beneide die Märtyrer um ihren Ruhm. Wenn ich nicht in allem dasselbe Feuer habe wie sie, dann habe ich doch dieselbe Unschuld und denselben Eifer, und mein Herz fühlt sich ihnen in seiner Würde ebenbürtig.«[11]

In diesem Brief kommen die Verfolgungsideen Rousseaus gerade in ihrer scheinbaren Kohärenz und Logik eindringlich zum Ausdruck. Auch jetzt scheint es wieder nur einen Ausweg zu geben: die augenblickliche Lebenssituation so schnell wie möglich zu ändern. Er sehnt sich nach dem Leben in der Stadt. Doch ist bei dem strengen und langen alpinen Winter an einen Umzug nicht zu denken.

Im März 1770 schickt Rey Rousseau die Druckfahnen seiner Werkausgabe. Er entdeckt darin Änderungen, die ihm sogleich verdächtig scheinen. Damit gehört nun auch Rey zur Schar der Verfolger.

Am 19. April kann Rousseau Monquin endlich verlassen. Contis Anweisungen, zum eigenen Schutz die falsche Identität zu wahren und nicht nach Lyon zu gehen, missachtet er und fährt sogleich an den verbotenen Ort. Hier wohnt er mit Thérèse im Gasthaus *Couronne d'Or* und lässt ein Zimmer mit zwei Betten reservieren, was ihm »dringend erforderlich« erscheint.

Zwei Monate bleibt er in der Stadt, in der er sich wieder stärker der Musik widmet. Er hört Pergolesis *Stabat mater* im Konzert, der *Dorfwahrsager* wird gespielt, ein Amateurkomponist vertont in Zusammenarbeit mit Rousseau dessen *Pygmalion*. Der berühmte Rousseau ist in die Öffentlichkeit zurückgekehrt.

Anfang Juni erreicht ihn die Nachricht, dass unter Schriftstellern für eine Statue von Voltaire Geld gesammelt wird. Rousseau zahlt auch in die Kasse ein, zum großen Ärger von Voltaire, der sich bei d'Alembert beschwert, dass ein »Ausländer« beteiligt sei. Doch ist Rousseau keineswegs der einzige, auch Friedrich II. ist in seiner Funktion als Schriftsteller an der Finanzierung beteiligt.

Am 8. Juni verlässt Rousseau Lyon und reist nach Dijon, von wo aus er den berühmten Buffon besucht, dem er so viel verdankt und den er für den größten Autor des Jahrhunderts hält. Der Anekdote zufolge fällt er auf der Schwelle des Zimmers, in dem Buffons Hauptwerk *Histoire naturelle* entstanden ist, auf die Knie.

26
Rousseau richtet über Jean-Jacques

Rousseaus nächstes und wie er glaubt letztes Ziel ist Paris. Den Weg nach Paris tritt er in dem Bewusstsein an, dass er dort, wo sich seine Feinde aufhalten, für die Verteidigung seiner Ehre kämpfen wird und dass Wahrheit und Unschuld siegen werden. Bei der Verfolgung, der er sich ausgesetzt sieht und die er fürchtet, geht es ihm um sich selbst, darum, das falsche Bild, das seine Gegner von ihm zeichnen, zu korrigieren. Dies ist ihm sein wichtigstes Anliegen.

Am 24. Juni 1770 bezieht er mit Thérèse die frühere Wohnung im Hôtel Saint-Esprit in der Rue Plâtrière.

Acht Jahre sind vergangen, seit das Parlament von Paris ihn verurteilt hat. Aber da er in Lyon ungeschoren geblieben ist, rechnet er damit, auch hier in Ruhe gelassen zu werden. Die Autoritäten gestatten ihm den Aufenthalt unter der Bedingung, dass er, wenn er schon unbedingt schreiben müsse, wenigstens nichts drucken lässt. Er zeigt sich in der Öffentlichkeit, geht in die Parks und Cafés, spielt wieder wie in früheren Zeiten unter den neugierigen Blicken der Öffentlichkeit Schach im *Café de la Régence*. Er trägt einfache Kleidung und hat wieder begonnen, Noten zu kopieren. Die Comédie italienne gibt ihm die Theaterkarten gratis. Der berühmte Arzt und Botaniker Jussieu lädt ihn zum gemeinsamen Botanisieren ein, dabei folgt ihnen immer eine Menge Neugieriger. Die Einladungen häufen sich, so dass er schon fürchtet, nicht mehr genug Zeit zum Notenkopieren zu haben und Hungers zu sterben.

Er erhält viel Besuch, darunter den des Fürsten Charles-Joseph de Ligne, der ihm, falls er in Schwierigkeiten geraten sollte, sein Schloss in Fagnolles in Flandern zum Wohnen anbietet. Es gebe dort niemanden, der lesen könne, und so sei er vor Bewunderern und Feinden sicher. Der Fürst ist von Rousseaus Erscheinung begeistert: »Seine Augen waren wie zwei Sterne, sein Genie strahlte in seinem Blick und elektrisierte mich … Als er mich verließ, blieb bei mir dasselbe Gefühl der Leere zurück, das man empfindet, wenn man aus einem schönen Traum erwacht.«[1]

Auch mit seinen langjährigen Freundinnen Mme Dupin, Mme de Chenonceaux und Mme de Créqui trifft Rousseau sich wieder, doch er verbittet sich jede Begegnung mit Mme de Boufflers und Mme de Luxembourg, die er für Mitwisserinnen des Komplotts hält. Auch seine Korrespondentin Marieanne de la Tour weist er ab. Er möchte auch keine neuen Freunde finden und keine Bekanntschaften schließen. Nur hin und wieder lässt er Ausnahmen zu, so bei dem Schriftsteller Jean Dusaulx, den ihm Duclos vorgestellt hat und mit dem er sich über längere Zeit gut versteht.

Ende Dezember findet er zu seiner Freude eine bescheidene Wohnung in der lebhaften Geschäftsstraße Rue de la Plâtrière. Für nichts in der Welt würde er diese Behausung wieder verlassen, auch nicht, wenn er ein Vermögen besäße. Die Wohnung ist klein und nur mit dem Notwendigsten ausgestattet, der größte Luxus ist ein Spinett. Rousseau ist zufrieden mit dieser einfachen Lebensweise, die seinem Ideal entspricht.

Die Aufsehen, das seine Rückkehr in der Öffentlichkeit erregt hat, legt sich mit der Zeit. Rousseau widmet sich nun wieder seiner wichtigsten Aufgabe, dem Schreiben des zweiten Teils der *Bekenntnisse*. Er lässt sich das Manuskript der Bücher I–VI schicken, das er der Äbtissin des Klosters Gomerfontaine bei Trye zur Aufbewahrung gegeben hatte. Je tiefer er in die Arbeit über diese schwierigen Jahre eindringt, desto düsterer wird seine Stimmung. In einem Brief an Malesherbes vom 23. November wiederholt er die Geschichte von der todbringenden Verschwörung gegen sich. Seine Briefe überschreibt er jetzt programmatisch und pathetisch mit den folgenden Versen:

»Ach wie blind sind doch wir Menschen / Himmel, entlarve die Betrüger / Zwinge ihr barbarisches Herz / Sich dem Auge der Menschen zu öffnen.«

Da seine Manuskripte nicht mehr gedruckt werden dürfen, greift er zu seinem anderen Publikationsverfahren. Er liest zwischen Dezember und Mai in den einflussreichen Salons vor ausgesuchtem Publikum aus den *Bekenntnissen* vor.

Das Publikum ist dabei im Halbkreis um Rousseau gruppiert, und er liest mit fester Stimme beim ersten Mal achtzehn Stunden mit nur zwei kurzen Unterbrechungen. Erst bei der Passage, in der von der Preisgabe der Kinder die Rede ist, wird seine Stimme schwächer. Am Ende der vierten Lesung im Schloss der Gräfin d'Egmont gibt er eine Erklärung ab, gewissermaßen um Licht in das Dunkel der Ereignisse zu bringen und seine Vorwürfe zu klären:

»Ich habe die Wahrheit gesagt. Wenn jemand etwas anderes sagen kann als das, was ich gerade dargelegt habe, dann kennt er, auch wenn es hundertmal bewiesen ist, nichts als Lügen, und wenn er sich weigert, sie mit mir zu vertiefen und aufzuklären, solange ich lebe, dann liebt er weder die Gerechtigkeit noch die Wahrheit. Ich erkläre laut und ohne Furcht: Ein jeder, der, auch wenn er meine Schriften nicht gelesen hat, mit eigenen Augen kritisch mein Wesen, meinen Charakter, meine Sitten und Neigungen, meine Freuden und Gewohnheiten betrachtet, und in der Lage ist, mich für einen ehrlosen Menschen zu halten, ist selbst ein Mensch, der zum Schweigen gebracht werden muss.«[2]

Gespannt wartet er nach diesen Worten auf eine Reaktion, doch alle schweigen. Er hört keine befreienden Worte und erfährt keine Bestätigung, die Zuhörer sind verlegen und haben vermutlich kaum begriffen, wie ernst Rousseau dieser Augenblick ist. Manche mögen seine Lesung für ein literarisches Ereignis halten, andere mit Neugier auf Enthüllungsgeschichten warten. Doch niemand kann ermessen, dass es ihm um eine zentrale existenzielle Frage geht.

Dies ist die letzte Gelegenheit, seine Leser und die große Gesellschaft auf diese Weise herauszufordern. Mme d'Épinay sorgt dafür, dass Rousseau nicht mehr öffentlich lesen kann. Offensichtlich fürchtet sie sich vor Berichten über ihre Person. Ihr Freund, der Polizeioffizier de Sartine, folgt ihrer dringenden Bitte, Rousseau zum Schweigen zu verpflichten. Der unterwirft sich dem Verbot und hat damit keine Möglichkeit mehr, seine Feinde öffentlich zur Rede zu stellen. Er verzichtet auf den dritten Teil der *Bekenntnisse*, in dem es um die Ereignisse in England, die Zeit der Fluchten von Trye nach Lyon, Grenoble, Bourgoin und Monquin geht. Offenbar hat er begriffen, dass sein Vorhaben sinnlos ist und kaum jemand bereit sein wird, sich mit ihm auseinander zu setzen.

Damit ist er in zweifacher Hinsicht gescheitert: einmal als Autor, der eine Botschaft zu vermitteln hat, immer ein aufmerksames Publikum gefunden hatte und jetzt durch Publikationsverbot zum Schweigen verurteilt ist. Er kann seine Mission, als die er seine Werke auffasst, nicht fortsetzen, und dies ist umso bemerkenswerter, als er in ganz Europa bekannt ist und seine Stimme überall gehört wird. Zum andern ist er als der Mensch Jean-Jacques gescheitert, der auf sein dringendes Anliegen, sich zu rechtfertigen, Klarheit in die Verschwörung gegen sich zu bringen, keinerlei Resonanz erhält.

Völlig vereinsamt ist er jedoch nicht. Immer noch kommen Besucher zu dem berühmten Autor. Anfang Februar hält sich der schwedische Kronprinz und spätere Gustav III. in Paris auf, der die politische Ordnung seines Landes reformieren will und verschiedene französische Philosophen, darunter auch Rousseau besucht, um seine Pläne mit ihnen zu erörtern. Die Gespräche mit dem König führen zu keinem Ergebnis. Rousseaus republikanische Gesinnung ist dem restaurativen Charakter einer Monarchie nur hinderlich, und er weigert sich, seine Feder in den Dienst des Despotismus zu stellen, und sei er noch so aufgeklärt.[3]

1771 sucht der polnische Graf Wielhorski Rousseaus Bekanntschaft; er ist der Abgesandte des Bündnisses polnischer Adliger gegen den von Katharina II. eingesetzten König und die Protektoratsherrschaft Russlands über Polen. Diese Bewegung hat einen Bürgerkrieg ausgelöst, der seit 1768 andauert. Die französische Außenpolitik unterstützt die Widerstandsbewegung des Adels, die sich auch gegen die mächtige Katharina richtet, die König Stanislaus Leszczynski abgesetzt hatte, und sagt den Aufständischen finanzielle, militärische und diplomatische Unterstützung zu. Wielhorski trifft nicht die Enzyklopädisten oder Voltaire, die auf Seiten Katharinas stehen und in ihr eine aufgeklärte Monarchin und in Polen ein Land sehen, das die Zarin zu Recht von katholischer Intoleranz und Anarchie befreit.

Als Wielhorski Rousseau vorgestellt wird, findet er in ihm einen aufgeschlossenen Gesprächspartner. Rousseau hat ein positives Bild von den Polen, die tapfer für Freiheit und Vaterland kämpfen, und ist bereit, sie mit seinem Ideen zu unterstützen. Er will für Polen als Gesetzgeber wirken, ähnlich wie Lykurg in Sparta oder Mose in Israel. Das Gesetz soll jedem Einzelnen als höchstes Anliegen nahe gebracht werden, damit die Polen unter Wahrung ihrer Identität überleben können. Er entwickelt seine Vorstellungen in den *Considérations pour un gouvernement en Pologne*, »Betrachtungen für eine Regierung in Polen«, die auch manche utopischen Anregungen enthalten. Dabei steht der Gedanke des Gemeinsinns im Vordergrund, mit dem ein jeder dem Vaterland dienen und auf den jeder Pole durch politische Erziehung im Sinn bürgerlicher Tugend eingeschworen werden soll. Rousseau nimmt bei seinem Vorschlag Rücksicht auf die polnischen Traditionen und lässt daher das repräsentative Prinzip gelten, das im *Contrat Social* nicht gestattet ist. Dabei soll die Gesetzgebung nicht allein auf den Schultern des Adels ruhen, sondern sich unter Beteiligung des ganzen Volkes vollziehen; dem Erbadel stellt er einen Verdienstadel zur Seite. Der Staat soll so organisiert sein, dass alle Bürger dazu angehalten werden, ihr Bestreben auf die höchsten Ziele zu richten. Jeder soll im Staat die Möglichkeit haben, jede Stellung zu erreichen. Die Mitglieder der Regierung sollen drei verschiedenen Rängen angehören, die durch Metallplaketten gekennzeichnet sind, Gold für den niedrigsten, Silber für den mittleren, Eisen für den höchsten Rang. Diese und viele andere Ideen weisen in die Richtung einer utopischen Erziehungsdemokratie, jedoch verteidigt Rousseau den legitimen Anspruch eines Volkes, das durch Despotismus von russischer Seite in harte Bedrängnis geraten ist und zur Wahrung seiner Identität Unterstützung benötigt. Rousseaus Plädoyer kann nur wenig bewirken. 1773, zwei Jahre nach Abschluss von Rousseaus Schrift, wird Polen mit der Teilung durch Russland, Österreich und Preußen in seiner Existenz noch stärker bedroht.

Neben dem Schreiben beschäftigt sich Rousseau wieder intensiv mit Botanisieren, das sein seelisches Gleichgewicht aufrechterhält. Er sammelt Pflanzen in den Wäldern um Paris, er verfasst zwischen 1771 und 1773 acht *Lettres sur la Botanique*, »Briefe über die Botanik«, für seine Freundin Mme Delessert und ihre Tochter in Lyon, einen einfachen Grundkurs zum Anlegen von Herbarien, und arbeitet an einem Lexikon botanischer Begriffe, um einem breiten Publikum die Beschäftigung mit Pflanzen zu erleichtern, ohne dass es Latein beherrschen muss. Auch korrespondiert er nach wie vor mit der Herzogin von Portland. Über die Botanik kommt er wieder mit Malesherbes in Berührung, der sich nach seiner Entmachtung durch einen Staatsstreich in seinen Ländereien im Exil aufhält. Eine Einladung, dort gemeinsam zu botanisieren, lehnt Rousseau ab. Der Wunsch von Malesherbes, sich mit Rousseau über die unselige Verurteilung des *Émile* auszusprechen, stößt auf keine Gegenliebe. Überhaupt engt Rousseau den Kreis der Menschen, denen er begegnen will, immer mehr ein, denn immer noch beschäftigt ihn die paranoide Idee einer Verschwörung gegen ihn und er fühlt sich von allen Seiten bedroht. Die Verbindung zu Mme de Créqui, die auch Thérèse einlädt, hält er immerhin aufrecht. Die Marquise de Mesmes, die bei der Lesung der *Bekenntnisse* anwesend war und ihn treffen möchte, weist er ebenso ab wie Marieanne de la Tour. Von einer Freundschaft mit Du Peyrou will er nichts mehr wissen. Dieser beklagt sich darüber bei Rey, doch auch der ist in Ungnade gefallen.

Am 19. Februar 1774 lässt Rousseau in der *Gazette de littérature, des sciences et des arts* verbreiten, dass er keine Edition seiner Werke autorisiere. Er bricht mit dem Grafen Wielhorski, weil er Besuch aus Russland empfangen hat, nachdem Diderot und Grimm am Hof Katharinas II. waren, und außerdem seine Schrift über eine polnische Verfassung an d'Alembert und andere weitergegeben hat.

Er empfängt noch Klienten, für die er Noten kopieren soll, und Thérèse wählt sorgfältig aus, wer ihn sehen darf. Viele geben ihm Noten in Auftrag, um ihm begegnen zu können, doch er ist finanziell auf die Arbeit angewiesen und verdient sein Geld bis August 1777 damit. Zahlreiche Angehörige des Hochadels steigen freiwillig die vielen Stufen zu der engen Wohnung in der 5. Etage hinauf, um Rousseau zu begegnen.

1773 erscheint im *Mercure de France* ein Brief des berühmten Komponisten Christoph Willibald Gluck, in dem dieser den *Dorfwahrsager* und auch den *Brief über die französische Musik* lobt und erklärt, er wolle den »berühmten Monsieur Rousseau aus Genf« gern kennen lernen, um zu erfahren, wie man »eine Musik«

schreiben könne, »die sich für alle Nationen eignet und die lächerliche Unterscheidung in verschiedene nationale Musiken« aufhebe. Er bewundere Rousseaus »Kenntnisse und die Sicherheit seines Geschmacks«.[4] Im Frühjahr 1774 kommt Gluck nach Paris und wird Rousseau vorgestellt. Diese Begegnung wirkt belebend auf den zunehmend alternden, immer zurückgezogener lebenden Mann. Gluck gibt ihm die Opernpartitur von *Paris und Helena* zum Kopieren. Rousseau hört die Opern *Iphigenie* und *Orpheus*, über dessen »Chor der Dämonen« er eine Abhandlung verfasst. Gluck überlässt ihm die Partitur von *Alceste* und er schreibt einen Artikel darüber. Er schätzt und bewundert die Musik Glucks. Doch eines Tages wird er wieder von Verfolgungsangst geplagt und fragt sich, welche Rolle Gluck ihm gegenüber wirklich spielt. Er fürchtet, dass dieser im Auftrag anderer seine Grundsätze in Frage stellen und seine Musik lächerlich machen soll. Er reagiert wie immer und bricht auch zu Gluck den Kontakt ab.

Der letzte enge Freund Rousseaus ist ein weit gereister Naturforscher. Bernardin de Saint-Pierre ist fünfunddreißig Jahre alt und Rousseau hat ihn im Juni 1771 kennen gelernt. Beide teilen ihre Begeisterung für Robinson, Bernardin kennt die Südsee, denn er hat auf der Insel Mauritius gelebt, damals *Ile de France* genannt. Er vertritt wie Rousseau das Ideal des armen und tugendhaften Naturmenschen. Beide hegen Vorbehalte gegen die verdorbene Menschheit, die sich von ihrer natürlichen Bestimmung entfernt hat. Rousseau kehrt damit zu seinen frühen Themen zurück. Sie führen lange Gespräche miteinander, im Winter am warmen Kamin, im Sommer auf langen Spaziergängen. Bernardin hat die Gespräche mit Rousseau in seinem Buch *La vie et les ouvrages de Jean-Jacques Rousseau*, »Leben und Werke des Jean-Jacques Rousseau«, festgehalten. Als überzeugter Rousseau-Jünger und Anhänger des Mythos vom guten Naturmenschen plant er ein Buch über eine glückliche Gemeinschaft, die nur den Gesetzen der Natur und der Tugend folgt. *Paul et Virginie*, die Geschichte zweier füreinander bestimmter Naturkinder in einer exotischen Südseelandschaft, deren Liebe durch den Einfluss der Zivilisation scheitert, wird 1788 erscheinen. Beide sind Waisenkinder und rousseauistisch erzogen worden. Die falsche Moral der Gesellschaft ist an ihrem Unglück schuld. Nachdem Virginie eine Zeit lang in Paris war, kehrt sie mit dem Schiff zurück. Es erleidet vor der Küste Schiffbruch, und Virginie, das ehemalige Naturkind, kann sich nicht retten, weil sie aus Scham ihre Kleider nicht ablegt. Das Buch ist eine in bunten Farben geschilderte Verherrlichung Rousseauscher Prinzipien.

Rousseau bleibt freundschaftlich mit Bernardin verbunden, bis er wenige Wochen vor seinem Tod Paris verlässt. Mit ihm spricht Rousseau weder über seine Kinder noch liest er ihm aus den *Bekenntnissen* vor. Er kann seiner Gefolgschaft sicher sein. Doch es gibt auch Tage, an denen Rousseau niemanden sehen will und selbst diesem Freund keinen Zutritt gewährt.

Bei aller Angst vor Verfolgung gibt es für den alten Mann immer wieder Momente der Ablenkung, so, als er im Juni 1774 gemeinsam mit seinem Freund Olivier de Corancez eine Oper in vier Akten mit dem Titel *Daphnis und Chloe* komponiert. Dazu schreibt er sechs neue Gesänge für den *Dorfwahrsager* sowie Gesangsduette, Lieder und Romanzen. An die hundert solcher Lieder nach alten italienischen und französischen Texten oder den Worten von Freunden werden nach seinem Tod unter dem Titel *Consolations des misères de ma vie*, »Tröstungen über das Unglück meines Lebens«, erscheinen, den sich sein letzter Gastgeber, der Marquis de Girardin, in Ermenonville, ausgedacht hat.

Dass Rousseau die Begegnung mit anderen Menschen einschränkt, hat neben seinen Verfolgungsideen einen anderen wichtigen Grund. Rousseau hat 1772 mit einem neuen Werk begonnen, an dem er vier Jahre arbeiten wird: *Rousseau, Juge de Jean-Jacques*, »Rousseau Richter über Jean-Jacques«, in dem es erneut um die Rechtfertigung seiner Person geht. Dies versucht er, nachdem es keine anderen Möglichkeiten zum offenen Dialog mit seinen Gegnern gibt. Angesichts der anonymen Verfolgung, der er sich ausgesetzt sieht, kommt er auf die Idee, darzustellen, wie er einen Mann wie sich sehen würde, wenn er ein anderer wäre. Er wählt hierzu die Form von drei Dialogen, die zwischen »Rousseau« und einem »Franzosen« stattfinden, außerdem Anmerkungen des »echten« Autors Rousseau enthalten und die Möglichkeit einer Erörterung der Ereignisse eröffnen. Beide Gesprächspartner haben Jean-Jacques niemals gesehen. »Rousseau« kennt seine Werke und bewundert sie. »Der Franzose« hat sie nicht gelesen, trägt aber »Beweise« für die Schändlichkeit des Jean-Jacques zusammen: Jean-Jacques sei nichts als ein Plagiator, ein Mensch, der den Armen spiele, aber in Wahrheit ein Lasterleben geführt habe. Er sei ein Monster, der Schrecken des Menschengeschlechts. Anstatt ihn zu vernichten, ließen ihn »jene Herren«, nämlich die Komplotteure, frei herumlaufen, doch sie beobachteten ihn scharf. Zwei zentrale Figuren sind Diderot und Grimm, doch hat sich die Verschwörung ausgeweitet. »Sie haben um ihn herum Mauern der Finsternis errichtet, durch die er nicht hindurchsehen kann; sie haben ihn unter den Lebenden lebendig begraben … Es war ein Geheimnis, das die gesamte Öffentlichkeit kannte, ohne dass es jemals zu dem Betroffenen vordrang.«[5] Ihren Ausgang hat diese Verfolgung bei dem einzigen schweren Fehler genommen, den er begangen hat, der Preisgabe seiner Kinder, von der er seinen engen Freunden berichtet hat, um als Freund nichts vor ihnen zu verbergen und nicht besser vor ihnen dazustehen, als er tatsächlich ist. Diese haben seine Offenheit ausgenutzt und seine Umgebung auf ihre Seite gebracht, um alles über ihn zu erfahren, und haben ihn, als seine Bücher berühmt wurden, als Tugendprediger hingestellt, der in Wahrheit ein Verbrecher ist und sich nur den Anschein eines *honnête homme* gibt. Er ist allein, lebt schlimmer als in finsteren Höhlen, nämlich in einem riesigen Labyrinth, und in der Finsternis kann er nichts als Irrwege erkennen, die ihn noch mehr in die Irre leiten. Warum aber wird dieser schreckliche Mensch nicht vernichtet, sondern trotz seiner Verfolgung geschützt? »Rousseau« beschließt, Jean-Jacques zu treffen. Der Franzose beschließt, sein Werk zu lesen.

Im zweiten Dialog erklärt »Rousseau«, der inzwischen Jean-Jacques begegnet ist, was für einen Menschen er kennen gelernt hat. Darin beschreibt Rousseau sich selbst bis ins Detail und zeichnet ein Gegenbild zu dem seiner Feinde, ein ausführliches Porträt seiner selbst, seiner Psyche, seiner Empfindungen, Einstellungen und Verhaltensweisen und nimmt dabei auf zahlreiche Ereignisse seines Lebens bis in die jüngste Gegenwart hinein konkret Bezug. Er wird dargestellt als der sich selbst genügsame Mensch, der die Einsamkeit mag, Musik liebt und botanisiert, der sich von der Bosheit der Gesellschaft fernhält, dem man Böses nachgesagt hat, weil er den Mut hatte, die Wahrheit zu sagen. Er ist der

Mensch seiner Bücher, seine Ideen und sein Leben bilden ein großes Ganzes.

Im dritten Dialog erzählt der »Franzose«, der nun endlich Jean-Jacques gelesen hat, dass ihn diese Werke von seinen Vorurteilen befreit haben. Er sieht ein, dass es eine Verschwörung gegen Jean-Jacques gibt, der nichts getan habe, als die Natur und die Wahrheit zu lieben, und beide stellen fest, dass dieselbe Tugend in der Person des Jean-Jacques und in seinem Werk zu finden ist.

Damit kommt Rousseau in den *Dialogen* zu demselben Ergebnis wie in den *Bekenntnissen*: der Feststellung einer unauflöslichen Einheit zwischen seinem Werk und sich selbst.

Als Epigraph verwendet Rousseau denselben Ovid-Vers wie im *Ersten Diskurs* und schlägt formal eine Brücke zu seiner ersten Veröffentlichung, mit der er berühmt wurde: *Barbarus hic ego sum quia non intelligor illis.*

Die apologetische Absicht der langen, nicht immer klar und übersichtlich, oft zerrissen wirkenden *Dialoge* ist nicht unabhängig von Rousseaus paranoidem Zustand zu verstehen. Der Finsternis, mit der seine Verfolger ihn umgeben, setzt er die Vorstellung seiner eigenen Transparenz entgegen. Ein weiterer Aspekt mag eine Rolle spielen: Die Vorstellung des allein einer unübersichtlichen und feindlichen Umwelt gegenüberstehenden Selbst könnte mit der Kindheit Rousseaus in Zusammenhang stehen und an die Situation erinnern, in die Rousseau als Kind geriet, nachdem sein Vater ihn unvermittelt mit zehn Jahren einer feindlichen Umwelt und einem ungewissen Schicksal aussetzte.

Es ist eine viel diskutierte Frage, welche Rolle das »Komplott« für Rousseau und dessen Werk spielt. Inwieweit wirklich eine schwere psychische Erkrankung dabei im Spiel ist, kann aus einem Abstand von nahezu zweihundertfünfzig Jahren nicht geklärt werden. Dass er teilweise paranoide Vorstellungen entwickelte, ist aus vielen seiner Briefe ersichtlich, doch beweist dies nicht, dass er, wie manche seiner Zeitgenossen und auch Biografen meinen, schwer geisteskrank gewesen sein muss. Weiter führt die Frage, inwieweit seine Verfolgungsideen sich auf sein Werk ausgewirkt haben. Dazu lässt sich mit Sicherheit sagen, dass sie in seinem Spätwerk tatsächlich so etwas wie eine Grundvoraussetzung bilden und Anlass für eine immer weiter vorangetriebene Reflexion seiner selbst sind.

Gewiss ist auch sein Verhalten stark davon beeinflusst worden. Aber welche Rolle spielt seine Isolation wirklich? Ist sie Folge seiner Verzweiflung oder vielleicht auch Teil einer Inszenierung, mit der Rousseau die Voraussetzungen schafft, sein Ich in einer bestimmten Weise beschreiben zu können? Da er seine Situation bis in alle Einzelheiten darstellt, sein gequältes Ich im literarischen Zusammenhang zu einem nahezu unerschöpflichen Thema wird, liegt ein solcher Gedanke nahe. Ein gewissermaßen »reines Ich«, von allen anderen Menschen isoliert, ist die Voraussetzung für die radikale Subjektivität, die Gegenstand von Rousseaus letzten Werken ist. Es geht darin stets auch um ein leidendes Ich, das erst in der Transzendenz Erlösung finden kann. Unabhängig davon, wie weit der Autor Rousseau von diesem leidenden Ich innerlich entfernt oder wie nah er ihm gewesen ist, hat er in seinen letzten Werken ein Mittel erfunden, erlittenes Leid in unerbittlicher Präzision und zugleich sprachlicher Schönheit und Prägnanz zum Ausdruck zu bringen.

27
Die Suche nach dem inneren Selbst

Nach Abschluss des Manuskripts der *Dialoge* steht Rousseau, dem es so sehr auf das Urteil der Menschen, besonders der Nachwelt ankommt, nachdem er in der Gegenwart auf so viel Unverständnis gestoßen ist, vor der Frage, wie er dieses nur handschriftlich vorliegende Buch an die Öffentlichkeit bringen kann. Über das, was im Folgenden geschieht, verfasst er einen Text, der dramatisch vom Schicksal der Dialoge berichtet und den Eindruck einer Selbstinszenierung vermittelt. Er erzählt darin folgende Geschichte: Rousseaus Vertrauen in die Menschen seiner Umgebung ist zerstört, deshalb kommt er auf die Idee, das Werk Gott auf dem Hauptaltar der Kathedrale Notre-Dame vorzulegen, in der Hoffnung, dass es dann auch in die Hände des Königs gelangt. Mehrfach sieht er sich in der Kirche um und stellt fest, dass sich samstags niemand am Hauptaltar aufhält. Er legt dem Manuskript ein an Gott gerichtetes Schreiben bei, in dem er in pathetischen Worten sein Leiden beschreibt, als handele es sich um den zu Unrecht verfolgten Jesus. Er schildert sich als »unglücklichen Fremden, auf Erden allein und ohne Unterstützung, beleidigt, verspottet, beschimpft, von einer ganzen Generation verraten, seit fünfzehn Jahren [gemeint ist die Zeit seit seinem Exil] einem würdelosen Treiben und unerhörter Behandlung unter den Menschen ausgesetzt, die schlimmer sind als der Tod, ohne jemals wenigstens den Grund dafür erfahren zu können«. Die detaillierte Beschreibung seines subjektiv empfundenen Leids wirft ein Licht auf seine seelische Verfassung. Er sieht sich als zu Unrecht Verfolgter und Opfer und findet für die Beschreibung seiner Lage scheinbar keine treffenderen Worte als die der Passionsgeschichte. Doch hat sein Leiden keine inhaltlichen Parallelen zum christologischen Geschehen, er ist kein Heiland, der für andere leidet, seine Intention liegt anderswo. Ihm geht es um die Rehabilitierung seiner selbst, um die Manifestation seines Ich in der Zukunft, für die er mit der Unterstützung des Himmels rechnet. »Jede Erklärung wird mir verweigert, jede Kommunikation ist mir versagt, ich erwarte von den durch ihre eigene Ungerechtigkeit verbitterten Menschen nur noch Angriffe, Lügen und Verrat. Ewige Vorsehung, meine einzige Hoffnung liegt bei dir; mögest du dieses niedergelegte Werk unter deinen Schutz stellen und es in junge und treue Hände legen, die es ohne trügerische Absichten einer besseren Generation übergeben …« Auf der Rückseite des Blattes beschwört er den Finder, über das Buch erst dann zu verfügen, wenn er es ganz gelesen hat. »Bedenken Sie, dass diese Gnade, um die ein vom Schmerz gebrochenes Herz bittet, eine Pflicht der Gerechtigkeit ist, die der Himmel Ihnen auferlegt.«

Als er das Manuskript am 24. Februar 1776 in der Kathedrale tatsächlich niederlegen will, ist der Chor von einem Gitter umgeben, das er bisher noch nie gesehen hat. Er verlässt die Kirche und irrt den Rest des Tages umher, überdenkt kritisch sein Vorhaben und zieht die Schlussfolgerung, dass seine Schrift vermutlich gar nicht bis zum König gelangt, sondern seinen Verfolgern und deren Freunden in die Hände gefallen wäre.

Ihm kommt nun in den Sinn, dass sich der Abbé de Condillac in Paris aufhält. Ihm ist, als habe die Vorsehung ihn geschickt, und er übergibt ihm das Manuskript. Condillac liest den Text, und zwei Wochen später gibt er Rousseau ein paar Anregungen für Änderungen, wodurch er Rousseau tief enttäuscht. Condillac redet über einen bloßen Text und hat die existenzielle Dimension der Schrift gar nicht begriffen. Rousseau hatte sich von Condillacs Lektüre erhofft, dass endlich »der Schleier, mit dem man seit zwanzig Jahren meine Augen bedeckt, herabfallen würde …«[1]. Condillac bietet ihm die Herausgabe seiner Werke an und bittet um entsprechende Anweisungen. Rousseau willigt nicht ein, bittet ihn aber, das Manuskript einem jüngeren Menschen anzuvertrauen, der es nach seinem Tod und dem seiner Verfolger, aber nicht vor Anbruch des neuen Jahrhunderts veröffentlichen soll. Condillac übergibt es tatsächlich Mme de Sainte-Foy, seiner Nichte, die es vorschriftsgemäß erst am 31. Dezember 1800 öffnen wird.

Rousseau bezweifelt, dass dies tatsächlich geschehen wird. Er glaubt, ein alter Mann, der selbst tief im französischen System verhaftet sei wie Condillac, könne seine Enthüllungen nur schwer ertragen. Condillac sei außerdem »zu klug, zu umsichtig, um sich für die Gerechtigkeit und die Verteidigung eines Unterdrückten zu erwärmen«, deshalb habe er mit ihm die falsche Wahl getroffen.

Wenig später begegnet er dem englischen Dichter Brooke Boothby wieder, den er aus Wooton kennt. Darin glaubt Rousseau einen Fingerzeig Gottes zu sehen. Er kopiert das Manuskript für ihn und hat bis zur Abreise den ersten Dialog fertig gestellt, den Boothby mit nach England nimmt. Danach aber kommen Rousseau Zweifel, ob Boothby, der ihm allzu gleichgültig zu reagieren scheint, sein Vertrauen tatsächlich verdient. Hat er ihn vielleicht im Auftrag seiner Verfolger aufgesucht und ist damit auch verdächtig?

Da seine Einsamkeit immer größer geworden ist, gibt er die Hoffnung auf, mit der Übergabe des Manuskripts an Bekannte etwas zu bewirken, und beschließt, sich mit einem Rundschreiben an die französische Nation zu wenden. »An alle Franzosen, die noch Gerechtigkeit und Wahrheit lieben«, beginnt der Text von dem er diverse Abschriften anfertigt, um sie unterwegs an Unbekannte zu verteilen.

Er wiederholt darin die Geschichte seines Leidens, die er nun bereits in verschiedenen Briefen, in den *Bekenntnissen*, den *Dialogen*, dem Appell an den Finder des Manuskripts in Notre-Dame erzählt hat. Er wirft den Franzosen, die früher »eine liebenswerte und sanfte Nation« gebildet hätten, vor, ein unglücklicher, einsamer Ausländer sei ihnen ausgeliefert, und weitet nun die Verantwortung für sein Schicksal auf das gesamte Volk der Franzosen aus. »Warum muss ein so öffentlicher Skandal für mich allein ein undurchdringliches Geheimnis sein? Warum so viel Aufhebens, Listen, Verrat, Lügen, um dem Schuldigen seine Verbrechen zu verbergen, die er doch eher kennt, besser kennen muss als jeder sonst, wenn er sie tatsächlich begangen hat.« Man habe ihm ein Recht genommen, das jedem Verbrecher zustehe, nämlich zu erfahren, wessen man ihn beschuldige, und das Recht, angehört zu werden. Da dies nicht geschehe, wende er sich mit reinem Herzen und sauberen Händen an den Himmel mit der Bitte, dass er ihn räche und seine Gegner bestrafe und ihm in seinem Alter ein »besscres Asyl gewähre, in dem Eure Beleidigungen mich nicht mehr erreichen«.

Er geht durch die Tuilerien, um sein Rundschreiben zu verteilen, doch er stößt auf Ablehnung und Indifferenz. Wie sollen sich auch Leute, die kaum lesen und schreiben können, für ein Flugblatt eines Unbekannten interessieren – längst erkennt niemand mehr Rousseau in dem gealterten, einfach gekleideten, leicht gebeugt und etwas mühsam gehenden Mann. Er findet einen letzten Ausweg und sendet den Rundbrief an Unbekannte, die sich darum bemüht hatten, ihn zu Hause zu besuchen. Er sei nun bereit, sie zu empfangen, unter der Bedingung, dass sie bereit und in der Lage seien, ihm vorher zu erklären, worin seine Verbrechen bestehen. Doch niemand kann verstehen, was er eigentlich meint, niemand weiß, dass er in seinen paranoiden Vorstellungen Opfer eines Prozesses ist, dessen Gegenstand ihm, dem Angeklagten, nicht bekannt ist. So wirken seine Forderungen an die Besucher absurd. Dass keiner auf sie reagiert, bestärkt ihn nun in seiner Überzeugung, dass alle von den Vorwürfen seiner Feinde wissen, von der Anklage, die sie gegen ihn erheben, ohne ihn, den eigentlich Betroffenen, darüber aufzuklären. Er glaubt, dass jedermann in ganz Europa darüber weiß, nur er selbst nicht.

Rousseaus eigener im Oktober 1768 verfasster detaillierter Bericht über die misslungene Verbreitung des ihm so wichtigen Buches *Histoire du précédent écrit*, »Geschichte des vorangegangenen Werkes«, endet mit der hoffnungsvollen Perspektive, dass sich nach seinem Tod die Verschwörung gegen ihn legen wird. Er fürchtet sich nun auch nicht mehr davor, dass seine Feinde Missbrauch mit seinem Werk treiben. »Was immer die Menschen tun werden, auch der Himmel wird sein Werk vollenden. Ich weiß nicht, wann, mit welchen Mitteln und auf welche Weise. Aber ich weiß, dass der oberste Richter mächtig und gerecht, dass meine Seele unschuldig ist und ich mein Los nicht verdient habe. Dies genügt mir.« Sein letzter Entschluss sei, die Dinge geschehen zu lassen und sich nicht mehr gegen die Machenschaften seiner Feinde zu wehren. »Sollen die Menschen tun, was sie wollen; nachdem ich getan habe, was ich tun musste, können sie mich im Leben quälen, so viel sie wollen; mich daran hindern, in Frieden zu sterben, können sie nicht.«[2]

Mit der *Histoire du précédent écrit* fügt Rousseau den *Dialogen* eine neue Dimension hinzu. Die Frage, ob sich die Dinge tatsächlich so abgespielt haben, ob Rousseau selbst oder sein literarisches Ich sie erlebt hat, ist sekundär. Entscheidend ist der Sinn dieses Versuchs, den Text, die Botschaft, auf verschiedenen Wegen an seinen Adressaten zu bringen. Hier zeigt sich eine deutliche Parallele zur Geschichte des Jesus von Nazareth, des einzigen Gerechten, dem die Menschen nicht glauben, der verfolgt wird und dessen eigentliche Wirkung erst nach seinem Tod beginnt. Offenbar sieht sich Rousseau in einer ähnlichen Rolle. Die Darbietung der Geschichte ist eine Inszenierung seiner Einsamkeit.

Rousseau ist überzeugt, dass nach seinem Tod die Feinde ihr Werk fortsetzen und verhindern wollen, dass der Nachwelt ein richtiges Bild seiner Person und seines Werkes vermittelt wird. Doch sein eigentliches Gegenüber sind nicht mehr die Menschen: »Gott ist gerecht, er will, dass ich leide, und weiß, dass ich unschuldig bin … Am Ende wird alles seine Ordnung haben.«[3]

Das letzte Werk Rousseaus, *Les Rêveries d'un promeneur solitaire*, »Die Träumereien eines einsamen Spaziergängers«, beginnt mit den Worten: »Ich bin nun also allein auf der Erde, habe keinen Bruder, keinen Nächsten, keinen Freund mehr und keine andere Gesellschaft als mich selbst. Der den besten Umgang und die größte Liebe zu den Menschen hatte, wurde von ihnen verstoßen«.[4] Die Gesellschaft um ihn herum ist jetzt nicht mehr von Bedeutung. Rousseau/sein literarisches Ich hat den völligen Rückzug angetreten. So ist es gleichgültig, wie die Menschen ihn behandeln; er ist in einer anderen Dimension angekommen, ist fähig, das tägliche Geschehen, aber auch seine Verfolgung durch die »Liga der Feinde«, an die er fest glaubt, zu transzendieren. Dem Zustand, in dem sich Rousseau jetzt befindet, sind jedoch andere Stadien vorausgegangen. Zunächst hat sich die Liga seiner Feinde gegen ihn zusammengeschlossen – ein Bild, das zunächst nicht abwegig scheint, da die Enzyklopädisten tatsächlich eine Gruppe bilden, zu der früher auch er gehörte und aus der er sich selbst entfernt hat. Dann aber hat er diese Idee ins Unermessliche ausgeweitet, zu den Freunden sind andere hinzugekommen, schließlich seine gesamte Generation. Danach zweifelt er sogar daran, dass künftige

Generationen die Wahrheit über ihn erfahren werden. Zwei Ereignisse bestätigen ihn schließlich darin, dass selbst Gott diese Verfolgung gutheißt, da sie sonst nicht so erfolgreich sein könnte. In der Zeitung *Courrier d'Avignon* ist nach einem Unfall, den er auf einem Spaziergang erlitten hat, ein Bericht über seinen Tod erschienen. Daraus folgt für ihn, dass man ihn »lebendig begraben will«[5]. Im Dezember 1776 erfährt er, dass man Subskribenten für eine neue Ausgabe seiner Werke sucht. Aus beidem zieht er den Schluss, man wolle ihn beseitigen, um seine Werke zu entstellen und sie in dieser Form der Nachwelt zu übergeben. »Eine Menge besonderer Beobachtungen in der Vergangenheit sowie der Gegenwart bestärken mich dermaßen in dieser Auffassung, dass ich nicht umhinkann, von nun an das Werk, von dem ich bis hierher dachte, es sei die Frucht der Bosheit der Menschen, als eines jener undurchdringlichen Geheimnisse des Himmels anzusehen.« Diese Erkenntnis löst bei ihm nicht Empörung oder Rebellion, sondern Gelassenheit aus: »Gott ist gerecht; er will, dass ich leide; und er weiß, dass ich unschuldig bin.«[6]

Ende Dezember 1776 hat Rousseau mit der Arbeit an den *Träumereien* begonnen, an denen er bis zu seinem Tod 1778 arbeiten wird. Die zehn darin beschriebenen Spaziergänge sind, wie er sagt, nicht mehr für andere, sondern für ihn selbst geschrieben, für seine eigene moralische Erneuerung und zu seinem Vergnügen. Erste Notizen dazu hat er sich auf Spielkarten gemacht.

Er verfasst die *Träumereien* in Erwartung seines Todes. Er glaubt, er sei im Lauf seines Lebens nicht besser geworden, als er ursprünglich war, aber tugendhafter. Hier setzt er sich noch einmal in Analogie zum Naturmenschen, der sich zu einem Mensch der Gesellschaft entwickelt, der zur Tugend fähig wird. In allen zehn *Spaziergängen* reflektiert Rousseau sich selbst, seine Existenz, sein Gewissen, mit weitaus größerer Intensität als in den *Bekenntnissen* und aufgrund von Reminiszenzen an konkrete Ereignisse seines Lebens mit einer jeweils anderen Thematik wie Moral und Religion, Lüge und Wahrheit, Verfolgung und Einsamkeit, Glückseligkeit, Güte und Nächstenliebe. Auch mit dem eigenen Verhalten setzt er sich auseinander, etwa mit der Verleumdung Marions wegen der gestohlenen Schleife, und er gibt zu, in den

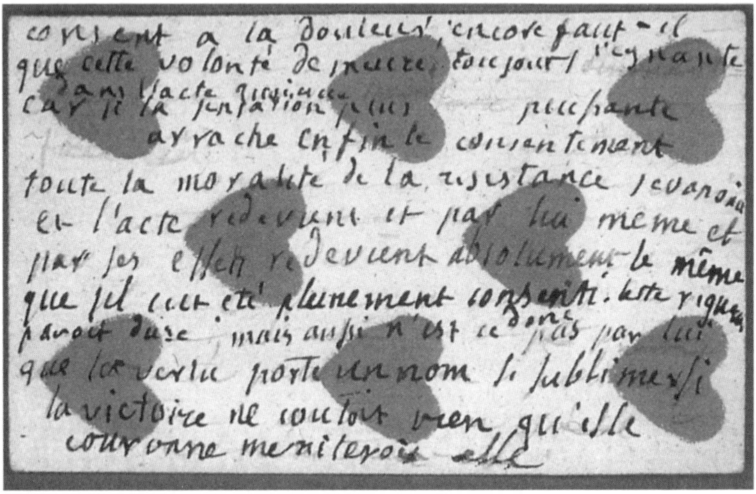

37 Eine der Spielkarten, auf die Rousseau seine ersten Textentwürfe zu den »Träumereien« notierte. (B.P.U. Neuchâtel)

Bekenntnissen hin und wieder fabuliert und so nicht immer seiner Devise *vitam impendere vero* entsprochen zu haben. Er nimmt auch Ideen der *Diskurse*, des *Émile* und der *Nouvelle Héloise* wieder auf.

Nicht seine literarische Phantasie und seine philosophischen, politischen oder pädagogischen Ideen bilden die Quelle für Reisen seines Ichs in andere Sphären, sondern seine Erinnerung an traurige Begebenheiten oder glückliche Ereignisse, wie die Spaziergänge auf der Sankt-Peters-Insel, das Botanisieren, das ihn der Natur näher brachte, die Begegnung und seelische Harmonie mit Mme de Warens, aus der er eine Vorstellung von Glück ableitet, das dem ursprünglichen Wohlbefinden des guten Naturmenschen nahe kommt. Ausgangspunkt ist die Situation, in der er sich befindet, nachdem er von jeglicher Aussicht Abschied genommen hat, durch seine Schriften etwas zu bewirken und die Finsternis, die er um sich empfindet, zu erhellen. Der Gedanke an die Ursprünge des Lebens und die Reinheit der ersten Augenblicke der Existenz und der Menschheit überhaupt tritt wie schon im *Ersten Diskurs* ganz in den Vordergrund.

Am 24. Oktober 1776 hat Rousseau einen Unfall erlitten. Ihn beschreibt er im *Zweiten Spaziergang*. Auf der Rückkehr von einem Ausflug nach Charonne und Ménilmontant im Osten von Paris, wo er Pflanzen gesammelt hat, fährt eine Kutsche auf ihn zu, und eine Dogge, die vor der Kutsche herrennt, springt ihn an. Er fällt vornüber auf das Gesicht und verliert das Bewusstsein. Vier Zähne sind eingeschlagen, seine Oberlippe gespalten, das Gesicht geschwollen und geprellt, die Daumen und der linke Arm sind verstaucht, die Knie aufgeschlagen und geschwollen. Als er zu sich kommt, wird es gerade dunkel und ein paar junge Leute sind bei ihm. Er befindet sich in einer seltsamen Schwerelosigkeit, einem gewissermaßen präexistenten Zustand. Er sieht sein Blut fließen, spürt jedoch keinen Schmerz. Mühsam macht er sich auf den Heimweg und muss sich erinnern, wo er eigentlich wohnt. Erst als er zu Hause ankommt und Thérèse beim Anblick ihres hinkenden, blutüberströmten und staubbedeckten Mannes aufschreit, wird ihm bewusst, was geschehen ist.

In der Beschreibung seines Zustands nach dem erlittenen Unfall heißt es: »Die Nacht rückte vor. Ich sah den Himmel, ein paar Sterne und etwas Grün. Diese erste Empfindung war ein köstlicher Augenblick.« Das Erwachen aus der Ohnmacht kommt einer neuen Geburt gleich: »Ich konnte mich nur von daher spüren. Ich wurde in diesem Moment dem Leben geboren, und mir schien, als erfüllte ich mit meiner leichten Existenz alle Dinge, die ich sah. Ganz im gegenwärtigen Augenblick erinnerte ich mich an nichts; ich hatte keine deutliche Vorstellung meiner Individualität, nicht die leiseste Ahnung von dem, was mit mir geschehen war; ich wusste nicht, wer ich war, noch wo ich mich befand; ich fühlte weder Schmerz noch Furcht noch Beunruhigung. Ich sah, wie mein Blut floss, als hätte ich einen Bach fließen sehen, ohne auch nur daran zu denken, dass es auf irgendeine Weise mir gehörte. Ich spürte in meinem ganzen Wesen eine entzückende Ruhe, und jedes Mal wenn ich daran denke, kann ich an allen bekannten Freuden nichts Vergleichbares finden.«[7]

Hier finden sich einige für die *Träumereien* und damit für Rousseaus seelische Befindlichkeit typische Merkmale: Das Bewusstsein bezieht sich auf Empfindungen, das Bewusstsein ist einem geburtsähnlichen Zustand nahe, die eigene Existenz wird auf die Außenwelt bezogen, es gibt keine klare Abgrenzung zwischen dem Ich und seiner Umgebung, keine spürbaren Wahrnehmungen von Schmerz, Angst, Beunruhigung, ein Gefühl der Euphorie, das von nichts herrührt als dem Bewusstsein, zu existieren. Dies ist eine Variante des Rückzugs in einen frühen Zustand des eigenen Selbst, deren Thema die Spaziergänge unter anderem sind, und es spannt sich ein Bogen, der sich von der Geburt zum Tod und damit zur Rückkehr in eine Art Urzustand bewegt, aber auch als ein Moment sexueller Erfüllung verstanden werden kann. Das vollkommene Glück, in dem die Seele Ruhe findet, beschreibt er so: »Doch es gibt einen Zustand, in dem die Seele eine Grundlage findet, die solide genug ist, dass sie sich ganz erholen und ihr ganzes Sein sammeln kann, ohne sich an die Vergangenheit zu erinnern oder sich der Zukunft zuzuwenden; wo Zeit ihr nichts bedeutet, wo die Gegenwart immer andauert, ohne freilich ihre Dauer zu erkennen zu geben und ohne jede Spur ihrer Abfolge, ohne Empfindung von Mangel oder Genuss, Freude oder Leid, Wunsch oder Furcht, sondern nur der unserer Existenz; solange dieser Zustand anhält, kann sich der, der sich darin befindet, glücklich nennen ... Was genießt man in so einer Situation? Nichts, das außerhalb seiner selbst ist, nichts außer sich selbst und seiner eigenen Existenz; solange dieser Zustand dauert, genügt man sich selbst wie Gott.«[8] Hier erreicht Rousseau eine Stufe von Individualität, in der nicht nur Raum und Zeit aufgehoben scheinen, sondern auch die Grenze zwischen menschlicher und göttlicher Existenz. Doch bestimmt diese Perspektive nicht den gesamten Text. Rousseaus Darstellung seines Ich hat viele Facetten, befindet sich wie bereits vorher in einer ständigen Bewegung. So spricht er von völligem Rückzug, lebt aber mitten in der Stadt unter vielen Menschen, und trotz der gepriesenen Einsamkeit gibt er sich auch als großer Freund der Menschen, der auch Begegnungen mit anderen schildert. Dann wiederum beschwört er seine Einsamkeit und Gleichgültigkeit gegenüber den Machenschaften der Menschen und ist doch immer noch besessen von den Nachstellungen der »Liga« seiner Feinde. Er sagt, er habe nichts zu bereuen, doch zugleich versucht er zu rechtfertigen, dass er seine Kinder ins Findelhaus gebracht hat, und berichtet, wie er im Dorf Clignancourt einem Kind begegnet, es zärtlich küsst und ihm Geld für Kuchen schenkt.

Das Problem der Widersprüchlichkeit in seinen Schriften, das Rousseau schon zu Anfang seiner Schriftstellerkarriere im Vorwort zur Komödie *Narcisse* zum Thema gemacht und dabei unter anderem argumentiert hatte, er kenne keinen Menschen, der seinen Prinzipien immer folge, spielt auch in den *Bekenntnissen* eine Rolle. Jetzt bekennt er sich ausdrücklich dazu. Widersprüche seien ganz natürlich, doch seien sie so gering, dass er gerade dadurch immer er selbst sei. Hier spricht er von sich als einem Individuum, das sich nicht festlegen lässt und dessen dauernde Bewegung und Veränderung ein Symbol der Freiheit ist.

Die *Träumereien* sind teilweise mit konkreten Spaziergängen verbunden, die Rousseau in Paris unternommen hat. Die Stadt ist in 20 Quartiers eingeteilt, die auf dem rechten Seine-Ufer von einer Mauer oder den Großen Boulevards und am linken Ufer von den Neuen Boulevards umgeben sind. Rousseau geht auf Wegen spazieren, die von den Parisern allgemein für Spaziergänge genutzt werden. Der *Zweite, Sechste* und *Neunte Spaziergang* enthalten eine nachvollziehbare Wegbeschreibung. Aber auch Wege, die der Autor in der Erinnerung nachgeht, sind Ausgangspunkt von *Träumereien*, wie etwa die gleichmäßig fließenden Wellen eines Sees. Rousseaus ganzes Denken und Empfinden scheint mit dem Naturgeschehen zu verschmelzen: »Von Zeit zu Zeit kamen mir vage und kurze Überlegungen über die Unbeständigkeit der Dinge dieser Welt, deren Bild mir die Oberfläche des Wassers darbot, in den Sinn: Doch bald verschwanden diese flüchtigen Eindrücke wieder in der Gleichförmigkeit der ständigen Bewegung des Wassers, das mich wiegte und, ohne dass meine Seele dabei mitwirkte, unablässig in seinen Bann zog ...«[9] Die Einheit mit der Natur, die auch im Botanisieren ihren Ausdruck findet, bietet zugleich die Möglichkeit, trotz aller Anfeindungen von außen Glück zu empfinden.

Die *Träumereien* sind eine Deutung des Rousseauschen Ichs durch ihn selbst, ausgehend von grundlegenden Situationen und Problemen, wie sie teilweise schon von Plutarch reflektiert werden, der nach wie vor zu Rousseaus wichtigster Lektüre gehört: Erfahrung von Tod und Schmerz, Suche nach dem Glück des Einzelnen und innerem Frieden, dem Bedürfnis nach Moral und Religion, der natürlichen Geselligkeit des Menschen und der Menschenfeindlichkeit, der Liebe zu Kindern, der Authentizität der

Existenz des Einzelnen in der Gesellschaft. Zu der Beschäftigung mit sich selbst gehört auch eine Reflexion allgemeiner Fragen menschlichen Seins, ähnlich wie sie sich in den *Essais* von Montaigne findet, auf den sich Rousseau ausdrücklich bezieht, allerdings mit dem Hinweis, dass sein Vorgänger für andere geschrieben habe und er allein für sich schreibe. Rousseau behauptet von sich, dass ihm die Meinung der anderen ebenso unwichtig sei wie der literarische Ruhm. Von Montaigne stammen auch der Begriff der *rêverie* und die Idee, einen Unfall zu schildern, nach dem der Betroffene in jenem merkwürdigen, geradezu präexistenten Zustand schwebt. Bei Montaigne ist es ein Sturz vom Pferd.

Die *Träumereien* sind bei allem ungewöhnlichen Selbstbezug des schreibenden Ichs auch ein Zeugnis der »unzähmbaren« Freiheit eines Individuums, das, obwohl es sich in schlimmster Bedrängnis sieht und diese ständig spürt, Auswege und Ruhemomente findet und diese minuziös in einer kunstvollen und präzisen Sprache festhält, dabei zahlreiche Fragen erörtert und letztlich das Geheimnis seiner Person nicht preisgibt.

Ein Grundzug aller Schriften Rousseaus wird hier deutlicher als anderswo; man könnte ihn als eine Art Prinzip der Evasion bezeichnen, mit dem sowohl das persönliche Ausweichen vor jeglicher Vereinnahmung als auch die Neigung, die Dinge immer wieder neu und von außen zu denken, verstanden werden können. Ebenso wie der von Rousseau imaginierte Naturmensch, den es nie gegeben hat, zum kritischen Korrektiv der Gesellschaft geworden ist, der sich durch sein Anderssein allem entzieht – auch nachdem er in der Figur des Émile Teil der Gesellschaft geworden ist, bleibt er ja ein Außenseiter –, wird hier Rousseau selbst zu einem Wesen, das außerhalb der Gemeinschaft der Menschen ganz sich selbst genügt und ohne Bedürfnisse und Hoffnungen, die er mit den Worten *Tout est fini pour moi sur la terre*, »Für mich ist auf Erden alles zu Ende«, zum Ausdruck bringt, nichts anstrebt, als mit sich und der Natur eins zu sein, und hierin seine Erfüllung findet.

Diese außergewöhnlichen Texte stellen in ihrer lyrischen, oft deutlich rhythmisch strukturierten und präzisen Sprache eine neue literarische Form dar, die Lyrik und Prosa miteinander verbindet.

Ein äußerer Anlass könnte den inhaltlichen Duktus der Träumereien mit beeinflusst haben: Am 2. August 1776 ist der Prinz Conti gestorben, von dem sich Rousseau möglicherweise eine Aufhebung des über ihn durch das Parlament von Paris verhängten Verdikts und damit eine Art Rehabilitierung erhofft hatte. Es ist nicht auszuschließen, dass dieses Ereignis Rousseau in seiner neuen Attitüde gegenüber der Außenwelt bestärkt hat, die durch Selbstgenügsamkeit und den gänzlichen Verzicht auf eine Rechtfertigung vor den Menschen gekennzeichnet ist und in den *Träumereien* immer wieder zum Ausdruck kommt.

Im Januar 1777 wird in der Pariser Oper vor einem begeisterten Publikum der *Dorfwahrsager* wieder aufgeführt. Die Menschen mögen die einfachen Wahrheiten des Tugendlehrers Rousseau. Doch diesem bedeutet Erfolg nichts mehr.

Rousseau empfängt auch schon längere Zeit keinerlei Besucher mehr, hat selbst mit seiner langjährigen Freundin Mme de Créqui gebrochen, die er als Einzige noch regelmäßig aufsuchte, weil er nun auch sie verdächtigt, mit den Verschwörern zusammenzuarbeiten.

Das Leben zu Hause ist mühsam geworden, auch Thérèse ist gealtert, leidet immer stärker an ihrem Rheumatismus und kann den Haushalt nicht mehr bewältigen. Sie stellen Hausmädchen ein, doch die Verständigung zwischen ihnen und Thérèse ist auch jetzt schwierig. Es sind elf Mädchen in vierzehn Monaten. Rousseaus Augen sind zu schlecht geworden, als dass er noch als Notenkopist arbeiten könnte, und das Geld wird knapp. Als die Herzogin von Portland ihm, wie vorher oft geschehen, Blumensamen sendet, schickt er ihn mit der Begründung zurück, er habe kein Land, um ihn auszusäen.

Im Februar 1777 verfasst er eine Art offenen Brief, in dem er seine Situation schildert. Er sucht Unterkunft außerhalb der Stadt für sich und Thérèse, für die er zahlen will. Corancez bietet ihm sein Haus in Sceaux im Süden von Paris an, ein Graf Duprat hat eine Unterkunft bei Clermont in der Auvergne gefunden, doch die Reise scheint ihnen zu weit und zu beschwerlich.

Im Februar 1774 hatte Voltaire Ferney verlassen und kommt im März nach Paris. Inzwischen ist er vierundachtzig und wird in der Stadt gefeiert. Am 30. März wird seine letzte Tragödie aufgeführt und noch im Theater wird dem greisen Autor ein Lorbeerkranz aufs Haupt gesetzt.

Am 15. Mai besucht der Pfarrer Moultou Rousseau mit seinem Sohn Pierre. Rousseau vertraut ihnen die Manuskripte der *Bekenntnisse* und der *Dialoge* an. Am 17. Mai sehen sie sich zum letzten Mal.

Wenig später findet sich eine Lösung für eine neue Unterkunft auf den Gütern des Marquis René de Girardin, vermittelt über den Arzt von Thérèse, Lebègue de Presle. Der Marquis ist ein Bewunderer Rousseaus; er hat auf seinen Ländereien nordöstlich von Paris einen Park nach Vorgaben der *Nouvelle Héloise* angelegt und erzieht seine Kinder nach dem Vorbild des *Émile*. Zusammen mit dem Arzt fährt Rousseau am 20. Mai nach Ermenonville, ohne seine beiden jungen Freunde Saint-Pierre und Corancez zu verständigen. Der Marquis lässt bereits ein Bauernhaus errichten, das dem in der *Nouvelle Héloise* ähnlich ist. Solange es noch nicht beziehbar ist, wohnt Rousseau in einem kleinen Gebäude mit vier Zimmern und Blick auf einen Wasserfall und eine Dorfstraße. Am 26. Mai kommt auch Thérèse. Rousseau hat seinen letzten Wohnort erreicht, sinnigerweise in einem ganz und gar rousseauistischen Ambiente.

Als er Anfang Juni vom Tod Voltaires erfährt, ist er betroffen und erklärt dem überraschten Girardin, dass sein Leben mit dem Voltaires verbunden gewesen sei. »Er ist tot und ich werde ihm bald folgen.«[10]

Dank der Gastfreundschaft und Großzügigkeit des Marquis erlebt Rousseau in Ermenonville friedliche letzte Wochen. Er geht oft spazieren, botanisiert in Begleitung eines Sohnes von Girardin, der zwölf Jahre alt ist und ihm hilft, Blumen zu pflücken. Er unterrichtet eine Tochter in Gesang und komponiert neue Weisen. Abends musiziert man gemeinsam.

An einem feierlichen Sommerabend spielen Musiker hinter Sträuchern verborgen auf der mit Pappeln bepflanzten Insel im See Melodien aus dem *Dorfwahrsager*.

Am Morgen des 2. Juli geht Rousseau spazieren wie jeden Tag vor dem Frühstück. Danach will er ins Schloss gehen, um der Tochter von Girardin die verabredete Musikstunde zu geben. Als Thérèse von einer kurzen Besorgung zurückkommt, findet sie ihn

38 Im Mai 1778 zieht Rousseau auf Einladung des Marquis de Girardin in das abseits gelegene Haus bei Ermenonville ein. Hier verbringt er die letzten Wochen seines Lebens.

auf einem Sessel sitzend, den Kopf auf eine Kommode gestützt. Er stöhnt und klagt über Schmerzen in der Brust, heftiges Kopfweh, Prickeln in den Füßen und einen Kälteschauer an der Wirbelsäule. Er hält den Kopf mit beiden Händen und klagt, es sei, als

39 Rousseau im Alter (Büste von Jean-Antoine Houdon, 1778, Musée du Louvre, Paris)

»zerreiße man ihm den Schädel«. Ihn ergreift ein neuer starker Schmerz und er stürzt vornüber zu Boden. Als man ihn aufheben will, ist er bereits tot.

28
Naturidylle und Panthéon

Am 4. Juli wird Rousseau im Park von Ermenonville auf der von Pappeln bestandenen Insel nach protestantischem Ritual begraben. Bereits am 4. Juli steht die Nachricht von seinem Tod im *Journal de Paris*, dem *Courrier de l'Europe* und anderen Blättern. Ebenso schnell verbreiten sich verschiedene Gerüchte über einen unnatürlichen Tod durch Gift, eine Pistole, einen Dolch. Der am 20. Juli im *Journal de Paris* publizierte Autopsie-Bericht, nach dem Rousseau an einem Schlaganfall gestorben ist, sowie der Bericht von Lebègue de Presle über seine letzten Stunden können die Entstehung und Verbreitung von Spekulationen nicht eindämmen. Schließlich verfasst Girardin selbst einen pathetischen Bericht von der Sterbeszene und fügt letzte Sätze des Philosophen hinzu, die nie gesprochen worden sind. Moreau le Jeune fertigt die dazu passende Radierung.

Rousseaus Wirkungsgeschichte, die schon während seines Lebens begonnen und hohe Wellen geschlagen hat, erhält mit seinem Tod einen neuen Aufschwung.

In den diversen Zeitungen und literarischen Blättern finden lange Debatten statt, in denen Rousseau gepriesen oder scharf kritisiert wird. Palissot, bekannt durch seine Spottverse über die Enzyklopädisten, bezichtigt Rousseau der Scharlatanerie, der Dichter La Harpe und Rousseaus Freund Corancez verteidigen ihn, Marieanne de La Tour nimmt ihn gegen Angriffe d'Alemberts in Schutz. Man fragt sich, ob d'Alembert vielleicht die Veröffentlichung der *Bekenntnisse* fürchtet, von denen in der Öffentlichkeit zunehmend die Rede ist und die Rousseaus Gegnern als bedrohliche Waffe erscheinen mag. Das Vorwort und ein Bericht über eine Lesung Rousseaus in einem Salon sind bereits in mehreren Zeitschriften erschienen. Diderot veröffentlicht 1778 gewissermaßen präventiv den *Essai sur la vie de Sénèque*, in dem er Rousseau indirekt des Verrats beschuldigt. »Hass dem Undankbaren, der schlecht von seinen Wohltätern redet; Hass dem grässlichen Menschen, der sich nicht scheut, seine früheren Freunde anzuschwärzen; Hass dem Feigling, der nach seinem Tod die Enthüllung von Geheimnissen zulässt, die man ihm anvertraut hat oder von denen er erfahren hat, als er noch lebte.«[1] Dies führt dazu, dass die Öffentlichkeit zu glauben beginnt, dass es doch eine systematische Verfolgung Rousseaus durch eine feindliche »Liga« gegeben hat. Es entsteht eine Flut von Lobpreisungen Rousseaus als Lehrmeister der guten Sitten, als Wohltäter, als Inbegriff der Tugend, Verfolgter, der allein und arm gestorben sei. Die Zeitschrift *L'Année littéraire* bittet 1779 darum, ihr keine Zuschriften zur Verteidigung Rousseaus mehr zu senden, da sie der Flut von Briefen nicht mehr Herr werde.

1780 wird in Ermenonville ein Denkmal in Form eines antiken Altars errichtet. Darauf ist ein Relief mit einer Frau zu sehen, die ihr Kind säugt und Émile an der Hand hält, umgeben von einer Schar Kinder. Zu beiden Seiten je ein Pfeiler, die Musik und Redekunst symbolisieren. Das Denkmal trägt die Aufschriften *Vitam impendere vero* sowie *Ici repose l'homme de la Nature et de la Vérité*, »Hier ruht der Mann der Natur und der Wahrheit«. Ermenonville wird zum Wallfahrtsort, zu dem im Juni 1780 selbst die Königin Marie-Antoinette mit ihrer Familie fahren wird.

Das Publikum wartet nun gespannt auf posthume Veröffentlichungen. Auch Rousseaus Musik ist wieder zu hören. Am 12. Juli 1778 wird der *Dorfwahrsager* neu herausgebracht, im April 1779 sogar mit den neuen Arien, die Rousseau nachträglich komponiert hatte.

1780 publiziert Brooke Boothby die *Dialoge* und erfüllt damit das Vermächtnis des zu Unrecht so misstrauischen Rousseau. Sie werden sowohl vom Publikum als auch von der Kritik abgelehnt. Der nicht einfach zugängliche Text gilt vielen als Werk eines Verrückten. La Harpe spricht in der *Correspondance littéraire* von »Wahnsinn« und – in einem moralisierenden Ton, der sich bis ins 20. Jahrhundert erhalten hat – von »maßlosem Hochmut«, der »das Mitleid, das ein solches Irresein auslösen könnte«, einschränken muss. Malesherbes stellt zutreffend fest, dass diese Veröffentlichung Rousseau geschadet habe, weil sie denjenigen seiner Geg-

40 Das Grab von Jean-Jacques Rousseau auf der Ile des Peupliers in den Gärten von Ermenonville

ner nütze, die den »Wahrheiten, die er mit mehr Kraft als andere dargelegt« habe, widersprechen wollten und nun durch die Verwirrung, in der sich der Autor zeitweise befunden habe, Aufwind bekämen.[2]

1782 veröffentlichen Du Peyrou und Moultou die ersten sechs Bücher der *Bekenntnisse*. Auch diese stoßen auf wenig positive Resonanz und sogar auf Ablehnung. Zum einen, weil man sich aus Interesse an der eigenen Biografie und zur Unterhaltung der Gesellschaft mehr Informationen erhofft hatte, zum anderen weil niemand die Bedeutung erkennt, die er der Kindheit und Jugend und den Enthüllungen über sein Innerstes und den zahlreichen Irrwegen in der Zeit seiner Selbstfindung zumisst.

Dennoch entsteht eine erregte Debatte. Diderot hat seine Angriffe erneuert und Rousseau als Plagiator und Verleumder hingestellt. Die Enthüllungen Rousseaus über sich selbst rufen aber auch Achtung und Bewunderung hervor. Im *Mercure de France* heißt es in einem Artikel vom Juli 1783: »Es wird sich zeigen, ob ein

Mann, der solche Geständnisse abgelegt hat, nicht über jemandem steht, der keinerlei Schwächen zu gestehen hat.«[3]

Beim Volk ist der Rousseau-Kult in vollem Gange und wird durch die Debatte der Literaten und die Unterhaltungen der Pariser Gesellschaft nicht beeinträchtigt. Die Vielfalt seiner Ideen, Darstellungen und Anregungen wird vereinfacht und trivialisiert. Nur so kann ein populärer Mythos entstehen. Die Rousseau-Verehrung kennt keine Grenzen mehr. Es werden zahllose mittelmäßige Werke und Rührstücke in Anlehnung an die *Nouvelle Héloise* verfasst, die Rousseaus Renommee beim Volk immer mehr zum Kult werden lassen und oft nur noch wenig mit seinen Ideen zu tun haben. Doch nicht nur die Massen, auch Künstler und Literaten wie Delacroix oder Mme de Staël würdigen ihn. Letztere preist die *Nouvelle Héloise* als Roman der Leidenschaft und Tugend und hält dem *Émile* die Wiederherstellung der Mutterliebe zugute. Dass er seine Kinder weggegeben hat, macht sie ungerechterweise Thérèse zum Vorwurf, die eine »Rabenmutter« und unwürdige Ehefrau gewesen sei, den Unglücklichen nicht geliebt und später in den Selbstmord getrieben habe. Doch ihr Lobpreis für Rousseau kennt keine Grenzen: »Oh, Rousseau! Verteidiger der Schwachen, Freund der Unglücklichen, der du die Tugend mit Leidenschaft liebst, der du alle Regungen der Seele beschrieben hast und dich vom Unglück jeglicher Art rühren ließest: Auch du bist dieses Mitleids würdig, das dein Herz so wohl auszudrücken und zu empfinden wusste. Möge sich eine Stimme erheben, die deiner würdig ist, und dich verteidigen.«[4] Vor der berühmten Zusammenkunft der Generalstände im Mai 1789, kurz vor Ausbruch der Französischen Revolution, erinnert sie an den *Contrat Social*, in der Hoffnung, dass sich die Versammlung auf dieses Werk besinnen möge.

Es entsteht eine lange Debatte um die Frage des Selbstmords und die Person Thérèses. Rousseaus erster Biograf Barruel-Beauvert etwa verteidigt Rousseaus Preisgabe der Kinder mit seiner Armut und Krankheit. Er wird verschiedene Nachahmer finden, die ihr Idol von jeglichem Makel befreien wollen, darunter auch George Sand, die in ihrem Weltbild und ihrer romantischen Lebensauffassung stark von Rousseaus Schriften, besonders von der »Nouvelle Héloise«, beeinflusst ist.

Überall entstehen nun Kunstwerke, die Leben und Werk Rousseaus zum Inhalt haben. Rousseau-Anhänger reisen nach Montmorency, Môtiers, Neuchâtel und Vevey. Und es hat sich ein wahrer Ermenonville-Tourismus entwickelt. Viele Besucher sind Rousseau-Leser aus dem Ausland. Es gibt Führungen in dem so berühmt gewordenen Ort, und der Marquis de Girardin hat 1788 ein Handbuch für Besucher veröffentlicht, *Promenade ou Itinéraire d'Ermenonville*.

Im Juli 1783 erreicht die Rousseau-Verehrung einen kuriosen Höhepunkt. Der Jurist und Historiker Gabriel Brizard besucht in Begleitung des Deutschen Anacharsis Clootz, der während der Revolution zu einer wichtigen Figur der Jakobiner aufsteigen wird, das Grab Rousseaus; die beiden bleiben eine Woche in Ermenonville, berühren Gegenstände, die Rousseau besessen hat, wie Reliquien. Wichtiger Teil des Besuchs ist eine Bücherverbrennung: Am Grabmal auf der Insel wird Diderots *Essai sur la vie de Sénèque* Opfer der Flammen. »Möge die Erinnerung der feigen Feinde des Mannes der Natur und der Wahrheit vergessen sein«, sagen dazu feierlich die beiden Besucher.[5] Andere Szenen auf der Insel haben eher weihevollen und sentimental-religiösen Charakter. Für die meisten Pilger gilt Rousseau als ein Freund der Menschheit, der geächtet wurde und gelitten hat wie Christus.

1789 veröffentlicht Moultous Sohn Pierre den zweiten Teil der *Bekenntnisse*, zum Ärger Du Peyrous, der Rousseaus Wunsch, dass sie erst Ende des Jahrhunderts erscheinen sollten, respektieren wollte. Da ihm die Ausgabe mangelhaft erscheint, publiziert er im folgenden Jahr eine eigene, die er mit einem klärenden Vorwort versieht.

Die Reaktionen auf das lang erwartete Buch sind geteilt. Während die einen darin nur eine Bestätigung seines Wahns erkennen wollen, sehen andere Rousseaus Vorwurf eines Komplotts bestätigt und sind hinsichtlich des Umgangs mit seinen Kindern der Meinung, dass er für diesen Fehler genug gebüßt habe. Wieder andere, wie der Schriftsteller Louis-Sébastien Mercier, der Rousseau für einen der wichtigsten Theoretiker der Revolution hält, glaubt, die Geschichte der Kinder sei nichts als eine Parabel, die dazu diene, seine moralischen Ermahnungen zu unterstreichen. Schließlich geht man in einer Gesamtausgabe der Werke 1793 so weit, die skandalträchtigen Passagen der *Bekenntnisse* seinen Gegnern zuzuschreiben, die man nur entfernen müsse, um den echten, den »reinen« Rousseau vor sich zu haben.

Was ist nach Rousseaus Tod aus Thérèse geworden? Für sie ist damit das Leben jedenfalls nicht zu Ende. Vielleicht hat sie nun endlich Gelegenheit, sich mehr nach den eigenen Bedürfnissen zu richten. Wie erfolgreich sie dabei gewesen ist, lässt sich schwer sagen. Zu viele Gerüchte haben das Bild ihrer Person verdüstert. Ihr werden von Autoren, Freunden und Bekannten ihres berühmten Mannes Dummheit, Bösartigkeit, Lasterhaftigkeit und Alkoholismus attestiert. Sie soll sogar das Manuskript der *Bekenntnisse* an einen Polizeispitzel verkauft haben. Doch gehen diese Behauptungen an der Wirklichkeit vorbei. Zutreffend ist, dass sich Thérèse mit John Bally, einem 34-jährigen Kammerdiener Girardins, eingelassen hat. Der Marquis hat sie daraufhin empört seiner Ländereien verwiesen, um den Ruhm des großen Mannes nicht zu beflecken. Das Paar zieht in das benachbarte Dorf Plessis-Belleville. Thérèse, die für ihren Lebensunterhalt sorgen will, fordert nun von Girardin die Herausgabe von Rousseaus Nachlass. Als dies nicht erfolgt, teilt sie Du Peyrou mit, Girardin habe noch während der Obduktion der Leiche die Manuskripte aus dem Sekretär genommen, sie ins Schloss gebracht und später die restlichen Unterlagen mit seinen Dienern abgeholt. Daraufhin kommt es zu Auseinandersetzungen zwischen dem Grafen Girardin, dem Pfarrer Moultou und dem Neuchâteller Bürger Du Peyrou, die sich alle nicht ohne Grund als Nachlassverwalter fühlen.

Thérèse und Bally führen zunächst mit der Rente von Rey ein recht behagliches Leben. Thérèse soll auch eine Summe von 24.000 Livres für eine Genfer Ausgabe der Werke Rousseaus erhalten. Doch Bally macht immer mehr Schulden, für die sie aufkommt, ohne das Geld für die Werkausgabe zu erhalten, und bald ist sie dem finanziellen Ruin nahe. Als ihr verstorbener Mann im Verlauf der Revolution zu immer größerem Ruhm gelangt, versucht sie, die Situation zu nutzen, und bittet die Nationalversammlung zunächst erfolglos um Unterstützung. Vergeblich wendet sich Thérèse sogar an Katharina II.

Im Theater wird schließlich *Pygmalion* als Benefizveranstaltung für die Witwe aufgeführt. Im Dezember 1790 debattiert die Nationalversammlung über eine Rente für Thérèse. Hierbei werden Zeugnisse der Priester von Ermenonville und Plessos-Belleville über guten Lebenswandel vorgelegt und am Ende eine Pension von 1200 Franc und dazu die Errichtung einer Rousseau-Statue beschlossen.

Thérèse lebt bis 1801 und stirbt am 12. Juli im Alter von achtzig Jahren. Ihre letzten Lebensjahre verbringt sie in Armut; ob sie dabei Sparsamkeit und Bescheidenheit an den Tag legte oder, wie manche Gerüchte behaupten, zur Bettlerin und Alkoholikerin geworden ist, bleibt ungewiss.

Mit Ausbruch der Französischen Revolution hat die Rousseau-Rezeption eine überraschende Wende genommen. Der zweite Teil der *Bekenntnisse*, auf den das Publikum so lange gewartet hatte, ist in den Hintergrund gerückt, man hat inzwischen den Tugendlehrer, Erzieher und Erneuerer der Familie vergessen und den politischen Rousseau entdeckt. Dabei haben die starke Ausstrahlung und die Publikumswirkung Rousseaus gewiss großen Anteil. Der *Gesellschaftsvertrag* ist im Vergleich zu den erfolgreichen Büchern *Nouvelle Héloise* und *Émile* in Frankreich nur gering verbreitet, wenige haben ihn gelesen, doch die darin enthaltenen zentralen Ideen sind ins allgemeine Bewusstsein gedrungen. Seine Vorstellungen von der Bildung einer Regierung und die Idee der Volkssouveränität sind durch viele neue, von Rousseau inspirierte Schriften verbreitet worden und haben so große Wirkung erzielt. Hinzu kommt die mündliche Weitergabe von Rousseaus Ideen, zum Beispiel öffentliche Lesungen des *Contrat Social*, wie sie zum Beispiel Marat veranstaltet. Ein Publizist berichtet 1799: »Es würde mir schwer fallen, einen Revolutionär zu nennen, der nicht von diesen anarchistischen Theoremen [gemeint ist der *Contrat Social*] durchdrungen wäre und in dem nicht das Verlangen brennte, sie umzusetzen.« So gilt sein Denken nicht zu Unrecht als wichtige Voraussetzung für die Entstehung der Verfassung, als Wegweiser der Gesetzgeber.[6] Mercier ist der Meinung, dass die Bürger sie auswendig lernen und darüber nachdenken müssten. Die verschiedenen revolutionären Parteien, Jakobiner wie Girondisten beziehen sich auf ihn, Robespierre sagt im September 1791: »Göttlicher

Mann! Du hast mich gelehrt, mich kennen zu lernen; in jungen Jahren habe ich durch Dich die Würde meiner Natur schätzen und über die großen Prinzipien der Gesellschaftsordnung nachdenken gelernt …«[7] Auf die Jakobiner hat der *Contrat Social* schon deswegen großen Einfluss, weil sie bestimmte Vorstellungen Rousseaus für ihre Ziele verwenden konnten: die Übertragung der Rechte des Individuums an die Gemeinschaft, die Macht der Gesetze, in denen sich die *volonté générale* manifestiert, oder die Idee eines von manchen traditionellen christlichen Gottesvorstellungen befreiten höheren Wesens und die Prinzipien der Zivilreligion.

Der Girondist Mercier ist der Ansicht, die Maximen Rousseaus hätten die meisten neuen Gesetze beeinflusst. »Unsere Repräsentanten haben zugleich die Bescheidenheit und die Loyalität besessen, zuzugeben, dass der *Contrat Social* in ihren Händen die Hefe war, mit der sie den riesigen Koloss des Despotismus endlich angehoben und umgestürzt haben.« Jede Epoche der Revolution macht Rousseau zum geistigen Vater, Robespierre erklärt ihn zum »Lehrer des Menschengeschlechts«.[8]

Rousseaus Texte werden aus dem Kontext gerissen und zitiert und jeweils entsprechend den eigenen Bedürfnissen uminterpretiert. Am Ende bedienen sich seiner auch Konservative als Gewährsmann für ihre Vorstellungen, reklamieren ihn für sich und versuchen nachzuweisen, dass die Revolution besser verlaufen wäre, hätte man sich nur an Rousseau gehalten.[9]

An der Größe Rousseaus will und kann niemand mehr zweifeln. Sein Ruhm ist unumstritten, die von ihm zu seinen Lebzeiten so sehr gefürchteten Kontroversen über seine Person und sein Werk finden kaum statt, er wird hingegen von vielen für Zwecke vereinnahmt, die nicht in seinem Sinn sein können. Eine neue Art von Kult entsteht: Lobeshymnen, Büsten, revolutionäre Versammlungen stellen sein Bild auf, Rousseau-Gesellschaften werden gegründet, Gemeinden, Orte und Landschaften werden nach ihm benannt.

Auch das Theater widmet sich dem Rousseau-Kult. Der *Menschenfeind* Molières wird nach den Vorstellungen des *Briefes an d'Alembert* umgeschrieben, der Held des Stückes wird zum eifrigen Republikaner. Rousseau selbst wird zum Gegenstand von Rührstücken über sein Lebensende, in denen sich das Publikum

41 Rousseau-Büste aus Ton von Jean-Antoine Houdon (Musée des Beaux Arts, Orléans)

an angeblich letzten Worten des großen Lehrers weiden kann. In den Theatern werden Rousseau-Büsten mit Lorbeer bekränzt. Der Bildhauer Houdon ist bereit, eine vielfach gewünschte und selbst von der verfassunggebenden Versammlung geforderte Statue herzustellen.

Feierlichkeiten und patriotische Feste inspirieren sich an den Vorstellungen der Volksfeste im *Brief an d'Alembert*, am 14. Juli 1790 zieht ein Festzug durch die Ruinen der Bastille und getragen wird eine mit Lorbeer geschmückte Rousseau-Büste aus einem Stein der gestürzten Festung. An den verschiedensten Orten wie Montmorency, Chambéry, Lyon, Genf und anderswo finden Feierlichkeiten mit Prozessionen und Gesängen statt.

In Genf werden erst am 12. Dezember 1792 alle Urteile gegen Rousseau und seine Werke von der Generalversammlung aufgehoben. Statuen werden aufgestellt, oft neben denen von Voltaire, und eine Insel in der Rhône, die Ile aux Barques, die früher als Anlegestelle und Munitionsdepot diente, wird zur Rousseau-Insel erklärt und mit einem großen Denkmal geschmückt. Aber erst im 19. Jahrhundert, im Februar 1830, wird eine Statue von Pradier feierlich und offiziell eingeweiht.

Nachdem in Paris die Kirche Sainte-Geneviève im April 1791 zum Panthéon, der Ehrungsstätte für die Großen der Nation, gemacht worden ist, ist die Überführung der sterblichen Überreste Rousseaus dorthin nur eine Frage der Zeit. Doch die Debatte dauert ein paar Jahre an. Girardin und andere wehren sich heftig dagegen, dass der Verstorbene aus der sorgfältig arrangierten naturnahen Umgebung gerissen wird; überdies stellt sich die Frage, ob Rousseau gemeinsam mit Voltaire im Panthéon ruhen kann. Im April 1794 war Thérèse, inzwischen ganz Republikanerin, mit einer Delegation im Nationalkonvent aufgetreten. In der dort gehaltenen Rede heißt es pathetisch: »Vorbei sind die Zeiten der Vorurteile und des Unrechts, in denen sich Girardin … die unschätzbaren Überreste dieses großen Mannes aneignen konnte … Dieser liebte die Freiheit, predigte die Gleichheit. Deshalb darf er nur den wahren Republikanern gehören.«[10] Am 11. Oktober 1794 gelangt Rousseaus Leichnam schließlich in einem feierlichen Umzug ins Panthéon in der französischen Hauptstadt und diese Feier kommt einer Apotheose des Genfer Uhrmachersohnes gleich. Rousseau aber ist durch diese Maßnahme nicht zum steinernen Standbild erstarrt. Sein Werk ist bis heute lebendig geblieben.

Anhang

Glossar der wichtigsten handelnden Personen in alphabetischer Reihenfolge

D'Alembert, Jean Le Rond (1717–1783) – Philosoph, Literat und Mathematiker, Aufklärer und wichtigster Mitstreiter Diderots für die *Enzyklopädie*, Mitglied der Akademie der Wissenschaften und der Académie française, in seiner fortschrittsorientierten Geschichtsauffassung und anderen Fragen Rousseaus Kontrahent.

Beaumont, Christophe de (1703–1781) – Erzbischof von Paris, Verfasser eines Hirtenbriefs (1762) gegen Rousseaus *Émile*, auf den der Autor mit einer Verteidigungsschrift, der *Lettre à Christophe de Beaumont*, antwortet.

Boufflers, Marie-Charlotte de (1724–1800) – Freundin Rousseaus und Maitresse des Fürsten von Conti, die am Hof verkehrt und dem verfolgten Rousseau den Weg ins englische Exil ebnet.

Boy de la Tour, Julie-Anne (1715–1780) – Nichte des mit Rousseau befreundeten Kaufmanns Daniel Roguin, in deren Haus der Philosoph drei Jahre seines Exils verbringt.

Buttafoco, Matthieu (1731–1806) – Anhänger der korsischen Unabhängigkeitsbewegung und Gesandter in Paris, der Rousseau mit einer Verfassung für Korsika beauftragt.

Calas, Jean (1689–1762) – hugenottischer Kaufmann in Toulouse, Opfer eines antiprotestantisch motivierten Justizirrtums, durch Intervention Voltaires rehabilitiert.

Chappuis, Marc (1714–1779) – Genfer Kaufmann, den Rousseau 1744 kennen lernt. Wichtiger Vertreter der Genfer Bürgerbewegung gegen Rechtsverstöße der Regierung.

De Chenonceaux, Jacques-Armand Dupin (1730–1667) – Sohn von M. und Mme Dupin, den Rousseau unterrichtet.

De Chenonceaux, Louise-Alexandrine – Ehefrau des Jacques Armand Dupin de Chenonceaux und damit Schwiegertochter der Madame Dupin.

Choiseul, Étienne-François, Duc de (1719–1785) – französischer Außenminister, von Mme de Pompadour gefördert; Freund der Enzyklopädisten, setzt sich für das Verbot der Jesuiten ein und trägt 1768 zur friedlichen Beendigung der politischen Auseinandersetzungen in Genf bei. Rousseau, der ihn durch den Herzog von Luxembourg kennt, hat größte Hochachtung vor ihm.

Coindet, François (1743–1809) – Bürger der Stadt Genf, der in Paris als Bankier arbeitet. Freund und Helfer Rousseaus, mit dem dieser häufig korrespondiert.

Condillac, Étienne Bonnot de (1715–1780) – Philosoph, unter Einfluss John Lockes Begründer des Sensualismus, von dem auch Rousseau beeinflusst wird. Dieser trifft Condillac in der ersten Zeit in Paris oft gemeinsam mit Diderot. Condillac ist zugleich Bruder des Abbé Mably und des Lyoner Polizei- und Justizoberhaupts Mably und Onkel der beiden ersten Zöglinge Rousseaus in Lyon.

Condorcet, Marie-Jean-Antoine, Marquis de (1743–1794) – Mathematiker, Astronom, Ökonom, Politiker und Staatstheoretiker, Mitglied der Akademie der Wissenschaften, Autor der Enzyklopädie.

Conti, Louis-François de Bourbon, Prince de (1717–1776) – Freund des Herzogs von Luxembourg, über den Rousseau ihn kennen lernt. Beschützer Rousseaus während der Verfolgung durch das Pariser Parlament und im Exil. Rousseau verbringt ein Jahr auf Contis Schloss in Trye.

Conway, Seymour – Chef des Auswärtigen Amtes in England, setzt sich bei König Georg III. für eine Pension für Rousseau ein.

Davenport, Richard – Besitzer des Hauses in Wooton, Derbyshire, in dem Rousseau von März 1766 und bis Mai 1767 lebt.

Deleyre, Alexandre (1726–1797) – Mitarbeiter der Enzyklopädie, Freund Diderots, der Rousseau oft besucht und mit ihm korrespondiert, auch nach dessen Zerwürfnis mit Diderot.

Diderot, Denis (1713–1784) – Philosoph und Schriftsteller, Autor zahlreicher Romane und Schriften, Chef und Spiritus rector der *Enzyklopädie*, enger Freund Rousseaus bis zu ihrem Bruch nach Rousseaus Rückzug in die Einsamkeit 1765 und seiner Abkehr vom Fortschrittsglauben der Enzyklopädisten.

Duchesne, Nicolas-Bonaventure (1712–1765) – einer der Pariser Verleger Rousseaus.

Duclos, Charles Pinot (1704–1772) – Romancier, Moralist und Mitglied der Académie française, als Nachfolger Voltaires Historiograph des Königs.

Deffand, Marie, Marquise du (1697–1780) – führt einen renommierten Salon in Paris, in dem alle Größen der Zeit verkehren, seit 1766 enge Freundin von Horace Walpole.

Du Peyrou, Pierre Alexandre (1729–1794) – Bürger von Neuchâtel, seit 1762 Freund und Unterstützer Rousseaus, dem dieser einen Teil seines literarischen Nachlasses überträgt.

Dupin, Claude (1681–1769) – Großbankier und Generalsteuerpächter, in dessen Haus Rousseau nach seiner Rückkehr aus Venedig als Sekretär arbeitet.

Dupin, Louise-Marie-Madeleine (1706–1799) – Ehefrau Claude Dupins; auch für sie ist Rousseau als Sekretär tätig, kurze Zeit auch als Erzieher des Sohnes Jacques-Armand Dupin de Chenonceaux.

Du Theil, Jean Gabriel (1679–1755) – Beamter im französischen

Außenministerium, bei dem sich Rousseau über die schlechte Behandlung durch den Botschafter in Venedig beklagt.

D'Épinay, Louise-Florence-Pétronille (1726–1783) – Ehefrau eines reichen Bürgers, Schriftstellerin, Freundin der Enzyklopädisten, die Rousseau auf ihrem Gut bei Montmorency bis zu ihrem Zerwürfnis 1758 Gastfreundschaft gewährt und danach seine Gegnerin wird, u.a. weil sich Rousseau von ihr nicht hat vereinnahmen lassen.

Francueil, Charles-Louis Dupin de (1716–1780) – Sohn von Claude Dupin aus erster Ehe, Generalsteuerpächter von Metz und des Elsass. Rousseau arbeitet im Hause Dupin auch für ihn als Sekretär und schreibt für ihn wissenschaftliche Arbeiten.

Francueil, Suzanne Dupin de – verheiratet mit Charles-Louis. An sie richtet Rousseau den Brief, in dem er vom Schicksal seiner Kinder berichtet.

Geoffrin, Marie-Thérèse (1711–1777) – empfängt in ihrem Pariser Salon alle Geistesgrößen der Zeit und unterstützt die Aufklärer.

Girardin, René-Louis, Comte d'Ermenonville, Marquis de (1735–1808) – der letzte Gastgeber Rousseaus für nur wenige Wochen. Auf seinem Gut in Ermenonville stirbt Rousseau im Sommer 1778.

Grimm, Friedrich Melchior, Baron von (1723–1807) – stammt aus Regensburg, lebt in Paris als Diplomat, ist Herausgeber der Zeitschrift *Correspondance littéraire*, zunächst ein Freund Rousseaus, später aber, inzwischen der Liebhaber Mme d'Épinays, sieht er in ihm einen Rivalen und verfolgt ihn unerbittlich in diffamierenden Schriften.

Guy, Pierre – Verleger in Paris, Teilhaber von Duchesne, der 1767 inhaftiert wird, auf Verlangen der Genfer Obrigkeit, die die Genfer Demokraten verfolgt.

Helvetius, Claude Adrien (1715–1771) – Philosoph, baute eine streng sensualistisch begündete praktische Philosophie auf, in der er das Prinzip der Selbstliebe in den Mittelpunkt stellte. Sein in Auseinandersetzung mit Locke entstandenes Hauptwerk »De l'esprit« wurde der Häresie und politischen Subversion verdächtigt und öffentlich verbrannt.

Holbach, Paul-Henri, Baron d' (1723–1789) – stammt aus Deutschland und lebt und veröffentlicht in Paris Artikel für die *Enzyklopädie*. Er ist materialistischer Philosoph und besitzt ein großes Vermögen. In seinem Haus verkehren viele Aufklärer und renommierte Persönlichkeiten.

D'Houdetot, Élisabeth Sophie (1730–1813) – Schwägerin der Mme d'Épinay und Maitresse von Saint-Lambert, ist Rousseaus einzige große und wahre Liebe. Er lernt sie während der Arbeit an der *Nouvelle Héloise* in Montmorency kennen. Die Begegnung mit ihr bleibt nicht ohne Einfluss auf den Roman.

Hume, David (1711–1776) – schottischer Herkunft, Philosoph der englischen Aufklärung, beliebter Gast der Pariser Salons seit seiner Zeit als englischer Botschaftssekretär 1763–1766. Begleitet Rousseau 1766 ins englische Exil und führt ihn dort in die Gesellschaft ein. 1767 überwirft sich Rousseau mit ihm und kehrt nach einer heftigen Kontroverse, die weite Kreise zieht, nach Frankreich zurück, obwohl er dort verfolgt wird.

D'Ivernois, François-Henri (1722–1778) – Genfer Kaufmann, der eine wichtige Rolle in der demokratischen Oppositionsbewegung spielt. Er besucht Rousseau mehrfach im Exil in Neuchâtel und korrespondiert mit ihm.

Keith, George, Lordmarschall von Schottland (1686–1778) – lebt selbst im Exil, da er in England auf Seiten der Stuarts stand. Er ist im Auftrag Friedrichs II. Statthalter des zu Preußen gehörenden Fürstentums Neuchâtel, protegiert Rousseau und ist sein väterlicher Freund.

La Poplinière, Alexandre-Joseph (1692–1762) – Großbankier und Kunst- und Musikmäzen. Durch ihn wird Rousseau als Musiker bekannt, denn er lässt in seinem Haus dessen erste Oper *Les Muses galantes* aufführen.

Lenieps, Toussaint-Pierre (1697–1774) – lebt seit 1731 als Bankier in Paris im Exil, da er sich für die radikalen Demokraten in Genf engagiert hatte. Er ist ein Freund Rousseaus und wird 1766, als sich die innenpolitischen Auseinandersetzungen in Genf verschärfen, auf Verlangen der Genfer Exekutive bis 1768 in die Bastille gesperrt.

Levasseur, Marie (gest. 1766) – Mutter von Thérèse Levasseur.

Levasseur, Thérèse (1721–1801) – Wäscherin und Näherin, Lebensgefährtin Rousseaus und spätere Ehefrau, verwaiste Mutter ihrer fünf gemeinsamen Kinder.

Luxembourg, Charles-François-Frédéric de Montmorency, Duc de (1702–1787) – Marschall von Frankreich, Gastgeber, enger Freund und Protektor Rousseaus.

De Luxembourg, Madeleine-Angélique – Ehefrau des Herzogs, Gastgeberin und Beschützerin Rousseaus.

Mably, Gabriel Bonnot de, Abbé (1709–1785) – Philosoph und Historiker, entwirft Sozialutopien, teilweise von Ideen Rousseaus beeinflusst.

Mably, Jean Bonnot de – Bruder des Abbé, höchster Polizei- und Justizbeamter in Lyon, dessen beide Söhne Rousseau 1740 mit wenig Erfolg unterrichtet, für die er aber eine erste Abhandlung über Erziehung mit einigen Selbstbetrachtungen verfasst.

Malesherbes, Chrétien-Guillaume de Lamoignon de – Staats- und Justizbeamter, Direktor des Buchwesens und Chef der Zensurbehörde, der die Aufklärer unterstützt und durch geschickte Manöver zahlreiche kritische Publikationen ermöglicht. Er ist Rousseau besonders zugetan, fördert und unterstützt ihn. Rousseau vertraut ihm und sendet ihm vier wichtige autobiografische Briefe, die den Beginn seiner Bekenntnisschriften markieren.

Mathas, Jacques-Joseph – Jurist in Montmorency, dessen Haus Rousseau mietet, nachdem er sich mit Mme d'Épinay entzweit hat.

Mirabeau, Victor Riquetti, Marquis de (1715–1789) – Ökonom, mit dem Rousseau korrespondiert und der ihm im Exil seine Schlösser als Aufenthaltsort anbietet.

Montaigu, Pierre-François-Aguste, Comte de (1692–1764) – französischer Botschafter in Venedig, als Rousseau dort Botschaftssekretär ist.

Montmollin, Frédéric-Guillaume de (1709–1783) – Pfarrer in Môtiers, dem Ort, an dem Rousseau im Exil in Neuchâtel lebte. Unterstützt Rousseau, toleriert dessen im *Émile* geäußerte Ideen und wird später unter Druck der Genfer Pfarrerschaft zu seinem Gegner.

Moultou, Jean Claude (1725–1787) – Genfer Pfarrer, enger Freund, Bewunderer und Nachlassverwalter Rousseaus.

Paoli, Pasquale di (1725–1807) – Führer des Aufstands der Korsen gegen die Republik Genua, der über Buttafoco bei Rousseau einen Verfassungsentwurf für die Insel in Auftrag gibt.

Rameau, Jean-Philippe (1683–1764) – Komponist und Musiktheoretiker, einer der Begründer der modernen Harmonielehre, Nachfolger des Hofkomponisten Jean-Baptiste Lully, Erneuerer der französischen Musik, Gegner und Rivale Rousseaus, der die Musik-Artikel für die Enzyklopädie und ein großes Musik-Lexikon schreibt.

Rey, Marc-Michel (1720–1780) – aus Genf stammender Verleger in Den Haag, der mehrere wichtige Werke Rousseaus verlegt, mit dem Autor befreundet ist und Thérèse Levasseur eine Rente gewährt.

Richelieu, Louis François, Herzog (1709–1788) – schätzte Rousseaus Musik.

Roguin, Daniel (1691–1771) – Bürger aus Yverdon und Freund Rousseaus, der diesen in Montmorency besucht und bei sich in Yverdon in der Schweiz aufnimmt, als er aus Frankreich vertrieben wird.

Saint-Lambert, Jean-François, Marquis de (1716–1803) – Militär und Literat am Hofe des Herzogs von Lothringen Stanislaus Leszczynski, Enzyklopädist, Liebhaber der Mme d'Houdetot, und Freund Rousseaus.

Saint-Pierre, Abbé de (1658–1743) – hat politische Schriften verfasst, die Rousseau teilweise überarbeitet, darunter ein Werk über die Herstellung eines dauerhaften Friedens in Europa.

Saint-Pierre, Jacques-Henri Bernardin de (1737–1814) – einer der letzten Freunde Rousseaus, ein schwärmerischer Bewunderer, Propagator seiner Ideen und Nachahmer seiner Werke, am bekanntesten ist der auf Mauritius spielende Roman *Paul et Virginie*.

Stanislaus Leszczynski (1677–1751) – König von Polen 1704–1709 sowie 1733–1735, Herzog von Lothringen und Schwiegervater Ludwigs XV. Rousseau korrespondiert mit ihm kontrovers über den *Ersten Diskurs*.

Tronchin, Jean-Robert (1710–1793) – Genfer Patrizier, Generalstaatsanwalt der Genfer Regierung, der in einer Streitschrift die unrechtmäßigen Maßnahmen Genfs gegen Rousseau rechtfertigt.

Tronchin, Louis-François – Sohn Théodore Tronchins, der in London lebt.

Tronchin, Théodore (1709–1781) – Angehöriger der Genfer Patrizier und berühmter Arzt, zugleich Sympathisant der Enzyklopädisten und zunächst auch Rousseaus, Freund Voltaires, ergreift schließlich Partei im Sinne Voltaires für die Genfer Oligarchie und gegen Rousseau.

Turgot, Anne-Robert (1727–1781) – Philosoph und Ökonom, Mitarbeiter der *Enzyklopädie*, versucht, als Generalkontrolleur der Finanzen die soziale Struktur Frankreichs zu modernisieren, und fällt in Ungnade. Zahlreiche ökonomische Schriften.

Verdelin, Marie-Madeleine, Marquise de (1728–1810) – begegnet Rousseau in Montmorency, besucht ihn im Exil und wird Zeugin der Steinwürfe der Bewohner von Môtiers, die Rousseau vertreiben wollen. Sie setzt sich dafür ein, dass Rousseau ins englische Exil gehen kann.

Vernes, Jacob (1728–1791) – konservativer Genfer Pfarrer, der seine Beziehung zu Rousseau nach Erscheinen des *Émile* beendet. Er wird von Rousseau verdächtigt, Autor des anonymen, von Voltaire verfassten Pamphlets zu sein, durch das die Öffentlichkeit erfährt, dass Rousseau seine Kinder ins Waisenhaus gegeben hat.

Voltaire (François-Marie Arouet) (1694–1778) – großer französischer Autor von Romanen, Theaterstücken, Gedichten, philosophischen Schriften und Pamphleten, von Rousseau verehrt. Im Lauf der Jahre nimmt die Rivalität zwischen beiden zu, sie tragen ihre Meinungsverschiedenheiten aus. Als sich Voltaire in Genf niederlässt, scheint dies Rousseau unerträglich, da er fürchtet, Voltaire verderbe die Sitten seiner Heimatstadt. Rousseau greift Voltaire an und dieser verfolgt ihn fortan mit bösen Diffamierungen. Innerhalb der Aufklärung nehmen beide unterschiedliche Positionen ein und stehen bis heute für zwei miteinander unvereinbare Richtungen.

Walpole, Horace, Count of Oxford (1717–1797) – englischer Kunstsammler und Autor mit großem Vermögen; Gast der Pariser Salons und Freund von David Hume, Geliebter der einflussreichen Mme du Deffand, die einen großen Salon führt. Rousseau schätzt er gering und hält nichts von dessen Ideen.

Warens, Françoise-Louise-Eléonore de (1699–1762) – adelige Protestantin aus Vevey am Genfer See, gegen Geld zum Katholizismus übergetreten und im Dienst des Königs von Sardinien und Herzogs von Savoyen. Sie steht dort in hohem Ansehen, kümmert sich um junge Konvertiten, darunter auch Rousseau, dessen Ersatzmutter und Liebhaberin sie wird. Sie stirbt verarmt, weil sie sich mit zahlreichen Geschäften und Spekulationen ruiniert hat.

Wielhorski, Michał (1759–1817) – polnischer Adliger und Gesandter des Bündnisses polnischer Adeliger gegen den von Katharina II. eingesetzten König und die Protektoratsherrschaft Russlands über Polen. Er wendet sich an Rousseau, weil er Unterstützung für den polnischen Freiheitskampf und Anregungen für eine polnische Verfassung sucht. Rousseau schreibt daraufhin ein Werk mit dem Titel *Betrachtungen für eine Regierung in Polen.*

Wintzenried de Courtilles, Jean-Samuel-Rodolphe (1716–1772) – wird Rousseaus Rivale bei Mme de Warens und kümmert sich auch um ihre Geschäfte. Rousseau zieht sich daraufhin in die Einsamkeit zurück, wo er sich autodidaktischen Studien widmet und zu schreiben beginnt.

Zeittafel

1712 Geburt von Jean-Jacques Rousseau als Sohn des Uhrmachers Isaac Rousseau und seiner Frau Suzanne Bernard. Die Mutter stirbt nach der Geburt.

1717 Isaac Rousseau verkauft sein Haus im vornehmen Patrizierviertel und zieht in das Handwerkerquartier Saint-Gervais.

1717 Vater und Sohn lesen gemeinsam Romane, Geschichtsbücher und Philosophen, vor allem Plutarch.

1722 Nach einem Streit mit einem Patrizier muss Isaac Rousseau Genf verlassen. Jean-Jacques wird mit seinem Vetter zu einem Landpfarrer in Pension gegeben.

1724 Lehre bei einem Gerichtsschreiber, danach bei einem Graveur.

1728 Flucht aus Genf nach Annecy in Savoyen, Begegnung mit Mme de Warens, die ihn in mütterlicher Fürsorge bei sich aufnimmt. Konvertierung zum Katholizismus. Lakai in Turin in adeligen Häusern. Man erkennt sein Talent und fördert ihn.

1729–1731 Rückkehr zu Mme de Warens. Ausbildung im Priesterseminar und Chorknabe an der Kathedrale von Annecy.

1730–1731 Musiklehrer in Lausanne und Neuchâtel, erste Reise nach Paris, dort Lakai im Dienst eines Oberst. Umzug nach Chambéry, dem neuen Wohnort von Mme de

Warens. Schreiber im Katasteramt. Arbeit an der Komödie *Narcisse*.

1732–34 Musiklehrer in Chambéry. Liebesbeziehung mit Mme de Warens. Geschäftsführer ihrer Unternehmungen.

1735 Aufenthalt im Sommerhaus in Les Charmettes mit Mme de Warens. Reisen zu Pferd nach Besançon, Lyon, Genf, Montpellier. Bei der Rückkehr hat Mme de Warens Jean-Jacques durch einen Nachfolger für beide Funktionen ersetzt. Rückzug nach Les Charmettes.

1739–1739 Autodidaktische Studien in Naturwissenschaften, Geschichte, Philosophie.

1740 Erzieher der Kinder des Polizei- und Justizoberhaupts de Mably in Lyon. Text über Erziehung mit autobiografischen Zügen: *Projet pour l'éducation de M. de Sainte-Marie*, »Plan für die Erziehung von Monsieur de Sainte-Marie«.

1741–1742 Rückkehr nach Chambéry, Reise nach Paris. Präsentation eines neuen Musiknotierungssystems vor der Akademie der Wissenschaften.

1743–1744 Begegnung mit Diderot. *Dissertation sur la musique moderne*, »Erörterung über moderne Musik«. Sekretär bei der Bankiersfamilie Dupin. Sekretär des französischen Botschafters in Venedig.

1744–1745 Rückkehr nach Paris nach Zerwürfnis mit dem Botschafter. Arbeit bei Dupin. Oper *Les muses galantes*, »Die galanten Musen«, Bearbeitung von Voltaires und Rameaus Oper *Les Fêtes de Ramire*, »Die Feste des Ramirus«. Liaison mit der Wäscherin Thérèse Levasseur.

1746–1747 Geburt des ersten Kindes mit Thérèse Levasseur, das ins Findelhaus gebracht wird.

1748–1749 Begegnung mit Mme d'Épinay, Frau eines Bankiers und Freundin der Enzyklopädisten. Artikel über Musik für die *Enzyklopädie*.

1749–1750 Ein weiteres Kind wird geboren. Besuche bei Diderot, der wegen verbotener Schriften inhaftiert ist. Antwort auf die Preisfrage der Akademie von Dijon »Hat der Wiederaufstieg der Wissenschaften und Künste zur Läuterung der Sitten beigetragen?«. *Erster Diskurs. Über Künste und Wissenschaften.* Erster Preis der Akademie.

1751–1752 Geburt des dritten Kindes, das wie die beiden ersten ins Findelhaus gebracht wird. In den folgenden Jahren werden noch zwei weitere geboren, die dasselbe Schicksal erfahren. Arbeit in der Bank Dupin-Francueil. Aufführung der Oper *Le Devin du Village*, »Der Dorfwahrsager«, vor dem König. Arbeit als Notenkopist, um unabhängig zu sein.

1753 *Lettre sur la musique française*, »Brief über die französische Musik«, der eine heftige Kontroverse auslöst, weil er die italienische Musik der französischen vorzieht.

1754 Reise nach Genf, Rekonvertierung zum protestantischen Glauben und Wiedererlangung der Rechte eines Citoyen de Genève.

1755 Neue Preisfrage der Akademie von Dijon: »Was ist der Ursprung der Ungleichheit unter den Menschen und ist sie im Naturgesetz begründet?« Rousseaus Antwort *Second discours. Sur l'origine de l'inégalité parmi les hommes*, »Zweiter Diskurs. Über den Ursprung der Ungleichheit unter den Menschen«. Artikel »Politische Ökonomie« für die *Enzyklopädie*.

1756 Umzug aufs Land in die Hermitage, das Landhaus von

Mme d'Épinay. *Lettre sur la providence*, »Brief über die Vorsehung«, als Antwort auf Voltaires Gedicht über das Erdbeben in Lissabon. Überarbeitung der nachgelassenen Manuskripte des Abbé de Saint-Pierre. Beginn des Romans *Julie ou la Nouvelle Héloise*, »Julie oder Die neue Héloise«.

1757 Liebesaffäre mit Sophie d'Houdetot, die den Roman *Julie* beeinflusst. Auseinandersetzungen mit Diderot und Mme d'Épinay.

1758 *Profession de foi du vicaire savoyard*, »Glaubensbekenntnis des Geistlichen aus Savoyen«, später Teil des *Émile. Lettre à d'Alembert sur le spectacle*, »Brief an d'Alembert über das Schauspiel« zur Frage der Eröffnung eines Theaters in Genf. Zerwürfnis mit den Enzyklopädisten.

1759 Umzug nach Montmorency, Freundschaft mit dem Marschall von Luxembourg, dem Herrn von Montmorency.

1760 Arbeit am *Contrat Social*, dem »Gesellschaftsvertrag«, und dem *Émile*. Der Roman *Julie oder die neue Héloise* gedruckt.

1761 Gesellschaftsvertrag vollendet. Der *Émile* wird gedruckt. Der Verleger Rey schlägt Rousseau vor, seine Memoiren zu schreiben.

1762 *Briefe an Malesherbes*, den Chef der Zensurbehörde, eine autobiografische Skizze. Veröffentlichung des *Gesellschaftsvertrags* und des *Émile*. Verbrennung des *Émile*, Haftbefehl gegen den Autor. Flucht in die Schweiz nach Yverdon. Danach Exil im Dorf Môtiers im zu Preußen gehörenden Neuchâtel.

1763 Plan, Memoiren mit dem Titel *Confessions*, »Bekenntnisse« zu schreiben. *Lettre à Christophe de Beaumont*, »Brief an Christophe de Beaumont«, den Erzbischof von Paris, zur Verteidigung des *Émile*.

1764 Die *Lettres de la montagne*, »Die Briefe vom Berg«, Verteidigungsschrift gegen Angriffe des Genfer Staatsanwalts Tronchin auf den *Émile* und den *Gesellschaftsvertrag*. Botanisieren als Ausdruck von Naturnähe und Selbstfindung. Angriff Voltaires auf Rousseau in einem anonymen Brief, in dem er verrät, dass Rousseau seine Kinder ins Findelhaus gegeben hat. Beginn der Arbeit an den *Bekenntnissen*. Unterstützung des Genfer Bürgertums gegen die Oligarchen. Arbeit an einem Verfassungsentwurf für Korsika auf Bitten korsischer Freiheitskämpfer.

1765 Verbot der *Briefe vom Berg* in Den Haag und Paris. Streit mit den Pfarrern von Neuchâtel. Vertreibung Rousseaus. Flucht über Bern und Straßburg nach Paris mit dem Ziel England auf Einladung des Philosophen David Hume. Schutz des Prinzen Conti.

1766 Exil in England. Arbeit an den *Bekenntnissen*. Rousseau fühlt sich von den früheren Freunden und einer anonymen Verschwörung verfolgt. Zerwürfnis mit Hume. Furcht unter den Pariser Aufklärern und ihren Freunden vor möglichen Enthüllungen in seinen Memoiren. Hume veröffentlicht Dossier über seinen Streit mit Rousseau.

1767 Rückkehr nach Frankreich, Unterkunft beim Marquis de Mirabeau, danach im Schloss des Prinzen Conti in Trye unter dem Namen Renou.

1768 Verfolgungsideen verstärken sich. Rousseau reist nach Lyon, Grenoble und Bourgoin, er steht unter dem Schutz Contis. 30. August: Heirat mit Thérèse.

1769 Reise zu Conti nach Pougues bei Nevers, Rückzug in das Dorf Montquin in den Bergen, Arbeit am zweiten Teil der *Bekenntnisse*.

1770 Reise nach Lyon und Rückkehr nach Paris, um seine »Feinde« öffentlich zur Rede zu stellen. Wird in Paris toleriert. Lebt in kleiner Wohnung mit Thérèse, wo er Besucher aus ganz Europa empfängt. Öffentliche Lesung der *Bekenntnisse*.

1771 Weitere Lesungen der *Bekenntnisse* in Salons bis zum Verbot durch die Polizei auf Betreiben von Mme d'Épinay. Arbeit an einem Plan für eine Verfassung Polens. Begegnung mit Bernardin de Saint-Pierre, einem Schüler und Verehrer.

1772–1776 Arbeit als Notenkopist. Entstehung von *Rousseau richtet über Jean-Jacques*. Tod des Prinzen Conti. Beginn der Arbeit an *Träumereien des einsamen Spaziergängers*.

1777 Zurückgezogenes Leben in Paris, viele prominente Besucher. Botanisieren und Arbeit an *Träumereien*.

1778 Rousseau vertraut dem Genfer Pfarrer Moultou Manuskripte der *Bekenntnisse* an. Umzug nach Ermenonville zum Marquis de Girardin, einem Verehrer Rousseaus, der seinen Park nach Vorlage der *Nouvelle Héloise* gestaltet hat. 2. Juli: Tod durch Schlaganfall. Beisetzung auf einer mit Pappeln bepflanzten Insel im Park von Ermenonville.

1782 Die *Bekenntnisse* und *Träumereien* erscheinen.

1794 Überführung der sterblichen Überreste Rousseaus ins Panthéon.

Anmerkungen

Abkürzungen: GW = Französische Gesamtausgabe der Werke. K = Korrespondenz.

Vorwort

1 GW Bd IV, S. 260f.
2 zit. nach Klaus Reich, Rousseau und Kant, in: Rousseau und die Folgen. In: Neue Hefte für Philosophie, 29, 1989, S. 81
3 von Hentig, Rousseau oder die wohlgeordnete Freiheit, S. 107

1. Das protestantische Rom

1 GW Bd I, S. 5
2 Beide Hinweise erhielt ich von der Genferin Mme Edith-Renée Fiedler, der ich an dieser Stelle herzlich danke.

2. Das verlorene Paradies

1 GW Bd I, S. 7
2 GW Bd I, S. 8
3 GW Bd I, S. 4
4 GW Bd I, S. 12
5 GW Bd I, S. 15
6 GW Bd I, S. 15. Rousseau irrt sich hier in der Angabe seines Alters, denn er ist bereits gut zehn Jahre alt.
7 GW Bd I, S. 20
8 GW Bd I, S. 27
9 GW Bd I, S. 29
10 GW Bd I, S. 30

3. Wege und Irrwege

1 GW Bd I, S. 46
2 GW Bd II, S. 69
3 Bernardin de Saint-Pierre, La vie et l'oeuvre, S. 94
4 GW Bd I, S. 1034
5 GW Bd I, S. 89
6 GW Bd I, S. 91f.
7 GW Bd I, S. 102
8 GW Bd I, S. 107
9 GW Bd I, S. 106
10 GW Bd I, S. 109
11 GW Bd I, S. 109

12 GW Bd I, S. 119
13 GW Bd I, S. 144
14 GW Bd I, S. 159
15 GW Bd I, S. 164

4. Geliebte Mutter

1 GW Bd I, S. 197
2 GW Bd I, S. 197
3 GW Bd I, S. 201
4 GW Bd I, S. 225f.
5 GW Bd III, S. 22
6 K Bd I, S. 64
7 GW Bd I, S. 264
8 GW Bd I, S. 266
9 GW Bd I, S. 266
10 GW Bd I, S. 99
11 GW Bd I, S. 267
12 GW Bd IV, S. 8f.
13 GW Bd IV, S. 35–54

5. Paris – Venedig – Paris

1 K Bd I, S. 196
2 K Bd I, S. 312
3 GW Bd I, S. 322

6. Die République des lettres

1 K Bd II, S. 84f.
2 GW Bd I, S. 134
3 GW Bd I, S. 342
4 GW Bd I, S. 344f.
5 K Bd II, S. 109
6 s. auch Starobinski, Sur la maladie de Rousseau, in: La transparence et l'obstacle, S. 430–444
7 GW Bd I, S. 1965
8 GW Bd I, S. 1108

7. Die Erleuchtung von Vincennes

1 GW Bd I, S. 1135; K Bd X, S. 26; GW Bd I, S. 829, 1015.
2 GW Bd III, S. 9, 17
3 GW Bd III, S. 30
4 Diderot, Werke Bd V, S. 85–104
5 GW Bd III, S. 3
6 GW Bd III, S. 49
7 GW Bd III, S. 49f.
8 GW Bd I, S. 412f.
9 GW Bd I, S. 1015
10 GW Bd I, S. 1015
11 K Bd II, S. 142–144; GW Bd I, S. 416

8. Der Buffonistenstreit

1 Discours préliminaire de l'Encyclopédie, Bd I, Paris, 1751, 5. Juni 1751
2 GW Bd II, S. 972
3 GW Bd V, S. 131, 187–189

9. Der Naturmensch

1 GW Bd III, S. 49
2 GW Bd III, S. 132; siehe zu der gesamten Frage auch den Essay über den Ursprung der Sprache, GW Bd V, S. 227–432
3 GW Bd III, S. 171
4 GW Bd III, S. 187
5 GW Bd III, S. 164
6 GW Bd III, S. 967
7 K Bd III, S. 347
8 K Bd X, S. 281; K Bd V, S. 32
9 GW Bd III, S. 115
10 Brief an Malesherbes, GW I, S. 1143
11 K Bd III, S. 7
12 GW Bd III, S. 245
13 GW Bd III, S. 271
14 K Bd III, S. 156–158
15 K Bd III, S. 164–166
16 K Bd III, S. 239

10. Traumgestalten

1 GW Bd I, S. 1138
2 GW Bd I, S. 409
3 GW Bd III, S. 600, 178f.
4 GW Bd I, S. 427
5 K Bd III, S. 174
6 GW Bd I, S. 430
7 K Bd IV, S. 138

11. Liebe und Tugend

1 GW Bd I, S. 439
2 GW Bd I, S. 427, 440
3 K Bd IV, S. 327, 346
4 K Bd IV, S. 274
5 K Bd III, S. 162
6 K Bd IV, S. 332, 562
7 GW Bd IV, S. 1143
8 GW Bd II, S. 107
9 K Bd VI, S. 297
10 K Bd IV, S. 358
11 K Bd IV, S. 325
12 K Bd IV, S. 332
13 K Bd IV, S. 372
14 K Bd III, S. 227

15 K Bd IV, S. 399
16 GW Bd II, S. 231–234
17 GW Bd I, S. 499

12. Theater in der Stadt Calvins

1 K Bd V, S. 65f.
2 K Bd V, S. 184
3 GW Bd V, S. 120
4 *Correspondance littéraire*, Bd IV, S. 53–101
5 K Bd V, S. 217
6 K Bd V, S. 220
7 K Bd VI, S. 50, 54f., 77–79, 110f., 116f., 128f., 130ff.
8 K Bd VII, S. 195
9 K Bd VII, S. 581
10 GW Bd I, S. 513
11 GW Bd IV, S. 243
12 K Bd VII, S. 98
13 s. Th. Bartling 1977, S. 241–263
14 K Bd VII, S. 24
15 K Bd VII, S. 137
16 K Bd VII, S. 332
17 s. G. Capon, R. Yves Plessis, 1907

13. Erziehung zum Menschen und Bürger

1 GW Bd IV, S. 468
2 GW Bd IV, S. 470
3 GW Bd IV, S. 688
4 GW Bd IV, S. 581
5 GW Bd IV, S. 607
6 GW Bd IV, S. 703
7 GW Bd I, S. 934
8 K Bd XXI, S. 248

14. Die ideale Republik

1 GW Bd III, S. 367
2 GW Bd III, S. 381
3 K Bd XVI, S. 76
4 R. Barny, 1985

15. Der Meister der schönen Seelen

1 K Bd V, S. 137
2 R. Trousson, Jean-Jacques jugé par ses contemporains, S. 126–249
3 K Bd VIII, S. 343–346, 347–350
4 Voltaire's Correspondence. Bd XXIII, S. 35; Bd XXIII, S. 98
5 K Bd VIII, S. 88
6 K Bd IX, S. 15–17
7 K Bd IX, S. 89, 92, 94

16. Der unzähmbare Geist der Freiheit

1 K Bd IX, S. 264
2 K Bd IX, S. 323–328
3 K Bd IX, S. 347f.
4 K Bd IX, S. 355
5 GW Bd I, S. 1131; die Vier Briefe an Malesherbes S. 1131–1147
6 GW Bd I, S. 1137
7 GW Bd I, S. 1140f.
8 GW Bd T, S. 1143
9 GW Bd I, S. 1144f.
10 K Bd IX, S. 137–139, 200f., 304–306, 363; Bd X, S. 111f., 170f., 212; 256f.
11 K Bd X, S. 307
12 K Bd X, S. 102f., 156
13 GW Bd I, S. 564
14 K Bd X, S. 45 f., 113
15 K Bd X, S. 278–280; Bd XI, S. 24

17. Scheiterhaufen

1 GW Bd I, S. 1055
2 K Bd XI, S. 25
3 K Bd XI, S. 43
4 K Bd XI, S. 36
5 GW Bd I, S. 579
6 GW Bd I, S. 580
7 K Bd XI, S. 263–266
8 GW Bd I, S. 583
9 GW Bd II, S. 1220f.
10 GW Bd I, S. 686f.

18. Im preußischen Exil

1 K Bd XI, S. 139
2 K Bd XI, S. 145; Voltaire's Correspondence, Bd XXV, S. 31f., Diderot K, Bd IV, S. 5, 72
3 K Bd XI, S. 52, 73, 86; K Bd XI, S. 196; K Bd XI, S. 197
4 K Bd XI, S. 29
5 K Bd XI, S. 61f.
6 K Bd XI, S. 298ff.
7 K Bd XII, S. 133
8 K Bd XI, S. 126
9 K Bd XIII, S. 19
10 K Bd XII, S. 1
11 K Bd XII, S.127
12 K Bd XII, S. 204
13 K Bd XIV, S. 204ff.

19. Die Rebellion der Citoyens

1 GW Bd IV, S. 927; S. 961
2 K Bd XVII, S. 98

3 K Bd XVII, S. 246f.
4 GW Bd III, S. 686
5 GW III, S. 686

20. Gefährliche Gegner
1 Boswell, Besuch bei Rousseau, S. 51f.
2 K Bd XXII, S. 253
3 K Bd XXII, S. 337
4 K Bd XXIII, S. 99f.

21. Menschenjagd
1 K Bd XXVI, S. 155f.
2 K Bd XXVI, S. 187
3 GW Bd I, S. 1044f.
4 K Bd XXVII, S. 148

22. Die Mauer des Schweigens
1 K Bd XXVIII, S. 347–350
2 K Bd XXIX, S. 28
3 K Bd XXIX, S. 69
4 GW Bd I, S. 781
5 K Bd XXIX, S. 76
6 K Bd XXIX, S. 135
7 K Bd XXIX, S. 193
8 K Bd XXX, S. 146
9 K Bd XXX, S. 145, 211

23. Rechtfertigung und Leiden
1 GW Bd I, S. 5

24. Das Schloss des Prinzen Conti
1 K Bd XXX, S. 190
2 K Bd XXXIV, S. 76, 99
3 K Bd XXXIV, S. 50
4 K Bd XXX, S. 264

25. Das undurchdringliche Gebäude der Finsternis
1 K Bd XXXVI, S. 26
2 GW Bd I, S. 1183–1184
3 K Bd XXXVI, S. 49–52
4 K Bd XXXVI, S. 62
5 K Bd XXXV, S. 202
6 Die Korrespondenz findet sich in K Bd XXXVII, S. 13–24
7 K XXXVIII, S. 59
8 K Bd XXXVII, S. 88
9 GW Bd I, S. 589
10 K Bd XXXVII, S. 183, 207, 342
11 K Bd XXXVII, S. 248–268

26. Rousseau richtet über Jean-Jacques

1 Über den Besuch von Ligne s. Trousson. In: Annales de la société Jean-Jacques Rousseau, XLII, 1999, S. 237–250.
2 GW Bd I, S. 656
3 K Bd XXXVIII, S. 180, 263
4 K Bd XXXIV, S. 322
5 GW Bd I, S. 706–709

27. Die Suche nach dem inneren Selbst

1 GW Bd I, S. 982
2 GW Bd I, S. 978f., zum gesamten Bericht s. S. 977–990
3 K Bd XXXVIII, S. 180, 263
4 GW Bd I, S. 995
5 GW Bd I, S. 996
6 GW Bd I, S. 1010
7 GW Bd I, S. 1005
8 GW Bd I, S. 1046
9 GW Bd I, S. 1045
10 K Bd IX, S. 336–339

28. Naturidylle und Panthéon

1 Diderot, Werke Bd XXV, S. 119f.
2 K Bd XLI, S. 297
3 W. Katz, Le Rousseauisme avant la Révolution, *DHS*, Bd III, 1971, S. 205–222; J. Trousson, »Rousseau et sa fortune littéraire«
4 Germaine de Staël, Lettres sur les ouvrages et le caractère de J.-J. Rousseau, Paris 1788, S. 126
5 B. Baczko, »Brûler Diderot«, Annales de la société Jean-Jacques Rousseau, XI, II, 1999, S. 351–401
6 A. Soboul, Classes populaires et rousseauisme sous la Révolution, in: *Annales historiques de la Révolution française*, LX, 1978, S. 608–640
7 CCC, XLVI, S. 407
8 B. Baczko, Rousseau, Solitude et communauté, S. 396
9 R. Barny, Le Comte d'Antraigues: un disciple aristocrate de J.-J Rousseau, Oxford, 1991
10 Ch. Guyot, Plaidoyer pour Thérèse Levasseur, S. 180f.

Bibliographie

Werke von Rousseau

Die Werke Rousseaus werden nach der französischen fünfbändigen Gesamtausgabe als GW zitiert. (Ü: C. L.)

Rousseau, J.-J.: Les Confessions, Oeuvres complètes (Gesamtausgabe in 5 Bänden). Ed.: Bernard Gagnebin und Marcel Raymond. Paris 1959–1995, Bd. I, S. 1–656.
Dt.: Die Bekenntnisse. Ü: A. Semerau. In: Werke in vier Bänden. München 1978.

Rousseau juge de Jean-Jacques. Dialogues, Oeuvres complètes Bd. I., S. 657–992.
Dt.: Rousseau richtet über Jean-Jacques. Gespräche. In: Jean Jacques Rousseau. Schriften in zwei Bänden. Ed.: H. Ritter, Bd. II, Frankfurt am Main 1988, S. 253–636.

Quatre Lettres à M. le Président de Malesherbes, Oeuvres complètes, Bd. I, S. 1130–1147.
Dt: Vier Briefe an den Präsidenten von Malesherbes. In: Jean-Jacques Rousseau. Schriften in zwei Bänden. Ed.: H. Ritter. Frankfurt am Main 1988.

Les Rêveries d'un promeneur solitaire, Oeuvres complètes, Bd. I, S. 993–1099.
Dt: Die Träumereien des einsamen Spaziergängers. Ü: D. Leube. München 1978.

Discours sur les sciences et les arts, Oeuvres complètes, Bd. III, S. 1–30.
Discours sur l'origine et les fondements de l'inégalité parmi les hommes, Oeuvres complètes, Bd. III, S. 109–194.
Dt.: Über Kunst und Wissenschaft. Über den Ursprung der Ungleichheit unter den Menschen. Zweisprachige Ausgabe, eingeleitet übersetzt und kommentiert von K. Weigand, Hamburg 1955.

Du Contrat social ou Principes du droit politique, Oeuvres complètes, Bd. III, S. 347–470.
Dt: Der Gesellschaftsvertrag oder Grundlagen des Staatsrechts. Ü: F. Roepke, Rudolstadt, o. J.

Émile ou de l'éducation, Oeuvres complètes, Bd. IV, S. 239–868.
Dt.: Emil oder Über die Erziehung. Ü: J. Esterhues, Paderborn 1958.

Julie ou la Nouvelle Héloise, Lettres de deux amants, Oeuvres complètes, Bd. II, S. 1–793.
Dt.: Julie oder Die neue Héloise. Ü: J. Gelius. München 1988.

Essai sur l'origine des langues. Ed. Ch. Porset. Bordeaux 1968.

Lettre à d'Alembert sur les spectacles, Oeuvres complètes, Bd. V.
Dt.: Brief an d'Alembert über das Schauspiel. In: Jean-Jacques Rousseau. Schriften in zwei Bänden. Ed: H. Ritter. Frankfurt am Main 1988.

Lettre à Christophe de Beaumont, Oeuvres complètes, Bd. IV, S. 925–1007.
Dt: Brief an Christophe de Beaumont. In: Schriften in vier Bänden, München 1978.
Lettres écrites de la montagne, Oeuvres complètes, Bd. III, S. 693–897.
Correspondance complète de Jean-Jacques Rousseau. Ed.: A. Leigh, 52 Bde, Oxford 1965–1998. (zit. unter K, Ü: C. L.)
Dt.: Korrespondenzen. Eine Auswahl. Ed.: W. Schröder, Ü: G. Hohl. Leipzig 1992.

Literaturverzeichnis

Archer, R. L.; Frost, S. E.: Jean Jacques Rousseau: His educational theories selected from Émile, Julie and other writings. New York 1964.
Ariès, Ph.: L'enfant et la vie familiale sous l'Ancien Régime. Paris 1973. Dt: Geschichte der Kindheit. München/Wien 1975.
Baczko, B.: Rousseau. Solitude et communauté. Civilisation et sociétés 30. Ü aus dem Polnischen Claire Brendhle-Lamhout. Paris/Den Haag 1974.
Badinter, E.: L'amour en plus. Histoire de l'amour maternel XVIIe –XXe siècle. Paris 1983. Dt.: Die Mutterliebe. Geschichte eines Gefühls vom 17. Jahrhundert bis heute. München 1984.
Barguillet, F.: Rousseau ou l'illusion passionnée. Les rêveries du promeneur solitaire. Paris 1991.
Barth, K.: Die protestantische Theologie im 19. Jahrhundert. Ihre Vorgeschichte und ihre Geschichte. Zürich, 3. Aufl. 1960.
Binz, L.: Brève histoire de Genève. Chancellerie d'état Genève, 3. Aufl. 2000.
Boswell, J.: Besuch bei Rousseau und Voltaire. Ed.: F. A. Pottle, Ü: Fritz Güttinger. Frankfurt 1981.
Boyer, N.: La Guerre des Buffons et la musique française. Paris 1945.
Brooks, R. A.: Rousseau's antifeminism in the Lettre à d'Alembert and Émile. In: Literature and history in the age of Ideals, essays presented to G. R. Havens. Ohio State University Press 1975, S. 209–227.
Burgelin, P.: La philosophie de l'existence de J.-J. Rousseau. Paris 1950.
Cassirer, E.: Das Problem Jean-Jacques Rousseau. In: E. Cassirer, J. Starobinski, R. Darnton: Drei Vorschläge, Rousseau zu lesen. Frankfurt am Main 1995, S. 7–78.
Courtois, L. J.: Chronologie critique de la vie et des oeuvres de J.-J. Rousseau. Annales de la société Jean-Jacques Rousseau XV, Genf 1923.
Cranston, M.: The Noble Savage, Jean-Jacques Rousseau, 1754–1762. Chicago 1983.
Debesse, M.: L'influence pédagogique de l'Émile depuis deux siècles. Ses formes, son évolution. In: Jean-Jacques Rousseau et son oeuvre, Problèmes et recherches. Paris 1964, S. 205–217.
Derathé, R.: Jean-Jacques Rousseau et la science politique de son temps. Paris, 2. Aufl. 1979.
Diderot: Oeuvres complètes. Ed.: H. Dieckmann, J. Proust, J. Varloot. Paris 1976
Diderot & d'Alembert: L'encyclopédie, Dictionnaire raisonné des sciences, des arts et des métiers. Bd. I. Paris 1751, reprint Stuttgart/Bad Canstatt 1966.
Dufour, A.: Histoire de Genève. Paris 1997.
Elias, N.: Die höfische Gesellschaft. Soziologische Texte, 54, Neuwied, 2. Aufl. 1975.

Erikson, E. H.: Kindheit und Gesellschaft. Stuttgart, 2. Aufl. 1965.
Fabre, J.: Jean-Jacques Rousseau et le prince de Conti. Annales de la société Jean-Jacques Rousseau XXXVI, 1963–1965, S. 16–24.
Fetscher, I.: Rousseaus politische Philosophie. Frankfurt, 3. Aufl. 1975.
Fetscher, I.: Jean-Jacques Rousseau: Ethik und Politik. In: Rousseau und die Folgen. Ed.: R. Bubner, K. Cramer, R. Wiehl. Neue Hefte für Philosophie, 29, Götttingen 1989, S. 1–23.
Gagnebin, B.: Vérité et véracité dans les confessions. In: Jean-Jacques Rousseau et son oeuvre, Problèmes et recherches. Paris 1964, S. 1–27.
Gaul, J.-P.: Jean-Jacques Rousseau. München 2001.
Goldschmidt, G. A.: Rousseau et l'esprit de solitude. Paris 1978.
Gouthier, H.: Rousseau et Voltaire, Portraits dans deux miroirs. Paris 1984, S. 55–59.
Gribble, D.: Auf der Seite der Kinder. Weinheim und Basel 1991.
Guéhenno, J.: Jean-Jacques, Histoire d'une conscience. Zwei Bände, Paris 1962.
Guyot, Ch.: Plaidoyer pour Thérèse Levasseur. Neuchâtel 1962.
Harig, L.: Rousseau, Der Roman vom Ursprung der Natur im Gehirn. München 1978.
Hauser, A.: Sozialgeschichte der Kunst und Literatur. München 1953.
Hentig, H. von: Rousseau oder Die wohlgeordnete Freiheit. München 2003.
Holmsten, G.: Jean-Jacques Rousseau. Reinbek 1972.
Kraft, V.: Rousseaus »Émile«, Lehr- und Studienbuch. Bad Heilbrunn, 3. Aufl. 1997.
Labrosse, C.: Lire au XVIIIe siècle, La Nouvelle Héloise et ses lecteurs. Lyon 1985.
Lanson, G.: L'unité de la pensée de J. J. Rousseau. Annales de la société Jean-Jacques Rousseau, Bd. VIII, Genf 1912.
Launey, M.: Rousseau et Gustave III de Suède, RLC XXXII. 1958.
Launey, M.: Jean-Jacques Rousseau et son temps. Paris 1969.
Le Roy Ladurie, E.: L'ancien Régime II., 1715–1770. Paris 1991.
Levèvre, Ph.: Jansénistes et catholiques contre Rousseau: essai sur les circonstances religieuses de la condamnation de l'Émile à Paris. Annales de la société Jean-Jacques Rousseau XXXVII, Genf 1966–1968, S. 129–148.
Levi-Strauss, Cl.: Jean-Jacques Roussseau fondateur des sciences de l'homme. In: Jean-Jacques Rousseau. Neuchâtel 1962, S. 239–248.
Mairet, G.: Les doctrines du pouvoir: La formation de la pensée politique. Paris 1978.
May, G.: Rousseau. Paris, 2. Aufl. 1994.
Nalbantian, S.: Memory in Literature. From Rousseau to neuroscience. New York 2003.
Plutarch: Von der Ruhe des Gemüts und andere philosophische Schriften. Ed.: B. Snell, Zürich 1948.
Plutarch: Große Griechen und Römer. Eingeleitet und übersetzt von Konrad Ziegler, Zürich 1955.
Rang, M.: Rousseaus Lehre vom Menschen. Göttingen 1959.
Reich, K.: Rousseau und Kant. In: Rousseau und die Folgen. Ed.: R. Bubner, K. Cramer, R. Wiehl. Neue Hefte für Philosophie, 29, Göttingen 1989, S. 80–96.
Ricatte, R.: Réflexions sur les Rêveries. Paris 1965.
Saint-Pierre, B. de: La vie et les ouvrages de Jean-Jacques Rousseau. Ed.: M. Souriau, Paris 1907.

Snyders, G.: Le goût musical en France aux XVIIe et XVIIIe siècles. Paris 1968.
Staël, G. de: Lettres sur les ouvrages et le caractère de J.-J. Rousseau. Paris 1788, Genève, 1979.
Staël, G. de: Considérations sur la Révolution française. Ed.: J. Godechot, Paris 1983.
Starobinski, J.: La Transparence et l'obstacle suivi de Sept essais sur Rousseau. Paris 1971. Dt.: Rousseau – Eine Welt von Widerständen. München 1988.
Starobinski, J.: L'oeil vivant. Corneille, Racine, La Bruyère, Rousseau, Stendhal. Paris 1961.
Starobinski, J.: Das Rettende in der Gefahr. Kunstgriffe der Aufklärung. Ü: Horst Günther, Frankfurt am Main 1990.
Tolstoi, L. N.: Die Schule Jasnaja Poljana. Westbevern 1976.
Trousson, R.: Jean-Jacques Rousseau. Paris 2003.
Vargas, Y.: Rousseau et l'énigme du sexe. Paris 1997.
Vargas, Y.: L'unité du Rousseauisme. In: La Pensée, 20, 1992.
Voltaire: Correspondance. Ed.: Th. Besterman. Paris 1964.
Wajcman: Fous de Rousseau, Le cas de Rousseau dans l'histoire de la psychopathologie. Paris 1992.
Wokler, R.: Rousseau. Ü: Michaela Rehm. Freiburg 1999.
Zysberg, A.: La monarchie des lumières, 1715–1786, Nouvelle histoire de la France moderne, Bd 5. Paris 2002.

Personenregister

Quellennachweis der Abbildungen

Akg-images: (20, 22, 23, 27, 39). Colin B. Bailey, Philip Conisbee, Thomas W. Gaehtgens: Meisterwerke der französischen Genremalerei. DuMont. Berlin und Köln 2004 (25, 26). Louis Binz: Brèves histoire de Genève. Chancellerie d'Etat. Genève 2000 (1, 4). André Lagarde, Laurent Michard: XVIIIe siècle. Les grands auteurs français. Bordas/VUEF. Paris 2001 (10, 31). André Maurois: Histoire de la France. Hachette, Paris 1957 (12, 17, 18, 19). Georges May: Rousseau. Editions du Seuil 1961 und 1994 (16,21, 24, 29, 30, 38, 41). Jean-Jacques Monney: Jean-Jacques Rousseau. Sa vie, son oeuvre. Racontées en un siècle de cartes postales. Editions Slatkine. Genève 1994 (2, 3, 5, 6, 7, 8, 11, 13, 14, 15, 32, 33, 34, 35, 36, 37, 40). Jean-Jacques Rousseau: Die Bekenntnisse. Die Träumereien des einsamen Spaziergängers. Artemis & Winkler (9). Jean-Jacques Rousseau: Émile ou l'éducation. Classiques Garnier, Multimedia. Paris 1999 (28).

Danksagung

Marie Ashauer, Helene Freund, Claus Koch, Bernd Lukoschik, Katrin Meisel
vom Beltz Verlag danke ich sehr herzlich
für die schöne Zusammenarbeit.
C. L.